개정판

국어 동사의 의미 분석과 연결이론

양 정 석

서 문

남 기 심

양정석 교수의 연구 저서『국어 동사의 의미 분석과 연결이론』의 출판은 국어학계의 큰 수확 중의 하나라고 하는데 이론을 제기할 사람이 없을 줄 안다. 국어의 문장 구조를 논하려면 격의 성격이나, 격구조에 대한 이해가 선행되어야 하고, 그러자면 동사의 의미 구조 분석이 우선해야 하는데, 이 쪽에 눈을 돌려 연구를 한 예가 아직 없다. 양교수의 이 연구가 적어도 국내에서는 처음이 아닌가 한다. 다른 분야도 그렇지만 특히 국어 통사론의 연구는 그동안 미국 쪽의 통사 이론을 받아 익히고 소화하는데 주력해 오느라 분석 대상이 되어야 할 국어 자료는 그 때 그 때 새로 들어오는 통사 이론을 뒷받침하는 예들을 가지고 단편적으로 취급해 왔을 뿐, 살아 있는 국어 자료를 샅샅이 살펴볼 겨를이 없었다. 쟁점이 되고 있는 어떤 이론도 그것을 검증하자면 널리 수집된 풍부한 국어 자료를 분석해 보아야 하는데 그러지를 못한 것이 사실이 아닌가 한다.

이 번 양교수의 연구는 여러 천을 헤아리는 실례들을 분석하여 얻은 결과를 정리한 것이라는 점, 국어의 격구조를 이해하고 정리하기 위해 국내에서는 처음으로 국어 동사 하나하나의 의미 구조를 일일이 분석한 것이라는 점에 있어서 국어 통사론 분야의 중요한 업적이라 할 만하다.

양교수는 성실한 학자이다. 이 책의 원고가 이루어진 것이 벌써 몇 해 전인데 그 동안 여러 차례 수정을 거듭하여 이번에 세상에 내놓는 것으로 알고 있다. 또 이 연구를 위해, 동사의 의미 분석 이론을 더 공부하고자 도미하여 한 햇동안 많은 섭렵을 하고 오기도 하였다. 이 책을 시작으로 이 방면의 깊이 있는 토론이 학계에서 전개되기를 바라 마지 않는다.

1995. 9. 25

지은이 서문

이 연구는 국어 동사들을 통사적 특징에 따라 분류하여 그 의미구조를 형식화하고, 그리하여 이를 토대로 어휘적인 구조로부터 문장의 통사구조, 문장의 의미구조로의 연결 과정에 존재하는 규칙성을 해명하여 보려는 시도이다. 국어 어휘의 의미를 분석하는 종전의 방법들은 대개 동의, 유의나 반의 등의 계열 관계를 중심으로 한 것이었다고 생각된다. 동사의 의미에 대해서도 실제 상황의 논리에 따라 가능한 의미적 차이를 나누어 놓는 일이 주된 관심사가 되어 왔다. 그러나 이 책에서는 동사가 가지는 공존관계 내지는 선택제약, 즉 통합 관계에 주목하여 이러한 관계가 문장의 구조를 이루는 데에 어떻게 기여하는가를 밝히려고 하는 것이다. 생성문법의 기본적인 관점은 문장이 여러 층위의 표상들로 분석되고, 이들 표상들이 규칙적인 대응 관계로 맺어져 있다고 보는 것이다. 이 책에서 동사의 의미를 분석하는 것은 이와 같이 문장의 추상적인 표상들 사이에 작용하는 규칙성을 통합적인 관점에서 설명하려는 목적을 갖는다.

필자가 이러한 일을 계획한 것은 대학원 시절 지도교수이신 남기심 선생님으로부터 가르침을 받을 때라고 생각된다. 동사 하나하나를 대상으로 하여, 문장구조 안의 성분들 중에서 동사에 이끌리는 것과 그렇지 않은 것을 구별하는 작업이 집중적으로 행해져야 한다고 늘 강조하셨다. 이중주어문과 이중목적어문에 대해서 나름대로 생각해 보면서 이러한 관점의 중요성을 다시 떠올리게 되었고, 그 후로는 개별적인 동사의 의미가 통사구조를 결정하는 측면에 관심을 쏟게 되었다.

실제 국어 자료를 말뭉치(corpus)를 통하여 살피면서는 동사 어휘들이 표현하는 통사·의미적인 가능성이 너무나 광범위하여, 통사구조로의 연결을 운위하는 것조차 아예 불가능한 것은 아닌가 하여 난감했던 적도 있다. 사실상 이 책에서도 이런 느낌은 아직 완전히 극복되지 못한 상태임을 고백해야 하겠다. 그러므로 이 책은 어휘의미와 통사구조, 의미구조 사이의 연결 과정에 관한 필자의 완결된 이론을 내놓는 것이라기보다는, 현재까지의 국어 연구에서 동사가 문장의 통사·의미적 실현을 위하여 행하는 역할을 어떻게 파악했는가를 나름대로 정리해 보고, 논항을 취하는 방식에서 서로 구별되는 동사들의 부류를 여러 가지로 나누어 이들 각각에 대해서 최소한의 통사적 구조, 의미적 구조를 부여하는 일을 수행한 것이다. 이 책에서 연결이론이라 부르는 것은, 어느 특정의 이론에 의한 것이라기보다는, 국어의 동사들이 갖는 어휘개별적인 성격을 담아 낼 수 있는 의미와 통사구조 사이의 대응에 있어서의 최소한의 틀을 의도한 것이다. 그러면서도, 통사적인 사실을 설명하기 위하여 동사의 의미를 직접 형식화하는 일이 필요하며, 또 그것이 가능하리라는 것이 이 일을 진행해 오면서 나름대로 갖게 된 믿음이다. 특히 어휘론적 입장에서 의미와 통사구조 사이의 연관을 설명하는 Jackendoff(1983, 1990)의 방법은 이러한 믿음을 굳게 해 준 바가 되었다.

이 책은 1992년 연세대학교 대학원에 제출한 박사학위 논문을 바탕으로 하되, 상당한 부분의 수정을 가한 것이다. 처음과 달라진 부분에 대해서는 왜 달라졌는가를 설명하고자 하였다. 제2장과 제7장은 새로이 첨가한 것이다. 아무쪼록 이와 같은 연구가 관련되는 문제의 해명에 조금이나마 보탬이 되고, 읽는 분들의 관심어린 질정을 입어 많은 오류가 하나하나 걷혀질 수만 있다면 필자로서는 그 이상 더 바랄 바가 없겠다.

학부 시절부터 지금까지 학문하는 엄격한 자세를 몸소 보여주시며, 그러면서도 늘 사랑으로 이끌어 주신 은사님들, 문효근 선생님과 김석득 선생님, 남기심 선생님께 감사의 말씀을 올린다. 강의를 통하여, 그리고 학위논문의 심사를 통하여 필자의 어리석음을 일깨워 주신 이익환 선생님과 김하수 선생님께도 다시금 머리 숙여 감사를 드린다. 또한 선뜻 출판을 맡아 이만큼 아담한 책으로 꾸며 주신 박이정출판사의 여러분께도 고마움을 표한다.

1995년 9월

양 정 석

개정판을 내면서

이 책의 초판이 나온지 2년 만에, 독자 여러분의 성원에 용기를 얻어 새 책을 찍어 내게 되었다. 초판을 내고 나서, 차마 얼굴을 들어 말하기 힘든 오류, 오자가 허다하게 발견되어, 뒤늦게 정오표를 더하여 바로잡으려고 하기도 하였으나, 부분만을 손보아서는 가려지지 않을 잘못들이 수다히 드러나게 되었다. 실로 전전긍긍하고 있던 차에, 판이 다하였다는 소식이 전해지게 되었다. 한편으로는 기쁘면서도, 한편으로는 여전히 깨닫지 못한 치부를 그대로 드러내보이는 일이 되지 않을까 하여 두렵다. 다만 널리 질정을 구하고자 하는 마음뿐이다.

1997년 12월

양 정 석

차 례

제3장 처소교차 동사

제4장 사동사와 피동사

제5장 존재동사와 심리동사

제6장 통제동사와 서술화 규칙

제1장 서 론

1.1. 개념의미론

이 책에서 우리는 개념의미론(Conceptual Semantics)의 바탕에서, 국어 동사들을 중심으로 하여 이루어지는 문장의 통사론과 의미론을 전개하려고 한다. 개념의미론이란 용어는 아직 우리에게 낯설게 느껴질 수 있으나 내용에 있어서는 이제까지 국어에 대한 생성문법적인 연구에서 많은 경우에 암암리에 전제하고 있었던 의미론적 부분을 일컫는 것이라 할 수 있다. 먼저 그 존재론적인 면에서의 특징과 이에 따른 의미 표기상의 원칙을 간략히 설명하고, 통사론과 의미론의 관계에 대한 기본적인 입장을 밝히기로 한다.

개념의미론은 개념론(conceptualism)적인 의미론이다. J. Katz는 언어학의 기초에 관한 학문으로서 언어학의 철학(Philosophy of Linguistics)을 전개하면서 세 가지 존재론적 입장을 나누어 놓고 있다.[1] 명목론(nominalism)과 개념론(conceptualism)과 실재론(realism)이 그것이다. 실재론은 보편적 개념이 추상적이고 객관적인 실재 세계(real world)로서 존재한다는 보는 입장인데 반해 명목론은 그것을 부정하고, 개념이란 다만 실재와 분리되지 않는 명칭들일 뿐이라고 설명한다. 개념론은 보편적 개념이 인간의 마음에 실재한다고 본다.

존재론적 입장에 대한 이러한 구분법은 새로운 것은 아니고, 서양 중세철학 시기의 보편자(the universal)에 관한 논쟁으로부터 유래하는 것이라고 한

---

1) Katz(1985: 1-16). Katz & Postal(1991)에서는 특히 N. Chomsky의 입장을 개념론에 대한 대표적인 주장으로 놓고 논박하여, 자신의 실재론적인 입장을 옹호하고 있다.

다. 그러나 구조주의 이래로 다양한 방법론을 들고 나타나는 과학으로서의 언어학 이론들에 대해서 그 존재론적인 기초를 밝혀 주는 일이 다시 필요하게 되었다. L. Bloomfield의 기술언어학적 이론의 바탕이 되는 명목론은 이미 N. Chomsky의 이론이 초기부터 공격의 대상으로 삼던 것이었다. 최근 Katz & Postal(1991)은 실재론의 입장에 서서 개념론의 여러가지 문제점을 들어 적극적으로 공격하고 있기도 하다. 실상 근래의 생성문법 이론 내부에서도 문장이나 그밖의 언어 형식에 대한 의미 표상을 어떤 방식으로 하느냐와 관련하여 상이한 견해들이 있고, 이들은 그 존재론적인 입장에서도 서로 다른 관점을 취하기도 한다.

필자가 따르는 언어와 관련한 개념론적 입장은 Jackendoff(1983)에서 전개된 것과 기본적으로 같은 것이다.[2] 언어 의미에 관련해서 개념의미론이 갖는 특징은, 마음에 선천적으로 자리잡고 있는 보편적인 마음의 표상(mental representation)의 존재를 인정한다는 데에 있다. Jackendoff는 역시 실재 세계의 존재도 받아들이고 있다. 그러나 우리가 지각(perceive)하고 인지(cognize)하는 세계는 우리의 마음에 자리잡은 마음의 표상이 실재 세계에 대해서 적극적으로 부과되어 이루어지는, 투사된 세계(projected world)이다.

투사된 세계와 함께 실재 세계를 가정해야만 하는 이유는, 실지로 우리의 지각이나 인지가 동일한 대상에 대해 경우에 따라 서로 다른 해석을 하게 되는 상황이 있기 때문이다.[3] 이런 경우, 마음의 표상에 두 가지 이상으로 해석할 수 있는 구조가 갖추어져 있으나, 실제 각각의 상황에서 어느 하나의 구조가 선택되어 투사가 이루어지는 것이다. 이렇게 여러 가지 해석의 가능성 중에서 한 가지 구조를 선택하는 데에 관여하는 규칙이나 조건은 필요충분 조건의 성격을 갖지 않고, 전형적인 값은 설정되어 있되, 반대되는 증거에 따라 부정될 수도 있다고 한다. 이를 선호 규칙 또는 선호 조건이라 하고 이러한 규

---

2) 이 책에서 개념의미론의 존재론적 입장에 대한 논증은 Jackendoff(1983)에 의지하고자 한다.
3) Jackendoff(1983)에서는 형태심리학(Gestalt Psychology)에서 제시하는 지각에 관한 흥미로운 관찰들, 또는 한편으로는 오리, 한편으로는 토끼로 볼 수 있는 Wittgenstein(1953)의 그림 등 많은 예들이 개념론적인 존재론의 관점에서 해석되고 있다.

칙/조건의 집합을 선호 규칙 체계(preference rule system)라고 한다.[4]

언어에서도 선호 규칙의 예를 찾을 수 있다. Jackendoff는 영어의 동사 'see'가 두 가지 의미를 갖고 그 어휘의미의 표상도 두 가지로 달리 설정될 수 있다고 하였다. 하나는 'x's gaze goes to y' 정도의 의미이며, 다른 하나는 'y comes to x's visual awareness' 정도의 의미가 된다. 이 두 가지가 곧 'see'의 두 가지 의미 해석을 가능하게 하는 선호 규칙들이다. 다음과 같은 예문에서 두 가지 의미가 다 가능하지만, 이 두 가지를 서로 다른 동사 어휘로 볼 수는 없다고 하였다.

I saw Bill.

'see'의 의미가 두 가지의 의미 표상을 다 갖는 것으로 설정된다고 하면, 특정 상황에서 한 가지 의미만이 투사되어 해석을 얻게 된다. 이러한 선호 규칙 체계의 존재는 논리적으로 그 규칙들의 적용 대상이 되는 실재 세계의 존재를 전제하게 된다.

이와 같은 존재론적 관점을 바탕으로 할 때, 언어 형식과 그에 대한 의미 표상,[5] 이 의미 표상에 따라 투사된 세계로서의 여러가지 사물, 상황, 공간 등등을 표시하기 위해 서로 다른 표기의 약정이 필요하다. Jackendoff (1983)에서는 언어 형식을 언급할 때 따옴표를 둘러 싸서 표시하고, 의미 표상은 로마자 대문자로 표시한다. 그리고 투사된 세계의 한 부분인 사물(thing)이나 상황(situation), 공간(space) 등의 표현을 위해서는 '#'로 둘러싸 표시

---

4) 선호 규칙 체계에 관하여 Jackendoff(1983: 128-158) 및 Jackendoff(1990: 35-37)의 논의를 참조. 종래의 범주화(categorization)와 관련하여 규정되어 온 조건이나 규칙이 필요충분조건의 성격을 갖고 있었다고 지적하고, 반대되는 증거에 따라 부정될 수도 있다는 점을 강조하기 위하여 '선호 규칙'이라 부르고 있다.

5) 이 의미 표상을 개념구조라고 부른다. Jackendoff(1983: 95)는 개념구조와 의미구조가 동일한 표상 층위를 일컫는 것이라고 한다. 우리도 앞으로 이런 견지에서 (문장의) '의미구조', (어휘 단위의) '어휘의미구조'라는 용어를 사용할 것이다. '의미구조'란 말은 보통 언어 형식들 간의 계열 관계에서 존재하는 의미 관계들의 집합이란 뜻으로 쓰이기도 하는데, 굳이 이런 경우만으로 한정하여 표현하기 위해서는 '의미 체계'나 '의미 조직'이란 용어를 쓸 수 있을 것이다.

하고 있다. 이 책에서도 필요한 경우 이러한 약정을 따른다. 실재 세계에 대한 언급에서는 별다른 표시 없이 그저 일상언어의 문자 표기 체계를 이용한다. 가령, '색'이라는 단어는 실재 세계의 색을 표현하게 되는데, 그 의미 표상을 COLOR로 할 수 있고, 이 COLOR는 투사된 세계로서의 #색#과 대응하게 된다. 이 중 이 책의 논의와 관련하여 중요한 것은 의미 표상, 즉 개념구조에 대한 표시를 할 때 로마자 대문자를 사용한다는 약속이다. 이 책에서는 보통의 경우 의미 성분의 단위를 표시하기 위하여 대괄호 '〔'와 '〕'로써 둘러쌀 것이다.[6)]

다음으로, 개념의미론의 한 가지 특징은 진리조건적 의미론이 아니라는 데에 있다. 개념의미론을 바탕으로 하는 통사론과 의미론의 기술은 항상 어휘 요소들이 문장 속에서 행하는 분포적 사실을 중요시한다. 언어 형식은 그 정보를 전달하기 위해 있다. 언어 형식이 전달하는 정보는 실재 세계 자체가 아니라 그 투사된 세계에 관한 것이다.[7)] 언어 형식의 의미, 특히 문장의 의미를 표시하기 위해 종래에 사용되어 오던 것 중 가장 정평을 얻고 있는 것은, 진리조건적 의미론의 특성을 갖는 형식의미론의 방식이라 생각된다.[8)] 형식의미론의 일반적 해석에 의하면 문장의 의미는 참과 거짓의 진리치로 환원되고, 문장의 명제 표현을 이루는 한 가지 기초적 표현인 개체 표현은 실제적인 세계 또는 가상세계에서의 개체와 대응된다. 개념의미론에 의하면 문장의 의미는 참과 거짓의 진리치로 환원되지 않는다. 문장과, 이 문장 단위를 구성하는 여러가지 통사적 단위들은 사건(event)이나 처소(place)나 경로(path), 사물(thing) 등의 존재론적 범주를 갖는 것으로 보는데, 이러한 범주들은 실재 세계의 범주가 아닌 투사된 세계의 범주이다.

문장에 대한 통사론적 연구는 항상 의미의 문제와 맞부딪치게 된다. 과거의

---

6) 대괄호로 둘러싸이는 내용 중에서 함수나 연산자는 로마자 대문자로 표시하되, 의미특질들은 '±feature'처럼 '±' 기호와 함께 로마자 소문자로 표시하여 다른 함수, 연산자나 의미 성분에 덧붙이게 된다. 구체적인 것은 제2장에서 소개한다.
7) Jackendoff(1983: 29).
8) Montague 의미론을 중심으로 하는 형식의미론의 체계는 이익환(1983)에 자세히 소개되어 있다.

통사론적 연구에서 의미에 대한 표상을 필요로 할 경우에 연구자들이 취한 방침은 두 가지로 나누어 볼 수 있다. 하나는 특정 언어 형식의 의미를 한 가지 의미특질(semantic feature)로 요약하여 부여하고 그와 관련한 문장 구조적 사실을 열거하는 것이다. 그런데 이 의미특질이 때때로 전혀 상관 없는 문법적 현상에서도 나타나기 때문에 이론적 일관성에서 문제가 생길 수 있다. 그러므로 보통의 경우 통사론적 논의에서 의미 자체를 언급하는 것은 금기시되기까지 한다.

다른 한 가지 방침은, 형식의미론의 방법에서 보는 것처럼, 적극적으로 의미구조를 표상하려고 하는 것이다. 그러나 모든 언어 형식의 의미를 진리치로 환원하여 표상해야 하기 때문에 그 표현력에 있어서 풍부하지 못한 약점이 있다. 또 한가지 어려움은 문장의 통사구조와 의미구조 사이의 대응에서 존재하는 많은 의미있는 규칙성들을 포착하는 데에 불리하다는 점이다. 이 점도 의미에 관한 진리조건적 관점에서 생겨나는 논리적 귀결이라 할 수 있다. 문장의 모든 부분, 또는 문장들의 복합의 모든 형식을 극히 단순한 진리치로 환원하기 위해서는 여러 단계로 추상에 추상을 거듭해야 하고, 그 결과로 언어 형식과 그 의미구조의 사이는 매우 멀어지기 때문이다. 최근에는 수량사를 비롯한 언어 형식의 의미를 비롯해서, 의미역 관계에 대한 표상까지 그 표현력을 확대해 가려는 노력이 왕성해지고 있다. 그러나 우리가 이 책에서 다루는 동사와 관련된 많은 문제들은 의미에 대해서 이들의 분석보다 더 섬세한 형식화를 요구하고 있으며, 한편으로 문장 구조와 그 의미구조의 대응에 대해서 그 관계를 더 밀접하게 기술해야 할 필요성을 보여 주고 있다. 개념의미론의 입장에서 어휘 요소들이 문장 속에서 행하는 작용을 살피는 일은 그 개념구조(의미구조)의 분석에 직접적으로 기여하기 때문에, 통사론과 의미론이 서로 독립된 작업이 되지 않고 항상 상호보완적 관계에 놓이게 된다.

1.2. 어휘의미구조와 어휘통사구조

이 연구에서 우리는 국어 동사들을 몇 가지 부류로 나누고, 이들이 문장 속에서 행하는 양상을 밝혀 그 어휘구조를 분석하려고 한다. 그런데, 이 연구에서 기술하는 동사의 어휘구조란 어휘의미구조와 어휘통사구조의 두 가지이다. 대체로 Chomsky(1957, 1965) 이래의 생성문법에서 정의하는 문장에 대한 관점을 가지고 국어 문장의 구조를 기술하려고 하거니와, 이를 위해서는 문장의 기본적인 구조를 이루는 데에 가장 중추적인 역할을 담당하는 동사의 존재에 주목하지 않을 수 없다. 동사가 명사구를 이끌어 문장 구조를 형성해 가는 과정을 밝히는 일은 이제까지 어느 이론에 의한 것이든 문법 연구의 중심적인 과제로 되어 왔다. 생성문법 이론의 견지에서 보면 그러한 일은 동사들이 문장 안에서 다른 요소들과 어떠한 분포상의, 또는 의미상의 제약을 보이느냐를 밝히는 일이 된다고 할 수 있다. 동사들이 속하는 구문의 통사적, 의미적 특징에 따라 그 동사들의 특징을 밝혀 기술하고 관련되는 연결 과정을 기술하는 일, 우리의 목적은 이렇게 요약된다.

하나하나의 동사 어휘들은 그것이 분포하는 통사적 형식을 기준으로, 또는 그것이 가지는 의미적인 특질들을 기준으로 상호 연관을 이루고 있다. 다른 면으로 보면 문장의 통사구조적인 틀은 동사가 가진 어휘구조 속에 내포되어 있으며, 이러한 통사적인 틀은 그 동사 어휘가 가지고 있는 여러가지 의미적 특질로부터 도출된다고 볼 수 있다. 이 점에서 동사가 갖는 어휘구조, 즉 어휘의미구조와 어휘통사구조는 문장의 의미구조나 통사구조와 함수적인 대응 관계를 갖고 연결된다고 말할 수 있다. 그러므로 문장의 통사구조나 의미구조를 알기 위하여 그 문장을 구성하고 있는 어휘들, 특히 동사가 가지는 통사적 특질과 의미적 특질을 살펴보아야 할 것이다. 우리가 기반으로 하는 생성문법의 한 관점, 즉 어휘론(Lexicalism)에 따르면 이러한 어휘들이 갖는 통사적인 특질, 의미적인 특질이 문법의 한 하위부문에서 다루어지고 있다. 이 하위부문을 '어휘부(lexicon)'이라고 부르는데, 위에 말한 어휘통사구조, 어휘의미구조는 각 어휘항목(lexical item)의 어휘기재항(lexical entry)에 포함되는 통사적 정보, 의미적 정보를 각각 일컫는 것이다. 또 하나의 어휘적 구조로 그 어휘의 발음에 관한 정보도 음운론적 구조로서 표시되어야 할 것이나 그것은 이 연구의 고찰 대상이 아니다.

우리의 관점은, 이상적인 어휘부에는 문장의 통사적인 특징, 의미적 특징을 해석할 수 있는 기본적인 정보가 다 포함되어야 한다고 보는 것이다. '기본적인 정보가 다 포함되어야 한다'는 말은 또 정확하게 무엇을 의미하는가? 어휘부의 어휘기재항은 그 어휘가 취하는 음운론적 형식, 그 어휘 항목이 실현되는 통사적 형식(syntactic frame)인 어휘통사구조, 그리고 그것이 갖는 어휘의미의 표상인 어휘의미구조로 구성된다고 하였다. 완성된 문장을 구성해 내는 데에 이것만으로 충분할까? 생성문법 초기 이론의 설명으로도 이것은 그렇지 않다. 문장의 통사구조를 도출해 주는, 또는 잘못된 통사구조의 도출을 제약하는 구절구조 규칙들, 변형규칙들이 있어야 하겠고, 문장의 의미구조에 대해서 이와 같은 역할을 하는 의미해석 규칙들이 있어야 한다. 우리가 취하는 관점에 의하면 변형규칙은 대부분 폐지되어야 하고, 구절구조 규칙과 의미해석 규칙은 어휘기재항의 정보들과의 직접적인 상호작용을 최대한 존중하는 한도에서 의의를 가진다. 그런데 어휘들에 대한 생성문법적 연구의 성과에 의하면 어휘부의 내부에도 위에 말한 음운론적, 통사적, 의미적 측면으로의 어휘적 구조들 뿐만 아니라, 어휘부의 서로 다른 어휘 항목들을 이 세가지 방면에서 서로 연관지어주는 어휘 규칙들이 필요함이 밝혀지게 되었다.[9] 그러므로 국어의 이상적인 어휘부를 구성하는 일은 각 어휘에 대한 음운론적 형식, 어휘통사구조, 어휘의미구조와 함께 이들 어휘 규칙에 대해 기술하는 일을 그 중요한 과제로 갖게 된다. 더군다나 어휘 규칙들 중에는 경우에 따라 단순한 어휘부의 범위를 넘어서는 규칙들의 존재도 발견된다. 이 연구에서 이러한 규칙들의 기술에도 많은 노력을 기울일 것이다.

이 연구는 어휘기재항 내의 음운론적 형식에 대해서는 고찰하지 않는다. 이

9) 어휘부가 단순히 음운론적, 통사론적, 의미론적 표상들만을 갖는 것이 아니라 이러한 규칙들도 포함한다는 주장은 Halle(1973), Jackendoff(1975), Aronoff(1976)에서 찾아볼 수 있다.

연구는 국어 동사 어휘들의 어휘기재항에 기술되어야 할 통사적이고 의미적인 특성에 대하여 고찰한다. 특히 중점적으로 분석하려고 하는 국면은 의미역 관계와 관련된 국면이다. 과거의 '의미역 관계'라는 개념은 복합적인 개념이므로 더 분석되어야 한다. 이에 따라 동사 어휘가 포함해야 할 두 가지 어휘구조 표상으로 어휘통사구조와 어휘의미구조를 구별해야 한다. 어휘의미구조에는 동사가 갖는 '작용성'의 국면이 작용의미층(action tier)으로서 설치되고, 동사의 시상적 속성이 존재론적 범주의 하나로서 표시되는 등, 여러가지 기준의 의미특질들이 덧붙여 표시된다.

국어 동사 어휘들의 어휘통사구조를 분류하는 기준으로서는 '능격성'의 어휘적 특질이 중요시된다. 처소교차 구문이나 피동 구문, 존재동사 구문, 심리동사 구문 등의 자동사 구조는 주어 논항이 행위자적인 특질을 결여함에 있어서 일단의 부류를 이루는 것으로 파악된다. 또한 '사동성', '피동성'이나 '재귀성', '기동성' 또는 '통제성' 등이 일단의 동사들을 무리짓는 어휘의미적 특질로서 주목된다. 각각을 하나의 특질로 표시하거나 더 원자적인 특질로 분석하여 어휘통사구조 또는 어휘의미구조에 반영하며, 이들을 기반으로 국어의 주요 구문의 통사적인 특징들과 의미적인 특징들을 설명하려고 한다.

1.3. 연결이론과 어미, 조사 단위의 처리에 대하여

하나의 문장을 생각해 보면, 이 문장이 갖는 의미를 완전히 표상해 준 것이 의미구조가 된다. 또한 이 문장에 대한 통사적인 정보를 모두 표상해 준 것이 통사구조이다. 통사구조와 의미구조는 함수적 대응 관계를 가지고 연결되어 있다고 볼 수 있다. 특히 의미적인 논항과 통사구조의 논항 사이의 연결을 중심으로 하여 이러한 대응 관계에서 존재하는 일반성을 기술해 주려는 것을 일반적으로 연결이론이라고 한다.

우리는 앞으로 변형론적인 관점이 옳지 않음을 논증해 갈 것이다. 변형론적인 방법은 물론 '변형'이라는 기제를 사용함으로써 특징지어진다. 그러나 변형론의 본질적인 특징은 단지 변형의 기제를 사용하는 데에 있다기보다는, 표면적인 문장의 실현을 설명하기 위해 그에 앞서는 기저의 구조—의미구조에 상당하는 것—를 필요로 한다는 데에 있다고 본다. 엄밀히 말하면 이러한 입장은 두 가지로 더 갈라 보아야 한다. G. Lakoff, J. Ross, J. McCawley 등 생성의미론자들의 기저구조는 문장의 논리적인 의미구조 그 자체이다. Fillmore의 격문법은 이와는 좀 달리, 어휘부를 갖고, 어휘항목이 갖는 심층격(의미역: theta-role)이 일단 심층구조로 투사되는데, 이렇게 해서 생겨난 심층구조는 역시 논리적인 의미구조의 성격을 가진다. 이 심층구조는 다시 여러가지 변형의 기제를 이용하여 표면구조로 도출된다. 어느 편이든지 변형론적 방법을 위해서는 때때로 자의적인 변형규칙의 설정이 불가피하게 되는데, 우리는 이 점을 받아들이지 않는 것이다.

통사론과 의미론의 관계에 대한 기본적인 관점에 있어 이 연구는 어휘론적, 해석의미론적 입장을 따르게 된다. 그 초기의 입장을 포괄적으로 보여 주는 것은 Jackendoff(1972)이며, 의미 기술 방법을 중심으로 하여 최근의 체계를 잘 보여 주는 것은 Jackendoff(1983, 1990)이다. 그러나 본 연구는 문법의 하위 부문에 있어서 이와는 차이가 있다. 큰 차이점은 어휘적 구조의 하나로 어휘통사구조의 표상을 설정하고, 어휘들이 갖는 의미적 특질이 의미구조로 투사해 갈 때 이 단계를 거치는 것으로 본다는 점이다.[10]

한편으로 통사구조의 투사를 생각할 수 있다. 문장을 구성하는 어휘항목들은 통사구조에서의 구성성분에 대응하는 각각의 몫을 갖는데, 이것이 우리가 어휘통사구조라고 부르는 것이다. 다른 한편으로 의미구조의 투사가 있다. 문장을 이루는 어휘항목들 각각이 갖는 어휘의미구조가 합성하여 문장의 의미구조를 이루는 것으로 설명된다. 그런데 어휘항목들이 갖는 어휘의미구조들이 합성하여 문장의 의미구조를 이루어 가는 과정에는 어휘통사구조와 문장의 통사구조가 가로놓이게 된다. 이를 도시하면 대충 다음과 같은 과정으로 보일 수 있다.

---

10) 여기서의 '투사'는 물론 앞서 존재론적 논의에서의 '투사'와는 성격이 다른 것이다.

〈도표1〉

```
어휘의미구조1  --〉 어휘통사구조1         통          의
어휘의미구조2  --〉 어휘통사구조2 ----〉 사  ----〉 미
어휘의미구조3  --〉 어휘통사구조3         구          구
     :                   :                조          조
     :                   :
```

즉, 통사구조는 구성성분인 어휘항목들이 갖는 어휘의미구조들이 합성하여 의미구조를 이루어가는 과정에서 제약조건으로 작용하게 되는 것이다.(통사구조가 하나 이상일 가능성을 배제하지는 않는다.) 더 자세히 살펴 보면 어휘의미구조에서 통사구조로 사상하는 과정에 각각의 어휘통사구조에 의한 여과의 단계를 거치게 된다. 또한 통사구조에서 얻어진 다른 어휘항목이나 구조적 요소들이 의미구조의 내용을 바꾸어 놓기도 하는데, 이와 관련한 제약이 부가어 의미해석 규칙이다. 그러므로, 의미구조를 이루어 가는(즉 해석해 가는) 과정을 기술한다는 것은 여러가지 층위에서 그 제약에 관한 이론을 수립하는 일이 된다.

이러한 제약의 총체를 기술하는 것이 바로 우리가 말하는 '연결이론'이다. 그리고 구체적인 연결이론의 기술에서 우리는 종래의 순수 통사론에서 다루던 것보다 훨씬 확장된 부분을 대상으로 하게 된다. 이의 필요성은 논의의 전개 과정을 통해서 하나하나 드러나게 될 것이다. 이러한 연결이론은 실상 과거에 통사론적 연구의 주요 과제가 되어 왔던 것이다. 그러나 직접적으로 의미의 표상을 형식화하여 통사론적 과정과 연관시킨다는 점에서 특징이 있다고 하겠다.

우리가 설정하는 의미구조는 곧 개념구조(conceptual structure)로서, 언어 형식이 갖는, 문법적으로 연관되는 모든 의미적 국면을 표상하게 된다. 여기에는 수량사의 영향권에 대한 해석, 다양한 부사 및 부가어의 의미, 어미나 조사가 갖는 의미의 몫 등이 모두 포함되게 된다. 이 개념구조는 문장을 단위로 한 것이지만, 담화의 한 부분으로서 문장이 담게 되는 여러 가지 담화의미구조상의 정보를 포함하게 된다. 또 투사된 세계, 즉 #세계#에 대한 해석을

위하여 요구되는, 언어 요소가 갖는 여러 가지 화용론적인 정보도 포함하게 된다.

본론에서 전개되는 내용은 국어의 각 동사 부류를 중심으로 하여 이와 같은 구상을 확인해 가는 작업이 된다. 사동사, 피동사, 처소교차 동사, 존재동사, 심리동사, 통제동사, 서술화 구문의 동사, 그리고 대칭동사 등 각 동사 부류를 들어, 어휘의미구조와 어휘통사구조를 기술하고, 연결 과정에서 필요한 규칙들을 기술해 갈 것이다.

이 책은 동사를 중심으로 하여 문장의 통사구조, 의미구조가 얻어지는 과정을 보이는 것이 과제가 된다. 그러므로 주요 동사들의 부류를 여러 가지로 가르고, 특히 그 동사에 이끌리는 보어 성분들의 존재에 주목하게 된다. 그런데 때로는 동사의 의미 기술에 보어가 아닌 부가어의 의미가 개입하는 경우도 있고, 또는 어미 자체가 이러한 관련을 보이는 경우도 있다. 전자의 대표적인 예는 도구/방편의 'NP으로' 성분이다. 이를 위하여 제3장에서는 특별한 부가어 의미해석 규칙을 설정하여 설명한다. 또 여러 가지 격조사들이 이와 같은 맥락에서 동사의 의미와 관련을 맺으면서 전체 문장의 의미구조를 형성해 간다. 이들은 주로 격조사들을 중심으로 하는 의미해석 규칙으로 기술된다.

어미의 경우도 연결 과정에서는 이들 부가어들과 동일한 성질을 보여준다. 연결어미 중의 몇 가지가 제2장 및 제6장에서 부분적으로 논의될 것이나 국어의 연결어미 모두를 연결이론의 관점에서 논의하는 일은 물론 이 책에서 할 수 있는 일이 아니다. 이밖의 어미 요소 중에서는 느낌동사와 뗄 수 없는 관계를 맺고 있다고 생각되는 '-더라'에 대해서만 제5장에서 논의한다. 제5장에서는 특히 느낌동사가 연결 과정에서 부가어 또는 어미와 유사한 방식을 보인다는 점에 주목할 것이다. 또 어미인 '-더라'는 동사처럼 논항구조에 대한 제약을 부여하는 요소로서 주목된다.

조사나 어미 단위가 문장 구조에서 차지하는 지위에 대해서는 관련된 부분에서 일부 언급하겠으나, 이 책에서 완결된 이론을 베풀 수는 없다. 다만 이 책에서의 논의와 관련되는 한도에서 몇 가지 구조에 대한 약정을 해 두기로 한다. 보통의 경우, 우리가 '문장(S)'이라고 부르는 단위는, 단문 구조에서 주어와 보어 또는 그밖의 부가어를 포함하고, 동사 어간에 이르는 단위를 가리키기로 한다. 선어말 어미(prefinal ending)나 어말 어미(final ending)를 일단 문장 구조로부터 제외하여 놓고 의미구조의 기술이나 통사구조-의미구조 대응의 문제를 고려하겠다. 국어의 수많은 선어말 어미와 어말 어미 각각이 문장 구조에서 어떤 지위를 갖느냐에 대해서는 아직 필자의 견해가 정리되어 있지 않기 때문이다. 그러나 특별한 경우, 다음처럼 시상의 어미 '-었-'이 그 자체가 머리성분이 되어 문장 'S'를 보어로 취할 수 있다고 본다. 이러한 선어말 어미의 통사 범주를 'I'라고 표시할 수 있다.[11] 선어말 어미들은 혼자서, 또는 다른 선어말 어미와 결합하여 'I' 단위를 이룬다고 본다.[12] 다음으로 어말 어미들은 필요한 경우에 'C'로 표시한다.[13]

〈도표2〉

〔〔인부들이〕$_{NP}$ 〔벽을 페인트로 칠하〕$_{VP}$〕$_{S}$ 〔였〕$_{I}$ 〔다〕$_{C}$

〔〔철수가〕$_{NP}$ 〔대홍극장에 들어가 〕$_{VP}$〕$_{S}$ 〔더라〕$_{C}$

다음으로 조사 단위의 처리에 대해서 몇 가지 지적을 하고 넘어가겠다. 전

---

11) 이러한 체계는, 'I'나 'C'가 앞선 'S' 구성성분을 보어로 취한다는 관점만 제외하고는 Chomsky (1981)의 구조관과 가까운 것을 상정하고자 하는 것이다. Chomsky(1981: 52)에서는 문장을 확대하는 규칙으로 S -〉 NP INFL VP을 설정하였다. 'I'와 'C'가 머리성분(head)이 되어 보어를 취하는 것으로 보는 것은 Chomsky(1986b)의 핵계층 이론에서 체계화되지만, 그곳에서는 I의 보어로서 S 전체가 아니라 VP를 취하는 것으로 상정되고 있다. 그러나 'I'나 'C'의 설정 여부는 우리의 논의와 관련하여 필연적인 것은 아니다. 또한 Chomsky(1981)에서 말하는 것처럼 'I'의 존재가 주어에 주격을 부여하는 기능을 갖기 때문에 주어 자리로의 이동 변형을 유발한다고 보지도 않는다.

문장(S) 단위를 동사 어간까지로 간주하는 것은 선어말 어미나 어말 어미가 주어를 포함한 이 부분에 의미적인 영향을 미친다고 보기 때문이다. 따라서 어미 요소들이 문장 또는 문장과 어미의 결합체를 보어로 취할 수 있다는 관점이 필요하다. 또, 이 책에서는 성분통어와 같은 구조적 관계의 해석을 위해서 S와 VP, NP, PP, AdvP를 최대투사(maximal projection) 범주로 간주하겠다.

12) '-시-', '-었-', '-겠-'이 각각 머리성분이 되거나, '-시-'와 '-었-'이 결합한 '-셨-', '-었-'과 '-겠-'이 결합한 '-었겠-' 등이 한 단위의 머리성분이 되어 앞의 성분을 보어로 취할 수 있다고 보는 것이다. '-더-'는 이어지는 어말어미 '-라'와 결합한 '-더라'의 형태로 머리성분이 된다고 본다.

13) 5.7.절에서는 '-더라'를 C 범주를 갖는 하나의 어휘항목으로 간주하고 이에 대한 분석을 시도한다.

통적으로 조사로 다루어져 온 것들 중에는 이질적인 요소들이 포함되어 있었다. 먼저, '-이/가', '-을/를', '-의'만이 순수한 의미의 격표지라고 할 만하다.[14] 이들은 어휘의미구조로의 대응에 있어서 독립된 의미 성분을 갖지 않으므로 다른 격조사와는 달리 어휘의미구조를 갖거나 부가어 의미해석 규칙에 관여하지 않고 통사구조의 격이론에 의하여 자동적으로 나타나는 요소로 처리된다. 이밖의 조사 단위들, 즉 '-에', '-에게', '-으로', '-와/과' 등은 경우에 따라 고유의 어휘의미구조를 갖거나 부가어 의미해석 규칙의 작용을 행하는 것으로 기술된다. 연결 과정에서의 이들의 역할은 제2장 말미에서 소개될 것이며, 각 장에서 구체적으로 논의될 것이다.

국어에서 조사나 어미들의 기능은 대개 부가어 규칙으로 기술된다. 국어에는 이들 요소의 수가 매우 많으므로 결과적으로 부가어 규칙의 수가 많아지게 된다. 그런데 Jackendoff에 의하면 어휘부에 있는 각각의 어휘항목은 하나하나의 규칙들로 간주할 수 있다고 한다.[15] 이렇게 본다면 하나하나의 동사 어휘항목이 어휘부의 구성원이 되듯이 부가어 규칙들도 그러한 지위에 서는 것이라고 볼 수 있다.[16]

---

14) 이러한 처리 방식은 강영세(1986)에서 볼 수 있다.

15) Jackendoff(1990: 16-19) 참조. 또한, Jackendoff(1991: 11): "[...] a lexical item can be seen as a correspondence between well-formed fragments of phonological, syntactic, and conceptual structure. Hence the lexicon is conceived of as part of the correspondence rule component."
'대응(correspondence)'이란 한 문장의 통사구조와 의미구조가 서로 평행하여, 독립적으로 설정된다고 할 때 두 구조 사이에 상대방의 성립을 제약하는 규칙적인 관계가 맺어진다고 보고 이를 일컫는 것이다. 이 책에서는 좀더 표준적인 생성문법의 설명 방법(해석의미론)을 취하여, 일단 통사구조가 완성된 다음 여기에 의미 해석 규칙들이 적용되어 의미구조가 얻어지는 것으로 본다.

16) 이 책에서는 부가어 규칙들이 통사구조를 입력으로 하여 이것을 의미구조로 대응시키는 역할을 하는 것으로 설명하겠지만, 7.3.5.절에서는 '서로'와 동사가 불연속적으로 결합하여 대칭동사와 같은 어휘의미를 갖게 되는 양상을 어휘부의 규칙으로 기술할 것이다. 나아가 모든 부가어 규칙들을 이와 유사한 어휘부의 대응 규칙으로 기술할 가능성이 있다고 보고 있으나, 이 책에서는 더 추구하지 않는다.

1.4. 연구 방법과 문법의 조직

동사 어휘들의 구조적, 의미적 특징을 규명하여 어휘부를 구성하려고 하는 연구는 생성문법 이론 안에서 '어휘론자(Lexicalists)'라 불리는 일단의 연구자들이나 격문법(Case Grammar) 연구자들에 의하여 집중적으로 이루어져 왔다. 생성문법의 기본적인 관점에 의하면 언어는 문장들의 집합으로 정의된다.[17] 이 정의는 특히 우리의 연구에 있어서 큰 중요성을 갖는다. 어휘들은 분리된 하나하나의 단위로서 다루어져서는 아니되고, 문장을 구성하는 요소들을 항상 문장 구조 내에서의 기능에 따라 기술해야 한다고 보기 때문이다. 국어에 대한 우리의 고찰에서 중추적인 위치를 차지하게 될 '어휘통사구조'와 '어휘의미구조'는 처음부터 끝까지 '문장'의 구조를 해명하기 위하여 가정된 이론적 구성물인 것이다.

생성문법 연구의 초기부터 문장구조의 기술에서 동사 어휘가 행하는 역할은 '하위범주화(subcategorization)'나 '선택제약(selectional restriction)'이라는 개념으로 표현되어 왔다.[18] 말하자면, 기본적인 단문의 구조는 동사의 이러한 특질이 투사하여 형성되는 것이다. 근래에는 더욱이 어휘들의 역할, 더 엄밀히는 서술어의 의미가 문장 구조를 이루어 내는 근원이라는 점에 많은 연구자들이 동의한다.[19] 이 연구도 이와 같은 어휘론적 입장에 터잡아, 동사가 가지는 어휘적 특질(lexical features)이 투사하여 전체 문장의 구조를 형성한다는 전제에서 출발한다. 이에 따라 국어의 대표적인 구문 구조를 동사의 부류에 따라 추려내어 각각에 대해서 주요한 통사적 특징, 의미적 특징을 분석해 내고, 그 결과로 두 가지 어휘 구조 즉 어휘통사구조와 어휘의미구조를 이끌어 내려고 하는 것이다.

이 연구에서 취하는 방법론적 전제는 크게 두 가지이다. 먼저, 문장의 의미는 개별 어휘가 가지는 의미의 함수적 합성에 의하여 결정된다는 합성성의 원리가

---

17) Chomsky(1957: 13) 참조.
18) Chomsky(1965) 참조.
19) Sells(1985: 202-205) 참조.

동사 어휘의 의미 분석에서 기본 전제로서 강조된다.[20] 그러나 이 연구가 전제하는 합성성 원리는 진리조건적 의미론에서 전제하는 것 같은 강한 합성성 원리는 아니다. 강한 합성성 원리란, 문장의 통사구조를 이루는 모든 어휘요소가 그에 대응하는 독립된 의미 형식을 가지면서, 문장의 의미구조를 이루어 갈 때 그 어휘요소의 의미를 고스란히 유지하게 된다는 관점이다. 그러나 이와 같은 원리를 곧이곧대로 준수할 수만은 없는 현상이 국어는 물론 여러 언어에 나타난다. 대표적인 예로, 앞으로 여러 장에서 부분적으로 다루게 될 '재구조화' 현상은 둘 이상의 어휘요소가 합쳐져서 하나의 어휘요소의 의미구조를 형성해 가는 모습을 보여준다. 전통적으로 '숙어'라고 불리던 현상은 많은 경우 이러한 양상과 관계된다고 생각한다. 이밖에도, 부가어들의 경우, 그 부가어를 이루는 요소가 독자적인 의미 형식을 갖는 것으로 보기 힘든 예들이 있다. Montague 문법으로 알려진 형식의미론의 관점에서는 통사구조의 모든 요소들이 진리치를 중심으로 하여 환원된 그 나름의 의미 형식을 가지고 있어 문장의 논리적 구조를 합성해 가는 것으로 기술하려고 하지만, 방금 이와 같은 예들은 그와 같은 강한 합성성의 원리가 완화되어야 함을 촉구하는 듯하다. 이에 비하여, Jackendoff(1983, 1990, 1991)에서 보여주는 개념의미론의 기술 방법은 문법적 구조와의 대응을 기본적인 원리로 하여 의미구조를 이끌어 내기 때문에 진리조건적 의미론에서 설명하기 힘든 재구조화 현상 등의 해명을 위해서도 효과적이다.

또 한 가지 전제도 이와 관련된다. 문법적 구조와 과정이 마음의 주요 부분을 이루는 개념구조에 대한 증거가 되리라는 점이다.[21] 이 점은 Chomsky(1965)를 비롯한 생성문법 이론의 초기 단계에서부터 강조되어 왔던 관점이라고 할 수 있다. 국어의 문장을 구성하는 어휘들의 통사적 행태는 결과적으로 그 문장의 의미구조를 이루기 위한 과정이라고 할 수 있으므로, 그 통사적 행태를 분석함으로써 국어를 사용하는 화자들이 의미를 얻기 위해 적용하는 다양한 규칙들의 존재를 확인할 수 있다. 따라서, 각 장에서 어휘의미를 분석하기 전에 항상 구문구조에 대한 고찰을 선행하였고, 어휘의미의 분석에서 그

---

20) 합성성 원리의 개념에 대해서 이익환(1983, 1985)을 참고할 수 있다.
21) Jackendoff(1978, 1983, 1990) 참조.

어휘가 분포하는 문장구조적 특징에 충실히 따르고자 하였다.

이와 같은 관점 및 어휘의미구조에 대한 구체적인 분석 방법은 기본적으로 술어 해체 분석(predicate-decomposition analysis) 방법을 이용하여 어휘개념구조(lexical-conceptual structure)와 문장의 개념구조(conceptual structure)를 기술한 Jackendoff(1983, 1990)를 따랐다. 그러나 국어의 현상을 효과적으로 기술하고자 하는 목적에서 구체적인 기술 방법과 표기 방법이 Jackendoff(1983, 1990)에서와 달라진 부분이 상당히 나타나게 되었다.

그 대표적인 것이 어휘통사구조의 설정이다. 주어 논항이 행위자성을 결여하는 특징을 갖는 '능격 동사'들의 통사적 행태를 설명하기 위해서는 '어휘통사구조'의 표상 층위를 따로 설정하는 것이 특별히 유리하다고 본다. '어휘의미구조' 외에 통사구조와의 대응을 위한 어휘구조 층위를 더 설정하는 선례로는 Rappaport & Levin(1988), Laughren(1988), Kegle & Fellbaum(1988), Zubizarreta(1992)의 '술어-논항 구조(Predicate-Argument Structure)', Grimshaw(1990)의 '논항구조(Argument Structure)'등이 있다.[22)]

우리의 관점을 요약하면, 하나의 문장이 통사적으로 적격성을 부여받고 의미해석을 받게 되는 과정은 대체로 다음과 같은 구조 표상과 각 표상의 연결 과정으로 설명된다.

〈도표3〉

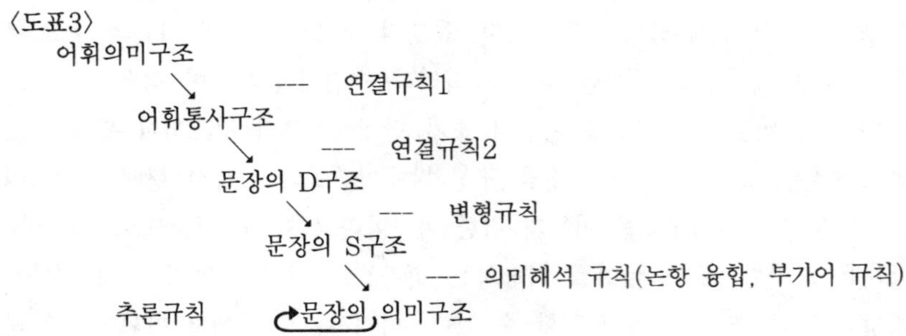

22) 본 연구의 '어휘의미구조', '의미구조'는 대체로 각각 이들의 '어휘개념구조(lexical-conceptual structure)'와 '개념구조(conceptual structure)', '어휘통사구조'는 이들의 '술어 논항 구조(predicate-argument structure)'에 해당한다.

어휘의미구조와 어휘통사구조는 개별 동사 어휘가 한 쌍씩 가지게 되는 어휘적 특질이다. 문장의 D구조에서는 개별 어휘들이 서로 결합하여 최초의 통사구조를 형성한다. 의미역 기준이 이 단계에서 적용되어 문장의 문법성 판단이 행해지게 된다. 다음으로 D구조는 S구조로 사상된다. 이 과정은 모든 구성성분이 자의로 이동하는 과정을 가정하게 되며, S구조에서의 제약조건들을 견디는 것만이 문법적 문장으로서 판정받게 된다. 앞으로 제3, 4장에서 다루어질 능격동사들은 주어 위치가 비어 있는 상태의 D구조로 형성되었다가 S구조에서 주어를 요구하는 '서술화 규칙'을 위배하지 않기 위하여 동사구 내의 명사구가 주어 위치로 이동하는 과정을 포함한다. 이것은 이 책에서 가정하는 유일한 변형규칙이 된다.

통사구조의 구성요소들이 갖는 어휘의미와 통사적 환경으로부터 주어지는 여러가지 요인이 결합하여 의미구조가 형성된다. 이 과정을 지배하는 규칙을 의미해석 규칙이라 부른다. 의미해석 규칙의 가장 전형적인 예는 동사의 어휘의미구조에 포함된 논항 자리에 명사구 등의 논항 성분과 대응하는 의미 성분이 덧붙는 '논항 융합'의 과정과, 일반적인 제한적 수식어들이 특정의 성분에 가해져 의미의 한정을 이루는 과정이다.23) 또, 이 연구에서 주목하는 과정으로서 특정 부가어 또는 특정 구성성분의 대응 규칙(의미해석 규칙)이 있다.24) 각 장에서 동사의 어휘의미구조를 분석해 가면서 어휘부의 어휘의미구조로써만은 설명하기 어려운 통사, 의미적 국면을 위하여 부가어 의미해석 규칙의 기술을 시도할 것이다.

논리형태(LF)와 같은 통사적 층위, 수량사 인상(quantifier raising: QR)과 같은 논리형태로의 변형 규칙을 받아들이느냐 하는 문제는 유보적 상태

---

23) 제한적 수식어들에 관해서는 이 책에서 다루지 않는다. Jackendoff(1983: 70-75)에서는 비제한적(동격) 수식어, 측정(measuring)/한계화(bounding) 수식어, 논리적 수식어 등을 더 들고 있다. 이런 것들은 개념의미론의 앞으로의 과제가 될 것이다.

24) 앞의 〈주15〉에서 말한 바와 같이 '대응'이란 통사구조와 의미구조가 평행적으로 존재한다고 보고 둘 사이의 연결과 관련한 규칙성을 표현한 것이다. '해석'이란 표현은 초기의 생성문법 이론에서 통사 부문을 기본 기관으로 보고 의미구조가 이로부터 도출되는 것으로 본 데서 나온 개념이라고 하여 Jackendoff(1990: 19)에서는 이러한 표현이 옳지 않다고 한다. 〈도표3〉은 바로 이러한 전통적인 관점을 나타내고 있다. 이 책에서는 '대응'과 '해석'을 구별하지 않고도 설명에 큰 혼란이 일어나지 않는다고 판단하여 별다른 구별 없이 혼용한다.

로 놓아 두겠다. 그러나, Jackendoff(1994)에서는 이들이 불필요하다고 주장한다. 수량사 해석의 대상이 되는 논리형태의 특성들은 의미구조에 다 반영될 수 있으며, 논리형태에 대해서 적용되어야만 하리라고 생각되던 많은 규칙들이 의미구조를 참조해야 한다는 증거가 있기 때문이다. 이에 따라 위의 도표에서는 논리형태 층위를 포함시키지 않았다.

문장의 통사구조와 의미구조에 대해서 하나의 일반적 제약이 설정될 수 있겠다. 그것은 각 통사구조의 구성성분들이 모두 대응하는 의미 성분을 가지거나, 특정의 의미해석 규칙에 의하여 언급됨으로써 이른바 '허가(licensing)'를 받아야 한다는 것이다.[25] 이러한 원리는 앞으로 특정의 구문을 해석하는데 있어서 중요한 판단 기준이 될 것이다. 어떤 같은 구조의 의미 성분이나 동일한 의미적 특징이 때로는 어휘의미구조에서, 때로는 부가어 의미해석 규칙에서 허가되기도 한다. 우리의 관점에서 볼 때 이러한 것이 인간 언어의 현실의 모습이라고 생각된다. 이러한 점에 대해서 접미사 사동과 보조동사 사동, 주어나 목적어에 대한 서술어 역할을 하는 보어와 서술화의 부가어, 대칭구문과 상호구문 등을 통해서 구체적 사례를 확인할 것이다.

〈도표3〉과 관련하여 덧붙일 것은 제5장과 제6장에서 부분적으로 말할 '추론규칙'에 관한 것이다. 이것은 의미구조와 의미구조를 연관지어 주는 규칙이다. 이 책에서 논의하는 추론규칙들은 문법 규칙의 일부로서 문법의 영역에 포함된다.[26] 또, 화용적인 상황맥락과 관련하여 의미의 보충을 이루어 주는 '보충해석 규칙'이 있어, 비문법적인 문장이 화용적으로 수용가능한 것으로 받아들여지기도 한다. 보충해석 규칙은 문법의 영역에 포함되지 않는 것으로 본다.

---

25) Chomsky(1986a)에는 논리 형태와 음성 형태에 나타난 요소가 허가를 받지 못한 경우를 배제하는 원리로서 '완전해석의 원리'가 제시되어 있는데, 본 연구에서는 D구조, S구조, 의미구조가 각 표상 층위의 제약조건들에 의하여 적절히 허가를 받아야 하는 것으로 보겠다.

26) P & Q -〉 P와 같은 형식의 논리적 추론규칙들은 문법 내의 규칙이라고 할 수 없겠다.

1.5. 논의의 구성

제2장에서는 구체적인 국어 동사들의 사례를 들어 어휘의미구조 분석의 기초적인 형식화 장치들을 도입하고, 어휘의미구조로부터 문장의 의미구조 또는 문장의 통사구조로의 대응에 존재하는 일반적인 규칙성에 대해 설명한다.

제3장에서는 처소교차 동사를 다루게 된다. 아홉 가지의 부류를 갖는 이들 동사들의 행태에 주목함으로써 어휘의미구조와 어휘통사구조의 내용이 좀더 복잡성을 띠게 됨을 관찰할 것이다. 또한 보어와 부가어, 또는 논항과 함수의 구별을 좀더 분명히 할 것이다.

제4장에서는 사동사와 사동성의 논의를 중심으로 하여 재귀성, 능격성, 기동성, 그리고 피동성 등의 문법적, 어휘의미적 특질들을 고찰한다. 이를 통하여 어휘의미구조, 어휘통사구조의 의의와 그 기술 방법을 기초적 차원에서 도입하고 명백히 할 것이다.

제5장은 넓게 심리동사라 불릴 수 있는 동사들의 부류를 대상으로 하여 이들에 대한 어휘의미구조의 설정, 어미 '-더라'의 의미와의 상관, 그리고 통사구조와의 연관 등의 문제를 살펴본다.

제6장은 통제동사와 서술화 구문을 이루는 동사를 살펴봄으로써 어휘의미구조와 통사구조, 의미구조의 각 관련되는 부분이 이 동사들을 해석해 가는 과정에서 어떤 방법으로 관여하게 되는지를 소상히 밝힌다.

제7장은 대칭동사의 어휘의미구조를 중심으로 하여, 조사 '와'를 갖는 대칭구문, 상호구문에 대한 해석의 문제를 논의할 것이다. 여기서는 어휘적인 차원에서 의미특질로 표시되었던 연산자의 작용이 통사구조와 의미구조의 형성 과정에서 어떻게 나타나는지를 밝힐 것이다.

제8장은 결론으로서, 이상의 다양한 동사 부류의 논의에서 부분적으로 문제된 연결이론의 문제를 다시 음미하면서 정리해 본다.

제2장 어휘의미와 문장의 의미

2.0. 도입

동사 어휘들의 부류를 나누어 각각의 어휘의미구조를 기술하고 이것이 통사구조나 의미구조로 연결되는 과정에서 어떤 특징을 갖는가를 보이는 것이 앞으로 이 책의 여러 장에서 전개할 방식이다. 기본적으로 직면하게 될 어려움은, 어휘들의 부류가 항상 하나의 기준에 의해서 깨끗하게 갈라지지 않는다는 점이다. 어떤 어휘든지 하나의 어휘항목에는 두 개 이상의 의미특질들이 포함되는데, 그 각각의 의미특질들은 서로 매우 판이한 기준에서 갈라진 것인 경우가 흔하다.

다음에서 이 책의 각 부분에서 어휘의미를 표상하거나 문장의 의미를 기술하기 위해 사용하게 될 의미 요소들과, 그 의미 요소들의 기본적인 표기 원칙을 설명하려고 한다. 사동 현상과 관련된 어휘의미적 특질, 즉 사동성과 작용성, 의지성, 상태성 등이 고찰의 대상이 된다. 표기상의 원칙으로는 의미 성분을 대괄호로 둘러싸고, 의미 성분들의 두 층을 ','로 잇는 방식을 취할 것이다. 함수와 논항의 결합을 이용하는 술어논리(Predicate Logic)의 표기법을 따라 쓸 것이나, 존재론적 범주 및 갖가지 의미특질들을 의미 성분이나 함수, 논항에 덧붙이는 방법을 취할 것이다. 또, 어휘의미구조로부터 어휘통사구조, 통사구조, 의미구조로의 연결 과정이 대체로 어떤 모습을 보이는가를 개략적으로 제시함으로써 앞으로 여러 장에서 행해질 구체적인 작업에 전반적인 모형을 제시하고자 한다.

2.1. 사동성을 중심으로 한 어휘의미구조의 기술

술어 해체 분석의 동기를 설명하기 위한 평이한 예로서 국어 사동사들의 행태를 관찰해 볼 수 있다. 국어에서 '-이-, -히-, -리-, -기-' 등의 접미사를 가진 형식으로 나타나는 사동사들은 이런 접미사를 제거한 동사들과의 비교에서 비교적 일관된 통사구조적 차이를 보인다.

(1) 가. 개가 죽었다.
나. 사내가 개를 죽였다.
(2) 가. 아이가 젖을 먹는다.
나. 어머니가 아이에게 젖을 먹인다.

(1)과 (2) 모두에서 (나)는 (가)가 갖고 있던 명사구들을 그대로 유지하면서, 제삼의 명사구를 도입하고 있다. 그런데 이러한 문장 구조적인 일관성에는 의미상으로도 일정한 대응 요소가 개재하고 있는데, 이것은 구체적으로 접미사 '-이-'와 대응하는 것이라고 해도 좋을 것이다. 이러한 의미 요소를 '사동성(causativity)'이라고 할 수 있으며, 형식화하여 'CS'로 표시할 수 있다.

의미적 특질로서의 사동성은 접미사 '-이-, -히-' 등을 갖는 동사에서만 찾아지는 것이 아니다. 다음 용례에서 '보내다'는 사동 접미사를 갖지 않았지만 위 (1), (2)에서 관찰되는 것과 똑같은 구조적 일관성을 보인다.

(3) 가. 공이 그리로 간다.
나. 내가 공을 그리로 보낸다.
(4) 가. 찬수가 교무실로 갔다.
나. 김선생님이 찬수를 교무실로 보냈다.

여기서 '죽- : 죽이- = 가- : 보내-'의 비례식이 성립하는 것을 관찰할 수 있고, 이에 따라 '보내-'의 어휘의미를 이루는 의미 성분으로서 'CS'의 존재를 확인할 수 있다.

사동성을 가진 동사와 그렇지 않은 동사를 비교함으로써 의미원소 'CS'를 추출해 냈지만, 반대로 'CS'를 제거하고 난 뒤에 남는 의미 성분에 대해서도 살펴보는 것이 유익할 것이다. 즉 (1가)의 '죽이다'에서 사동 접미사의 의미를 제거하고 나면 '죽다'의 의미가 얻어질 것이며, (2나)의 '먹이다'에서 사동성을 제거하면 '먹다'의 의미가 얻어질 것이다. 이와 마찬가지로 '보내다'의 의미로부터 사동성의 의미를 제거할 때 남는 것은 '가다'의 의미가 된다.

사동성을 제거하고 남은 의미 성분을 관찰해 보면 매우 다양한 종류의 의미적 특질들이 사동성과 공존함을 알 수 있다. 먼저 '보내다'와 같은 동사로부터 얻어지는 '가다'의 의미와 대응하는 의미 성분을 다음과 같이 'GO'로 표시할 수 있을 것이다. 'GO'함수의 첫번째 논항은 위의 '가다' 문장의 예에서 첫번째 명사구, 즉 주어와 대응된다. 'GO'함수의 두번째 논항은 '가-'로 표시되는 동작의 목표와 관련된다.

(5) 보내- : 〔CS(x, 〔GO(y , 〔TO(z)〕)〕)〕

이 책에서 어휘의미구조나 문장의 의미구조를 표기할 때는 Jackendoff (1976, 1983, 1990, 1991)의 방법을 따른다. 표기상의 대원칙으로서, 대괄호 '〔'와 '〕'는 어떠한 크기의 단위이든, 의미 성분을 표시하기 위하여 둘러싸고, 앞서의 존재론적 고려에 따라, 의미 성분의 표시에 로마자 대문자를 사용한다.[1)]

---

1) 이 책에서 부분적으로 표기 방법을 달리한 것이 있다. 작용의미층(action tier)과 관계의미층(thematic tier)을 ','로 이어준 것이 대표적인 표기상의 차이라고 하겠으나, 실질적으로는 완전히 똑같은 표기상의 변이에 지나지 않는다. 또, 새로운 연산자(operator)를 도입한 경우도 있다. 제7장에서는 대칭동사를 다루면서 교호적 의미구조를 표현하기 위하여 관계의미층 내부에 두 의미 성분을 'AND'로 연결하였다. 이는 과거 생성의미론적인 연구에서 사용하던 것과 흡사한 것으로 아주 새로운 것이라고 볼 수는 없다. 사소한 표기상의 차이라고 할 만한 것으로는, 논항 변수를 표기하는 데 x, y, z 등의 로마자 소문자를 사용하였다는 것이다. Jackendoff(1990: 245-282)에서도 '연결이론'을 수립하기 위하여 논항에 대해서 'A'나 'A″'와 같은 특별한 표시를 할 가능성을 모색하고 있다.

원래 Jackendoff(1983, 1990, 1991)에는 각 의미 성분에 대해서 그 존재론적 범주를 의미특질로 표시하였다. 그의 '개념구조(conceptual structure)'는 그가 옹호하는 개념론적 존재론의 논의에 기반을 두고 있다. 그의 논의에 의하면 우리가 지각하고(perceive) 인지하는(cognize) 세계는 실재론자(realist)들의 주장과는 달리 실재 세계(real world) 그 자체가 아니고 투사된 세계(projected world)라고 한다.2) 그런데 세계, 즉 투사된 세계의 지각과 인지를 위해서 인간의 마음(mind)에 주어진 마음의 표상(mental representations), 또는 사고의 표상이 있어 사물의 경험, 지각, 인지의 과정에 작용한다고 한다. (5)와 같은 어휘의미구조(Jackendoff의 용어로는 어휘개념구조: lexical-conceptual structure)는 마음의 표상으로서의 개념구조의 한 부분이다. 존재론적 범주로는 개체(individual)와 재료(substance), 집단(group), 군집(aggregate)을 아우르는 물질적 실체(material entity),3) 처소(place)와 경로(path)를 아우르는 공간(space), 또는 사건(event)과 상태(state)를 아우르는 상황(situation) 등이 있다. 물질적 실체를 편의상 사물(thing)이라고 하기도 한다. (5)를 좀더 완전한 형식으로 나타내기 위해서는 모든 의미 성분 각각에 주어지는 존재론적 범주까지를 포함해야 한다.4)

(5)′ 보내- : $[_{\text{Event}}$ CS(x, $[_{\text{Event}}$ GO(y , $[_{\text{Path}}$ TO(z)])])]

그러면, 이 '보내다'를 포함하는 문장 (4나)의 전체 의미구조는 논항 x, y,

---

2) 이러한 개념론적 존재론의 논의는 Jackendoff(1983)을 참조.

3) 물질적 실체를 이 네 가지로 구분하는 것이 유익함을 보여주는 한 가지 증거는 제7장의 대칭구문이나 상호구문에서의 이들의 행태와 관련하여 얻어질 수 있다. '물질적 실체'를 줄여서 표기할 때, 경우에 따라 'Mat'로 또는 'Thing'으로 나타낼 것이다.

4) 어떤 함수의 존재론적 범주가 사건이라는 것은 이 함수가 그 논항으로부터 사건으로 가는 함수라는 뜻이다. 가령, 다음과 같은 표기는 의미 성분 '[F(x)]'이 '사건'임을 표시한다.
$[_{\text{Event}}$ F(x)]
Montague의미론을 비롯한 형식의미론에서는 문장의 의미를 진리치로 보고, 이를 중심으로 하여 모든 언어 단위의 의미를 결정해 가지만, 필자는 Jackendoff(1983, 1990)의 관점에 따라 문장의 의미를 진리치로 보지 않는다. 위의 의미 표상에서 논항 'x'가 사물(thing)이라면 이때의 함수 'F'는 사물로부터 사건(event)으로 가는 함수인 것이다.

z에 각각의 명사구의 의미가 채워진 형식이 될 것이다. 각각의 명사구 '김선생님', '철수', '교무실'의 의미를 그저 '〔김선생님〕', '〔철수〕', '〔교무실〕'라 하고, 시상의 선어말어미 '-었-', 서법의 어말어미 '-다'에 대응되는 의미를 무시하기로 하면, 결과는 다음과 같은 형식이 될 것이다.

(6) 〔$_{\text{Event}}$ CS(〔김선생님〕, 〔$_{\text{Event}}$ GO(〔철수〕, 〔$_{\text{Path}}$ TO(〔교무실〕)〕)〕)〕

이 책에서는 존재론적 범주나 앞으로 도입하게 될 갖가지 의미특질을 표기할 때 이와는 좀 다른 다음과 같은 방식을 취할 것이다. 그러나 그 내용에 있어서는 전혀 차이가 없으므로 때에 따라 설명의 편의를 위하여 두 가지 방식을 자유로이 바꿔 가며 사용할 것이다.

(6)′ 〔CS(〔김선생님〕, 〔GO(〔철수〕, 〔TO(〔교무실〕)〕/$_{\text{+Path}}$)〕/$_{\text{+Event}}$)〕/$_{\text{+Event}}$

이렇게 대괄호로 둘러싼 의미 성분 뿐만 아니라, 함수 자체나, 'x', 'y', 'z'로 표시된 논항에 대해서도 'CS/+feature', 'x/+feature'와 같이 의미특질을 덧붙이는 것도 가능하다. 이들은 Jackendoff(1990)의 표기로 각각 'CS$_{\text{feature}}$', '〔FEATURE〕^{x}'에 해당한다.[5]

(6)에서 '김선생님', '철수', '교무실'의 존재론적 범주는 모두 '사물(thing)'이다. 그런데, 이 논항을 취하는 함수들의 성격을 살피면 이들 함수의 성격으로부터 논항의 범주가 모두 사물임이 예측될 수 있음을 알 수 있다. Jackendoff (1983, 1990)는 통사구조 뿐만 아니라 의미구조도 그 적격성 판별의 근거가 되는 일단의 규칙들에 의하여 제약된다고 한다. 구절구조 규칙(phrase structure rules)이나 핵계층 도식(X′ schema)이 있어 문장의 통사구조적 적격성

---

5) 특히 전자의 경우 덧붙이는 부분을 여타의 의미특질과 같은 것으로 보기는 어려운 점이 있다. Jackendoff는 이를 '매개변수(parameter)'라고 표현하고 있다. 그러나 대괄호로 둘러싼 의미성분에 대한 의미특질, 논항 변수에 대한 의미특질, 그리고 함수에 덧붙이는 의미특질이 같은 성격을 갖지 않음은 이들이 표시된 의미요소들의 환경에 의해서 구별할 수 있는 것이므로 의미 표기의 체계성과 일관성에 있어서 문제될 것은 없다고 본다.

을 조건짓는 것처럼 의미구조에도 이와 같은 역할을 하는 제약조건을 설정하고 있다. 다음이 그 주요한 일부이다.6)

(7) 의미구조 형성 규칙

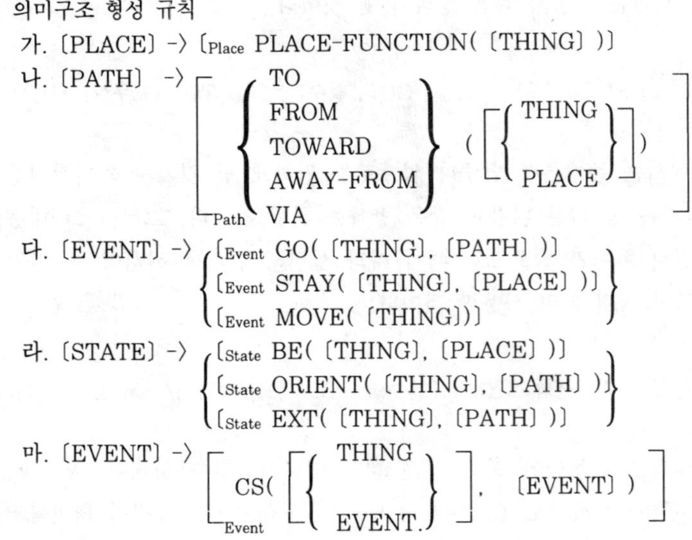

'PLACE-FUNCTION'이란 표시는 처소(place)의 함수를 통칭한 것으로, 'AT, IN, ON' 등이 대표적이다. 이들 및 경로(path)의 함수들, 또는 상태의 'EXT', 사건의 'STAY', 그리고 'CS' 함수는 더 분석될 가능성이 있다고 한다. 실지로 사동성의 함수 'CS'는 앞으로 이 장에서 작용성이나 의지성, 동반(entraining)이나 결별(launching), 또는 그밖의 요인을 고려하여 더 작은 매개변수들을 덧붙인 형식으로 분석될 것이다.

구절구조 규칙이나 핵계층 도식이 어휘 요소들을 이용해서 아무런 통사구조나 자의적으로 생성해 내는 것을 배제해 주듯이, 이러한 의미구조 형성 규칙

6) Jackendoff(1990: 43)의 규칙을 약간 손질하여 옮긴 것이다. (7다)의 'MOVE' 함수에 관한 사항을 첨가한 것과, (7마)에서 원래 'CAUSE'로 표기되었던 것을 'CS'로 바꾼 것인데, 이것들은 모두 Jackendoff(1990)의 이어지는 내용과 부합하는 것이다.

도 부적격한 의미구조가 도출되는 것을 막는 역할을 한다. 한 문장의 의미구조가 'GO'를 가지고 있다면, 첫번째 논항은 사물([THING]), 두번째 논항은 경로([PATH])가 되어야 한다. 이것이 (7다)에 의해 예측된다. 뒤에서 도입하는 논항 융합과 부가어 의미해석 규칙에 의하여 문장의 의미구조가 합성되어 갈 때, 얻어진 의미구조는 (7)에 제시된 형식적 요건을 만족해야 한다. 한편으로, 동사 '가다'에 대응하는 의미 표상은 이를 포함하는 문장의 의미구조에서 핵심적인 형식이라고 할 수 있는데, 이 역시 의미구조 층위의 요소가 되므로 (7다)의 형식적 요건을 만족해야 한다. 따라서 (7)의 규칙들은 구체적으로 각 동사 어휘의 의미를 기술해 갈 때 자의적인, 또는 임시방편적인 기술을 제약해 주는 효과를 갖기도 한다.

서장(序章)에서 말한 바와 같이, 필자는 언어의 문제와 관련한 존재론적 관점에서 기본적으로 Jackendoff의 입장을 따른다. 그러나 앞으로 이 책에서 존재론적 논의에 더 깊이 개입하지 않도록 노력할 것이다. 따라서 특별한 경우 외에는 어휘의미구조나 문장의 의미구조에서 존재론적 범주의 표시를 생략할 것이다. 용어의 사용에 있어서 '개념구조'나 '어휘개념구조' 대신 '의미구조'나 '어휘의미구조'란 용어를 취하는 것도 이러한 의도의 반영이다.

사동접미사를 갖지 않는 동사들이 사동성을 갖는 경우를 더 들어 보면, '두다' 같은 동사는 역시 사동성 함수를 포함하고 있되, 그 나머지 의미 성분의 주요 부분은 '가다'나 '보내다'의 'GO' 함수와는 달리 보아야 한다. (8가)에 대한 (8나)가 불가능한 것으로 보아 '두다'는 경로 표현이 아니라 처소 표현의 하나임을 알 수 있다. 이와 같이, 처소 표현이면서 단순한 상태의 표현과는 확연히 구별되므로 그 존재론적 범주는 사건이라고 할 수 있다. (7다)에서 'GO'와 함께 사건 함수의 하나로 준비되어 있는 'STAY'가 이를 위해 적절할 것이다. (8다)는 그 대체적인 의미 표상이다.7)

(8) 가. 어머니가 찬장에 먹을것을 두었다.

---

7) 뒤에서 도입할 작용의미층은 아직 표시하지 않았다.

나. *어머니가 찬장으로 먹을것을 두었다.
다. 두- : [CS(x, [STAY(y , [AT(z)])])]

이러한 '두다' 표현은 전형적으로 처소 표현의 사동성 동사로 이해되는 '놓다'와 한 가지 점에서 대립된다. '두다'와 마찬가지로 '놓다'도 사건의 범주를 갖지만, 전자가 지속의 성격을 갖는 사건의 범주, 즉 동작성을 갖는데 비하여 후자는 성취성을 본질로 한다고 본다. 전자가 'STAY' 함수를 기본으로 하여 형식화된 데 비해서 후자는 다음과 같이 기동성의 'INCH'와 존재의 'BE'를 결합한 표상을 갖는다.

(9) 가. 내가 탁자에 책을 놓았다.
나. *내가 탁자로 책을 놓았다.
다. 놓- : [CS(x, [INCH([BE(y, [AT(z)])])])]

기동성에 관해서는 (7)에 제시되어 있지 않으나, 상태를 논항으로 하여 사건으로 사상해 가는 함수로 정의된다.8) 이에 대해서는 제2장에서 상세히 논의하게 된다. (7라)에 들려 있는 존재 'BE'는 상태를 표현하는 가장 기초적인 함수이다. (9가)와 같은 문장은 통사적으로도 의미적으로도 '있다'의 문장을 가짐으로써 이러한 형태로 어휘의미구조를 설정한 것을 정당화해 준다.

(9)′가. 탁자에 책이 있다.
나. *탁자로 책이 있다
다. 있- : [BE(y, [AT(z)])]

'놓다'와 매우 가까운 거리에 있는 '넣다'의 어휘의미구조는 다음 (10다)에서 볼 수 있다. 이 두 동사는 처소 표현이라는 것 외에도, 세 자리의 논항을 취하며, 게다가 그 하위범주화의 형태가 같다. 차이점이란 단지 '놓다'가 대상을 어느 표면에 위치시키는데 반해서 '넣다'는 어떤 사물의 내부에 위치시킨다는 데에

---

8) Jackendoff(1990: 91-95), Jackendoff(1991: 37) 참조.

있다. 이러한 차이는 처소 함수인 'AT'와 'IN'의 구별로써 나타낼 수 있다.9)

(10) 가. 할머니가 항아리에 사탕을 넣었다.
나. *할머니가 항아리로 사탕을 넣었다.
다. 넣- : 〔CS(x, 〔INCH(〔BE(y, 〔IN(z)〕)〕)〕)〕

(1나)에서 예를 든 '죽이다'의 경우는 좀더 복잡한 요소들을 포함한다. 과거 생성의미론적 연구에서 종종 등장했던 의미구조의 형태와 가까운, 다음과 같은 모습으로 표상할 수 있다. 그러나 McCawley(1968), 이정민(1973)에서의 이와 유사한 의미구조가 이로써 다양한 문장구조들을 변형적으로 이끌어내기 위한 것임에 반해, 이 어휘의미구조는 이를 바탕으로 논항에 대한 융합 및 이 동사 '죽이다'를 주축으로 하는 문장의 통사구조나 의미구조를 투사해내기 위한 것으로서 차이가 있다.

(11) 죽이- :
〔CS(x, 〔INCH(〔NOT(〔BE/+ident(y, 〔AT(〔ALIVE〕)〕)〕)〕)〕)〕

부정소 'NOT'는 기동성 'INCH'와 마찬가지로 위의 의미구조 형성 규칙 (7)에 제시되어 있지 않지만, 사건이나 상태, 즉 상황을 만들어 내는 한 자리 함수로 정의할 수 있을 것이다. 뒤 'INCH'는 상태만을 논항으로 함에 비해서 'NOT'는 상태나 사건 어느 것이나 그 논항으로 할 수 있는 것으로 보인다. 〔ALIVE〕는 더 분해될 수 있는 복합적 의미특질이다.10) 가령, 속성을 나타내

9) 'AT'와 'IN' 자체도 더 분석하여 많은 처소 함수들의 차이를 다만 부분적인 의미특질의 차이로써만 구별할 가능성이 있다.

10) McCawley(1968)가 생성의미론의 입장에서 이와 같은 술어 해체 분석을 보인 이후로 이는 해체분석에 대한 공격의 표적이 되어 오기도 했다. 그런데 통사적 기저구조를 논리적 의미구조와 같은 것으로 보는 생성의미론의 입장과는 달리 이와 같은 의미 구조가 단지 어휘가 어휘부에서 갖는 최소한의 정보라고 보는 것이다. 'CS', 'INCH', 'BE' 등은 통사구조와의 대응에 직접적인 영향을 미치나 '〔ALIVE〕'와 같은 성분은 그 점에서 덜 관여적이다. 이러한 속성적 의미에 대한 의미특질의 목록을 나열하면 매우 많은 수가 될 것이므로 한정된 수의 의미 원소로 모든 언어 형식의 의미를 기술하려는 해체 분석의 원래의 동기에 반하는 결과가 될지도 모른다. 이와 같은 문제는 생성문법에서 전통적으로 사용해 온 어휘잉여규칙이나 의미공준의 장치를 적절히 이용함으로써 해결해 갈 수 있으리라 본다.

는 상태성 동사(형용사)의 의미 표상은 모두 다음과 같은 꼴로 통일된다. 속성을 나타내는 '〔ATTRIBUTE〕' 부분이 변수로 대치된다면 용언으로서의 '이다'가 갖는 어휘의미구조와 동일한 꼴이 될 것이다.11)

(12) 〔BE/+ident (y, 〔AT(〔ATTRIBUTE〕)〕)〕

사동접미사 '-이-'에 대응하는 의미는 사동성 함수 'CS'로 표시되었으므로, 이를 제거한 의미 성분이 주동사 '죽다'의 의미에 대한 표상으로 됨이 온당할 것이다.

(13) 죽- : 〔INCH(〔NOT(〔BE/+ident(y, 〔AT(〔ALIVE〕)〕)〕)〕)〕

(7라)에 포함된 상태의 함수들 중에는 'BE' 말고도 'ORIENT'와 'EXT'가 더 있다. 'ORIENT'의 쓰임은 다음과 같은 문장으로 예시할 수 있다.

(14) 가. 그는 발길을 금남로로 향했다.
나. 향하- : 〔CS(x, 〔INCH(〔ORIENT(y, 〔TO(z)〕)〕)〕)〕

그러나 '향하다'는 이와 달리 자동사로서의 쓰임도 발견된다. (13)이 그 보

---

11) 양정석(1992: 5.2.4.절)에서 필자는 '이다'의 어휘의미구조를 '되다'와의 평행성을 고려하여 다음과 같이 표상하였다. 그곳에서 작용의미층과 관계의미층을 잇기 위하여 'AND'를 사용하였으나, 이 책에서는 이를 모두 ','로 표시하여 이어준다. 이 점에 관해서 더 자세한 것은 2.2.3.절을 참조할 것.

가. 〔〔AFF(, x)〕 AND 〔BE/+ident(x, 〔AT(y)〕)〕〕

이는 능격성을 갖는 동사들을 어휘의미구조에서 동일한 구조로 표상해 주기 위한 의도에서 나온 결과이나, 능격성이 공식적으로 표시되는 층위는 어휘통사구조이며, 어휘의미구조적으로도 상태성 함수의 첫번째 논항은 대상의 의미역 특질을 가지게 되므로 작용의미층 없이도 능격성이 어휘의미적으로 갖게 되는 특징을 포착해 줄 수 있다. 따라서 상태성의 표현에 작용의미층을 덧붙이는 것은 보통의 경우 무의미한 일인 것으로 보인다. 제5장에서는 다음과 같이 정리한다.

나. 〔BE/+ident(x, 〔AT(y)〕)〕

'이다'에 대한 어휘의미구조가 위 (9)'의 '있다'의 어휘의미구조와 같은 구조를 가지면서 의미특질만을 하나 더 가진 것으로 표시된 것은 이 둘의 어원적 연관관계를 포착하는 의의가 있는 것이라고 하겠다. 이 두 어휘의 어원적 연관에 대해서는 이희승(1956), 최현배(1963)을 참조.

기이다.

(15) 가. 그는 금남로로 향했다.
나. 그는 금남로로 향한다.

이 문장을 (14)의 문장에서 목적어로 쓰인 '발길을'이나 어떤 다른 요소가 생략된 것으로 보기보다는 또 다른 어휘적 가능성을 갖는 '향하다'가 있는 것으로 간주하려고 한다. 이를 '향하2'로 표시하면 다음과 같이 사동성 함수만이 제거된 어휘의미구조를 얻게 된다.

(16) 향하2 : 〔INCH(〔ORIENT(y, 〔TO(z)〕)〕)〕

이러한 처리는 결과적으로 다음 예와 관련하여 일관성 있는 설명을 가능하게 해 주리라 생각한다.

(17) 그 집은 바다로 향해 있다.

(13나)는 '향하다'를 상태 동사 아닌 사건 동사로 보는 것이 온당해 보인다. 'INCH'는, (7)에는 나타나지 않았으나, 상태를 사건으로 사상해 주는 함수이므로 이러한 필요성에 부합한다. 두 가지 '향하다'의 경우에 사건성을 가지면서 경로를 포함하는 것을 표현해 줄 수 있는 것이다. 사건의 함수로서 둘째 논항으로 경로(path)를 취하는 'GO'가 있다. (12)나 (13)의 경우에는 이 함수가 사용될 수도 있겠으나 (15가)의 경우에는 그것이 불가능할 것이다. 집이 바다로 향해 있다는 것은 방향에 있어서 어느 쪽으로 위치지어져 있는 것일 뿐, 물리적으로든 또는 추상적으로든 사물의 이동을 뜻하지는 않기 때문이다. 그러면, (15)의 '향하다'를 (13)의 경우와는 달리 상태 동사로 볼 가능성은 없는 것일까? 이러한 가능성은 다음 예들을 통하여 거부된다.

(18) 가. *그 집은 바다로 향하다.

나. *그 집은 바다로 향한다.

(17)의 예는 의미구조 설정의 문제가 이상의 논의로만 종결되기 어려움을 보여주는 듯 하다. (17) 문장에는 동사가 '향하다' 뿐만 아니라 보조동사인 '있다'도 포함되어 있다. 그 구체적인 의미 합성의 과정은 이 장 뒷부분의 연결이론에 관한 논의로 미루기로 하고, 그 결과만을 보이면 (17)은 대체로 다음과 같은 의미구조를 갖는다.12)

(19) [[BE([그 집], IN STATE)],
[BY([INCH([ORIENT([그 집], [TO([바다])])])])]]
그 집은 바다로 향해 있다.

(7다)에 나타나는 한 자리 함수 'MOVE'가 필요한 예는 '움직이다'와 같은 동사이다. 이에 대해서도 타동사의 경우와 자동사의 경우 둘로 나누어 표상한다.

(20) 가. 그가 (맨손으로) 차를 움직였다.
나. 움직이1: [CS(x, [MOVE(y)])]
(21) 가. 차가 움직였다.
나. 움직이2: [MOVE(y)]

이제까지의 예에서 두 자리 함수인 사동성 'CS'는 개체(individual)를 첫째 논항으로 하고, 그 둘째 논항에는 사건성을 갖는 의미 성분을 취하는 것으로 일반화된다. 그러나 (7마)에서 보이는 바와 같이 사동적 상황 중에는 사동의 주체가 사물이 아닌 사건인 경우도 있다. 사동의 주체, 즉 'CS'의 첫째 논항이 사물이면 '행위자(agent)'라 불리는데, 이런 경우처럼 'CS'의 첫째 논항이 사건이면 '원인(cause)'이라고 한다. (22)와 같은 문장을 대략 표시해 보면

---

12) 'BY', 'FOR', 'WITH', 'FROM' 등의 함수들은 역시 층을 나누고 ','로 이어서 표시해 준다. (19)의 의미구조는 다음처럼 표시해도 마찬가지이다.

[BE([그 집], IN STATE)
[BY([INCH([ORIENT([그 집], [TO([바다])])])])]]

(23)과 같은 구조로 나타날 것이다.

(22) 그가 늦게 나타났음이 우리를 격분시켰다.
(23) [$_{Event}$ CS([$_{Event}$ 그가 늦게 나타났음], [$_{Event}$ 격분하([$_{Thing}$ 우리])])]

위에서와 같이 사동성의 의미 원소 'CS'를 중심으로 그에 인접하는 함수들을 추출해 가는 과정을 통해서 한 어휘의 의미가 그 내용에 있어 단순하지 않음을 알 수 있다. 또한 어휘 내부의 의미 요소들은 다른 어휘들과의 관계에서 상당한 규칙성을 가지고 맺어져 있음도 보았다. 'CS'를 제거하고 남는 의미 성분에 대해서는 다음 이어지는 장들에서 더욱 상세한 고찰을 해 가려고 한다. 그러기 전에 한편으로, 'CS'로 표시되는 사동성 자체에 대해서도 좀더 심각한 고려가 있어야 할 것 같다.

2.2. 사동성과 작용성

2.2.1. 영역교차적 일반화

처소를 나타내거나 물리적인 상황을 나타내는 어휘들이 똑같은 형태론적, 통사적 형식을 유지한 채 심리적이거나 사회적인 국면을 나타내는 경우는 어느 언어에나 흔하다. 다음에서 동사 '있다'의 예를 들어 보겠다. 서로 다른 문장형식을 갖는 (1)은 처소의 표현으로 나타난다. 어느 경우에나 하나의 문장형식이 상이한 의미영역을 가로질러 한 가지 의미역 관계를 표현하고 있는 것이다.[13] 'NP에' 성분은 처소이며, 다음에 이어지는 명사구는 대상이 된다.

---

13) 의미역 관계(thematic relations)는 문장 속에서 명사구가 동사와 맺는 행위자(Agent), 대상(Theme), 처소(Location), 목표(Goal), 시원(Source) 등의 의미론적 관계를 가리키는 용어이다. 이 개념은 원래 Gruber(1965)의 생성의미론적 연구, Fillmore(1968)의 격문법적 연구를 통하여 발전되었다. 전자에서는 이를 의미적 관계(semactic relations)이라 부르며, 후자에서는 이를 심층구조에 설정되는 격(case)으로 해석한다. 이 용어 '의미역 관계(thematic relations)'는 Gruber의 이론을 해석의미론적 관점에서 발전시킨 Jackendoff(1972:29)로부터 유래하나, Chomsky(1981)에서는 '의미역(theta-role)'이라 하여 원리 매개변수

(1) 가. 얼굴에 상처가 하나 있다.
나. 내 마음에 상처가 하나 있다.
다. 우리 조직에 문제가 하나 있다.

이와 같은 처소 표현의 동사 말고, '막다, 제약하다'처럼 물체의 운동에 있어서의 역학관계를 기본적으로 표현하는 동사들도 상이한 의미적 영역들에서 사용될 수 있다.

(2) 가. 댐이 강물의 흐름을 막고 있다.
나. 어릴적의 억압적 체험은 개인의 자유로운 사고를 막는다.
다. 사회의 관습이 자유로운 인간관계를 막는다.

흥미로운 예는 '견디다'와 같은 동사이다. 이 역시 물리적, 심리적, 사회적 의미영역에 고루 사용될 수 있는데, 주어와 목적어가 가리키는 대상들 상호간의 힘의 관계를 살펴보면 목적어 대상의 적극적인 힘의 작용에 주어 대상이 소극적으로 대응하고 있는 양상을 발견할 수 있다.

(3) 가. 댐이 강물의 힘을 견딘다.
나. 그가 추위를 잘 견딘다.
다. 우리 선조들은 외세의 침입을 잘 견뎌 왔다.

이렇게 하나의 표현이 다양한 의미적 영역에서 동일한 형식으로 나타날 수 있다는 사실은 이미 여러 언어학자들에 의해서 지적되어 왔다. 특히 Jackendoff (1978)는 이 점을 '영역교차적 일반화(cross-field generalization)'라고 지칭하고, 언어가 갖는 이러한 특징 때문에 수많은 영역 각각에서 서로 다른 어휘나 문법적 형식을 따로 만들어 내는 낭비를 줄일 수 있다고 설명하였다. 특

이론을 이루는 한 자율단위(module) 이론인 의미역 이론으로 편입시켰다. 국어 연구에서는 보통 '심층격'이란 용어로도 알려져 왔으며, 격문법 이론을 받아들인 연구인 김영희(1988)에서는 이를 '의미격'이라 부르기도 한다.

이 책의 제3장에서는 의미역 관계의 해석과 관련된 문제를 지적하고 동사가 갖는 어휘적 표상으로서 어휘의미구조와 어휘통사구조를 구별해야 함을 주장한다.

히 의미역 관계의 표현에서 이러한 원리가 기여하는 바가 큼을 주시하였다. 우리가 이제까지 사용해 왔던 각각의 의미 원소들의 형식화는 이러한 원리를 구체화한 것이라고 할 수 있다. 즉 'BE', 'MOVE', 'STAY', 'INCH', 'GO', 그리고 'CS'는 이상적인 차원에서 모든 의미영역의 해당 의미 관계를 표상하는 의미적 특질로서 취해진 것이다. 만약 한 함수가 위에 나타나는 물리적, 심리적, 사회적 영역 및 그밖의 영역 모두에서 사용되는 경우, 그 각각의 의미영역들을 따로따로 의미 원소로 표시해 주어야 한다면 어휘의미구조나 문장의 의미구조를 표기하는 형식적 기호들의 수는 걷잡을 수 없이 늘어날 것이다. 따라서 (1)-(3)과 같은 경우 각각에서 (가)-(다)의 영역들에 대한 정보는 생략될 수 있는 것이다.

한편, 한정된 의미역 관계의 표현이 공간적 표현 이외의 영역에서 나타날 경우, 그것이 새로운 어휘적 가능성으로 실현되기도 한다. 다음 (4)는 앞서의 (1)과 같이 기본적으로 처소와 대상의 의미역을 갖는 것으로 볼 수 있으나 그 통사적 형식은 다른 바가 있다. 즉 앞서 'NP에'로 나타났던 성분이 주어로 실현된 것이다. 또 그 의미적 측면에서도 (1)의 문장들이 평범한 존재의 표현임에 비해서 (4)의 예들은 소유의 표현으로서 파악될 수 있다. 물론 소유는 본시 사회적 관계를 나타내는 개념이므로 (4가)에는 부적절한 듯하지만, 이런 경우는 (4나, 다)와 같은 경우의 소유의 의미가 여기에도 확대적으로 해석되는 것이 아닌가 한다.

(4) 가. 이 차가 백미러가 있다.
　　나. 할머니가 금비녀가 있다.
　　다. 우리가 우선권이 있다.

이와 같은 의미적 영역을 '소유'의 영역이라고 부르자. (4가)의 경우 '이 차'와 '백미러'의 관계는 이른바 비분리적 소유(inalienable possession)의 관계임에 비해서 나머지는 분리적 소유의 관계가 된다. 이 경우 '있다'가 표현하는 소유의 개념은 이 두 가지를 구별하지 않는 무표적인 것이라고 할 만하다. 뒤의 제5장에서는 '있다'가 갖는 어휘의미를 크게 존재와 소유의 두 가지로 나누어 표상에 반영할 것이다.

의미역 관계에 따라 동사의 의미를 관찰해 보면 언뜻 그 어휘의미를 기술하기가 매우 까다로와 보이는 예들이 공간적인 표현과 관련되는 경우를 흔히 찾아볼 수 있다. 시간적 영역의 표현이 처소 표현의 어휘나 문법적 구조를 이용한다는 사실은 상당히 잘 알려진 바가 되었다.

(6) 가. 그가 서울에 도착했다.
  나. 그가 10시에 도착했다.
(7) 가. 동대문에서 청량리까지 걸었다.
  나. 10시에서 12시까지 걸었다.
(8) 가. 수많은 인파가 지나갔다.
  나. 많은 시간이 지나갔다.

가령 '경과하다' 같은 경우 (8가)처럼 '*수많은 인파가 경과했다.'와 같은 표현은 불가능하지만 (8나)와 같은 '많은 시간이 경과했다.'는 표현은 가능하다. 이 경우 시간의 영역에 속하는 '경과하다'의 어휘의미는 (8)과의 유추에서 '지나가다'와 공통된 구조로 표상하는 것이 타당할 것이다.[14)]

앞서 제시한 '향하다'의 의미도 비슷한 고려에 의하여 얻어진 것이다. 다음을 비교해 보면, '향하다'는 이동의 의미를 표현하는 '가다'와는 다르지만 대상과 경로의 의미역을 갖는다는 점에서는 마찬가지이다. 물론 이에 따라 문장 형식에 있어서도 평행성을 보이는 것이다.

(9) 가. 그가 서울로 갔다.
  나. 그가 서울로 향했다.
(10)가. 나는 그를 서울로 보냈다.
  나. 조종사는 기수를 서울로 향했다.

---

14) 한자말의 경우 한자 하나하나의 뜻을 한자 자전을 통하여 밝혀 내는 일은 체계적인 연구가 되기 어렵다고 본다. 우리의 목적은 어휘의 의미가 통사구조와 대응되는 데에 있어서의 규칙성을 찾아내는 것이므로, 구체적인 문장 자료를 통하여 어휘의미의 특정 국면이 통사구조로 어떻게 나타나는가를 살피는 것이 중요하다.

'향하다'를 이와 같이 파악하고 나면 다음으로 심리적인 국면을 표현하는 동사 '지향하다, 뜻하다, 의도하다' 등의 어휘의미구조에 '향하다'가 기본적으로 갖는 'ORIENT'의 함수를 포함시킬 가능성이 있음을 깨닫게 된다.

(11) 가. 나는 변호사가 되기로 뜻하였다.
나. 나는 변호사가 되기로 의도하였다.

2.2.2. 상태성과 사건성

굴곡접미사를 포함하지 않은 동사 어휘 자체에 시간과 관련된 의미 국면이 내재된다는 점은 Vendler(1957)의 논의를 통하여 일반화되었다. 이에 따르면 동사는 시간적 양상과 관련하여 다음과 같은 네 가지 부류로 갈라진다.

(1) 가. 완성동사(accomplishment verbs)
나. 성취동사(achievement verbs)
다. 동작동사(activity verbs)
라. 상태동사(state verbs)

여기서 '완성동사, 성취동사, 동작동사'는 심리적 공간에서 일어나는 '사건'으로서의 성격을 갖는다. 이에 비해 상태동사는 사건을 표현하지 않고, 상태(state) 내지는 사실(fact)을 표현한다.[15] 여기서 '사건'이란 우리의 개념론적 관점에서 바라보았을 때, 세계를 이루는 기본 범주의 하나로 파악된다. 그것은 전형적인 경우 시작과 끝을 다 갖는데, 이 경우를 표현하는 것이 완성동사이다. 동작동사는 시작만을 가지며, 성취동사는 끝만을 갖는다. 상태는 사건과 대립되는 개념으로서 시작이나 끝을 갖고 발생하는 것이 아니며, 단지 사실로서만 인식될 뿐인 것이다.

상태와 사건은 우리의 어휘의미구조 표기에 기본적으로 부여되는 존재론적

---

15) '사건'과 '상태(또는 사실)'의 개념 구별에 대해서는 Vendler(1967: 122-146) 및 Voorst (1988)을 참조.

범주의 하나가 된다. 그런데 어떤 동사의 의미를 분석하여 상태의 함수 'BE, ORIENT, EXT' 등으로 표상하기 위해서는 그것을 위한 통사적 증거가 뒷받침되는 것이 바람직할 것이다. 과거 전통문법의 품사론적인 연구에서 용언을 형용사와 동사로 가른 것은 상태성과 사건성에 의한 동사의 분류와 대응한다는 것이 일반적인 해석이다.[16] '깨끗하다, 밉다, 차다' 등의 동사는 어미 '-는다'와 공존하지 않고, 대신 '-다'와 공존한다. 반대로 '잡다, 생각하다, 지니다' 등은 '-는다'와 공존한다.

(2) 가. *물이 깨끗한다.
 나. *나는 그가 밉는다.
 다. *날씨가 찬다.
(3) 가. 고양이가 쥐를 잡는다.
 나. 철수가 그 여자를 생각한다.
 다. 철수가 돈을 지닌다.

국어의 동사들을 더 찬찬히 검토해 보면 위에서와 같이 '-는다'와의 공존 여부를 기준으로 상태성과 사건성을 나누는 것이 불가능한 예가 발견된다. 잘 알려진 바와 같이 '있다' 동사는 경우에 따라 '-는다'를 취하기도, 취하지 않기도 한다. 이와 같은 동사로는 다음과 같은 것들이 있다.[17]

(4) 밝다, 뛰어나다, 늦다, 붉다, 두드러지다, 잦다, 젖다, 만족하다, 길다, 당황하다, 무리하다, 둥글다, 틀리다, 밀접하다, 붐비다, 망하다, 기울다, 자라다, 건조하다, 더럽다, 굳다, 정립하다, 분주하다, 떠들썩하다, 시다, 무관심하다,

16) 정문수(1984)에서는 대체로 Vendler(1957)의 틀에 따라, 국어 동사 어휘의 시상성을 분류하는 데에 필요한 검증방법을 포괄적으로 제시하였다. 그곳에서는 상태성을 구별해 내는 검증방법으로 이 외에도 '고 있' 또는 '어 있'과 공존 불가능하다는 점, '시작하다'와 공존 불가능하다는 점, 그리고 명령형과 청유형이 되기 불가능하고 '어 보다', '으려고 하다' 등의 문맥에 나타날 수 없다는 점 등을 제시했다. 명령형과 청유형이 되기 불가능하다는 점은 이 책에서는 제3장에서 본격적으로 논의하는 '능격성'을 위한 검사 방법으로 해석된다.

17) 상위 빈도순 동사 3000개 중에서 필자가 찾아낸 것이다. 동사의 빈도순은 연세대학교 한국어사전편찬실에서 '연세말뭉치I' 300만 말마디를 대상으로 빈도수 조사한 결과에 따라 얻어진 것이다.

분방하다, 충만하다, 궂다, 크다, 그늘지다, 존중하다, 불평하다, 애석하다, 비방하다, 애원하다, 맞다, 지나치다, 당하다, 감사하다, 초월하다, 친하다, 살벌하다

이와 같은 예외들에 대해서는 어떻게 처리할 것인가? 이 43개의 동사는 국어의 동사 중 상위 빈도 3000개 중에 있는 것들이다. 따라서 이 43개는 각각 상태와 사건의 동사로, 두 개씩의 어휘 항목으로 나누어도 전체 어휘항목의 수에 큰 변동을 초래하지 않을 것이다. 또, 이렇게 나누어진 상태성의 '밝다'와 사건성의 '밝다'의 의미 차이는 뚜렷한 바 있다. 그렇다면 '-는다'와의 공존 여부에 의한 동사의 구별은 대단히 큰 일반성을 지닌다고 보겠다.

두 가지 의미 차이를 표시할 때, 가령 '있다'가 '-는다'를 취하는 경우, 그 동사의 어휘의미는 기본적으로 'STAY'로 표시함으로써 '-는다'를 취하지 않는 경우의 'BE'로의 표시와 구별한다. 또는 상태의 함수 'BE, ORIENT, EXT'에 기동성의 'INCH'를 결합하여 사건의 의미를 표상할 수도 있을 것이다.

2.2.3. 작용역학과 작용의미층의 설정

Talmy(1976, 1985b)에서는 사동적 상황이 종래 생각해 오던 것보다 휠씬 넓은 범위를 차지하는 것이라 생각하고 그 전 범위를 망라하여 분류하려는 시도를 하였다. 특히 물리적인 힘의 '작용역학(Force Dynamics)'이 기초가 되어 사동적 상황을 구성하는데, 이것이 다양한 의미영역에 대응되어 실현됨을 보였다. 작용역학의 의미범주를 구성하는 대립적 요소들로 '으뜸힘(agonist)'과 '맞설힘(antagonist)', 으뜸힘이 내재적으로 갖는 동작으로의 경향과 정지/휴식으로의 경향, 결과로서의 동작과 정지/휴식, 그리고 으뜸힘이 맞설힘에 대해서 상대적으로 갖게 되는 상대적 힘이 강한지 약한지의 여부 등 네 가지를 구별하였다.[18] 일반적으로 사동적 상황이란 맞설힘이 으뜸힘에 비하여 높은 강

18) Talmy의 용어 'agonist'와 'antagonist'는 원래 생리학의 용어로서 대립하는 두 근육을 의미하는 것이었다고 하나, 그의 작용역학(force-dynamics)과 관련하여 '으뜸힘'과 '맞설힘'이 전하는 의미가 분명하다고 판단되어 이렇게 옮기기로 하였다.

도를 갖는 경우이다. 작용의 결과로는 으뜸힘이 맞설힘의 영향을 받아 정지의 경향에도 불구하고 동작하게 되거나(시킴), 동작의 경향에도 불구하고 정지하게 된다(막음). 이러한 기본적 사동적 상황은 전이적, 또는 부차적 양상을 띨 수 있다. '방해(hindering)'나 '허용(letting)', '도움(helping)'도 사동적 상황이 전이된 것으로 해석될 수 있다. 사동 작용이 상태의 변화를 이룰 때, 변화된 후의 상황이 맞설힘을 동반하느냐 또는 그것과 단절되느냐 하는 것도 사동적 상황의 변이를 만드는 양상들이다.

으뜸힘이 맞설힘에 비해서 높은 강도를 갖는 경우도 기본적 작용역학의 한 유형을 이룬다. 맞설힘이 동작을 가해 옴에도 불구하고 으뜸힘이 이에 맞서 정지하게 되거나, 정지된 맞설힘에 대항하여 이를 극복하고 동작을 계속해 가는 상황이 두 가지 기본적인 유형이다.

Talmy의 작용역학 이론이 동사 어휘의미의 기술에 유용한 것은, 실제적으로 동사의 의미에 기존의 의미론적 범주들로써만은 기술하기 어려운 의미적 국면이 존재하기 때문이다. 작용역학적 의미 양상은 위에서 말한 사동성이나, 앞으로 말하게 될 기동성, 피동성, 재귀성, 대칭성, 또는 시제, 시상, 양상 등 종전에 일반적으로 논의되어 오던 의미론적, 통사론적 범주들과는 독립적인 의미 국면이다.

Jackendoff(1990)에서는 Talmy(1985b)의 작용역학 이론을 바탕으로 하여 동사의 어휘의미구조의 일부로서 '작용의미층(action tier)'이란 장치를 형식화하였다. 한 어휘 또는 문장의 의미구조에서 이 작용의미층을 제외한 나머지 부분을 '관계의미층(thematic tier)'이라고 한다.[19] 위에서 형식화하였던 동사들의 어휘의미구조는 관계의미층만을 보인 것이다. 우선 다음에서 '치다' 동사가 분포하는 다음 문장들을 살펴 보자.

(5) 가. 철수가 홍식이를 쳤다.
나. 철수가 책상을 쳤다.

19) '작용의미층', '관계의미층'이란 역어는 양정석(1992)에서 처음 사용해 보았다.

이 두 문장 모두에서 철수는 행위자이다. 두번째 명사구의 의미역을 지정해주는 문제에 이르러서는 보는 각도에 따라 의견이 갈린다. '대상'이라고 할 수도 있고, '처소' 또는 '목표'라고 할 수도 있을 것이다. 그러나 '치다'가 보여주는 의미적 특성은 행위자가 그 신체부분을 사용하여 그 목표에 충돌성의 접촉을 가하는 것으로 파악된다. 두번째 논항인 '홍식이'나 '책상'은 행위자의 신체부분이 향하여 가는 목표가 된다고 봄이 온당하다. 이렇게 목표의 의미역을 갖는 명사구가 '를'을 가지고 목적어로서 나타나는 경우는 흔히 찾아볼 수 있다. '치다'의 어휘의미구조에 이와 같은 사정을 반영할 수 있다. 만약 '치다'의 어휘의미구조에 작용역학적 국면을 반영하지 않는다면 그 구조는 대체로 다음과 같은 것으로 족할 것이다.[20)]

(6) 치- :
〔CS(x , 〔GO/+cntc,+cols(〔HAND〕-OF(x), 〔TO(〔AT(y)〕)〕)〕)〕

여기서 병합된 의미 성분으로 '〔HAND〕-OF'는 '치다'가 갖는 어휘개별적 의미를 명세해 준다. 가령 '차다'에는 '〔발〕-OF', '받다'에는 '〔이마〕-OF' 등의 의미 성분이 병합(incorporation)될 것이다.[21)]

한 문장 내부의 어휘들은 문장의 통사구조를 구성하는 일반적인 원리들에

---

20) 양정석(1992: 127쪽)에서는 '치다'의 어휘의미구조를 다음과 같이 설정한 바 있지만, 기동성을 갖는 'BE' 함수보다는 'GO' 함수가 더 타당하리라 생각한다.
치- : 〔〔AFF(x, y)〕 ,
〔〔CAUSE(x, 〔INCH〔BE/+contact,+부딪침(〔 x 〕/+body-part,
〔AT/+contact,+부딪침(y)〕)〕)〕)〕〕
세부적으로 'CAUSE, +contact, +부딪침, +body-part' 등의 의미특질은 'CS, +cntc, +cols, +bp' 등으로 간략화되었다.

21) '치다'와 비교되는 재미있는 예로 '때리다'가 있다. '때리다'의 의미는 대체로 '치다'와 같으나 그 목표가 되는 논항이 신체부분이라는 점만이 다르다. 이 점이 (가)의 부적격성을 설명해준다. (나)에서 '적의 외곽'은 적의 부대를 신체로 본다는 전제에서 그 일부를 때렸다는 뜻으로 해독된다. 이 점을 신체부분성 의미특질을 목표 논항에 표시하는 방법으로 나타낸다.
가. *아군이 적을 때렸다.
나. 아군의 주력이 적의 외곽을 때렸다.
다. 때리- :
〔CS(x , 〔GO/+cntc,+cols(〔HAND〕-OF(x), 〔TO(〔AT(y/+bp)〕)〕)〕)〕

따라 서로 결합된다고 할 수 있다. 그런데 동사가 어휘부에서 가지고 있는 그 통사적 의미적 특질들은 이렇게 통사구조를 형성하는 과정에서 특정한 규칙에 지배받아야 한다. 그 규칙을 일단 '연결 규칙'이라고 부르기로 하자. 앞 절에서 제시하였던 동사들의 어휘의미구조를 살펴 보면, 어느 경우에나 'CS'함수의 첫째 논항이 주어로 나타나고, 이전에 'CS' 함수가 있는 경우 'BE'나 'GO', 'STAY' 함수의 첫째 논항은 목적어로 나타난다는 일반성이 있음을 알 수 있다. 이전에 'CS' 함수가 없는 경우에는 주어로 실현된다. 그밖에 'AT'를 비롯한 처소 함수의 논항은 조사 '-에'나 '-에게'로 실현되고 'TO'를 비롯한 경로 함수의 논항은 '-으로'를 더불어서 나타난다.22) 이와 같은 일반성을 가정할 때, (6)과 같은 어휘의미구조로는 'y'가 목적어로 실현되는 것을 보장해 줄 수 없다. 그러나 (5)의 예들에서 첫째 논항과 둘째 논항의 힘의 상호관계를 살펴 보면 전자가 후자에 대해서 특정의 작용을 가하는 국면이 파악된다. 이를 다음에서 확인할 수 있다.

(7) 가. 철수가 홍식이에 대해서 한 일은 친 일이다.
　　나. 철수가 책상에 대해서 한 일은 친 일이다.

대부분의 목적어들은 이와 같은 방법으로 그 피작용성을 확인할 수 있으리라 본다. 목적어를 갖지 않는 '부딪히다'나 '다가가다' 동사의 경우는 이것이 부자연스러운 듯하다.

(8) 가. 철수가 홍식이에게 부딪혔다.
　　나. 철수가 벽에 부딪히다.
　　다. 철수가 경애에게 다가갔다.
(9) 가. ?철수가 홍식이에 대해서 한 일은 부딪힌 일이다.
　　나. ?철수가 벽에 대해서 한 일은 부딪힌 일이다.
　　다. ?철수가 경애에 대해서 한 일은 다가간 일이다.

---

22) 좀 자세히 서술한다면 제3장에서는 동사 어휘가 갖는 어휘구조로 어휘의미구조 말고 어휘통사구조라는 것을 더 설정한다. 어휘의미구조는 일단 어휘통사구조로 연결되고, 다시 이 어휘통사구조가 문장의 통사구조로 연결되는 관계로 본다. 이에 따르면 이른바 연결규칙은 두 가지로 나누어져야 한다. 전자를 '연결규칙1'이라 부르고 후자를 '연결규칙2'라 한다.

필자는 국어에서 목적어를 갖는 동사 모두에 작용의미층을 설정해 주어야 한다고 보고 있다.[23] 기존의 국어 문법 연구에서 이와 같은 견해를 간접적으로 지지해 주는 관찰이 임홍빈(1979)에서 발견된다. 임홍빈(1979)에서는 목적어가 갖는 의미역(thematic role)적 측면에 주목하여, 타동사문의 기본적 의미는 '행동주(Actor)-피행위자(Patient)-행동(Action)'의 구조[24]를 갖는다고 보았다. 이에 따라 국어에서 이러한 구조가 적용될 수 있는 경우 그 '행동성'은 '작용성'으로 확대해석될 수 있고, 그 피행위자는 '주어의 직접적 작용성'과 '잠재적 의도성' 등을 갖는다고 한다. 또, 다음과 같은 경우에 '처소'나 '경로'의 명사구가 목적어로 나타나는데, 이 때 이 명사구는 특별히 '전체성'을 갖게 된다고 하였다.[25]

(10) 가. 그가 서울을 산다.
나. 그가 집을 떠났다.(이 두 예문은 임홍빈(1979)에서 따옴)

그러나, 이러한 예에서 나타나는 목적어의 의미적 국면은 이를테면 다음과 같은 경우의 목적어가 갖는 '전체성'과는 다른 것으로 보인다.

(11) 인부들이 건물벽을 페인트로 칠했다.

처소교차 동사 '칠하다'의 경우는 뒤에서 더 논의할 것이지만, 작용성과 아울러 전체성이라는 요소가 독특한 방식으로 이 동사의 어휘의미구조에 가담하게 된다. 어쨌든 이상의 예에서 나타나는 작용성은 모두 작용의미층이라는 차별화된 층(tier)에서 기술할 수 있다. 따라서 위의 '치다' 동사와 '떠나다' 동사

23) Jackendoff(1990: 129)에서는 이와 유사하게, 타동사문의 피작용자가 목적어로 연결되는 경향을 갖는다고 지적한 바 있다. 국어에 대한 우리의 입장은, '-를'이 부착되고 또 그것이 목적어라면 언제나 작용의미층의 피작용자와 대응된다고 보는 것이다. 물론 극히 일부의 예외는 인정한다. 뒤에서 논의하게 될 이중목적어를 갖는 동사들의 예가 그것이다.

24) 이를 '대격성의 원초적인 의미모형'이라고 하였다. 임홍빈(1979: 94) 참조.

25) 임홍빈(1979: 100)에서는 "대격이 처소적인 대상일 때, 주어의 작용은 그 대상 전체에 대하여 행하여진다."고 하였다. 다음 문장과 같은 경우 특별히 다른 경우와 달리 '전체성'이 느껴지지 않는다. 여타의 경우처럼 '작용성'이 느껴질 뿐이다.

의 의미는 각각 다음과 같은 어휘의미구조로 표상된다. 경로나 처소가 목적어로 나타나지 않는 경우의 동사는 그 어휘의미구조에서 그에 대응하는 작용의미층의 논항을 갖지 않는다는 점이 다르다.

(12) 가. 치- : 〔〔AFF(x , y)〕,
〔CS(x , 〔GO/+cntc, +cols(〔HAND〕-OF(x),
〔TO(〔AT(y)〕)〕)〕)〕〕
나. 떠나- : 〔〔AFF(x , y)〕,
〔GO(x, 〔FROM(y)〕〕〕〕

'〔AFF(x, y)〕' 부분이 Jackendoff(1990)에서 말한 '작용의미층(action tier)'이다. 이는 ',' 표시를 통하여 나머지 의미 성분인 '관계의미층(thematic tier)'과 이어진다. 'AFF'의 첫째 논항은 '작용자'로, 두번째 논항은 '피작용자'로 해석된다. 작용의미층과 관계의미층이란 두 층은 단순히 병렬되는 것으로 이해될 수 있으나, 다만 이 두 층에 나타나는 논항 변수는 같은 로마자 소문자일 경우 동일한 논항으로서 결속됨을 의미하게 된다. 또, 두 의미 성분이 ','로써 묶인 경우, 통사적인 구조로 연결되는 과정에서 두 의미 성분 사이에 우선순위가 있게 된다. 앞서는 의미 성분이 우선순위를 갖게 되는 것이다.[26] (12가)의 어휘의미구조에서 'y' 논항은 관계의미층에서는 목표이지만, 작용의미층에서는 피작용자이다. 이에 따라, '목표'의 논항이 목적어로 실현된 것은 작용의미층에서 피작용자이기 때문이라고 설명할 수 있게 된다.

따라서 '작용의미층'이란 한 어휘의미구조 내에서 맨 상위에 ','로써 연결된 의미 성분 중 하나를 가리키는 용어가 된다. 다음은 영어의 문장 "The car hit the tree."에 대한 Jackendoff(1990: 127쪽)의 의미구조이다. 여기서 동사 'hit'의 시제나 관사 'the'와 관련한 의미는 고려되지 않았다.

---

26) 이 점은 나중에 '연결규칙1'의 일부로 명시될 것이다.

(13) [INCH〔BEc (〔CAR〕, 〔ATc〔TREE〕〕)〕
AFF (〔CAR〕, 〔TREE〕)
Event]

이 책의 표기법에 따르면 다음과 같이 된다.

(14) 〔〔AFF(〔CAR〕, 〔TREE〕)〕,
〔INCH(〔BE/+cntc (〔CAR〕, 〔AT/+cntc(〔TREE〕)〕)〕)〕〕/+event

이 책에서 사용하는 (14)와 같은 표기방식은 전혀 새로운 것이 아니고, 현대언어학에서 음운론적 특질이나 문법적 특질을 표시할 때 흔히 약속하는 표기상의 원칙을 이용하는 것 뿐이다. 즉, (15가)의 표기는 (15나)의 표기와 완전히 동일한 것이다. (15다)도 마찬가지이다. 그러므로 (13), 또는 (14)로 표기하더라도 그것은 단지 표기상의 변이형인 것으로 이해할 수 있다.

(15) 가. [〔+feature1〕
〔+feature2〕〕]
나. 〔〔+feature1〕, 〔+feature2〕〕
다. 〔〔+feature1〕,
〔+feature2〕〕

2.2.4. 의지성과 행위자성

이 절의 서두에서 서로 다른 의미영역에서 나타나는 의미특질들을 언제나 동일한 한 가지 형식으로 표시하는 것의 이점을 말한 바 있지만, 경우에 따라서는 개개의 세분된 의미특질을 하나하나 표시해 주어야 할 때도 있다. 앞 절에서 논의한 사동성 함수의 첫째 논항인 개체는 행위자가 되나, 특이하게 다음과 같은 무의지성의 행위자가 있을 수도 있다.

(1) 가. 이 학급이 운동선수를 포함한다.
나. 저 트럭은 모래를 실었다.

(1)의 동사들은 다음 장에서 말하게 될 '재귀성'의 의미 구조를 갖는다. '포함하다'는 전형적인 재귀동사라고 할 수 있는데, 주어는 비의지적이라는 특징을 갖는다. '싣다' 동사도, 위와 같이 재귀성을 보이는 경우에는 언제나 무의지성을 요구한다.

(2) 가. *이 학급이 고의로/일부러 운동선수를 포함하고 있다.
　　나. *저 트럭은 고의로/일부러 모래를 실었다.

이에 반해서 '일으키다, 차지하다, 지니다' 등은 주어의 성격에 따라 의지성과 무의지성의 두 가지 성격이 다 가능하다.

(3) 가. 철수가 나를 일으켰다.(의지성)
　　나. 바람이 수면에 파문을 일으켰다.(무의지성)
(4) 가. 그가 많은 돈을 지녔다.(의지성)
　　나. 이 말은 깊은 의미를 지닌다.(무의지성)
(5) 가. 그가 자리를 넓게 차지했다.(의지성)
　　나. 이 책상은 공간을 많이 차지한다.(무의지성)

무의지성은 많은 경우 비행위자성과 일치하나, (3나)-(5나)에서와 같이 행위자성을 갖는 경우도 있다.[27] 이 책에서 행위자성의 유무를 검사하는 방법으로서는 명령형과 청유형에의 분포, 통제 구문에의 분포 가능성 등을 검사한다. 그러나 이 방법은 (3나)-(5나)가 행위자성을 가짐에도 불구하고 적용되지 못하는 문제를 안고 있다. 이럴 경우, 의지성을 위한 검사 방법, 예컨대 '일부러' 등의 부사를 적용해 보는 방법을 사용하여 구별해 내는 것이 가능하다.

우리는 뒤에서 한 부류의 자동사가 갖는 '능격성'을 비행위자성과 동일시하는 관점을 택하게 된다. 행위자는 사동성 함수 'CS'의 첫째 논항으로 정의된다. 위의 '싣다'와 '포함하다'의 어휘의미구조는 이들이 행위자를 가짐을 보여주

---

27) 이 책에서 비행위자성은 어휘의미구조에서 작용자(Actor)나 반작용자(Reactor), 행위자(Agent)를 갖지 않는 특성을 포괄적으로 지칭한다.

고 있다. 또 '지니다'나 '차지하다'의 경우도 역시 행위자를 가지는 어휘의미구조로 표상해야 하는데, 의지성과 아울러 무의지성을 가질 수 있는 것이다. 한 동사 어휘가 이렇게 경우에 따라 의지성으로도, 무의지성으로도 나타날 수 있다는 것은 의지성이 행위자성과는 또 다른 독립적인 의미범주임을 말해 준다.

(4)′가. 그가 일부러 많은 돈을 지녔다.
　　나. *이 말은 일부러 깊은 의미를 지닌다.
(5)′가. 그가 자리를 일부러 넓게 차지했다.
　　나. *이 책상은 일부러 공간을 많이 차지한다.

그러므로 '포함하다'와 '싣다'의 경우에 한하여, 이들의 어휘의미구조에 무의지성을 하나의 특질로 따로 표시하는 것이 필요하다. 그리하여 이 점을 작용의미층의 함수에 하나의 매개변수적 특질로써 표기해 준다.[28)]

(6) 포함하: [[AFF/-vol(x, y)],
　　　　[CS(x, [INCH([BE(y, [IN(x)])])])]]
(7) 싣- : [[AFF/-vol(x, y)],
　　　　[CS(x/+vhcl, [INCH([BE(y, [AT(x)])])])]]

2.2.5. 사동성과 작용성의 세분화

어떤 동사 어휘의 어휘의미구조를 기술하기 위해서는 먼저 물리적인 의미영역에서 힘들의 상호관계를 파악하는 일이 필요할 것이다. 맞설힘이 으뜸힘보다 더 강한 힘을 갖는 경우, 즉 사동적 상황은 방해, 극복, 허용, 도움, 저항 등의 변이적 양상을 가질 수 있다. 이러한 변이적 의미요소를 사동성 함수 'C

---

28) 다음 동사들의 관계의미층은 재귀성을 표현하게 되는데 이의 내용에 대해서는 다음 장에서 논의하게 된다.
양정석(1992)에서는 무의지성 특질의 표시로 '-volitional'로 나타냈으나, 앞으로 간략히 줄여 '-vol'로 나타내기로 한다. 또, 다음 예처럼 논항 변수에 대한 선택적 특질의 표시가 가능하다. '+vhcl'은 양정석(1992)의 '+탈것(vehicle)'에 해당하는 특질인데 이와 같이 간략화하였다. 이밖에도 액체성, 접촉성, 접착성, 충돌성 등의 의미특질은 각각 '+liquid', '+contact', '+attatch', '+부딪침'에서 '+liqd', '+cntc', '+atch', '+cols'으로 바꿔 통일한다.

S'와 작용 함수 'AFF' 및 반작용 함수 REACT에 매개변수적 특질을 덧붙여 표현할 수 있다.

먼저, 의도된 사동적 사건이 결과적으로 성공하였는가 여부를 기준으로 사동성을 나누어 볼 수 있다. 이러한 양상은 사동성 함수에 +s(성공), +u(중립), -s(실패)의 의미특질로 덧붙인다. '죽이다, 굴리다, 파괴하다, 열다'는 그 결과된 사건이 성공함을 함의하고, '실패하다, 놓치다'는 실패를, 그리고 '밀다, 끌다' 따위는 중립적이다.

(1) 가. ??사내가 그 개를 죽였지만 그 개는 죽지 않았다.
 나. ??아이가 돌을 굴렸지만 그 돌은 구르지 않았다.
 다. ??적군이 그 도시를 파괴하였지만 그 도시는 파괴되지 않았다.
(2) ??내가 기차를 놓쳤지만 놓치지 않았다.
(3) 가. 두 사람이 차를 밀었지만 그 차는 밀리지 않았다.
 나. 두 사람이 차를 끌었지만 그 차는 끌리지 않았다.

다음으로, 작용성 함수 'AFF'에 대해서도 이러한 세분화된 의미특질을 덧붙이는 일이 가능하다. 사동적 상황에서 문제되는 두 힘(으뜸힘과 맞설힘)의 상호작용의 특성을 세 가지로 갈라 '도움(helping)'과 '허용(letting)'과 '시킴(causing)'으로 나눌 수 있다. '도움'의 사동적 상황은 '돕다, 보조하다, 원조하다' 등에서 볼 수 있는 것처럼, 두 힘이 동일한 잠재적 효과를 추구하는 상황이다. '허용'의 사동적 상황은 '허용하다, 허락하다, 허가하다, 방치하다' 등에서처럼, 두 힘 사이에 실현되지 않은 잠재적 대립이 존재하는 경우이다. 그리고 가장 전형적인 사동의 상황으로 알려진 것이 '시킴'의 사동인데, 이는 두 힘이 실질적으로 대립하는 상황이다. 이들 각각을 작용의미층에서 'AFF/+help, AFF/+let, AFF/+caus'로 표시할 것이다.29) 이 세 가지 작용성 함수를 위에서 '성공성'의 인자에 따라 나눈 세 가지 사동성 함수와 조합하여 다양한 사동적 상황에 대한 형식화가 체계적으로 이루어질 수 있게 된다.

이밖에도 사동성 함수의 특성을 다른 기준에서 나누어 볼 수 있다. 바로 앞

29) Jackendoff(1990: 133-135)에서는 이들을 각각 'AFF^{+}, AFF^{0}, AFF^{-}'로 표시하였다.

의 절에서 '의지성' 여부에 의한 갈래를 제시한 바 있다. 또 다른 기준은 사동의 주체(사동자)의 동작과 결과되는 동작이 시간적으로 동시적, 동반적일 수 있는가 여부이다. '밀다, 끌다'는 '동반(entraining)'의 상황을, '던지다, 보내다'는 '결별(launching)'의 상황을 표현한다. 전자는 'CS/+ntrn'으로, 그리고 후자는 'CS/+laun'으로 표시한다.30)

작용의미층에는 작용 함수인 'AFF' 말고도 반작용 함수 'REACT'가 나타날 수 있다. 이 반작용 함수도 세 가지 인자에 따라 갈린다. 반작용이란 으뜸힘인 피작용자가 맞설힘의 작용에 대해서 반응하는 상황이라고 할 수 있다. 작용 함수의 경우와는 달리, 이 반응이 부정적이냐, 긍정적이냐 또는 중립적이냐로 나눌 수 있다. 이들 각각을 'REACT/+nega, REACT/+posi, REACT/+neut'로 표시하려고 한다.31) '미워하다, 무서워하다'는 부정적 반작용을 표현하는 동사들이며, '좋아하다, 사랑하다'는 긍정적 반작용을 표현한다.

이제까지 논의한 사항들을 고려하여, 앞서 제시한 동사들의 좀더 완전한 어휘의미구조를 제시해 보기로 한다.

(4) 보내- : 〔〔AFF/+caus,+vol(x, y)〕,
〔CS/+s,+laun(x, 〔GO(y , 〔TO(z)〕〕)〕)〕〕
아이가 공을 이리로 보냈다.

(5) 두- : 〔〔AFF/+caus,+vol(x, y)〕,
〔CS/+s(x, 〔STAY(y, 〔AT(z)〕〕)〕)〕〕
어머니가 벽장에 먹을 것을 두었다.

(6) 놓- : 〔〔AFF/+caus,+vol(x, y)〕,
〔CS/+s(x, 〔INCH(〔BE(y, 〔AT(z)〕〕)〕)〕)〕
김사장이 탁자에 골프채를 놓았다.

(7) 넣- : 〔〔AFF/+caus,+vol(x, y)〕,
〔CS/+s(x, 〔INCH(〔BE(y, 〔IN(z)〕〕)〕)〕)〕〕
아이가 구멍에 공을 넣었다.

30) 이들을 Jackendoff(1990: 138-139)에서는 각각 '$CS_{entrain}$'과 'CS_{launch}'으로 나타낸다.

31) Jackendoff(1990: 137-142)에서는 이들 각각을 '$REACT^{-}$, $REACT^{+}$, $REACT^{0}$'로 표시한다. 'REACT'함수의 첫째 논항은 반작용자 또는 반응자(Reactor)로, 둘째 논항은 자극(Stimulus)이라 부르기로 한다.

(8) 죽이- : [[AFF/+caus, +vol(x, y)] ,
[CS/+s(x,[INCH([NOT([BE/+ident(y,[AT([ALIVE])])])])])]
사내가 개를 죽였다.

(9) 막- : [[AFF/+caus(x, y)] ,
[CS/+s(x, [NOT([GO(y, [TO([ ])])])])]
댐이 강물(의 흐름)을 막고 있다.

(10) 견디- : [[REACT/+neut(x, y)],
[CS/-s(y, [GO(y, [TO(x)])])]]
댐이 강물의 힘을 견딘다.

2.3. 연결이론에 대한 예비적 고찰

이 책에서 우리가 연결이론이라고 부르는 것은 어휘의미구조로부터 문장의 통사구조로의 연결 과정에 존재하는 연결규칙과, 어휘의미구조의 논항 변수에 대응하는 의미 성분을 결합하여 문장의 의미구조를 형성하는 논항 융합 규칙, 통사구조로부터 의미구조로의 대응 과정에서 부가어들에 의한 의미적 기여를 규정하는 부가어 의미해석 규칙들의 총체를 의미한다. 연결규칙은 다시 어휘의미구조로부터 어휘통사구조로의 연결을 제약하는 연결규칙1과 어휘통사구조로부터 문장의 통사구조로의 연결을 제약하는 연결규칙2로 나눌 수 있다.[32] 이런 규칙들의 성격은 한 편으로 동사들이 갖는 어휘의미구조의 성격에 좌우되나, 반대로 이러한 규칙들의 존재로 말미암아 실제적인 어휘의미구조의 기술에서 생겨날 자의성이 방지될 수 있다.

각각의 연결 과정의 규칙에 대한 구체적인 기술은 앞으로 각 장에서 동사를 분석하면서 행해지게 되나, 이 절에서 이들의 개략적인 모습을 드러내어 문제를 부각시키려고 한다. 먼저 문장의 통사구조를 바탕으로 하여 그 의미구조를 얻어가는 과정인 논항 융합과 부가어 의미해석 규칙을 논의하고, 다음으로 어휘들의 어휘의미구조나 어휘통사구조가 문장의 통사구조로 연결되는 과정에

32) 이에 대해서는 제3장에서 좀더 상세한 설명을 베풀 것이나, 이 장에서는 이 둘을 구별하지 않고, 어휘의미구조를 바탕으로 통사구조가 형성되는 일반적 과정을 개략적으로 보이려고 한다.

있어서의 제약이 되는 연결규칙의 문제를 짚어 본다.

2.3.1. 논항 융합

우리는 앞으로 각 장에서 국어 동사의 주요 부류에 대한 어휘의미구조를 기술할 것인데, 이들은 의미구조로의 연결에서 통사론적 제약이나 의미적 제약에 위배되지 않아야 한다. 동사 어휘에 대한 어휘의미구조의 기술 과정에서 필연적으로 관련되는 격조사나 연결어미들에 대한 고려를 해야 하는데, 이들이 문장의 의미구조의 형성을 위하여 행하는 역할은 단순하지가 않다. '-에', '-에게', '-으로'를 중심으로 연결 과정의 문제를 살펴 보기로 한다.

통사구조로부터 의미구조로의 대응 과정에서 가장 단순한 양상을 보이는 것은 처소의 의미를 표현하는 격조사 '-에'이다. 명사구와 '-에'의 결합을 'NP에'로 표시하기로 한다. 'NP에'의 의미는 명사구 'NP'가 갖는 의미에 격조사 '-에'가 갖는 의미, 즉 함수 표현으로서의 '〔AT(x)〕'가 결합하여 이루어진다. 'NP'의 의미를 '〔B〕'라고 하면 'NP에'의 의미는 '〔AT(〔B〕)〕'가 된다. 이 의미는 존재를 나타내는 "NP_1이 NP_2에 있다."와 같은 문장의 의미구조에서 'NP_2에'에 대응하는 의미 성분으로 된다. 'NP_1'의 의미를 '〔A〕', '있다'의 의미를 '〔BE(x, 〔AT(y)〕)〕'와 같이 표상한다고 하면, 이 문장의 의미구조는 다음과 같은 완성된 모습으로 나타나게 된다.33)

(1) 〔BE(〔A〕, 〔AT(〔B〕)〕)〕

이러한 의미구조가 형성되는 과정에도 문제성이 전혀 없지는 않다. 동사 '있다'의 의미 중에 있던 '〔AT(y)〕' 부분이 이 완성된 문장의 의미구조에도 다시 나타나는 것이다. 이 경우 'NP에'의 의미인 '〔AT(〔B〕)〕' 부분이 '있다'의 어휘의미구조의 '〔AT(y)〕' 부분에 결합하여 중복되는 의미 성분이 단일화되는 절차를 거친 다음 (1)과 같은 문장의 의미구조가 이루어진다고 본다. 이것

33) 여기서 '있다'에 결합되어 있는 어미 '-다'에 해당하는 의미에 대해서는 따지지 않기로 한다.

이 우리가 설명하는 '논항 융합'의 과정이다.34)

이와 같은 기초적인 논항 융합의 과정에서 조사 '-에'는 '〔AT(x)〕'와 같은 어휘의미구조로 표상되었다. 다음으로 역시 처소의 의미를 표현하는 격조사로 알려져 온 '-에게'가 있다. 이것은 대개의 경우 '-에'와 분포적 조건은 같으나 유정성의 명사구에만 결합한다는 제약이 있다.35) 논항 융합의 과정에서 'NP에게'가 갖는 의미도 'NP에'의 경우와 같은 방법으로 동사의 어휘의미구조의 논항 변수 부분에 융합하게 된다.

그러나 '-에/에게' 형식의 조사 중에는 이상과 같은 논항 융합의 방식만으로는 설명할 수 없는 예가 있어 문제를 제기한다. 앞으로 제4장에서 논의할 피동문의 'NP에/에게' 부가어가 바로 그 대표적인 것이다. 이 경우의 'NP에/에게' 성분의 의미는 방금 말한 예에서처럼 직접적으로 대응되는 의미 성분을 갖지 않고, 의미구조 도출 과정에서 논항 융합과는 다른 방식으로 의미구조를 이루는 데에 기여한다. 다른 경우의 'NP에/에게'가 어휘부에서 그 자신의 어휘의미구조를 갖는다면, 이 경우의 'NP에/에게'는 문장의 통사구조로부터 의미구조를 사상해 가는 과정에서, 통사구조의 정보를 이용하는 의미해석 규칙으로서의 역할을 하게 된다.

국어의 다른 주요 격조사들, '-으로', '-와'가 행하는 기능도 이와 유사한 것으로 판단된다. 앞에서 '-으로'에 대응하는 의미 성분으로서 '〔TO(x)〕'와 같은 것이 설정됨을 보았다. 대체로 이동동사들에 나타나는 '-으로'는 이와 같이 직접적인 어휘의미구조 표상을 어휘부에서 부여받는다. 그러나 제3장의 처소

---

34) 두 가지 특질 구조(feature structure)가 결합하여 모순되는 특질이 없는 경우 동일한 것은 하나만 남기고, 서로 다른 특질은 모두 받아들여 복합적인 특질 구조를 이루어 가는 절차가 전산 정보처리 이론에서의 기본 개념인 단일화 연산이다. 단일화의 엄밀한 정의에 대해서는 Shieber(1986)를 참고할 수 있다. Jackendoff(1990: 2장, 주6)에서는 '융합'이 이 단일화(unification)와 가까운 개념이라고 설명하고 있다. 다만, 단일화에 실패한 경우에도 그 부적격한 구조가 생성되어야 한다고 보고 있다. 선택제약의 검사는 완성된 의미구조를 가지고 하게 되는데, 이에 따라 부적격한 것으로 판정된 의미구조도 보충해석 규칙(construal rule) 등을 위하여 다시 사용될 수 있기 때문이다.

35) '-에'와 '-에게'가 언제나 선행 체언의 유·무정성에 따라 상보적으로 분포하는 것은 아니다. '그 사람에/*에게 관하여'와 같은 관용적 표현, '세 사람에/*에게 귤 열 개씩'과 같은 '배당'의 의미로는 기본적으로 '-에'만이 가능하다.

교차 동사와 관계되는 '-으로'는 이렇게 단일한 어휘의미구조와 대응하지 않고, 몇 가지 복잡한 부가어 의미해석 규칙들을 작동시키는 기능을 맡고 있음이 관찰된다. 제7장에서 다루어지는 '-와/과'의 경우는 '-에'나 '-으로'와는 또 달리, 아예 단일한 어휘의미구조를 갖지 않는 것으로 나타난다. 앞서 들었던 다음 예문들은 '-에'와 '-으로'의 기능과 관련하여 흥미로운 문제를 던져 준다.

(2) 가. 찬수가 교무실로 갔다.
나. 김선생님이 찬수를 교무실로 보냈다.

두 문장에서 '교무실로'를 '교무실에'로 대체하여도 문법성을 잃지 않는다.

(3) 가. 찬수가 교무실에 갔다.
나. 김선생님이 찬수를 교무실에 보냈다.

'-에'는 '[AT(x)]'에, '-으로'는 '[TO(x)]'에 대응된다는 관점을 지킨다면, 이 경우 '가다'의 한 논항과 대응되는 성분이 'NP에' 형식으로 나타난 것은 문젯거리가 아닐 수 없다. 이와 같은 경우를 위한 필자의 결론은 (3)의 두 문장에 대해서 (4)와 같은 의미구조를 설정해 주는 것이다. 앞에서처럼, 명사구로서의 '찬수', '김선생님', '교무실'의 의미를 각각 '[A]', '[B]', '[C]'라고 가정하고, '-었-'이나 '-다'에 해당하는 의미는 고려하지 않기로 한다.

(4) 가. [GO([A] , [TO([AT([C])])])]
찬수가 교무실에 갔다.
나. [CS([B] , [GO([A] , [TO([AT([C])])])])]
김선생님이 찬수를 교무실에 보냈다.

앞서 2.1.절의 의미구조 형성 규칙 (다)에 의하면, 'GO' 함수는 그 논항으로서 처소를 취하지 않고 경로를 취하므로, (4가,나)'와 같은 의미구조의 형식을 배제한다.[36]

---

36) 문장의 통사구조적 적격성에 대한 위배를 표시하기 위해서뿐만 아니라 의미구조의 부적격성을 표시하기 위해서도 이처럼 '*'를 사용하기로 한다.

(4)′가. *〔GO(〔A〕,〔AT(〔C〕)〕)〕
　　나. *〔CS(〔B〕,〔GO(〔A〕,〔AT(〔C〕)〕)〕)〕

이러한 사실은 '가다'와 '보내다' 자체가 갖는 어휘의미구조에도 'TO'가 포함되어야 함을 말해 주는 것으로 보인다. 만약 'TO'가 동사의 어휘의미구조에 표시되지 않는다면 (4가,나)와 같은 의미구조에서 이 요소가 출현하는 것을 조사 '-에'에 의하여 설명해 줄 수밖에 없을 것이다. 앞에서 설정한 것처럼 '가다'의 어휘의미구조를 다음과 같이 본다면, 'NP에'의 의미가 경로의 함수의 논항으로 연결되는 데에 아무런 문제가 없을 것이다. 2.1.절의 의미구조 형성 규칙 (나)에 의하면 경로 함수의 논항으로 처소가 올 수 있기 때문이다.

(5) 가다: 〔GO(y ,〔TO(z)〕)〕

여기에 'NP에'의 의미인 〔AT(〔C〕)〕가 그대로 'z'에 삽입되면 (4가)를 얻는다.

논항의 연결 문제와 관련하여 비슷한 관점을 제공해 주는 사례는 '넣다'와 '놓다'의 비교에서 온다. 동사 '놓다'와 '넣다'는 공통적으로 격조사 '-에'를 필수적으로 취한다. 이 둘의 의미 차이는 오로지 어휘의미구조 안의 'AT'와 'IN'에 의한 것일 수밖에 없다. 만약 'AT'와 'IN'을 표시하지 않는다면 두 동사의 의미 차이는 표시될 길이 없지 않을까 한다.

(6) 가. 놓- :〔CS(x ,〔INCH(〔BE(y ,〔AT(z)〕)〕)〕)〕
　　나. 넣- :〔CS(x ,〔INCH(〔BE(y ,〔IN(z)〕)〕)〕)〕

그러므로 동사의 어휘의미구조 표시를 이와 같은 방식으로 한다면, 논항 융합의 과정에서는 'NP에'에 대응하는 의미 성분 '〔AT(〔X〕)〕'이 직접 (6가)의 '〔AT (z)〕' 부분이나 (6나)의 '〔IN(z)〕' 부분에 융합되어 의미 성분들을 적절히 조정하는 단계를 거친 다음 완성된 문장의 의미구조를 이루어내는 것으로 설명할 수 있을 것이다.

논항의 연결 과정과 관련한 이상과 같은 처리 방식은 논항의 연결이 '대치'

가 아니라 '융합'이라는 Jackendoff(1990)의 관점을 더욱 확대해 본 것이다. Jackendoff(1990: 50-55)의 이러한 '논항 융합'의 개념은 특정 논항에 대하여 선택적 특질(selectional features)을 부여할 필요성에서 나온다. 다음 예문에서 주어 논항은 우선 유정성을 가지며, 또한 사람 아닌 동물이라야만 한다는 제약이 있다.

(7) 가. 개가 짖는다.
  나. *나무가 짖는다.
  다. ?*사람이 짖는다.

이러한 제약은 동사 '짖다'가 갖는 어휘의미구조에 표시하는 것이 가장 합리적이다. '짖다'의 의미를 대충 다음과 같이 표시하기로 한다.37)

(8) 짖- : 〔짖(〔+animate,-human〕^{x})〕

(7나, 다)와 같은 문장들은 그 의미구조에서 '나무'나 '사람'이 갖는 의미특질이 '짖다'의 주어 논항에 설정된 의미 특질과 모순되어 부적격성의 판단을 받는다고 설명할 수 있는 것이다.38)

---

37) 물론 이를 이 책에서의 표기 약정에 따라 다음과 같이 표시하더라도 문제의 성격이 달라지는 것은 아니다. 다음 어휘의미구조의 논항 'x'에 주어 명사구의 의미가 결합되기 위해서는 역시 단순히 대치되는 것이 아니고 선택적 특질들의 모순 여부가 검사되어야 한다.
〔짖(x/+animate,-human)〕

38) 부수적인 문제이나 중요성을 갖는 것으로서, 선택제약에 대한 검사가 어휘삽입 과정이나 혹은 문장의 통사구조에서가 아닌, 의미구조에서 이루어진다는 점에 주목할 필요가 있다. 이 점을 주장한 것은 Jackendoff(1990: 52)이다. 다음 같은 문장이 현실의 발화상에서 발견됨을 부정할 수는 없다.
사장이 짖는다.
'사장'이 '+human'의 특질을 가지므로 (8)의 주어로 융합되면 일단 부적격한 것으로 판정날 것임이 분명하다. 그러나 이 문장이 의미를 갖는 것으로 해석될 때에는 모종의 인지작용이 개입하여 '사장'의 의미특질을 '+human'에서 '-human'으로 바꾸어 주고, 이에 따라 다시 적격한 문장으로 해석하게 된다. 이러한 것은 흔히 비유로 알려져 온 현상과 같은 예로 볼 수 있을 것이다. 그런데 비유적으로 해석되거나 정상의 경우로 해석되거나 그 적격성 여부의 판정이 이루어지는 층위는 의미구조(개념구조)의 층위이다.
이 경우 비문법적 판정이 나는 과정은 '문법'의 소관이며 '사장'의 의미특질을 바꾸어 주는 과정은 문법 이외의 요인에 의한 것이다. 이렇게 해서 문법과 문법 이외의 영역을 구별할 수

(6나)에 보인 '넣다'의 어휘의미구조에서 함수 'IN'은 'AT'에 특정 선택적 특질을 더 덧붙인 것으로 해석할 수 있다. 다음 두 가지 가능성을 생각해 볼 수 있다.

(9) 가. 〔IN(x)〕 = 〔AT(〔+interior〕^{x})〕
　　나. 〔IN(x)〕 = 〔AT(〔INTERIOR-OF(x)〕)〕

그 구체적인 표기가 어떻든지 (6가, 나)의 '놓다'와 '넣다'의 의미 차이는 '넣다'가 '놓다'와 비교적으로 나타내 보이는 선택적 특질의 유무에 의한 것이라는 점은 명백한 듯하다. 그러므로, 적어도 이상의 예에 한정한다고 할 때, 논항의 연결이 단순히 논항 변수의 위치에 대응되는 명사구나 다른 보어의 의미 성분을 대치하여 얻어지는 것으로 보기 어려운 것이다. 이와 같은 판단에서 동사의 어휘의미구조를 기술할 때, 앞으로 계속 보어 성분에 포함된 격조사들이 갖는 함수적 의미 'AT', 'IN', 'TO' 등을 명기하여 나타낼 것이다.

2.3.2. 부가어 의미해석 규칙

국어의 연결어미들은 선행절과 후행절 사이에 존재하는 논리적 관계를 보여준다.[39] 가령 국어의 연결어미들 중에서 '-으러'는 목적성의 함수와 관련된다고 생각된다. '-으러'가 '목적'의 의미를 가짐은 이미 최현배(1971〔1937〕) 이래로 받아들여져 온 설명이다.

홍재성(1982)에서는 국어에서 '이동동사'라는 일단의 어휘들이 어미 '-으러'와 밀접하게 관련됨을 관찰하였다. 모든 이동동사가 '-으러' 연결어미 문장(선행절)과 공존관계를 이룬다는 점을 중시한 홍재성님은 '-으러' 연결어미의 문장을 이동동사에 이끌리는 보어로 간주하기에 이르렀다. '-으러'에 이끌리는 절이 이동동사와 공존하기는 하지만, 이것이 이동동사 구문에서 필수성분이 된

있다. 그러나 의미구조(개념구조) 자체는 문법과 문법 외의 영역이 공유하는 층위가 된다.

39) 남기심·루코프(1983)에서는 연결어미 '-어서'와 '-으니까'가 선후행절의 두 상황에 대해서 화자가 표현하는 논리적 형식을 나타낸다고 보았다.

다고 보기는 어렵다. 이동동사의 어휘의미가 갖는 어떤 특질이 '-으러'에 대응하는 의미 성분(이를 'FOR'로 표시한다.)을 요구하거나 '-으러'에 이끌리는 절의 의미를 그 논항으로서 필요로 한다고 생각하는 것도 타당성이 없다. 전형적인 이동동사 '가다'의 어휘의미구조는 다음과 같은 모습을 갖는다. (10나)는 '목적'의 절이 갖는 의미가 주절의 동사 '가다'에 관여하지 않음을 보여준다. '-으러' 어미 문장은 필수성분이 아닌 것이다. 이러한 사정이 (10다)에 제시된 '가다'의 어휘의미구조에 반영되었다.40)

(10) 가. 찬수가 출석부를 가지러 교무실로 갔다.
　　나. 찬수가 교무실로 갔다.
　　다. '가다'의 어휘의미구조: [GO(x, [TO(y)])]

그런데, 다음과 같은 경우에 이동동사의 어휘의미와 목적성과의 관련은 더욱 흥미로운 문제를 내포하고 있다.

(11) 가. 철수는 성원아파트로 배달하러 나갔다.
　　나. 철수는 성원아파트로 배달을 하러 나갔다.
(12) 철수가 성원아파트로 나갔다.

(11)의 경우나 (12)의 경우에 '나가다'는 동일한 어휘이다. 이 둘의 비교로부터 '나가다'가 '-으러' 절을 필수적으로 요구하는 것은 아님이 드러난다. 그러므로 '나가다'는 다음과 같은 어휘의미구조를 갖는 것으로 기술된다.

(13) 나가- : [[GO(x, [TO(y/+out)])]

그러나 어려움을 제기하는 예는 다음과 같은 경우이다. 서술성의 명사 '배달'이 목적어처럼 '를'을 취하고 나타나므로 이 문장은 마치 '나가다' 동사가 세

---

40) '가다'의 어휘의미구조는 간략화한 것이다. 가령 '오다'도 이와 같은 꼴을 갖는 것으로 기술되는데, 둘은 경로 함수 'TO'의 논항에 서로 다른 화용론적 의미특질을 가짐으로써 구별될 수 있다. 이 점과 관련하여 Gruber(1965)를 참조.

자리의 보어를 취하는 것 같다.

(14) 철수는 성원아파트로 배달을 나갔다.

그러나 이 문장의 의미는 기본적으로 위 (11)의 문장들과 다르지 않다. 더 흥미로운 것은 다음과 같은 문장이다. (15)에서 '배달나가다'는 한 단위의 동사 어휘로 굳어진 것으로 보아야 할 것 같다. 그렇다면 (14)는 (15)와 같은 문장구조를 갖는 것으로 해석할 수 있고, '배달을 나가다'는 일종의 숙어와 같은 역할을 하는 것으로 볼 수 있다.41) 이에 따르면 '배달을 하다'는 '배달하다'와 기본적으로 동일한 어휘의미구조를 갖는 것으로 생각될 수 있다.

(15) 철수는 성원아파트로 배달나갔다.

그러므로, 일단 '배달나가다'의 어휘의미구조를 제시하는 것으로부터 문제를 풀어나갈 수 있을 것이다. (15)의 문장의 의미는 (11가, 나) 문장들과 기본적으로 다른 것이 아니므로, '배달나가다'의 의미는 '-으러' 절의 의미가 종속적 의미 성분으로 첨가된 형식으로 기술될 수 있겠다. 복잡해지는 것을 피하기 위해 '배달하다'의 어휘의미구조를 간략히 (16)처럼 나타내면, '배달나가다'는 (17)와 같은 꼴이 된다.

(16) 배달하- : 〔CS(x, 〔GO(y, 〔TO(z)〕)〕)〕/배달
(17) 배달나가- : 〔〔〔GO(x, TO(z/+out)〕〕,
〔FOR(〔CS(x, 〔GO(y, 〔TO(z)〕)〕)〕/배달〕)〕〕

(14)와 (15)의 경우 문장의 의미구조는 (17)과 같은 서술어의 의미구조에 두 논항의 의미가 융합됨으로써 형성된다. 반면 '-으러' 절을 갖는 (11가, 나)의 경우는 이와 같이 논항의 융합이라는 절차만으로는 설명할 수 없다. 이렇

---

41) 양정석(1991가)에서 이와 같은 경우를 재구조화의 한 예로 처리한 바 있다. 이 책에서도 제6장, 제7장에서 부분적으로 이러한 처리방법에 대해 언급할 것이다.

게 동사의 어휘의미구조에 설정된 논항 변수에 논항 융합을 적용하여 직접적으로 그 대응되는 문장의 의미구조를 이끌어 낼 수 없는 것이 부가어의 경우이다. 이런 경우를 위해서 부가어 의미해석 규칙이 필요하다.

'-으러' 어미의 문장의 의미를 해석해 주기 위한 절차는 다음과 같이 풀이된다. 일단 주절 (12)가 해석되어야 한다. 서술어의 의미 (13)을 바탕으로 두 논항 '철수는'과 '성원아파트로'의 의미가 융합된 다음, 이를 바탕으로 '-으러' 절의 의미가 부가어 의미해석 규칙에 의하여 덧붙어 전체 문장의 의미구조가 생겨나는 것이다. 주절과 '-으러' 절 사이에는 이른바 동일 주어 제약이 지켜지므로, '-으러' 절, 즉 '배달을 하러' 또는 '배달하러'의 주어는 주절의 주어 '철수'가 된다. 이 점을 고려하면 'S-으러' 부가어 의미해석 규칙의 개략적인 형식은 다음과 같다.[42]

(18) '-으러'를 위한 의미해석 규칙
동사 V1이 〔...〔GO(x, 〔TO(y)〕)〕...〕에 대응되고 동사 V2가
〔F(x, ...)〕에 대응하면,
이 문장의 통사구조 '〔...〔...V2〕s-으러 ... V1〕s'는 다음과 대응된다.
〔〔...〔GO(x, 〔TO(y)〕)〕...〕, 〔FOR(〔F(x, ...)〕)〕〕

'S-으러'에 대응하는 의미 성분은 FOR에 이끌리어 하위 의미 성분으로 내려온 결과가 되었다. 그러므로, '-으러' 절을 포함한 복합문 (11가, 나)와 단순문 (14), (15)가 의미구조상으로는 기본적으로 동일하지만, 그 '목적성'의 의미요소는 전자의 경우에는 (18)의 규칙이 적용되어 생겨나고, 후자의 경우는 그 동사 자체의 어휘의미구조에 이미 내재되어 있었던 것이다.[43]

---

42) 이 규칙에서 '대응'이라고 표현한 것은, Jackendoff(1990)에서처럼 통사구조와 의미구조를 서로 평행적이면서 독립적인 존재로 상정하고 이 둘 사이가 규칙으로써 연관된다고 보기 때문이다. 그러나 이 책의 서론에서부터 통사구조로부터 의미구조를 도출해 내는 것으로 설명해 왔기 때문에 어느 정도 관점이 상충이 있을 수 있다.

43) 어휘 단위의 의미가 문장 단위의 의미와 마찬가지로 복잡한 구조를 갖는다는 점에 대한 인식은 생성의미론자들의 연구를 통하여 얻어진 것이다. 국어를 대상으로 한 생성의미론적인 연구인 이정민(1973)에서 이런 점을 살펴볼 수 있다. Jackendoff(1990)에서도 이러한 측면이 갖는 중요성에 대해 강조하고 있다.

(18)에는 절 단위에 대응하는 의미 성분을 의미상의 종속절로 만드는 연산자로 'FOR'가 사용되어 있다. 이 밖에도 이 책에서 등장할 이러한 연산자로는 'BY', 'WITH' 등이 있다.[44] 'FOR', 'BY', 'WITH'에 대한 표기상의 원칙은 (18)에서처럼 이어지는 의미 성분절에 바로 앞서 붙여 놓는 것이다. 이것은 이들과 연관되는 요소들의 연결에 있어서의 일반성을 고려한 것인데, 어휘통사구조나 문장의 통사구조로 논항들이 연결될 때 이들 종속화 연산자에 이어지는 논항들은 연결의 우선순위에서 뒤에 서게 됨을 표시한다. 그러므로 이들 함수에 이어지는 의미 성분을 의미구조에서의 종속절로 간주할 수 있다. 의미 성분들이 ','를 사이에 두고 두 층으로 나누어졌거나, 또는 제7장에서 교호성의 의미구조를 위하여 도입할 'AND'로 이어진 경우에도 앞선 의미 성분이 연결 과정에서 우선순위를 갖는다고 본다.

또 한 가지 고려할 사항은, 이들 종속화 연산자에 의하여 형성되는 의미 성분의 존재론적 범주가 이들에 의하여 예측되느냐 하는 문제이다. 이 책에서 이 점에 대한 결정적인 판단은 보류하기로 하나, 잠정적으로 이들에 의하여 접속되는 두 의미 성분절의 존재론적 범주가 같지 않은 경우도 허용하기로 한다. 이에 대한 실례는 곧 제시하게 된다.

이제는 좀더 까다로운 문제로, 연결어미는 물론 보조동사가 관계되는 예를 고려해 보자. 이 장의 앞부분에서 'ORIENT' 함수를 도입하면서 기술했던 다음과 같은 의미구조는 의미구조로의 연결 문제와 관련하여 생각거리를 제공한다.

(19) 〔〔BE(〔그 집〕, IN STATE)〕,
〔BY(〔INCH(〔ORIENT(〔그 집〕, 〔TO(〔바다〕)〕)〕)〕)〕〕
그 집은 바다로 향해 있다.

다시 드는 것이지만, 다음은 불가능하다. (20가)는 '향하다'가 상태성의 동사가 아니라는 증거로 해석되었고, 따라서 이에 대한 어휘의미는 (20다)처럼

44) 제7장에서는 등위적인 접속의 연산자로 AND를 이용할 것이다.

표상되었다.

(20) 가. *그 집은 바다로 향하다.
나. *그 집은 바다로 향한다.
다. 향하- : 〔INCH(〔ORIENT(〔그 집〕, 〔TO(〔바다〕)〕)〕)〕

(19)의 예문이 성립 가능한 것은 상태성 동사 '있다'가 행하는 모종의 작용으로부터 말미암은 것이다.

'있다' 자신은 보통의 경우 두 자리 동사로 쓰이나, (19) 예문의 '있다'는 그 성격을 달리 보아야 할 듯하다. 이와 같은 것을 전통문법에서 보조동사로 다루어 온 것은 그 통사적 행태를 살필 때 정당한 것이었다고 판단된다.[45] 그러나 한편으로 이 경우의 '있다'가 다른 본동사로서의 '있다'와 의미상으로 공통성을 유지하고 있음을 부인할 수는 없다. 따라서 상태 보조동사 '있다'를 포함하는 경우 (19)과 같은 의미구조가 타당성을 갖는다. 이와 같은 구문의 의미를 해석해 주기 위해서는, 보조동사로 쓰인 '있다'를 일반 부가어와 같이 처리해 주는 방법이 효과적이다.[46] 자세한 설명은 생략하고, '-어 있-'의 기능을 다음과 같은 부가어 의미해석 규칙으로 설정하기로 한다.[47]

(21) '-어α 있-'를 위한 의미해석 규칙:
동사 V가 〔F(x, ...)〕/+event에 대응하고 α가 의미특질 '+f'에 대응하면,
통사구조 '〔...〔...V〕s-어α 있-〕s'는 다음과 대응된다.

---

45) 최현배(1971〔1937〕: 536)는 이러한 경우의 '있다'를 '모양 도움 그림씨(상태보조형용사)'라고 한다.

46) 어미나 보조동사와 같은 문법적 요소가 부사를 비롯한 부가어와 동일한 문법적 역할을 갖는다는 점은 생성의미론자들의 연구를 통하여 알려지게 되었고, 해석의미론적 연구인 Jackendoff (1972: 3장)에서도 이 두 부류가 동일한 형식의 의미해석 규칙('투사규칙'이라고 함)으로 형식화되었다.

47) 이와 같은 경우 부가어 의미해석 규칙을 기술하기 위해서는 한 가지 더 해결해야 할 일이 있다. 본동사와 보조동사를 잇는 연결어미 '-어'를 어떻게 처리해야 할 것인가 하는 점이다. 다음 규칙에서 '-어'는 '방법'의 의미를 갖는 종속화 연산자 'BY'와 대응되는 것으로 간주하였다. '-어'를 매개로 하는 대부분의 합성동사들을 포함하여, 이밖의 보조동사 구성에서의 '-어'를 이 점에서 일반화해 줄 가능성이 있다.

[[BE/+circ(x, [AT-END-OF([F(x ...)]/+event)])] ,
[BY([[F(x ...)], [+f]]/+event])]]

'+circ'는 상황적(circumstantial) 의미영역을 표시하는 의미특질이다. 이 상황적 의미영역에서는 두번째 논항이 사건 또는 상태, 즉 상황이라는 특징이 있다.[48] 위 의미해석 규칙에 의하면 '-어 있-'과 공존하는 동사는 사건성(+event)을 갖는 동사라야 하므로 (22가)가 배제된다. 그러나, '-어 있-'은 (22나)에서 보는 타동사와도 공존하지 못하며, 자동사 중에도 (22다)에서 보는 '뛰다'와 같은 동사와도 공존하지 못한다.

(22) 가. *강물이 깨끗해 있다.
나. *순경이 도둑을 붙잡아 있다.
다. *철수는 뛰어 있다.

앞으로 제4장에서는 '-어 있-'과의 공존 조건으로서 '종결성'을 고려하게 된다. 위의 부가어 의미해석 규칙에 이 점에 대한 제약을 더 첨가한다면 (22다)와 같은 예도 배제할 수 있을 것이다. (22나)와 같은 경우도 이 점과 관련된다고 하겠다. 타동사가 종결성을 보일 때에는 이와 같은 의미로 '-고 있'이 쓰이기 때문이다.[49]

위 부가어 규칙에서 특이한 것은 '-어'와 '있-' 사이에 끼어들 수 있는 보조사 요소들의 의미를 고려하고 있다는 점이다. 다음과 같은 예에서 나타나는 보조사 '-는'은 하나의 의미특질 '+f'로 표시될 수 있고, 이것은 문장 단위(연결어미 '-지만'를 제외한 부분)에 대응하는 의미와 독립적으로 해석될 수 있게 된다.

(23) 꽃이 피어는 있지만 싱싱하지는 않다.

48) 상황적 의미영역을 갖는 함수들의 쓰임에 관해서는 Jackendoff(1978, 1983:188-211, 1985)를 참조.
49) 정문수(1984)에서는 '-고 있-'을 두 가지로 나누어, 결과 상태 지속의 의미를 나타내는 '-고 있-'의 경우는 '-어 있-'과 상보적 분포를 이룬다고 하였다.

이에 따르면 '-어 있-'은 불연속적인 문법단위로 해석된다. 이와 같은 문법단위를 설정해야 할 필요성은 이 책의 몇 군데에서 더 나타날 것이다.

국어의 어미 단위나 보조동사들이 갖는 어휘의미구조를 모두 기술하거나 연결 과정에서 행하는 기능을 포괄적으로 기술하는 일은 필자의 능력 밖의 일이다. 이 연구에서는 동사의 어휘의미 분석에서 직접적으로 관계되는 몇 가지 어미 요소에 대해서만 고찰하려고 한다. 방금 말한 이동동사와 관련되는 연결어미 '-으러'와 '-어 있-', 제5장의 일부 심리동사에 대한 분석과 관련되는 종결어미 '-더라', 그리고 제6장에서 통제동사나 서술화 동사와 관련하여 다루는 연결어미 '-으려고'가 그 전부가 될 것이다. 이들이 의미구조의 도출 과정에서 행하는 특징은 부가어를 이루는 격조사들의 경우와 흡사한 바 있다. '-으러'의 경우는 그 자체가 목적의 의미를 표시하는 종속화 연산자 'FOR'와 직접 대응하지만 특별한 제약을 부과하며, '-어 있-', '-더라'나 '-으려고'는 연결 과정의 규칙으로서 작용한다. 그런 의미에서 어미 요소들이 문법에서 행하는 기능은 부가어 의미해석 규칙과 다름없는 것이라고 하겠다.

2.3.3. 연결규칙

동사의 어휘의미구조는 그 동사가 갖는 통사적 특질의 표상이라고 할 수 있는 '어휘통사구조'로 연결되고, 이는 다시 통사구조로 연결된다고 보는 것이 필자의 설명의 틀이다. 그러나 당분간 어휘통사구조에 대해서는 고려하지 않고, 어휘의미구조로부터 직접 문장의 통사구조로 연결되는 과정을 생각해 보자.

앞에서 동사의 어휘의미구조에 설정된 작용의미층은 통사구조로 연결되는 과정에서의 일반성을 포착해 주기 위해서 유용성이 있다. 앞에서 들었던 다음 예를 살펴 보자.

(1) 가. 〔GO(〔A〕, 〔TO(〔AT(〔C〕)〕)〕)〕
찬수가 교무실에 갔다.

나. 〔CS(〔B〕, 〔GO(〔A〕, 〔TO(〔AT(〔C〕)〕)〕)〕)〕
김선생님이 찬수를 교무실에 보냈다.

(1가)에서 '가다' 동사의 첫째 논항은 대응되는 문장에서 주어 '찬수'로 연결되었다. (1나)에서는 '보내다' 동사의 첫째 논항이 대응되는 문장에서 주어로 연결되었고, 두번째 논항은 목적어로 연결되었다. 여기에 어휘의미구조로부터 통사구조로의 연결에 한 가지 규칙성이 있음을 발견할 수 있다. 이를 대충 표현하면, 어휘의미구조의 첫번째 논항은 주어로 연결되고, 두번째 논항은 처소나 경로의 논항일 경우를 제외하고는 목적어로 연결되며, 처소나 경로의 논항은 '-에'나 '-으로' 등으로 연결된다는 것이다.[50)]

작용의미층의 설정과 관련하여 들었던 '치다'와 '떠나다'의 경우를 다시 살펴보자.

(2) 가. 치- : 〔〔AFF(x , y)〕,
〔CS(x , 〔GO/+cntc, +cols(〔HAND〕-OF(x),
〔TO(〔AT(y)〕)〕)〕)〕〕
cf. 철수가 홍식이를 쳤다.
나. 떠나- : 〔〔AFF(x , y)〕,
〔GO(x, 〔FROM(y)〕)〕〕
cf. 그가 서울을 떠났다.

이 두 문장에서 목적어 명사구는 각각 처소와 경로의 의미역을 갖고 있다. 이것이 전자에는 처소 함수 'AT'로 표시되었고, 후자에는 'FROM'로 표시되었다. 만약에 작용의미층이 설정되어 있지 않다면, 이들 경우에 처소나 경로의 성분이 문장에서 '-에'나 '-으로부터' 또는 '-에서' 등의 격조사를 동반하지 않고

50) 이러한 규칙성이야말로 과거 격문법에 바탕한 연구에서 문장 생성의 기본적인 원리로 생각했던 것이다. 양인석(1970), 김영희(1973), 성광수(1979) 등을 참조. 연결이론은 이렇게 의미적인 논항과 통사구조의 논항 사이의 대응을 중심으로 하여 통사구조-의미구조의 대응에 관한 규칙성을 포착하려는 이론이다. 과거의 연구자들이 '행위자', '대상' 등의 의미역 특질을 심층구조에서 설정하여 복잡한 변형을 통하여 표면 통사구조를 이끌어 낸 데 반해서, 이 책은 1)의미역 특질이란 논항을 취하는 함수에 따라 결정되는 것이며, 2)연결이론에 의하여 통사구조의 존재가 해석될 뿐이지 통사구조를 이에 의해서 생성해 내는 것은 아니라고 본다.

나타나는 사실이 앞서의 경우와 일관되게 설명될 수 없을 것이다. 그러나 관계의미층의 논항 변수는 작용의미층의 논항 변수와 결속되고(논항 결속: argument binding), 통사구조로 대응될 때 결정적인 역할을 하는 것은 작용의미층의 논항이라고 한다면 이 논항이 관계의미층에서 처소나 경로라 할지라도 처소의 '-에'나 경로의 '-으로/으로부터/에서' 등의 격조사를 동반하지 않고 목적어로 실현되는 것이 무리 없이 설명된다. (2가, 나)에서처럼 작용의미층에 두 논항이 설정될 때, 'AFF' 함수의 첫째 논항은 주어로 연결되고, 두번째 논항은 목적어로 연결되는 것이다.

(1가, 나)의 예는 비록 작용의미층을 고려하지 않았지만, 다음처럼 작용의미층을 설치해 주어도 이상의 설명 방식에 전혀 문제를 제기하지 않는다. (3가)에서는 관계의미층의 첫번째 논항이 그대로 작용의미층으로 연결되고, (3나)에서는 관계의미층의 첫째 논항과 둘째 논항이 각각 작용의미층의 첫째 논항과 둘째 논항으로 연결되었으며, 처소의 논항은 작용의미층의 논항과 연결되지 않고 남아 있어 그대로 통사구조의 '-에' 성분과 연결될 수 있기 때문이다.

(3) 가. 〔〔AFF(〔A〕,)〕,
〔GO(〔A〕, 〔TO(〔AT(〔C〕)〕)〕)〕〕
찬수가 교무실에 갔다.
나. 〔〔AFF(〔B〕, 〔A〕)〕,
〔CS(〔B〕, 〔GO(〔A〕, 〔TO(〔AT(〔C〕)〕)〕)〕)〕〕
김선생님이 찬수를 교무실에 보냈다.

국어 동사의 어휘의미구조에서 작용의미층은 '-이/가'를 취하는 주어나 보어, '-을/를'을 취하는 목적어와 밀접한 관련을 맺는 것으로 보인다. 먼저, 어느 동사가 주어와 목적어를 다 취하는 경우 이 동사의 어휘의미구조에는 작용의미층을 갖고, 첫째 논항, 즉 작용자(Actor)는 주어로, 둘째 논항, 즉 피작용자(Patient)는 목적어로 나타나게 되는 것이다.

다음, 목적어를 갖지 않는 경우는 좀 더 고려를 요한다. 주어가 행위자성을 가지면 그 동사 어휘의미구조의 작용의미층에 첫째 논항만이 설정되고, 이 논항은 통사구조에서 주어로 실현된다고 할 수 있다. 문제는 주어가 행위자성을 보이지 않는 경우인데, 작용자 없이 피작용자만이 어휘의미구조의 작용의미층에 설정되는 경우, 역시 이 논항이 주어로 실현되어야 한다. 다음 예가 이를 보여준다.

(4) 바람이 불어서 공이 움직였다.

이 문장에서 주절의 동사 '움직이다'는 전혀 사동성을 갖는다고 볼 수 없다. 그러나 이 문장이 표현하는 상황을 생각해 보면 바람이 분다는 사건이 원인이 되어 공이 움직인다는 결과의 사건이 일어났다는 사실이 전달되고 있다. 이를 작용역학적 관점에서 보면, 바람이라는 외부의 힘이 정지해 있으려는 잠재력을 갖는 공에 작용을 가하여 움직임을 일으킨 것으로 해석할 수 있다. 그런데 '움직이다' 자체가 보이는 작용역학의 양상은 작용자까지를 포함하지는 않는다. '바람이 불어서'로 표현된 부가어절은 주절 동사의 어휘의미구조를 바탕으로 행해지는 논항 융합의 과정과는 직접적인 관련이 없다. 따라서 이 경우의 동사 '움직이다'의 어휘의미구조는 다음과 같이 표상할 수 있다. 여기서 논항 'x'가 주어로 실현된 것이다.

(5) 〔〔AFF(　, x)〕, 〔MOVE(x)〕〕

목적어를 갖지 않는 경우의 또 하나의 가능성으로서, 아예 작용의미층이 설정되지 않는 경우도 생각할 수 있다. 이런 경우의 동사는 일단 상태성 동사, 즉 형용사이나, 사건성 동사 중에도 작용의미층을 갖지 않는 경우는 인정될 수 있다.[51)]

작용의미층은 이와 같이 통사구조로의 연결을 일반화하기 위하여 매우 긴요하게 이용된다. 만약 작용의미층을 이용함으로써 통사구조에서의 모든 주어와 목적어의 실현을 정당화해 줄 수 있다면 논항의 연결과 관련한 문제는 거의

51) 이기동(1976)에서 '자동적 힘'으로써 설명되는 일반 접미사계 피동사는 작용의미층을 갖지 않는 어휘의미구조로 표상되어야 한다고 본다. 이 점에 대해서는 제4장을 참조할 것.

해결된 것이라고 하겠다. 그러나 실제로는 많은 문제가 가로놓여 있다.

대표적인 문제는 이중목적어 구문과 관련된 것이다. 타동성은 작용의미층에서 작용자와 피작용자의 두 논항을 모두 갖는 동사 어휘의 의미적 특성으로 해석될 수 있다. 이렇게 해석된 어휘의미적 특징으로서의 타동성은 통사구조상으로 목적어의 존재와 관련되나, 국어에서 언제나 목적어의 확인과 밀접한 관련을 맺는다고 생각되는 조사 '-을/를'이 타동사가 취하는 목적어와 일대일의 대응 관계를 갖지는 않는다. 앞으로 '-을/를'이 나타나는 목적어의 경우에 그것을 작용의미층의 피작용자와 대응시키려고 하겠지만, 이중목적어 구문의 경우에 피작용자와 결속되지 않는 관계의미층의 성분이 목적어로 연결되기도 한다. 이 점은 앞으로 여러 부류의 동사들과 관련하여 관찰될 것이다.

2.4. 동사의 시상적 특질과 명사구의 의미

개념의미론의 표현력은 동사의 의미가 명사나 다른 통사 범주의 요소들이 갖는 의미와 일정한 연관을 보임을 포착하는 데에서 두드러진다. 이 장 앞부분에서 존재론적 범주를 몇 가지로 나누어 보인 바 있거니와, 동사가 표현하는 존재론적 범주로는 상태와 사건이, 명사가 표현하는 것으로는 개체, 군집, 집단, 재료 등이 있었다. 또한 조사 '-에'는 기본적으로 '처소'와 관계되며, '-로'는 경로와 관계된다. Jackendoff(1991)에서는 이와 같이 범주를 달리하는 동사와 명사가 공통적으로 보이는 의미적 동질성을 형식적으로 기술해 줄 가능성을 보여주었다. 앞으로 이어지는 장에서 구체적인 사례를 만나게 되겠지만, 여기서는 그 기본적인 형식적 장치들을 소개하기로 한다.

보통의 경우 명사는 사물을 표시하며, 동사는 사건이나 상태로 구분되는 상황을 표시한다고 하는 것이 일반적인 견해이다. 그러나 Jackendoff(1991)에서는 동사 뿐만 아니라 명사나 다른 통사 범주에도 공통적으로 나타나는 의미특질로서 한계성(±b)과 내적구조성(±i)을 도입하였다. 명사나 명사구는 한계성을 갖느냐 여부에 따라 '〔+b〕' 특질을 갖는 '책상, 사람, 아이, 아군, 야당, 경찰, 모두, 일부' 등과 '〔-b〕' 특질을 갖는 '물, 흙, 사랑, 인파, 아이들'

등으로 갈라질 수 있다. 한편 내적구조성을 기준으로는 이들이 다시 '〔+i〕'의 특질을 갖는 '아군, 야당, 경찰, 인파, 아이들, 모두, 일부'와 '〔-i〕'의 특질을 갖는 '책상, 사람, 아이, 물, 흙, 사랑' 들로 나뉠 수 있다. 〔+b,-i〕의 복합 특질을 갖는 것이 개체성 명사이며, 〔+b, +i〕의 특질을 갖는 것은 집단성 명사, 〔-b, +i〕의 특질을 갖는 것은 군집성 명사, 그리고 〔-b,-i〕의 특질을 갖는 것이 재료성 명사이다.

개념의미론의 표현력이 두드러지게 드러나는 것은 이와 같은 명사구에 대한 의미특질이 동사의 의미를 분석하는 데에도 그대로 사용될 수 있다는 점에 있다. 앞에서 동사가 갖는 시상적 속성을 네 가지로 나눈 바 있다. 먼저 상태성 동사는 한계성에 있어서 문제가 되지 않는 부류이다. 내적구조성에 있어서는 〔-i〕의 특질을 갖는 것으로 처리된다. 즉, +state = 〔+sit, -i〕와 같이 표시할 수 있다. 다음으로 동작성은 내적구조성에 있어서는 무표적이고, 한계성을 갖지 않는다는 점에서 특징지어진다. 즉, +activity = 〔+sit, -b〕. 완성성은 역시 내적구조성에서는 무표적이나, 동작성과는 달리 한계성을 갖는다는 점에 그 특징이 있다. 즉, +accomplishment = 〔+sit, +b〕. 마지막으로 성취성은 한계성을 가지며, 또한 내적구조성을 갖지 않는다는 점에서 특징적이다. 즉, +achievement = 〔+sit, +b, -i〕. 그러므로, 예컨대 개체성 명사와 성취 동사는 존재론적 범주는 다를지라도, 한계성을 가지면서 내적구조성은 갖지 않는다는 점에서 공통된다.

한계성과 내적구조성을 중심으로 의미특질들간의 관련을 지어주는 데에 몇몇 연산자들을 사용하는 것이 필요할 때가 있다. 역시 Jackendoff(1991)에서 도입한 연산자로 'PL, ELT, COMP, GR, PART, CONT' 등이 있다. 보통 '아이'라는 명사는 개체로서 기본적으로 〔+b,-i〕의 특질을 지닌다고 할 수 있으나, '아이들'에서는 군집 명사로서 〔-b,+i〕의 특질을 갖게 된다고 할 수 있다. 이 때 의미특질의 전환을 수행해 주는 역할을 한 것은 '-들'이라고 하겠는데, 이 작용을 '복수화' 연산자 'PL'로 표시하는 것이다. 이러한 관계를 다음과 같이 표시한다.

(1)

$$\text{아이들} = \left[\begin{array}{l} -b,+i \\ PL(\left[\begin{array}{l} +b,-i \\ \text{〔아이〕} \end{array} \right]_{Mat}) \end{array} \right]_{Mat}$$

앞으로 제7장에서 유용하게 사용될 연산자로 군집이나 집단의 의미를 개체 요소 의미로 바꾸어 주는 'ELT'가 있다. Jackendoff(1991)에서는 다음 두 가지 경우로 나누어 보고 있다. 즉 군집 명사가 개체로 되는 경우와 재료 명사가 역시 개체로 되는 경우이다. 제7장에서는 복수성 명사구가 갖는 통사의미적 특징을 설명해 주기 위하여 이 연산자의 작용을 하나로 단일화할 것을 제안할 것이다.

(2)

$$\text{a grain of rice} = \left[\begin{array}{l} +b,-i \\ ELT(\left[\begin{array}{l} -b,+i \\ \text{〔RICE〕} \end{array} \right]_{Mat}) \end{array} \right]_{Mat}$$

(3)

$$\text{a drop of water} = \left[\begin{array}{l} +b,-i \\ ELT(\left[\begin{array}{l} -b,-i \\ \text{〔WATER〕} \end{array} \right]_{Mat}) \end{array} \right]_{Mat}$$

'흙집'과 같은 합성어는 흙이라는 재료로 이루어진 집을 의미한다. 두 구성요소의 의미를 연결하는 데에 유용한 연산자로 '구성'의 'COMP'가 있다. 이 경우에는 재료(〔-b,-i〕))를 개체(〔+b,-i〕)로 전환해 주나, 군집(〔-b,+i〕)이나 재료(〔-b,-i〕)를 구성요소로 해서 개체(〔+b,-i〕)를 이루어내는 기능도 인정된다.

(4)

$$\text{흙집} = \left[\begin{array}{l} +b,-i \\ \text{〔집〕} \\ COMP(\left[\begin{array}{l} -b,-i \\ \text{〔흙〕} \end{array} \right]_{Mat}) \end{array} \right]_{Mat}$$

(5)

$$\text{stack} = \left[\begin{array}{l} +b,-i \\ STACK \\ COMP(\text{〔}-b,+i\text{〕}) \end{array} \right]_{Mat}$$

(6)

$$\text{a coffee} = \begin{bmatrix} +\text{b},-\text{i} \\ \text{COMP}(\begin{bmatrix} -\text{b},-\text{i} \\ {}_{\text{Mat}}\ \text{COFFEE} \end{bmatrix}) \\ {}_{\text{Mat}} \end{bmatrix}$$

'벽돌집' 같은 예에는 'PL'과 'COMP'가 함께 사용되기도 한다. 일단 벽돌이 'PL'에 의해서 집합의미로 바뀐 다음 'COMP'에 의하여 개체 의미를 이루어 간다.

(7)

$$\text{벽돌집} = \begin{bmatrix} +\text{b},-\text{i} \\ \text{〔집〕} \\ \text{COMP}(\begin{bmatrix} -\text{b},+\text{i} \\ {}_{\text{Mat}}\ \text{PL}(\begin{bmatrix} +\text{b},-\text{i} \\ \text{〔벽돌〕} \end{bmatrix}) \end{bmatrix}) \\ {}_{\text{Mat}} \end{bmatrix}$$

이밖에, "어제는 통닭집에 가서 닭을 먹었다." 같은 예에서 '닭'은 개체(〔+b, -i〕)로서의 '닭'이라기보다는, 개체에 '재료화'의 'GR' 연산자가 적용되어 재료(〔-b,-i〕)의 의미로 전환된 것이다. 또, '책상의 다리'에서 책상과 다리 사이에 존재하는 전체-부분의 관계는 '부분화'의 'PART' 연산자로 표시한다. 이 연산자는 전체와 부분이 갖는 의미특질을 동일하게 만든다. 또, 'beef stew'와 같은 예에서는 재료인 'beef'가 다시 재료 'stew'를 이루는데, 이 둘을 이어주는 연산자가 '포함(containing)'의 'CONT'이다.

제3장 처소교차 동사

3.0. 도입

이 장에서는 국어의 한 동사 부류로서 처소교차 동사가 보여 주는 통사적인 행태와 의미적인 특징을 관찰하면서, 이들을 기술하기 위하여 어휘의미구조, 어휘통사구조를 설정하는 것이 효과적임을 보이려고 한다. 또 'NP에'나 'NP으로'를 동사의 어휘의미구조의 일부로서, 그리고 부가어 의미해석 규칙으로서, 두가지로 나누어 기술해야 함을 보인다. 또 처소교차 동사의 어휘의미에 영향을 주는 시상적 속성의 국면을 고찰해 본다.

다음 (1가), (2가)를 살펴 보면, 조사 '-에'를 갖는 처소 표현의 보어가 그와 대응되는 문장에서 목적어와(1나) 그리고 주어와(2나) 관련된다. 이 점에 주목하여 각각을 타동사적, 자동사적 처소교차 구문이라 지칭하고, 이러한 구문의 중심이 되는 동사를 처소교차 타동사와 처소교차 자동사라 부르기로 한다.

(1) 타동사 구조: 가. 청소부들이 건물벽에 페인트를 칠했다.
　　　　　　　　나. 청소부들이 페인트로 건물벽을 칠했다.
(2) 자동사 구조: 가. 별들이 밤하늘에 반짝인다.
　　　　　　　　나. 밤하늘이 별들로 반짝인다.

그런데 이들 문장에서 '-에' 명사구나 '-으로'성분을 제거할 경우 다음 (3), (4)와 같은 가능성을 보여준다.

(3) 타동사 구조: 가. 청소부들이 페인트를 칠했다.
　　　　　　　　나. 청소부들이 건물벽을 칠했다.

(4) 자동사 구조: 가. 별들이 반짝인다.
나. *밤하늘이 반짝인다.

다음처럼, 타동사의 경우 이중목적어문, 자동사의 경우 이중주어문의 가능성을 보여주기도 한다.

(5) 타동사 구조: 가. 청소부들이 건물벽을 페인트를 칠했다.
나. *청소부들이 페인트를 건물벽을 칠했다.
(6) 자동사 구조: 가. 건물벽이 페인트가 칠해졌다.
나. *페인트가 건물벽이 칠해졌다.

이 장에서는 주로 (1)-(4)와 같은 구문의 가능성들을 중심으로 논의할 것이다. 엄격히 말하면 처소교차 구문이란 타동사 구조의 '-에'구조와 '-으로' 구조, 'NP에'성분과 'NP으로' 성분이 생략된 구조, 이중목적어 구조, 그리고 자동사 구조의 '-에'구조와 '-으로'구조, '-에' 성분이 생략된 구조로 모두 9개 정도의 구문(constructions)을 통칭한 것이다. 이들 모두에 대해서 서로 다른 어휘의미구조와 어휘통사구조를 부여함으로써 설명을 시도할 것이다.

3.1. '-에' 구조와 '-으로' 구조

3.1.1. 분포 구조주의적 설명

국어 문법 연구에서 처소교차 구문에 대한 본격적인 분석의 사례는 그리 눈에 띄지 않고, 다만 격문법 이론에 입각한 김영희(1973)의 부분적인 분석과, 분포 구조주의적인 입장에서 자동사 구문을 분석한 홍재성(1986)의 연구를 대표적 사례로 들 수 있다.1)

1) 영어에서 이러한 유형의 문장들에 대해 Fillmore(1968)의 언급이 있은 후 Anderson(1971, 1977), Fraser(1971), Schwartz-Norman(1976), Jeffries & Willis(1984) 및 자동사 구문에 대한 Salkoff(1983) 등의 연구에서 다양한 각도로 연구되어 왔다. 최근의 Levin &

홍재성(1986)에서는, 자동사 구문만을 직접적으로 다루고 있는데, 처소교차 구문의 통사적, 의미적 특징에 대한 세밀한 관찰을 보여주고 있다. 여기서 의미적 특징으로 지적된 것 중 특별히 중요한 것은 자동사적 처소교차 구문의 '-에' 구조와 '-으로' 구조 사이에 '부분적 관여/전체적 관여'의 의미 차이가 있다는 사실이다.[2] 다음 예문에서 (1나)가 부적격한 것은 규모가 작은 별의 반짝임에 하늘 전체가 반짝이는 속성을 지니도록 했기 때문이라고 설명한다.

(1) 가. 오늘도 밤하늘이 {많은 , E} 별들로 {반짝인다 , 빛난다}.
　　나. ?*오늘도 밤하늘이 {그 별 , 별 하나}-로 {반짝인다 , 빛난다}.

홍재성(1986)에서 지적된 또 하나의 중요한 의미적 특징은 자동사적 처소교차 구문의 '-에' 구조에서 주어가 인물 명사일 경우에도 정상적인 인물 명사가 보이는 '의도성'이나 '활동성'의 의미 특성을 지니지 못한다는 사실이다. 따라서 인물 주어는 행위자(agent)로 해석되기 어렵고, 이들 동사들을 동작동사로 판별할 수 없다고 하였다.[3]

(2) *젊은 부인네들이 {일부러 , 마지못해} 백화점에 들끓었다.

물론 '-에' 구조의 주어에 나타나는 이러한 의미 특성은 '-으로' 구조 문장의 'NP으로'에도 그대로 유지된다. 이는 다시금 처소교차 구문의 두 짝이 구조적으로 긴밀히 연관됨을 보여주는 것이다.

홍재성(1986: 4)에서는 자동사적 처소교차 구문의 두 구조를 다음과 같이 형식화하고 있다. 'i'와 'j'의 지표는 두 구조의 서로 다른 문장성분이 의미적으로 동일지시됨을 표시한다.

(3)가. N_{0i} N_{1j}-에 V ⟨---⟩ 나. N_{0j} N_{1i}-로 V

Rappaport(1986) 및 Rappaport & Levin(1988), 그리고 Atkins et als.(1986), Kegle & Fellbaum(1988) 등은 이 연구와 같은 입장에서 어휘론적인 분석을 보여 주고 있다.

2) 홍재성(1986) 11-12쪽.

3) 홍재성(1986) 9쪽. 홍재성님은 이와 함께 일부 동사에서 인물 주어가 불특정(indefini), 다수(pluriel)의 특성을 지닌다고 지적하였는데, 다음 예에서는 이 점을 또한 관찰할 수 있다.

그러나 이러한 형식화는 단일한 층위에서의 일반화를 추구하고 있다는 점에서 충분치 못한 점이 있다. 먼저 '전체적 관여'의 의미 국면은 (3나)에 직접 명기되어 있지 않으며, 더우기 (3가)에서 'N0i'이 지닌 '비의도성', '비활동성'의 의미 국면은 이러한 형식화와 관계없이 개별적으로 지적될 수 있을 뿐이다. 또한 다음을 살펴 보자.

(4) 가. 인부들이 트럭에 모래와 자갈을 실었다.
　　나. 인부들이 트럭을 모래와 자갈로 실었다.

앞서 살펴 보았듯이 이러한 타동사 구문에서도 (4나)류의 구조는 '전체적 관여'의 의미를 갖는다. (5가)와 (5나)를 비교하면 이 점이 좀더 선명히 부각된다. 이는 물론 자동사 구문의 경우와 마찬가지 이유로 설명되는 현상이다.

(5) 가. 인부들이 트럭에 밀가루 한 푸대를 실었다.
　　나. ?*인부들이 트럭을 밀가루 한 푸대로 실었다.

그런데 (6)과 같은 경우는 좀더 복잡한 사정이 개입된다. 우선 (6)은 중의성을 갖는 문장이다.[4)]

(6) 인부들이 트럭을 전부 모래와 자갈로 실었다.

하나의 해석은 (6나)의 '전체적 관여'의 의미를 '전부'로써 명시한 의미이다. 그러나 또 하나의 해석은, 여러 대의 트럭이 있어 그 트럭 모두를 모래와 자갈로 싣는다는 '전칭적(universal) 의미'이다.

이러한 '전칭적 의미'는 처소교차 구문과는 독립적인 문법적 요인에 의하여 생겨나는 의미 국면이다. 국어에는 보통 이러한 수량 표현이 구조적으로 주어나 목적어에만 관련하여 의미적으로 수식하며, '-으로'나 '-에'를 갖고 나타

---

4) 다음과 같이 '전부'의 어순을 바꾸어도 중의성이 유지된다.
　인부들이 트럭을 밀가루로 전부 실었다.

나는 명사구는 수식하기 어려운 현상이 있다. '전부'와 비슷한 뜻을 갖기는 하나 '모두'는 이와 같은 동기에서 나타나는 요소로 간주될 수 있다. (7)의 두 문장은 기본적으로 동의인데, '모두'의 고유 특성으로 인하여 전체적 관여의 의미는 나타나지 않고 전칭적 의미만이 부각되는 것으로 보인다. 즉 '모두'는 전칭 수량사이다.

(7) 가. 인부들이 트럭을 모두 모래와 자갈로 실었다.
나. 인부들이 트럭을 모래와 자갈로 모두 실었다.

(4가)와 대응되는 다음 경우는 목적어 '모래와 자갈을'에 대한 전칭적 의미로써 해석될 수 있는 예이다. 단, (8나)는 '모두'가 목적어 뒤에 위치하지 않으면 부자연스럽고, 이 때 주어 '인부들이'에 대한 전칭적 해석이 가능해지는 것 같다.

(8) 가. 인부들이 트럭에 모래와 자갈을 모두 실었다.
나. ?인부들이 트럭에 모두 모래와 자갈을 실었다.

이러한 양상은 자동사 구문에도 나타난다. (9)는 중의성을 띤다. 그러나 (10)는 수량 표현 '모두'로 말미암아 '전칭적 의미'만을 갖게 된다.

(9) 건물벽이 {전부 , 다} 페인트로 칠해졌다.
(10) 건물벽이 모두 페인트로 칠해졌다.

이들 사실에 대한 필자의 해석은 이러하다. 이와 같은 유형의 수량 표현이 나타나는 보통의 경우에 있어서 '전칭적'인 의미 해석은 표면 통사적 구조의 주어나 목적어에 대하여 가해진다. 그러나 '전체적 관여'의 의미는 이것과 구별되는 다른 부문, 구체적으로는 어휘부에서 고려되어야 한다. 이는 곧 (6)과 (9)의 중의성이 서로 다른 구조 층위에서 설명되어야 함을 뜻하는 것이다. 그런데 앞서의 (3)과 같은 단일한 차원의 형식화로는 이 구문이 가지는 두 가지 수량적 의미 해석의 국면을 명시적으로 설명해 주기에 부족하다. 표면구조에서의 의미 해석과 독립되는 어휘구조 차원에서의 의미 차이를 설명하기 위하여는 어휘적인 의미 표상과 같은 것이 필요할 것으로 보인다.

전체적 관여의 의미 국면과 전칭적 수량화의 구별 문제는 3.3.2.절에서 부연된다.

3.1.2. 격문법적 설명

이 장 첫머리에 들었던 타동사적 처소교차 구문에서 'NP에' 구조와 'NP으로' 구조의 문장은 대체로 동일한 사건이나 사실을 표현하고 있는듯이 여겨진다. 따라서 처소교차 구문의 두 짝은, 표면적으로는 동일한 명사구가 조사의 형식만을 달리하여 나타났지만, 기저에서는 단일한 의미 또는 통사 구조를 가진 것으로 설명할 가능성이 있다. 국어문법에서 이러한 방향의 연구 사례로 김영희(1973)를 찾아볼 수 있다.

김영희(1973)는 타동사적 처소교차 구문과 관련하여 격문법 이론의 의미역(심층격) 개념에 입각한 분석을 보여주었다. 여기서는 처소교차 구문 자체의 분석과 기술보다는 목적어화 변형(objectivization)이 논의되는 과정에서 타동사적 처소교차 문장들이 지니는 특수성을 고려하고 있지만, 다음과 같이 설정된 소규칙(minor rule)에서 처소교차 구문의 의미 구조에 대한 견해가 드러나고 있다.[5)]

```
(1) 〔u Rule 159(I^L)〕---〉〔+Rule 159(I^L)〕 /
          〔+material〕          〔+material〕 /
    ┌                                                    ┐
    │ + ┌〔NP-SM〕A__ ┌┌ +V            ┐┐┐  (I^L)        │
    │   └             └└ +continuing   ┘┘┘〔+material〕  │
    │ ------------------------------------------------   │
    └                                                    ┘
```

여기서 '(I^L)'은 의미역(심층격)인 'I'(도구격)나 'L'(처소격)이 배타적으로

---

5) 김영희(1973) 154쪽.

선택되어 목적어화 규칙의 적용을 받아야 함을 나타낸다고 한다. 따라서 소규칙 (1)은 (2가, 나)와 같은 문장들이 목적어화하는 현상6)을 포착해 줌은 물론, (2다, 라)와 같은 문장들의 비문법성도 예측해 준다고 본다.

(2) 가. 소녀가 화초로 뜰을 가꾼다.
나. 소녀가 뜰에 화초를 가꾼다.
다. *소녀가 화초를 뜰을 가꾼다.
라. *소녀가 화초로 뜰에 가꾼다.

김영희(1973)에 따르면, (2가)와 (2나) 두 문장에서 동일하게 '화초'와 '뜰'은 각각 '도구격'과 '처소격'의 의미역을 갖는다. 이는 대체로 의미구조와 같은 것으로 가정되는 심층구조에서 표시될 수 있는 것들이므로, 결국 (2가)류 문장의 구조와 (2나)류 문장의 구조는 동일한 심층구조를 갖는 한편으로 목적어화 변형과 (1)의 소규칙에 의해 서로 다른 표면의 문장 구조로 도출되는 것으로 파악되고 있는 셈이다. 여기에는 다음과 같은 문제점이 가로놓여 있다.

첫째로, (1)의 소규칙 설정의 타당성이 문제될 수 있다. 다음 예들은 대체로 '처소격'과 '도구격'의 의미역을 한 문장 안에 갖고 있다고 할 수 있다. 이들에서 '처소격'을 갖는 '-에서'나 '-에' 성분과 '도구격'을 갖는 '-으로' 성분이 동시에 나타나는 현상은 (1)로써는 설명하기 어렵다고 하겠다.

(3) 가. 순희는 정원에서 호미로 꽃을 가꾸었다.
나. 경애는 떨어진 단추 자리에 남은 실로 그 단추를 달았다.
다. 경애는 밭에서 손으로 콩을 딴다.
라. 그는 땅바닥에서 무릎으로 기었다.
마. 나는 마산에 버스로 다녀왔다.

이들이 '처소격'과 '도구격'의 의미역을 갖는다는 것을 부정할 뚜렷한 이유는

6) (1)에서 'Rule 159'로 표시되는 목적어화 규칙은 1)논항이 서술어의 왼쪽에 이동하는 '명사어 이동 규칙(argument transportation)'과 2)'목적어 조사'인 '-을/를'이 논항에 첨가되는 '목적어 조사 첨가 규칙', 그리고 3)'격조사 삭제 규칙'을 내용으로 한다.

없어 보인다. 그렇다면, (1)의 소규칙에 따라 '-에서' 명사구와 '-으로' 명사구가 동시에 실현되는 것은 배제되어야 할 것이다. 물론 (1)의 소규칙은 그 적용되는 동사의 특질을 '지속성(+continuing)'으로 명시해 놓기는 하였다. 그러나 '지속성'의 특질로써 처소교차 구문의 동사들과 (3)의 동사들을 모두 구별해 주기는 어렵다고 본다.

둘째로는 과연 (2가)와 (2나)가 동일한 심층구조를 갖는다고 할 수 있겠는가 하는 점이다. 이는 곧 두 문장의 의미가 동일한가의 문제로 바뀌어질 수 있다. 앞에서 살펴 보았듯이 홍재성(1986)에서는 자동사적 처소교차 구문의 'NP에' 구조와 'NP으로' 구조의 문장들 사이에 체계적인 의미 차이가 존재한다고 지적한 바 있다. 이러한 의미 국면은 타동사적 처소교차 구문에서도 일관되게 나타나는 것으로 보인다. 다음에 다시 보이는 앞 절의 예문이 이 점을 말해 준다.

(4) 가. 인부들이 트럭에 밀가루 한 푸대를 실었다.
나. ?*인부들이 트럭을 밀가루 한 푸대로 실었다.

다음은 동사 어휘가 가지는 시상적 속성과 관련하여 의미 차이를 보이는 예이다.

(5) 가. 소녀가 3년 동안 화단에 꽃을 가꾸었다.
나. 소녀가 3년 동안 화단을 꽃으로 가꾸었다.

(5가)와 (5나)의 의미는 같지 않다. (5가)는 단순히 3년이라는 기간 동안 화단에 꽃을 가꾸었다는 사실을 표현함에 비해, (5나)는 3년 동안 수고한 결과로 꽃으로 가꾸어진 화단을 이루게 되었음을 표현한다. 또, 다음 예에서도 (6가)는 어머니가 어떤 사정으로 신작로에 찬물 끼얹는 일을 지체하였지만 결국 십분 안에는 그 일을 시작하게 되었음을 함축한다. 이에 비해 (6나)는 찬물 끼얹는 일을 십분 만에 끝마쳤음을 함축한다.

(6) 가. 어머니가 십분 만에 신작로에 찬물을 끼얹었다.

나. 어머니가 십분 만에 신작로를 찬물로 끼얹었다.

이 문제에 대해서는 동사의 시상적 속성과의 관련을 다루는 3.3.2.절에서 좀 더 자세히 논의하기로 한다.

다음은 타동사적 처소교차 문장에 대당하는 피동적 표현[7]인데, 결과적으로 자동사적 처소교차 구문과 같은 통사적 형식을 가지고 있는 예이다. 이 장 서두의 두 가지 타동사 구문과 비교해 보기로 한다.

(7) 가. 페인트가 건물벽에 칠해졌다.
나. 건물벽이 페인트로 칠해졌다.
(8) 가. 청소부들이 건물벽에 페인트를 칠했다.
나. 청소부들이 페인트로 건물벽을 칠했다.

(7)의 두 문장은 일단 자동사적 처소교차 구문의 형식을 취하고 있지만, 그 기본적인 의미 관계는 타동사 구문 (8에서와 같이 그대로 유지된다. (8)의 두 문장과의 의미 관계를 관찰해 본다면, (8가)와 (8나)는 모두 (7가)를 함의(entail)하는 관계에 있다. 반면에 (8가)와 (8나) 모두가 (7나)를 함의하지는 못하고, 오직 (8나)만이 (7나)를 함의한다. 이러한 의미 관계는 여타의 처소교차 구문에도 체계적으로 나타나는 것으로 보이며, 이 점은 타동사 구문이나 자동사 구문 각각의 두 문장짝이 공통적으로 일관된 의미 차이를 가지고 있음을 입증하는 것이라고 해석된다.

셋째로, 보다 근본적인 면에서 곤란한 문제는 (2가)와 (2나)의 문장 짝에서 각 명사구들이 가지는 특정 의미역 내용의 유형을 일관되고 엄격하게 정해주기 어렵다는 점에 있다. 그런데, 처소교차 구문에서 체계적으로 대응되는 문장짝들의 상호 연관은 종래의 '심층격'이나 '의미역 관계'를 매개로 하고 있으며, 이 점이 문장이 도출되는 의미적 통사적 절차의 중요한 부분을 이루고 있음을 부인할 수 없다. 여기에는 '의미역 관계' 자체의 복합적 성격에서 연유하는 하나의 혼란이 개재되어 있다고 생각되므로, 의미역 관계의 개념을 더

---

7) 여기서 '칠해지다'를 한 단위의 피동사 어휘로 간주한다. 피동문 및 피동사에 대해서는 제4장을 참조할 것.

분석할 필요가 있다고 본다. 다음에서 종래의 의미역 관계 국면을 동사 어휘가 갖는 어휘적 특질로 보아 기술하되, 논항으로서의 성격을 표상하는 어휘통사구조와 어휘 해체 분석을 반영한 어휘의미구조의 두 가지로 나누어 개별 동사 어휘에 할당함으로써 처소교차 구문의 통사적 행태를 설명하려고 한다.

3.1.3. 분석되지 않은 의미역 개념의 난점

김영희(1973)에서는 다음 (1가)류의 문장과 (1나)류의 문장들의 관련을 공통적인 의미역('I'와 'L')을 설정함으로써 포착해 주고 있다. 즉 이 두 문장에서 '화초로'나 '화초를' 모두 '도구'의 의미역을, 또 '뜰을'이나 '뜰에' 모두 '처소'의 의미역을 지닌다고 봄으로써, 이들 문장이 공통의 의미 구조를 갖는다고 설명하는 것이다.

(1) 가. 소녀가 화초로 뜰을 가꾼다.
    나. 소녀가 뜰에 화초를 가꾼다.

그러나 두 문장 형식이 과연 ('지적인 의미'에 있어서도) 동일한 의미를 갖는지 의심스러울뿐더러, 두 문장 형식의 각 명사구들에 할당될 의미역 관계의 유형을 '처소격'과 '도구격'으로 명시하여 충분할 것인지도 문제가 된다. (1가)의 '화초로'는 행위나 사건, 또는 상태의 직접적인 원인을 나타낸다는 '도구격'의 규정(김영희, 1973: 36)에 부합하지만, (1나)의 '화초를'은 오히려 '대상격'의 정의인 '서술어로 풀이되는 동작이나 상태변화를 이행하는 사물'(김영희, 1973: 48)에 가깝다고 볼 수 있다. 또한 (1나)에서 '뜰에'는 '처소격'의 의미역 관계를 보이고 있지만 (1가)의 '뜰을'은 역시 상기의 '대상격' 개념에 부합되는 것이다. 따라서 (1가)의 '뜰을'은 '처소격'과 '대상격'의 두 가지 의미역을, (1나)의 '화초를'은 '도구격'과 '대상격'의 두 가지 의미역을 동시에 갖는다고 할 수도 있는데, 이는 '의미역 기준'을 위배한다.[8)]

---

8) 의미역 기준은 Chomsky(1981: 36)에 "각 논항은 하나의, 그리고 하나만의 의미역을 취하며,

이제까지 살펴 본 보기들에 나타나는 'NP으로' 성분에 주목해 보기로 하자. 앞에서는 'NP으로' 성분이 '도구'와 '대상'의 두 가지 의미역 내용을 가질 수 있는 것으로 진술하였지만, 더 천착해 보면 처소교차 구문의 'NP으로' 성분들의 의미역 관계에는 공통의 특질이 발견된다. 즉 앞서 든 처소교차 문장의 '페인트로'에서나 '별들로', 그리고 '화초로'에서 공통적으로 추출할 수 있는 의미 중에는 '-으로'에 선행하는 명사가 가리키는 사물의 위치상의 변화나 상태의 변화라는 요소가 보인다. (1가)는 화초가 가꾸어진 결과로서의 '뜰'의 상태를 지향한다고 할 수 있으므로, 이 문장의 '뜰을'은 '대상'의 의미역을 지닌다고 할 수 있다. 그런데 '대상'의 정의가 '위치의 변화'나 '상태의 변화'를 포함한다면, 상기의 'NP으로'들 모두를 역시 '대상'으로 볼 수 있다는 말이 된다.

처소교차 구문에서 'NP으로'는 '재료'의 의미를 갖는다. 이밖의 구문에서 도구 또는 방편의 의미를 갖는 'NP으로'와 비교해 보면 두 '-으로'가 갖는 의미에 공통점이 찾아질 수 있다. 다음 (2)의 경우는 처소교차 구문에서 'NP으로'보어로 표현된 대상이 위치 변화를 입고 있으며, (3)에서도 수의적 성분으로 쓰인 'NP으로'가 위치의 변화를 입고 있음이 관찰된다.

(2) 가. 인부들이 트럭을 온통 자갈과 모래로 실었다.
    나. 그는 자기 소유의 임야 일만 평을 온통 밤나무로 심었다.
    나. *인부들이 트럭을 온통 실었다.
    라. *그는 자기 소유의 산을 온통 심었다.
(3) 가. 저 아이가 야구공으로 유리창을 깼어요.
    나. 저 아이가 유리창을 깼어요.

유동석(1984)에서는 '-으로'가 가진 '방편, 재료, 원인' 등의 의미가 기원적으로는 관련되는 문장에서의 체언 등 다른 요소에서 온 것일 뿐이고, '-으로'의

각 의미역은 하나의, 그리고 하나만의 논항에 할당된다."와 같이 규정되었다. 여기서는 대상, 처소 등 의미론적인 내용으로서의 의미역과 논항 자리(변수)로서의 의미역이 구별되어 있지 않다. 그런데 뒤에서 보게 되는 것처럼 어휘의미구조와 함께 어휘통사구조를 설정한다면 의미역 기준이 행하는 역할은 어휘통사구조로부터 문장의 통사구조로의 연결 과정에 대한 제약으로 해석할 수 있다.

가장 원초적인 의미는 '변성'이라고 하였다. '변성'의 의미를 '상태의 변화'와 같은 것으로 본다면 'NP으로' 성분이 '대상' 의미역을 가진 것으로 해석할 수 있게 되고, 그렇다면 처소교차 구문의 '-으로' 구조는 두 개의 '대상' 의미역을 가지게 된다. 이 또한 '의미역 기준'을 위배한다.

이렇게, 분석되지 않은 '의미역'의 개념은 양 방향에서 문제점을 드러낸다. 종래의 의미역 개념의 문제가 그 복합성으로부터 말미암은 것이었다고 한다면, 이제 이를 더 원자적인 차원에서 갈라볼 수 없는가 따져볼 차례다.

우리가 의미역이라는 개념을 그 본질적인 면에서 성찰해 본다면, 그것은 문장 속에서 명사구 등의 논항이 서술어와 관계지어지는 일정한 방식을 뜻하는 것이다. 처소교차 구문에서는 이러한 의미 관계가 서술어와 '-에', '-으로' 등의 조사의 결합에 의하여 중심적으로 표현된다고 할 수 있다. 그러나 이러한 서술어와 조사의 결합에 의해서 표현되는 것은 단일한 측면이 아니고, 어휘 의미적인 특성과 어휘 통사적인 특성이 복합되어 있는 것으로 보인다. 의미역 관계를 이렇게 더 분석할 수 있는 개념으로 봄으로써 의미역 기준과 관련한 처소교차 구문의 문제를 해결할 실마리가 보이게 된다.

우리는 다음 3.2.절에서 의미역 개념의 한 측면인, 한 술어가 갖는 일정수의 '논항'으로서의 측면을 어휘통사구조로 형식화하여 타동사 구조와 자동사 구조의 연관성 해명에 이용하고, 3.3.절에서는 '대상', '목표', '처소' 등 의미역 내용의 측면을 어휘의미구조로 형식화하여 '-에' 구조와 '-으로' 구조의 연관 및 차이를 설명하려고 한다.

3.2. 타동사 구조와 자동사 구조

3.2.1. 능동문과 피동문

처소교차 구문의 문장 짝들이 지니는 통사적 연관을 변형적 절차로써 설명하기는 어렵다는 점이 지적되었다. 그렇다면, 생성문법의 일반적인 모형에 입각해서 볼 때 이러한 현상이 다루어질 부문은 어휘부가 될 것이다. 이 장 서두의 (1)과 같은 타동사적 처소교차 구문을 이루는 동사의 어휘적 관계를 기술할 때에 포함되어야 할 중요한 사항으로는 다음과 같은 것들이 추출된다.

(1) 가. '-에' 구조와 '-으로' 구조 사이에 존재하는 대체적인 동의 관계를 포착할 것.
나. '-에' 구조와 '-으로' 구조 사이에 드러나는 의미 차이를 포착할 것.
다. '-에' 구조와 '-으로' 구조 사이의 연관성을 '의미역 관계'를 매개로 하여 포착할 것.
라. 타동사 구문과 자동사 구문의 연관성을 '의미역 관계'를 매개로 하여 포착할 것.
마. 홍재성(1986)에서 지적한 '비활동성/비동작주성'의 의미 국면을 설명할 것.

이 중에서 먼저 (1라)의 문제에 주목하기로 하자. 여기서 자동사 구문에는 피동사 구문이 포함되는데, 이 때의 피동사란 한 가지 특별한 유형의 자동사들이 일반적으로 보이는 통사적 특징을 공유한다는 점을 드러내려고 한다.

앞에서 3.1.2.절의 (7), (8)을 통하여 타동사적 처소교차 구문이 자동사 구문과 긴밀히 연관되는 경우가 있음을 보았다. 그런데 이 경우 두 가지 구문 형식을 이어주는 것은 피동화의 요소인 보조동사 '지다'이다. 즉, 여기서 타동사 구조와 자동사 구조는 능동문 구조와 피동문 구조의 형식으로 실현되고 있는 것이다. 초기의 생성문법적인 연구에서 국어의 능동문과 피동문을 통사적인 변형으로 연결지어주려고 한 시도도 있었으나, 여기에는 많은 어려움이 가로놓여 있다.[9] 하지만 능동문과 피동문 사이의 연관에 어떠한 종류의 규칙성도 존재하지 않는 것은 아니다. 특히, 능동문의 목적어가 피동문의 주어와 관련되는 현상에 대해서 문법적으로 해명해 주지 않으면 안된다.

처소교차 구문을 이루는 타동사를 중심으로 그들의 피동 표현을 조사해 보면, 피동문의 구조는 대응하는 능동문의 구조와 밀접한 관련을 가짐을 알 수 있다. 한 예로, '끼얹다' 같은 동사는 한 쌍의 처소교차 구문을 형성하는 전형적인 타동사이다. (2)의 두 문장짝은 공히 세 개의 명사구를 필수적인 요소로

9) 피동문에 관하여 제4장을 참조할 것.

취하고 있다. (3)과 (4)는 이 점을 보여준다.

(2) 가. 어머니가 마당에 물을 끼얹었다.
    나. 어머니가 마당을 물로 끼얹었다.
(3) 가. *어머니가 마당에 끼얹었다.
    나. *어머니가 물을 끼얹었다.
(4) 가. *어머니가 물로 끼얹었다.
    나. *어머니가 마당을 끼얹었다.

그 동사가 형태상으로 '이, 히, 리, 기'의 접미사를 취하든 보조동사 '지다'를 취하든, 피동문의 통사적 특징은 대응 능동문에서 대체적으로 목적어라 확인되는 요소가 주어로 실현된다는 사실이다. 즉 각각 (2가)와 (2나)의 능동문에 대응하는 (5)의 두 예는 목적어 이외의 요소가 피동문의 주어와 관련될 수 없음을 보여준다. 이에 비하여 대응 능동문의 목적어가 주어로 나타난 (6)의 피동문들은 문법적이다.

(5) 가. *마당이 물을 끼얹어졌다.
    나. *물이 마당을 끼얹어졌다.
(6) 가. 물이 마당에 끼얹어졌다.
    나. 마당이 물로 끼얹어졌다.

그런데, (2)의 두 문장에서 목적어가 주어로서 실현되되 나머지 성분이 생략된 피동문인 다음 (7)의 문장들은 비문으로서 이는 (6) 문장들이 문법적임과 대조적이다.

(7) 가. *물이 끼얹어졌다.
    나. *마당이 끼얹어졌다.

그러나 처소교차 구문을 이루는 동사 무리 중에서도 '가꾸다' 등의 동사는 '끼얹다'류의 동사와는 좀 다른 양상을 보이는 것 같다.

(8) 가. 소녀가 화단에 꽃을 가꾼다.
    나. 소녀가 화단을 꽃으로 가꾼다.

(9) 가. 꽃이 화단에 가꾸어진다.
    나. 꽃이 잘 가꾸어졌다.
(10)가. 화단이 꽃으로 가꾸어졌다.
    나. 화단이 잘 가꾸어졌다.

(8가)의 능동문에 대한 (9)의 두 예나, (8나)의 능동문에 대한 (10)을 살펴 보면 의미역 기준에 의하여 걸러져 비문으로 판정날 것 같은 (9나)와 (10나)가 예상과는 달리 적격한 문장이다. 이는 (7)의 두 예가 비문인 것과 대조되는 사실이다.

하지만 대응되는 능동문, 즉 (9나)의 근원이랄 수 있는 (11나)와, (10나)에 대한 (12나)의 문장들을 고려한다면 여기에 어떤 일반성이 개재함을 알 수 있다.

(11) 가. *소녀가 화단에 잘 가꾼다.
     나. 소녀가 꽃을 잘 가꾼다.
(12) 가. *소녀가 꽃으로 잘 가꾼다.
     나. 소녀가 화단을 잘 가꾼다.

즉 능동문에서 목적어가 실현되지 않은 (11가)는 비문임에 비해서 (11나)는 적격하며, (12가)에 비해서 (12나)도 마찬가지이다. 이는 목적어가 필수적 성분임에 비해서 나머지 동사구 내부의 성분인 'NP에'나 'NP으로'는 반드시 그렇지는 않다는 것을 말해 준다.[10] 이로 볼 때, 능동문의 목적어는 피동문의 주어와 연관되며, 이를 제외하고는 능동문의 나머지 '논항' 성분이 피동문에 그대로 유지된다는 것이 하나의 원칙으로서 지켜지고 있음을 확인할 수 있다. 그런데 '끼얹다' 동사와는 달리, (11나)와 (12나)에서 동사 '가꾸다'는 그 고유 특질상 두 자리의 논항을 취할수도 있다는 특징을 가지고 있는 것이다. 이 두 부류의 동사들을 각각 들어 보면 다음과 같다.

10) 엄밀하게 말하면 목적어 이외의 요소가 필수 성분이 아니라는 진술은 재고되어야 한다. 필자는 '가꾸다' 동사가 네 가지 어휘항목으로 구별되는 것으로 보고 있는데, 이는 처소교차 동사와 공존하는 'NP에'와 'NP으로'를 앞으로 도입할 어휘통사구조에 필수 성분으로 기재한다는 뜻이 된다.

(13) '끼얹다'류:
끼얹다, 가리다, 감다, 걸치다, 꾸미다, 깔다, 덮다, 덮씌우다, 두르다, 바르다, 버무리다, 뿌리다, 섞다, 채우다, 칠하다, 새겨두다, 새겨넣다, 파넣다, 각인하다, 양각하다, 보충하다, 다져넣다, 주입하다, 주입시키다, 재다, 꾸려넣다, 담다, 싸다, 휩싸다, 쑤셔넣다, 저장하다, 틀어넣다, 아로새기다, 박아넣다, 흩뿌리다, (바위에 이끼를)입히다, 채워넣다, 갖추어놓다

(14) '가꾸다'류:
가꾸다, (보완하다, 보강하다,) 메우다, 수놓다, 때우다, 쌓아올리다, 쌓아두다

흥미로운 것은 '끼얹다'류의 '새겨넣다, 파넣다, 다져넣다, 다져넣다, 꾸려넣다, 쑤셔넣다, 틀어넣다, 박아넣다, 채워넣다, 갖추어놓다', '가꾸다'류의 '쌓아올리다'와 같은 합성동사들이다. 이들은 두 개의 동사가 연결어미 '어'를 매개로 결합된 형식을 취하는데, 구성성분이 되는 어느 한 동사만 가지고는 처소교차 구문을 이루기 어렵다.

(15) 가. 나는 그 나무의 온 둘레에 내 장래의 희망을 새겨넣었다.
나. 나는 그 나무의 온 둘레를 내 장래의 희망으로 새겨넣었다.
다. 나는 그 나무의 온 둘레에 내 장래의 희망을 새겼다.
라. *나는 그 나무의 온 둘레를 내 장래의 희망으로 새겼다.

(16) 가. 그 부부는 새로 내는 가게에 최신 유행의 의류품들을 갖추어놓았다.
나. 그 부부는 새로 내는 가게를 최신 유행의 의류품들로 갖추어놓았다.
다. 그 부부는 새로 내는 가게에 최신 유행의 의류품들을 갖추었다.
라. ?*그 부부는 새로 내는 가게를 최신 유행의 의류품들로 갖추었다.

(17) 가. 학생들이 운동장 옆 공터에 쓰레기더미를 쌓아올렸다.
나. 학생들이 운동장 옆 공터를 쓰레기더미로 쌓아올렸다.
다. 학생들이 운동장 옆 공터에 쓰레기더미를 쌓았다.
라. *학생들이 운동장 옆 공터를 쓰레기더미로 쌓았다.[11]

11) 이 문장과 같은 문장형식을 갖는 다음과 같은 예는 성립가능하나, 이는 '만들다'처럼 창조/생성의 의미를 갖는 동사로 해석되는 것으로 이 경우와는 다르다.
가. 아이들이 모래로 성을 쌓았다.
나. 아이들이 모래로 성을 만들었다.

이러한 사실은 무엇을 말해 주는가? 두 동사가 결합하여 통사적 합성어를 이루어 낼 때 결과된 합성어는 그 구성요소인 동사가 갖지 않는 새로운 하위 범주화 특질을 형성해 낼 수 있음을 말해준다고 하겠다. 이 경우 이들을 두 동사들이 각각 취하는 단문들의 접속으로 설명할 가능성은 배제된다고 하겠다. 이들 문장을 접속문으로부터 도출할 경우 'NP으로' 성분이 나타나는 것을 설명해 주기 어렵다는 점이 문제의 정면에 가로놓이게 된다.[12] 이 점이 이 연구에서 이들 경우를 합성동사로서 처리하여 어휘부에서 다루는 이유이다.

'틀어막다' 등의 동사도 또 다른 하위 부류를 이룬다. (20가)와 같은 형식에서는 두 자리의 논항 성분만으로도 자족적인 구조를 이루지만, (21가)는 불가능한 점이 특징이다.

(18) 가. 찬수가 수도꼭지에 헝겊을 틀어막았다.
나. *찬수가 수도꼭지에 틀어막았다.
다. 헝겊이 수도꼭지에 틀어막혔다.
(19) 가. 찬수가 수도꼭지를 헝겊으로 틀어막았다.
나. *찬수가 헝겊으로 틀어막았다.
다. 수도꼭지가 헝겊으로 틀어막혔다.
(20) 가. 찬수가 수도꼭지를 틀어막았다.
나. 수도꼭지가 틀어막혔다.
(21) 가. *찬수가 헝겊을 틀어막았다.
나. *헝겊이 틀어막혔다.

이러한 하위 부류에 속하는 동사로는 다음과 같은 것들을 들 수 있다.

(22) '틀어막다'류:
틀어막다, 도배하다, 막다, 문지르다, 무치다, 장식하다, 적시다, 묶다, 밝히다, 물들이다

마지막으로 '적재하다'류의 동사는 보통의 처소교차 구문의 두 짝에 참여하

12) 연결이론과 관련해서 이 장에서 설정하는 어휘통사구조의 설정 동기를 제공해 주는 예로 간주될 수 있다. '새기다'나 '넣다', '갖추다'나 '놓다', '쌓다'나 '올리다' 각각을 가지고는 'NP에' 성분은 몰라도 'NP으로'를 보어로 이끌어내기는 곤란한 것이다.

나, '틀어막다'류와는 대조적으로, 'NP에'가 생략된 (24)와 같은 문장 형식들을 허용하는 반면 'NP으로'가 생략된 (25)와 같은 형식들은 허용하지 않는다.

(23) 가. 인부들이 트럭에 시멘트를 적재하였다.
나. 인부들이 트럭을 시멘트로 적재하였다.
(24) 가. 인부들이 시멘트를 적재하고 있다.
나. 시멘트가 적재되고 있다.
(25) 가. *인부들이 트럭을 적재하고 있다.
나. *트럭이 적재되고 있다.

여기에 속하는 동사는 다음과 같다.

(26) '적재하다'류
적재하다, 널다, 써넣다, 갈겨쓰다, 적어넣다, 켜놓다, 타다, 심다, 싣다, 밀어넣다, 장전하다, 장진하다, (천을 실로)박다, 비축하다, 묻히다, 운집시키다

이상의 예들에서 드러나는 피동문의 구조적인 특성은 대강 다음과 같이 정리될 수 있을 것이다. 첫째로, 대응 능동문에서 필수적으로 요구되던 주어 이외의 요소가 피동문에도 그대로 나타난다는 것. 둘째, 능동문의 목적어와 피동문의 주어가 서로 연관된다는 것. 아울러 셋째, 대응 능동문에서의 주어는 피동문에서 그 필수성을 상실하게 된다는 것이다. 이러한 사실들은 능동-피동의 관계에서 '대상', '도구', '처소' 등으로 표현되는 구체적인 의미역 내용이 고려되지 않고 논항들간의 연관만이 의미를 가짐을 보여 준다.

3.2.2. 능격성

그런데, 피동문에서 원래 능동문의 주어가 필수성을 상실한다고 하는 특징은 이들 경우의 피동사들이 '능격성'을 띠고 있음과 밀접한 관계가 있다.[13]

13) 모든 피동사들이 능격성을 갖지는 않는 것 같다. 이에 대해서는 제4장의 논의를 더 기다려야 한다. 여기서 '능격성(ergativity)'이란 Rappaport & Levin(1988), 김영주(1990)에서의 이른바 '비대격성(unaccusativity)'과 동일한 개념이다. 이렇게 '능격성'을 비대격성과 같은

나아가 피동사 아닌 자동사들도 이 점에서 피동사들과 특징을 공유하는 것으로 보인다. 그러므로 이 점을 다음과 같은 가설로 제시해 놓기로 하자.

(1) 처소교차 구문을 이루는 자동사와 피동사는 능격성을 갖는다.

이 가설이 입증된다면, 자동사적 처소교차 동사에서 주어가 '비활동성/비동작주성'을[14] 갖는다는 앞서 3.2.1절 (1마)의 의미 특성들은 사실상 처소교차 구문의 자동사가 갖는 '능격동사'로서의 성격으로부터 자연스럽게 설명될 수 있는 것이다.[15] 여기서는 처소교차 구문의 자동사, 피동사들이 가지는 '능격성'을 몇 가지 방법으로 검증해 보기로 한다.

'능격동사'들은 주어 논항이 전형적으로 '대상(theme)'의 의미역을 갖는 동사들이라고 할 때, 이들이 의도를 가진 주어의 행위를 표현할 수는 없다.[16] 따라서 국어에서 이들 동사가 명령형이나 청유형으로 문장에 실현되기는 어렵다.

(2) 가. 마당에 물을 끼얹어라.
나. 마당을 물로 끼얹어라.
(3) 가. *물이 마당에 끼얹어져라.
나. *마당이 물로 끼얹어져라.
(4) 가. *물이 마당에 끼얹어지자.

의미로 사용한 예는 Miyagawa(1989: 41-45)에서 볼 수 있는데, 이 용어에 대한 이러한 용법의 선례로 L. Burzio, Intransitive Verbs and Italian Auxiliaries(Doctoral dissertation, MIT, 1981)를 들고 있다.

14. 우리의 용어로는 '비행위자성'이다. 이 책에서 비행위자성은 어휘의미구조에서 작용자(Actor)나 반작용자(Reactor), 행위자(Agent)를 갖지 않는 특성을 포괄적으로 지칭한다.

15) 홍재성(1986)에서 지적한 중요한 의미 국면으로 특정성, 다수성이 더 있는데, 이들은 이러한 '능격동사'의 일반적 특징만으로는 다 설명되지 않는다. 그러나 이러한 정보도 동사의 어휘의미구조의 관련 논항에 선택적 특질로서 표시할 수 있다.

16) 그러나 주어가 대상의 의미역 내용을 가짐에도 불구하고 다음에 말할 '행위자성 테스트'를 만족하는 것이 있다. "네가 가라." 같은 경우가 그러하다. 여기서 '너'는 '대상'으로도 해석되지만 동시에 작용의미층의 첫째 논항인 '작용자(Actor)'로도 해석되기 때문에 명령형이 가능한 것이다. 김영주(1990)에서는 이런 경우를 모두 '행위자성(agentivity)'으로 간주하지만, 이 책에서는 '행위자'를 관계의미층의 행위자(Agent)와 작용의미층의 작용자(Affector)로 나눈다. 나아가 'REACT' 함수의 첫째 논항, 즉 반작용자(Reactor)도 '행위자성 테스트'를 만족한다. 하지만 처소교차 자동사의 경우는 '-에' 구조든 '-으로' 구조든 주어가 행위자성을 갖지 않고 대상성만을 갖는다.

나. *마당이 물로 끼얹어지자.

이른바 '통제 구문'에 실현되기가 불가능하다는 점도 이들의 비행위자성에 대한 좋은 증거이다.[17] 다음은 내포절 주어가 상위절의 주어에 통제되는 특징을 갖는 구문에서 이들 동사가 보이는 행태이다.

(5) 가. 철수는 마당에 물을 끼얹으려고 노력했다.
나. *물이 마당에 끼얹어지려고 노력했다.
다. *마당이 물로 끼얹어지려고 노력했다.

또, 다음은 주어 아닌 성분에 내포절의 주어가 통제되어야 하는 조건을 가지는 구문에서 처소교차 구문의 피동사가 실현되지 못함을 보여준다.

(6) 가. 철수는 경애에게 마당에 물을 끼얹으라고 당부/부탁/명령했다.
나. *철수가 물에게/이 마당에 끼얹어지라고 당부/부탁/명령했다.
다. *철수가 마당에게/이 물로 끼얹어지라고 당부/부탁/명령했다.

이와 같은 방법으로 처소교차 구문의 자동사, 피동사들의 행태를 따져보면 이들이 모두 비행위자성을 특징적으로 가짐을 증명할 수 있다.[18] 위에서 제시한 네 가지 무리의 처소교차 자동사들에 대응하는 피동형들을 이와 같은 방법으로 검사한 바에 의하면 이들은 모두 능격동사의 범주로 포괄할 수 있다.

조사 대상이 된 처소교차 동사는 앞에서 네 가지 무리로 나눠 제시했던 타동사들과, 그 각각의 동사들에 대응하는 피동사들, 그리고 홍재성(1986)에 제시된 피동사 아닌 처소교차 자동사들이다. 타동사의 보기는 앞서 제시했으므로, 다음에 상태성 동사와 피동사 아닌 자동사들의 목록을 들어 보겠다.

17) 통제 구문과 통제 구문을 이루는 통제동사에 대해서는 제6장에서 따로 논의한다.
18) 이상의 검증 방법을 비행위자성 및 능격성의 구별 기제로 사용한 것은 김영주(1990)의 선례를 따른 것이다. 명령형이나 청유형의 가능 여부는 이미 이정민(1976), 박양규(1978)에서 주목된 바 있었는데, 후자에서는 이것을 '상태성' 여부를 알기 위한 테스트라고 하였다. Miyagawa(1989)에서는 일부 수량어들의 개입 가능 여부로써 능격성을 검증한다.

(7) 가. 상태성 동사: 자욱하다, 쟁쟁하다, 가득하다
나. 자동사: 출렁거리다, 진동하다, 지글거리다, 홍청거리다, 가득차다, 메아리치다, 메어지다, 넘치다, 넘쳐흐르다, 반짝이다, 버글거리다, 번득이다, 북적거리다, 빛나다, 붐비다, 술렁거리다, 어른거리다, 사무치다, 불타다, 타오르다, 득실거리다, 복닥거리다, 들끓다, 우글거리다, 울리다, 웅웅거리다, 부풀다, 물들다[19]

처소교차 자동사에 속하는 동사들로는 앞서의 타동사들에 대한 피동형들이 더 있다. 특히 피동사의 목록은 접미사계 피동사는 물론 접미사 '되'나 보조동사 '지다'와 결합한 것도 포함시켰다. 이것은 앞에서 '새겨넣다, 쌓아놓다, 쌓아올리다'의 경우와 비슷한 맥락에서 생각할 수 있다. 단, 이 경우는 하위범주화적 특징과 관련되기보다는 그 의미적인 특징과 관련된 것이라고 하겠다. 보조동사 '지다'가 갖는 의미를 단독의 어휘의미구조로 기술하는 것이 불가능한 것은 아닐지라도 관련되는 통사적 사실을 설명하기에 합리적이지 못하며, 오히려 '지다'와 결합한 결합형의 의미를 한 단위의 어휘의미구조로 기술하는 것이 낫다. 이는 특히 '지다'의 결합가능성이 모든 타동사에 다 해당하는 것이 아니라는 것과, 비록 '지다'와 결합가능한 경우라도 '지다'에 대응하는 의미의 동일성이 포착되기 어렵다는 점에 근거한 것이다.[20] 처소교차 구문에 국한하여 관찰해 보면, 모든 처소교차 타동사가 대응되는 '지다' 결합형을 갖지는 않는다는 것을 알 수 있다.

(8) '끼얹다'류:
끼얹어지다, 가려지다, 감아지다/감겨지다/감기다, 걸쳐지다, 꾸며지다, 깔아지다/깔리다, 덮어지다/덮이다, 덮씌워지다, 둘러지다/?둘리다, 발라지다/발리다, 버무려지다, 뿌려지다, 섞어지다/섞여지다/섞이다, 채워지다, 칠하다/칠해지다, *새겨두어지다, ?새겨넣어지다, 파넣어지다, *각인하여지다, *양각하여지다, *보충하여지다, 다져넣어지다, *주입하여지다, ?*주입시켜지

19) '물들다'는 홍재성(1986)에서 들려있지 않은 예이다.
가. 옷에 (벌겋게) 피가 물들었다.
나. 옷이 피로 (벌겋게) 물들었다.
20) 이 점에 관해서는 피동의 문제를 다루는 제4장에서 좀더 소상히 살펴 볼 것이다.

다, 재어지다, 꾸려넣어지다, 담아지다/담기다, 싸지다/싸이다, *휩싸지다/휩싸이다, 쑤셔넣어지다, *저장하여지다/저장되다, 틀어넣어지다, 아로새겨지다, 박아넣어지다, 흩뿌려지다, (바위에 이끼를)입혀지다, 채워넣어지다, 갖추어놓아지다/*갖추어놓이다

(9) '가꾸다'류:
가꾸어지다,(*보완하여지다/보완되다, 보강하여지다/보완되다,) 메워지다, 수놓아지다/?수놓이다, 때워지다, ?쌓아올려지다, ?*쌓아두어지다

(10) '틀어막다'류:
틀어막아지다/틀어막히다, 도배하여지다/되다, 막아지다/막히다, 문질러지다/문질리다, 무쳐지다, 장식하여지다/장식되다, 적셔지다, 묶어지다/묶이다, 밝혀지다/, 물들여지다

(11) '적재하다'류
*적재하여지다/적재되다, 널어지다/널리다, 써넣어지다, 갈겨써지다/갈겨쓰여지다/*갈겨쓰이다, ?적어넣어지다, ?*켜놓아지다/?*켜놓이다, *타지다/타이다, 심어지다/심기다, 실어지다/실리다, 밀어넣어지다, 장전하여지다/장전되다, 장진하여지다/장진되다, (천을 실로)박아지다/박히다, *비축하여지다/비축되다, *묻혀지다, *운집시켜지다/운집되다

처소교차 구문을 이루는 타동사와 그 대응되는 상기의 피동사형, 자동사들에 대한 필자의 검사 결과에 따르면 처소교차구문의 자동사와 피동사는 여러 가지 중요한 통사·의미적 특징들을 공유하여 타동사 무리와 뚜렷이 구별된다. 즉, 처소교차 타동사들은 예외 없이 명령형, 청유형, 주어 통제 구문, 비주어 통제 구문에 분포할 수 있으나 자동사와 피동사들은 그것이 불가능하다.

이렇게, 처소교차 구문을 이루는 타동사와 자동사들이 특정의 통사적 기제에 대하여 일사불란한 모습으로 반응하여 서로 구별된다고 하는 사실은 대단히 큰 의의를 지니는 것이다. 왜냐하면 이러한 '능격성'은 국어의 문장들 내지는 동사 어휘들을 분류하고 조직하는 하나의 굵은 원리가 되어 줄 것으로 기대되기 때문이다. 그리고 처소교차 구문이 갖는 특징으로서 홍재성(1986)에서 지적된 '비활동성/비동작주성'의 의미 국면(앞서 3.2.1.의 (1마))은 처소교차 구문의 자동사들이 갖는 능격성, 즉 비행위자성의 표현에 다름아니라는 점에서 매우 홍미롭기도 하다.

3.2.3. 어휘통사구조

문장 구조나 그것을 형성하는 동사 어휘들을 조직하는 한 가지 원리로서의 '능격성'에 주목하여, 동사가 독립적으로 지니는, 그리고 오로지 통사적인 정보만을 추출해 보았을 때, 처소교차 구문을 이루는 타동사의 어휘 통사구조는 다음과 같은 두 가지('에' 구조와 '로' 구조) 형식으로 표시할 수 있을 것이다. 괄호 〈 〉는 최대투사, 곧 동사구(VP)에 대응되는 경계를 표시한다.[21] (1가)에서 'x'는 동사구의 외부에 위치하는 논항('외부논항'이라고 한다.)으로 문장 구조에서 주어와 연결되며,[22] 'y'는 동사구의 '내부논항'이면서 '직접 논항'으로서 목적어로 연결된다. 'z'는 '-에/에게', '-한테' 등의 조사에 지배받는 것으로 가정되는 명사구 성분이다.[23] 이를 '간접 논항'이라고 한다.[24] (1나)에서도 'x'는 외부논항, 'z'는 직접 내부논항, 'y'는 간접 내부논항이다.

(1) 가. x〈 y, z^LOC 〉
　　　cf. 청소부들이 건물벽에 페인트를 칠했다.(= 3.0.의 (1가))
　　나. x〈 z, y^PAT 〉
　　　cf. 청소부들이 페인트로 건물벽을 칠했다.(= 3.0.의 (1나))

(1가)와 (1나)에서 논항들 'y'와 'z'는 두 문장들에서 동일한 명사구가 서로 통사적으로 서로 달리 실현된다는 점을 보이려는 편의상의 목적에 따라 배열되었을 뿐, 전자의 'y'와 후자의 'y'를 이렇게 같은 변수를 사용하여 표시할 필요

---

21) 이를 최대투사(V'')로서의 동사구 경계가 아니라 V'로서의 동사구 경계를 표시하는 것으로 설정할 가능성도 있으나, 현재로서는 더 깊이 고려하지 않는다. Kegle & Fellbaum(1988) 참조.

22) 외부논항과 내부논항에 대해서 Williams(1981) 참조.

23) (1)에서 격조사와 대응되는 어휘통사구조의 부분을 'LOC'와 'PAT'로 구별하여 표시한 것, 그리고 문법적 과정에서 행하는 이들의 기능과 관련하여 간단치 않은 문제가 발생한다. 'LOC' 표시는 '-에/에게/한테'와 대응된다. 'PAT'는 '-으로'와 대응된다.

24) 직접 논항과 간접 논항의 구별에 대해서는 Rappaport & Levin(1988) 참조. 그러나 앞으로는 간접 논항의 개념을 확대하여 〈 y, (z)〉 또는 x 〈 y, (z)〉와 같은 어휘통사구조 형식에서 '(z)'처럼 괄호 안에 든 논항도 간접 논항으로 취급할 것이다.

는 사실상 없다. 전자와 후자의 어휘통사구조는 서로 별개의 것이고, 어휘통사구조 안에서 서로 다른 로마자 소문자로 표시된 변수들은 서로 동일한 것이 아니라는 점, 한 어휘통사구조 내에서 같은 문자로 표시된 변수는 동일한 것이라는 점, 그리고 변수들의 위치를 표시하는 기능밖에는 가지고 있지 않다. 뒤에서 제시할 어휘의미구조에서도 그러하다. 또, 어휘의미구조의 어떤 논항 변수가 'x'로 표시되었다고 해서 이것이 어휘통사구조의 표시 'x'로 대응되는 것으로 간주되지는 않는다.[25] 그러므로, 어휘의미구조로부터 어휘통사구조로의 대응은 뒤에서 제시하는 '연결규칙1'로써 일반화되어야 한다. 마찬가지로, 어휘통사구조로부터 문장의 통사구조로의 대응 과정에서의 규칙성을 포착하는 '연결규칙2'도 필요할 것이다.

앞절에서 확인되었던 바, 처소교차 자동사들이 공통적으로 갖는 '능격 동사'로서의 통사적인 특징은 '외부논항'을 결한 다음과 같은 구조로 표시된다.

(2) 가. 〈 y, z^LOC 〉
cf. 별들이 밤하늘에 반짝인다.(= 3.0.의 (2가))
나. 〈 z, y^PAT 〉
cf. 밤하늘이 별들로 반짝인다.(= 3.0.의 (2나))

앞에서 언급한 피동사들은 역시 위와 같은 외부 논항 없는 어휘통사구조를 갖는다는 점에서 처소교차 자동사의 무리 안에 포함되게 된다. 여기에는 형태론적인 요인에 의하여 논항 구조 즉 어휘통사구조가 바뀌어지는 절차가 개재된다. 즉 피동화의 요소인 '이, 히, 리, 기' 등의 접미사와 보조동사 '지' 등은 외부 논항을 억압하여 위와 같이 외부논항 없는 어휘통사구조를 이루어내는 기능을 갖는다고 할 수 있다.[26]

---

25) 이 책에서는 역시 시각적인 확인의 편의를 위하여 많은 경우에 그렇게 표기한 것이 사실이다. 하지만 이것은 어디까지나 편의상의 표기임을 잊어서는 안된다.

26) 어휘통사구조에서의 이와 같은 외부논항의 억압은 어휘의미구조에서 암시 논항의 존재로 반영된다. 이밖에, 사동접미사는 새로운 외부논항을 도입하며, 심리동사 '싫어하다' 등에서 '-어하-' 요소는 '싫다'의 어휘통사구조에서 내부논항이었던 첫번째 논항(경험자 논항)을 외부논항으로 끌어내는 기능을 갖는다. 심리동사의 사동접미사와 '-어하-'에 대하여 이와 같은 맥락에서

그러면, "청소부들이 건물벽에 페인트를 칠했다."와 같은 문장은 (1가)의 어휘통사구조로부터 문장의 통사구조(D구조)로 사상되는 것으로 설명된다. 이 과정을 '연결규칙2'라 하고, 다음과 같이 기술할 수 있다.

(3) 어휘통사구조로부터 통사구조로의 연결 규칙(연결규칙2) :
어휘통사구조의 각 논항 중 외부 논항은 통사구조의 주어로 연결하고, 그 다음 나머지 논항 중 내부의 직접 논항을 목적어로 연결하며, 마지막으로 그밖의 연결되지 않고 남아 있는 논항을 통사구조의 나머지 성분에 연결하라.

(1)이나 (2)와 같은 형식으로 표시되는 어휘통사구조는 문장의 골격을 이루어 내는 어휘적 근거일 뿐, 완전히 실현된 통사구조와는 별개의 것이다. 그러므로 (3)과 같은 규칙을 통하여 통사구조의 논항과 동사 어휘가 갖는 논항을 관련지어 주는 절차가 필요할 것이다. 통사구조(D구조)상에 설정되는 이러한 과정에 대한 제약이 바로 의미역 기준이다. 의미역 기준은 다음과 같이 기술할 수 있다.[27]

(4) 의미역 기준:
모든 명사구는 어떤 서술어의 논항으로 취해져야 하며, 더욱이 한번만 취해져야 한다.

이 의미역 기준은 명사구와 연결되는 것을 '서술어의 논항'으로 표현함으로써 앞서 지적한 문제를 일으키지 않는다. 만약 통사구조의 하나로서 D구조를 생각하지 않는다면, 통사구조의 적격성을 판정하기 위한 제약으로 (3) 없이 (4)만으로도 족하다고 할 수 있다. 그러나 D구조에서 주어 없는 구조를 형성하는 능격동사들의 예를 위해서는 (3)과 같은 방식의 연결 규칙이 필요할 듯하다.

형식화한 예를 김영주(1990)에서 찾아볼 수 있다.

27) 이는 Riemsdijk & Williams(1986: 243)에 제시되어 있는 것이다. Chomsky(1981: 36)에는 "각 논항은 하나의, 그리고 하나만의 의미역을 취하며, 각 의미역은 하나의, 그리고 하나만의 논항에 할당된다."와 같이 표현되는데, 이렇게 되면 앞에서 말한 것처럼 '-으로' 구조의 처소교차 구문에서 한 명사구가 두 개의 의미역 내용을 갖게 되거나, 한 의미역 내용이 두 개의 명사구에 할당되는 반례를 만나게 된다.

의미역의 할당 과정은 실제적인 절차의 측면에서 보면 '의미역 확인'이라고 할 수 있다.[28] 이 의미역 확인에서 개별 의미역의 내용은 관여하지 않으며, 서로 구별되는 x, y, z 등의 '논항'만이 문제될 뿐이다. 이것이--능격동사들을 여타의 동사들과 구별해 준다는 필요성 외에-- (1), (2)와 같은 어휘통사구조를 따로 설정하는 또 한 가지 동기가 된다.

이제, 앞서 살펴 본 처소교차 구문의 능동-피동 관계를 이제 어휘통사구조와 문장 구조의 연결 및 의미역 기준에 의한 논항의 확인이라고 하는 과정에서 설명해 보기로 하자.

'끼얹다' 동사도 다른 처소교차 타동사처럼 (1)의 어휘통사구조를 갖는다. 피동문에서 주어의 필수성을 상실하게 만드는 주 요인은 피동적 자동사 '끼얹어지다'에 나타나는 피동 요소 '지'이다. 이러한 피동 요소는 타동사의 어휘통사구조에서 외부 논항을 억압하므로(피동 접미사들도 이러한 기능에서 공통된다고 본다), 자동사적 처소교차 구문을 이루는 '끼얹어지다' 등 동사의 어휘통사구조는 (2)와 동일한 모습을 갖게 된다. 이를 다시 제시한다.

(5) 가. 〈 y, z^LOC 〉
　　　cf. 물이 마당에 끼얹어졌다.
　나. 〈 z, y^PAT 〉
　　　cf. 마당이 물로 끼얹어졌다.

논항 y는 최대투사인 동사구 안에 들어 있다. 즉 내부논항이다. 이것은 (3)에 따라 D구조에서도 동사구 내부의 성분으로 실현된다. 그러므로 처소교차 자동사구문의 D구조는 주어 명사구 성분이 비어 있는 상태가 된다. 이것이 S구조에서 주어의 실현을 요구하는 독립적인 제약으로 말미암아 주어 위치로 실현하게 된다.[29] 능동-피동의 관계를 갖지 않는 처소교차 자동사들도 (2)와 같은 구조를 갖는 것으로 어휘부에 설정된다. (2)와 같은 어휘통사구조는 능격동사

---

28) Levin & Rappaport(1986) 참조.

29) 이 독립적 제약은 서술화 규칙을 가리킨다. 이러한 설명 방식에 대하여는 Rothstein(1983)를 참조.

의 주어가 갖는 비행위자성의 의미적 특징을 반영하는 것이며, 이것이 (2)와 같이 외부 논항을 갖지 않는 표상이 지니는 핵심적인 어휘의미적 의의이다. 이러한 표상을 설정하는 것은 처소교차 자동사와 피동사들이 외부논항을 갖지 않는다는 점에서 공통됨을 명시적으로 나타내 주는 효과를 갖게 된다.

앞에서(3.2.1.절) 처소교차 구문을 이루는 타동사들을 네 가지로 분류한 바 있는데, 그러한 분류의 의미는 처소교차 구문을 이루는 동사들이라도 각 개별 동사의 구문적 분포는 네 가지의 서로 다른 유형을 보인다는 것이다. 예를 들어, '끼얹다' 동사는 (1가)와 (1나)의 두 가지 어휘통사구조를 갖는 전형적인 처소교차 동사로서 더 부연을 필요로 하지 않지만, '가꾸다'류에 속하는 동사들은 (1가), (1나)의 두 구조 외에 'NP에'를 취하지 않는 구조와 'NP으로'를 취하지 않는 구조를 더 갖는다.

(6) 가. 소녀가 꽃을 잘 가꾼다.
　　나. 소녀가 화단을 잘 가꾼다.

그러나 이 두 구조는 어휘통사구조상으로는 유사한 형식을 갖는다. 즉 둘은 각각 다음과 같은 형식으로 표시된다.30)

(7) 가. x〈 y 〉
　　나. x〈 z 〉

(6가)와 (6나)에서 동사 '가꾸다'가 분포하는 표면적인 문장 형식은 동일하지만 의미상으로는 두 개의 서로 다른 어휘 의미구조를 갖는 것으로 보인다. 그렇게 되면 지금까지 언급한 범위 내에서 보더라도 '가꾸다' 동사는 사실상 네 개의 어휘항목으로 나뉘어진다는 말이 된다. 구체적인 어휘의미구조의 차이는 뒤에 3.3.1.절에서 보이기로 하겠지만, 위의 (6가, 나) 두 문장에서 동일한 형태의 동사 '가꾸다'는 실상은 서로 다른 어휘항목인 것으로 보인

30) 여기서도 설명의 편의상 서로 다른 논항 변수 'y'와 'z'를 구별하여 표기하였지만, 이 두 어휘통사구조의 내용은 완전히 같은 것이다.

다.

다음으로 '틀어막다'는 'NP으로' 없는 구조를 허용하므로, 역시 (7가)와 같은 어휘 통사구조를 갖는 어휘항목을 더 갖게 된다. 또, '적재하다'는 'NP에' 없는 구조를 허용하여, (7나)로 표시되는 타동사 구조를 하나 더 갖는다. 그러므로 '틀어막다'류의 동사와 '적재하다'류의 동사들이 갖는 어휘통사구조의 가능성을 제시해 보면 다음과 같다. 어휘통사구조의 형식에 있어서는 둘이 모두 동일하다.

(8) 틀어막다 : 가. x〈y, z^LOC〉
cf. 찬수가 수도꼭지에 헝겊을 틀어막았다.
나. x〈z, y^PAT〉
cf. 찬수가 수도꼭지를 헝겊으로 틀어막았다.
다. x〈 z 〉
cf. 찬수가 수도꼭지를 틀어막았다.

(9) 적재하다 : 가. x〈y, z^LOC〉
cf. 인부들이 트럭에 시멘트를 적재하였다.
나. x〈z, y^PAT〉
cf. 인부들이 트럭을 시멘트로 적재하였다.
다. x〈 y 〉
cf. 인부들이 시멘트를 적재하고 있다.

이것을 살펴 보면 두 동사가 갖는 어휘통사구조의 가능성은 같은 것을 알 수 있다. 이는 앞에서 논의한 것 같은 둘 사이의 차이는 사실상 어휘통사구조상의 차이가 아니고 어휘의미적 국면에서의 차이일 뿐임을 말해주는 것이다.

이상과 같은 어휘 통사구조 표상들을 설정함으로써 우리는 앞서 3.2.1.절의 (1라)와 (1마)에서 던졌던 과제에 대한 해명의 근거를 얻게 되었다. (5)와 같은 표상이 의도하는 중요한 의미는 통사구조에서 주어로 실현되는 논항 자리(외부 논항)가 비어 있다는 것으로, 이 점에 있어서 처소교차 구문의 자동사나 피동사가 서로 동일하다. 처소교차 구문의 자동사 구조는 그것이 피동사이든지 보통의 자동사이든지, 의미적으로 '비행위자성'[31]과 관련되는 '능격성'을 갖는다는 점에서 하나의 통사적 자연군(natural class)을 이룬다.

3.3. '에' 구조와 '로' 구조의 의미적 연관

3.3.1. 어휘의미구조

'의미역 관계'의 또 한 가지 측면은 어휘의미적 측면인데, 이 책에서 어휘의미구조라고 부르는 것은 바로 의미역 관계의 이러한 측면을 중심으로 표상한 것이다. 이것은, 앞장에서 제시한 바와 같이, 술어 해체 분석을 이용하여 동사가 내재적으로 가지고 있는 의미 요소들의 결합으로 표시할 수 있다. 이를 다음 (1)로써 보이기로 한다. (1가)는 '-에' 구조의 타동사 '칠하다'의 어휘 의미구조를, (1나)는 '-으로' 구조에 실현되는 타동사 '칠하다'의 어휘 의미구조를 표시한 것이다. (1)의 '/칠하' 부분은 처소교차 구문을 이루는 동사 부류가 가지는 이밖의 특징적 국면이나, '칠하다'가 여타의 처소교차 구문 동사들과 개별적으로 차이나는 의미 국면을 생략하여 표시한 것이다. 이 부분은 물론 앞으로의 논의에 따라 확충되어야 할 것이다.

(1) 가. 칠하다1: 〔〔AFF(x , y)〕,
〔CS(x , 〔INCH〔BE(y , 〔AT(z)〕)〕〕)〕〕/칠하
cf. 청소부들이 건물벽에 페인트를 칠했다.(= 3.0.의 (1가))
나. 칠하다2: 〔〔AFF(x , z)〕,
〔〔CS(x , 〔INCH〔BE(z , 〔IN STATE〕)〕〕)〕,
〔BY(〔CS(x , 〔INCH〔BE(y , 〔AT(z)〕)〕〕)〕)〕〕〕/칠하
cf. 청소부들이 페인트로 건물벽을 칠했다.(= 3.0.의 (1나))

먼저 주목할 것은, 어휘의미구조가 두 층으로 나뉘어졌다는 점이다. 앞서는 의미 성분절 '〔AFF(x , y)〕'이 '작용의미층'이며,[32] 이 때 'x'가 작용자, 'y'

31) 여기서 '비행위자성'은 엄밀하게 말해서 행위자는 물론 작용자나 반작용자를 갖지 않는 특성을 의미한다. 앞서의 〈주14〉 참조.

32) 2.2.3.절 참조

가 피작용자이다. 이 부분은 대체로 통사구조로 사상될 때 주어와 목적어로 실현되는 부분을 고려한 것인데, 국어에서 보통의 논항에 '-을/를'이 부착되는 경우는 이 피작용자로 해석된다. 이 작용의미층에 뒤따르는 층(tier)이 '관계의미층'인데, 이는 종래 국어문법 연구에서 보통 '관계의미'라고 지칭했던 국면을 표시해 준다. 작용의미층에서 'AFF' 함수의 두 논항은 각각 작용자와 피작용자인데, 이들은 각각 관계의미층에서 'CS'의 첫째 논항으로 나타나는 '행위자(agent)', 'BE'의 첫째 논항으로 나타나는 '대상(theme)'과 개념적으로 구별되는 것이다. 그러므로 과거에 혼동되어 불리던 '동작주/행위자'와 '대상'의 의미역 개념이 각각 두 개씩의 원자적 개념으로 나누어진 셈이다.

관계의미층을 살펴보면, 먼저 (1가)는 타동사적 처소교차 구문의 '-에' 구조가 그 기본적인 관계의미의 측면에서 x, y, z의 세 가지 서로 다른 논항을 가짐을 표현하고 있다. 이 의미 표상은 'CS', 'INCH', 'BE', 'AT' 등의 의미 원소를 포함하고 있는데, 특히 'INCH'와 'BE'가 상태 변화의 국면을 표시해 준다. 이렇게 설정했을 때, 함수 'CS'의 첫번째 논항 'x'는 '행위자' 의미역을 표시하고, 함수 'BE'의 첫번째 논항인 'y'는 '대상'의 의미역을 뜻하게 된다. 'AT'의 다음에 나타나는 'z'는 관련되는 문맥에 따라 '처소(location)' 또는 '목표(goal)'의 의미역 내용을 나타내게 된다.[33]

논항을 그저 'x' 또는 'y'로 표시할 때는 모두 '〔 〕^{x}' 또는 '〔 〕^{y}'와 동일한 것으로 약속해 둔다. 그리고 어휘의미구조 내에서 x, y, z의 논항 변수가 반복되어 나타나는 경우 선행하는 것이 후행하는 것을 '논항 결속(argument bi-nding)'하는 것으로 간주한다. 이밖에, 빗금과 함께 덧붙여지는 '〔 〕^{x}/+a' 나 'x/+a', 또는 〔a〕^{x}는 모두 같은 것으로, 'x' 논항이 '+a'라고 하는 선택적 의미특질을 지니고 있음을 보인다. 또 앞으로 도입할 빈 논항 '〔 〕'는 '암시 논항(implicit argument)'으로서, 보통의 경우 통사구조상으로는 드러나지 않으나 어휘의미상으로는 함축되어 있는 논항을 표시한다.[34]

---

33) 양동휘(1973: 29)에서는 '처소'와 '목표'가 의미적으로 공존하는 동사의 〔+동작성〕과 〔-동작성〕, 또는 〔+방향성〕과 〔-방향성〕에 따라 상보적으로 분포한다는 점을 지적한 바 있다.

34) 암시 논항은 통사구조에 나타나야 할 의무를 지지 않으므로 어휘의미구조에 x, y, z 등의 변

다음으로 (1나)는 '-으로' 구조 처소교차 구문의 기본적인 의미 관계를 표현하는 어휘의미 표상이다. 가장 주목을 요하는 부분으로는, 1) (1나)에는 (1가)의 의미 성분이 'BY'에 의하여 연결되고 있다는 것과, 2) 의미 성분 〔IN STATE〕의 존재이다. 'BY'는 '방법'이나 '방편'의 의미를 표상하며, 뒤따르는 의미 성분절을 논항으로 하여 선행의 의미 성분절에 접속하는 기능을 갖는 것으로 해석될 수 있다.[35] 따라서 (1나)는 (1가)의 의미 관계를 함의(entail)함과 아울러 '목표' 또는 '처소'의 의미역을 갖는 'z' 논항이 특정의 상태 변화를 입음을 표시한다. 다시 말하면 (1나)는 'x'의 행위에 따라 'y'가 처소 'z'에 어떤 영향을 줌으로써 그 결과로 'z'가 어떤 변화된 상태에 있게 됨을 표시한다.

그러면, 여기서 '〔IN STATE〕'로 표시된 'STATE'는 무엇일까? 이는 처소교차 구문의 '로'구조에 내포된 의미적 국면으로서, 앞에서의 논의에 따르면 이는 대체로 '전체적 관여'와 관계된다고 하겠다. 페인트라는 물질 또는 재료를 건물벽에 위치시킴으로써 건물벽이 놓이게 되는 상태 또는 조건이란 전체적 관여와 어떻게 연관되는 것일까? 이 문제에는 동사가 갖는 시상적 속성이 관계된다고 본다. 그러므로 시상적 속성에 관한 논의인 3.3.2.절에서 이에 대한 필자 나름의 해답을 제시해 보려고 한다.

(1가)와 (1나)를 '칠하다' 동사의 두 가지 어휘 의미 표상으로서 어휘부에 설정해 놓는다면 앞서 타동사적 처소교차 구문의 '-에' 구조와 '-으로' 구조에 대해서 관찰되었던 3.2.1.절의 (1가, 나, 다)의 세 가지 사실에 대한 설명이 모두 가능하게 된다. 첫째로 두 구조 사이의 대체적인 동의 관계는 위 (1가)와 (1나)에서 공통된 의미 성분이 설정된 것으로써 포착할 수 있게 된다. 다

수로 표시하지 않고 '〔 〕'와 같은 형식으로만 나타낸다. 한 어휘의미구조에 이것이 둘 이상 표시되어 있을 때 이들은 모두 동일한 것이라고 약속해 둔다. 두 가지 서로 다른 암시 논항이 설정될 경우 둘을 구별하기 위해서는 i, j와 같은 지표를 아래첨자로 표시할 수 있다.

35) 이 'BY' 함수는 대체로 '-을 방편으로, -를 통하여, -의 방식으로'의 의미를 표시하는 것이다. 그 기능은 Levin & Rapoport(1988)의 '어휘의미적 종속화(lexical subordination)'과 같은 것으로 이해하고자 한다. 즉 (1나)는 (1가)의 의미(관계의미층)가 'BY' 함수와 함께 어휘의미구조의 종속절로 내려 오고, '전체적 관여'의 의미를 중심으로 한 새로운 의미가 주절로 덧붙게 되었음을 표시한다.

음으로 두 구조 사이의 체계적인 의미 차이는 (1나)에서 'BY'에 선행하는 의미 성분의 존재로써 포착하게 된다. 즉 (1나)의 선행 의미 성분은 목표 의미역으로 파악될 수도 있는 명사구가 특정의 변화된 상태에 있게 됨을 표시하는 것으로, 앞서 논의한 '전체적 관여'의 의미를 '특정의 상태로의 변화'로 해석하여 포착해 주는 것이다. 3.2.1.절 (1가, 나)의 의미 국면은 곧 위 어휘의미구조 (1나)가 (1가)를 함의하도록 표시함으로써 명시해 준 셈이다.

셋째로 3.2.1절의 (1다)의 문제, 즉 두 구조 사이의 의미역 관계의 공통성도 위 어휘의미구조로써 명시적으로 설명된다고 하겠다. 이 점은 x, y, z 등의 논항을 뒤따르는, 또는 앞서는 의미 원소들과의 관련 하에 해석함으로써 설명할 수 있게 된다. 특히, 도구(instrument) 의미역은 위치의 변화나 상태의 변화를 입는 것으로 해석될 수 있으므로 대상(theme) 의미역과 통합이 가능하며, 이 점은 위 어휘의미구조 (1가, 나)에 반영되었다. 또 '-으로' 구조 처소교차 구문에서 명사구 '건물벽을'이 처소(또는 목표)의 의미역과 함께 대상의 의미역을 갖는 것으로 해석될 수 있다고 하는 점은 위 어휘의미구조 (1나)의 후행 의미 성분에서 'z'가 'AT'에 뒤따르면서 한편으로는 선행의 의미 성분에서 '〔BE(y, ...)〕' 또는 '〔INCH〔BE(y, ...)〕〕'의 앞선 논항이 되고, 두 의미 성분이 'BY'에 의하여 연결된 것으로 포착할 수 있다. 이렇게 'z'를 논항으로 갖는 선행의 의미 성분을 설정함으로써 이 구문에서 체계적으로 나타나는 '전체적 관여'에 의한 의미 차이를 설명해 줄 수 있게 되며, 또한 이것이 의미역 내용과도 관련됨을 보여줄 수 있게 된다.

그러면 이제 앞서 처소교차 타동사들을 네 가지로 나누었던 것을 네가지의 어휘의미구조들을 설정함으로써 확인해 가기로 한다. 먼저 '끼얹다'류의 동사들은 (1)과 같은 형식의 두 가지 어휘의미구조만을 갖는다고 할 수 있다.

(2) 가. 끼얹다1: 〔〔AFF(x , y)〕,
〔CS(x , 〔INCH〔BE(y , 〔AT(z)〕〕〕〕〕)〕〕/끼얹
cf.어머니가 마당에 물을 끼얹었다.
나. 끼얹다2: 〔〔AFF(x , z)〕,
〔〔CS(x , 〔INCH〔BE(z , 〔IN STATE〕)〕〕〕〕〕,

〔BY〔CS(x, 〔INCH〔BE(y, 〔AT(z)〕)〕)〕)〕〕/끼얹
cf.어머니가 마당을 물로 끼얹었다.

다음으로 '가꾸다'류의 동사들은 이른바 '암시 논항(implicit argument)'의 가능성이 포함되어 있어 네 가지의 어휘의미구조를 다 갖는다. 암시 논항은 변수를 갖지 않은 빈 대괄호로 표시하였다.

(3) 가. 가꾸다1: 〔〔AFF(x , y)〕,
〔CS(x , 〔INCH〔BE(y , 〔AT(z)〕)〕)〕)〕〕/가꾸
cf. 소녀가 화단에 꽃을 가꾼다.
나. 가꾸다2: 〔〔AFF(x , z)〕,
〔〔CS(x , 〔INCH〔BE(z , 〔IN STATE〕)〕)〕)〕,
〔BY(〔CS(x, 〔INCH〔BE(y, 〔AT(z)〕)〕)〕)〕)〕〕〕/가꾸
cf. 소녀가 화단을 꽃으로 가꾼다.
다. 가꾸다3: 〔〔AFF(x , y)〕,
〔CS(x , 〔INCH〔BE(y , 〔AT(〔 〕)〕)〕)〕)〕〕/가꾸
cf. 소녀가 꽃을 가꾼다.
라. 가꾸다4: 〔〔AFF(x , z)〕,
〔〔CS(x , 〔INCH〔BE(z , 〔IN STATE〕)〕)〕)〕,
〔BY(〔CS(x, 〔INCH〔BE(〔 〕, 〔AT(z)〕)〕)〕)〕)〕〕〕/가꾸
cf. 소녀가 화단을 가꾼다.

'틀어막다'류의 동사들은 다음과 같이 세 가지의 어휘의미구조를 갖는것으로 표상된다. (4다)가 'NP으로' 없는 두 자리 동사로서의 '틀어막다'가 취하는 어휘의미구조이다.

(4) 가. 틀어막다1: 〔〔AFF(x , y)〕,
〔CS(x , 〔INCH〔BE(y , 〔AT(z)〕)〕)〕)〕〕/틀어
cf.아이가 수도꼭지에 헝겊을 틀어막았다.
나. 틀어막다2: 〔〔AFF(x , z)〕,
〔〔CS(x , 〔INCH〔BE(z , 〔IN STATE〕)〕)〕)〕,
〔BY(〔CS(x, 〔INCH〔BE(y, 〔AT(z)〕)〕)〕)〕)〕〕〕/틀어막
cf.아이가 수도꼭지를 헝겊으로 틀어막았다.
다. 틀어막다3: 〔〔AFF(x , z)〕,
〔〔CS(x , 〔INCH〔BE(z , 〔IN STATE〕)〕)〕)〕,

〔BY(〔CS(x, 〔INCH〔BE(〔 〕, 〔AT(z)〕)〕〕)〕)〕〕〕/틀어막
cf.아이가 수도꼭지를 틀어막았다.

마지막으로 '적재하다'류의 동사들은 다음의 세 가지 어휘의미구조를 갖는다. (5다)가 'NP에'를 결하는 두 자리 동사로서의 '적재하다'가 취하는 어휘의미구조이다.

(5) 가. 적재하다1: 〔〔AFF(x , y)〕 ,
〔CS(x , 〔INCH〔BE(y , 〔AT(z)〕)〕〕)〕〕/적재하
cf.인부들이 트럭에 시멘트를 적재하고 있다.
나. 적재하다2: 〔〔AFF(x , z)〕 ,
〔〔CS(x , 〔INCH〔BE(z , 〔IN STATE〕)〕〕)〕,
〔BY(〔CS(x, 〔INCH〔BE(y, 〔AT(z)〕)〕〕)〕)〕〕〕/적재하
cf.인부들은 트럭을 시멘트로 적재하고 있다.
다. 적재하다3: 〔〔AFF(x , y)〕 ,
〔CS(x , 〔INCH〔BE(y , 〔AT(〔 〕)〕)〕〕)〕〕/적재하
cf.인부들은 시멘트를 적재하고 있다.

타동사 구문의 동사 의미 기술에 덧붙여, 자동사 구문에 나타나는 동사 '칠해지다'의 어휘 의미구조를 다음과 같이 제시하기로 한다.

(6) 가. 칠해지다1: 〔〔AFF(, y)〕 ,
〔CS(〔 〕, 〔INCH〔BE(y , 〔AT(z)〕)〕〕)〕〕/칠해지
cf.페인트가 건물벽에 칠해졌다.
나. 칠해지다2: 〔〔AFF(, z)〕 ,
〔〔CS(〔 〕, 〔INCH〔BE(z , 〔IN STATE〕)〕〕)〕,
〔BY(〔CS(〔 〕, 〔INCH〔BE(y, 〔AT(z)〕)〕〕)〕)〕〕〕/칠해지
cf.건물벽이 페인트로 칠해졌다.

관계의미층의 행위자, 즉 'CS' 함수의 첫번째 논항이 '〔 〕'로 표시되는 암시논항으로 나타난다는 점은 주목을 요한다. 이는 피동사가 가지는 어휘의미구조의 일반적 꼴이다. 보통의 접미사계 피동사는 아예 작용의미층을 갖지 않는 것으로 표상된다.36)

이렇게 피동사로서의 능격동사는 피동사 아닌 처소교차 자동사 '반짝이다' 등과 능격동사라는 점에서 공통성을 가진다. 그러나 피동사 아닌 자동사는 암시 논항을 갖지 않는다는 점, 그리고 이와 관련하여 'CS'함수를 필요로 하지 않는다는 점에서 역시 피동사인 처소교차 자동사와 구별된다. 또한 이와 같은 동사의 의미에서 작용성이 감지되지는 않으므로 작용의미층을 갖지 않는 어휘의미구조로 표상하기로 한다.

(7) 가. 반짝이다2: 〔INCH〔BE(y , 〔AT(z)〕)〕〕〕/반짝이
cf.별들이 밤하늘에 반짝인다.
나. 반짝이다2: 〔〔INCH〔BE(z , 〔IN STATE〕)〕)〕〕 ,
〔BY(〔INCH〔BE(y , 〔AT(z)〕)〕〕)〕〕/반짝이
cf.밤하늘이 별들로 반짝인다.

이러한 의미 표상은 타동사 구문이나 자동사 구문에서 '-으로'구조가 '-에' 구조를 함의하는 관계를 명시해 주며, 타동사 구문과 자동사 구문 사이의 의미적 연관을 보여주기도 한다. 따라서, 자/타동의 전형적인 처소교차 동사들이 보이는 네 가지 어휘의미구조 (1가), (1나), (6가), (6나) 사이의 의미적 관계를 다음과 같이 도시할 수 있을 것이다.

(8)

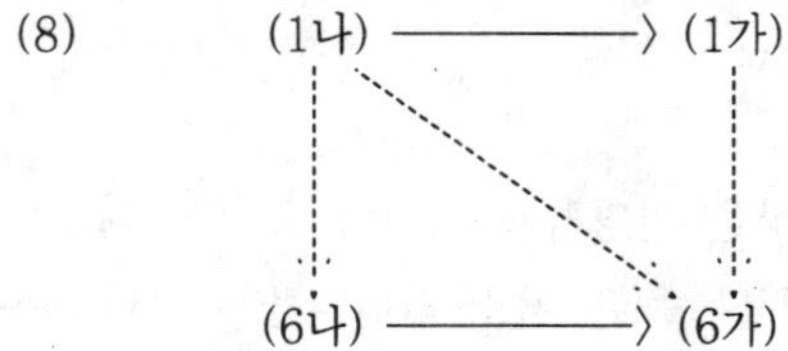

여기서 '------〉'는 함의 관계를 표시한다. 이 도표는, 타동사 구문에서 (1나)가 (1가)를 함의하는 것과 같이, 자동사 구문에서도 (6나)가 (6가)를 함의함을 보여준다. 이 관계는 어휘 잉여 규칙으로 정리될 수 있을 것이다. 점선의 화살표 '·········›'는 (1나)와 (6나), (1가)와 (6가), 또는 (1나)와 (6가)에도 함의

36) 이 점에 대해서는 4.4.절과 4.5.절에서 논의할 것이다.

관계가 찾아질 수 있지만, 이것은 '칠하다'와 '칠해지다'에서처럼 피동 요소가 개재되어 형태적으로 구별되는 동사들 사이에 맺어지는 관계이므로 앞의 경우와 구별해 준 것이다. 하지만 (1가)와 (1나), 그리고 (6가)와 (6나)도 역시 서로 다른 어휘항목이라는 점에서 이들 점선으로 맺어진 것들과 차이가 없다.

이렇게 처소교차 구문을 이루는 타동사와 자동사들이 공통의 어휘 의미구조를 가지는 것으로 표상한 것은 3.2.1절의 (1라) 과제에 대한 하나의 가능한 해답이 된다. 또한 여기서 알 수 있는 것은 능동-피동의 관계가 특정의 동사들에 있어서는 타동-자동의 관계와 같아진다는 사실이다. 이 점은 앞에서 도입한 어휘통사구조와 비교해 봄으로써 더 분명해진다.

앞에서 처소교차 동사의 부류로 묶인 어휘들 중에서 이제까지와는 다른 구문적 분포를 보이는 예가 두 가지 있다. 첫째로는 서두 3.0.에서 들었던 이중목적어 구문이다.[37)]

(9) 청소부들이 건물벽을 페인트를 칠했다.

이러한 구문에서 두 목적어는 위치를 교환할 수 없다.

(9)′ *청소부들이 페인트를 건물벽을 칠했다.

이 문장에서 목적어가 둘 나타나는 현상을 설명하기 위하여 또 하나의 '칠하다' 항목을 구별하는 것이 필요하다. '건물벽을'은 처소 의미역을 가지나, 이른바 '전체성'의 의미특질을 표현하기 위한 의미 성분절에서 '대상'으로 나타나기 때문에 목적어로 실현될 수 있다. '-으로' 구조의 문장형식에서 '페인트'는 대상이로되 목적어로 실현되지 못했으나, 이 경우 목적어로 실현된 것은 '페인트'가 앞에서 논의한 '피작용자'로서 기능하기 때문이라고 할 수 있다. 즉 (9)에서 '페인트'는 주어인 '청소부들'의 작용을 받는 대상이 된다. '건물벽'이 목적어로

37) 이와 같은 문장형식은 남기심(1993)에서 지적된 바 있다.

나타나는 것은 따로 '전체적 관여'의 논리에 따른 것이라고 할 수 있다. 이 경우의 동사를 '칠하다3'이라고 하면, 다음과 같은 어휘의미구조와 어휘통사구조로 표상된다.

(10) 가. 칠하다3: 〔〔AFF(x , y)〕,
〔〔CS(x , 〔INCH〔BE(z , IN(〔STATE〕))〕〕〕〕,
〔BY(〔CS(x, 〔INCH〔BE(y, 〔AT(z)〕〕〕〕〕〕)〕〕〕/칠하
청소부들이 건물벽을 페인트를 칠했다.
나. x〈 y, z 〉

특히, (10나)와 같은 어휘통사구조는 두 개의 목적어를 갖는 통사구조로 연결되는 것을 보장해 주기 위한 것이다.

피동사 '칠해지다'의 경우에도 이에 대응하는 이중주어문 형식이 가능하다. 두 명사구의 순서를 바꾸는 것도 불가능하다는 점에서도 타동사 구문의 경우와 같다.

(11) 가. 건물벽이 페인트가 칠해졌다.
나. *페인트가 건물벽이 칠해졌다.

그 어휘의미구조와 어휘통사구조는 다음과 같이 설정한다. (12나)의 어휘통사구조는 통사구조에서 이중주어 구문의 실현을 보장해 주기 위한 것이다.[38)]

(12) 가. 칠해지3: 〔〔AFF(, y)〕,
〔〔CS(〔 〕, 〔INCH〔BE(z, 〔IN(〔STATE〕)〕〕〕〕〕〕,
〔BY(〔CS(〔 〕, 〔INCH〔BE(y, 〔AT(z)〕〕〕〕〕〕)〕〕〕/칠해지
건물벽이 페인트가 칠해졌다.
나. 〈 y, (z) 〉

38) 어휘통사구조의 형태로 〈 y, (z) 〉나 〈 y, z 〉는 모두 'z'가 'y'보다 낮은 우선순위를 가지나, 'z'가 전자의 경우는 '간접 논항'이므로 보어로, 후자의 경우는 직접 논항이므로 목적어로 실현되는 것으로 약속한다.

또 한 가지 특이한 예는 다음과 같은 것이다.

(13) 첫번째 트럭이 대포를 3문/모래를 싣고 있다.
cf. 모래가 온 트럭을 채우고/?*싣고 있다.

이 문례와 관련하여 또 하나 눈에 띄는 사실은 보조동사 '-고 있-'과의 결합 가능성이다. 이것은 (14)의 처소교차 구문과는 차이가 있다.

(14) 가. 군인들이 트럭에 대포를 3문 싣고 있다.
나. 군인들이 트럭을 대포로 (*3문) 싣고 있다.
다. *군인들이 트럭을 싣고 있다.
라. 군인들이 대포를 싣고 있다.

즉, (13)은 (14다)와 구조적으로 같지 않음이 드러나며, (14라)와 같은 구조로 보기도 어렵다.

그런데, (13)이 갖는 의미적 특징을 관찰해 보면, 이 경우 동사가 '재귀성'을 내포하고 있음을 발견할 수 있다.[39] 또한, 앞에서 다음과 같은 행태는 능격 동사를 구별해 내는 증거로 간주해 왔지만, 이 경우는 이 동사가 행위자성을 갖되, 의지성을 결여하기 때문인 것으로 해석해야 한다.

(15) 가. ?*대포를 3문 실어라!
나. *그 트럭은 대포를 3문 실으려고 시도/노력했다.
다. *장교가 트럭에게 트럭을 3문 실으라고 명령했다.

이 경우 '싣다'의 어휘의미구조는 이미 앞 장에서 다음과 같은 형식으로 설정한 바 있다. 앞에서 '싣다' 동사는 세 가지의 어휘적 가능성을 갖는 것으로 분류되었으므로 이 경우는 '싣다4'가 된다.

(16) 싣4: 〔〔AFF/-vol(x, y)〕,
〔CS(x/+vhcl , 〔INCH〔BE(y , 〔AT(x ）〕〕〕〕〕〕〕

39) 2.2.4.절에서 이미 이 동사에 대한 어휘의미구조를 제시한 바 있다. 재귀성에 대해서는 제4장에서 더 논의할 것이다.

(13)의 '싣다'는 (15)에서 보는 것처럼 행위자성을 드러내지 않지만 능격성을 갖는 것으로 보기는 어렵다. 앞 장에서는 이런 경우를 위하여 행위자성과 의지성을 구별하고, 행위자성을 갖되 무의지적인 사건이 가능함을 보인 바 있다. 따라서 무의지적인 작용자를 인정하여 작용의미층의 함수에 무의지성의 의미특질 '-vol'을 표시하고, 논항 'x'를 작용자로 설정한다. 또, 논항 x는 논항 결속(argument binding)된 것으로 해석된다. 논항 결속을 포함하고 있다는 것은 재귀성이 가지는 구체적인 의미 중의 하나이다. 재귀성에 대해서는 다음 장에서 상론하게 되므로, 여기서는 '싣다' 형태가 갖는 이러한 구문적, 어휘의미적 가능성을 한 가지 더 드는 데에 그치고자 한다.

3.3.2. 전체적 관여와 동사의 시상적 속성

앞에서 타동사적 처소교차구문의 '-에'구조와 '-으로' 구조가 시상적 속성에 있어서 서로 다른 경우를 지적하였다. 전형적인 '타동사적 처소교차동사'의 경우에 '-에'구조는 동작동사의 특질을 가지며, '-으로'구조는 완성동사의 특질을 보인다. 이러한 시상적 속성의 차이는 어휘의미구조에 동사의 어휘 특질의 하나로서 표시되어야 한다. 말하자면, 앞 절의 (1나)는 완성성의 특질을 포함하는 어휘의미구조 표상으로 수정되어야 한다.

이른바 '전체적 관여'의 의미 국면은 일반적인 전칭 수량사가 나타내는 의미 현상과 동일한 방식으로 기술될 수 없다. 앞에서 이미 지적한 바와 같이 다음 예문들은 중의성을 보인다.

(1) 인부들이 트럭을 전부 모래와 자갈로 실었다.(= 3.1.절의 (8))

이러한 중의성은 부사 '전부'의 중의적 성격과 관련된다고 보았다.[40] 또 다음과 같은 예에서는 중의성이 드러나지 않고 '전칭적 수량화'의 의미만이 나타나

40) 부사 '다'도 이 점에서 '전부'와 동일한 양상을 보인다. "인부들이 트럭을 다 밀가루로 실었다."

게 되는데, 여기서도 부사 '모두'의 전칭 수량사적 특성이 긴밀하게 관계함을 언급하였다.

(2) 가. 인부들이 트럭을 모두 모래와 자갈로 실었다.
　　나. 인부들이 트럭을 모래와 자갈로 모두 실었다.

'모두'와는 반대로, '온통' 같은 부사가 작용하면 '전체적 관여'의 의미만이 나타나게 된다.

(3) 가. 인부들이 트럭을 온통 모래와 자갈로 실었다.
　　나. 인부들이 트럭을 모래와 자갈로 온통 실었다.

김영희(1984)에서는 수량사를 그것이 관계하는 통사적 성분의 성격을 기준으로 하여 명사 수량사와 문장 수량사로 가른 바 있다.[41] 그러므로 수량적 의미를 표현하는 것으로 여겨지는 이들 부사는 1)전칭적 수량사로서의 명사 수량사 '모두', 2)전체적 관여 의미의 문장 수량사 '온통', 그리고 3)중의적인 '전부', '다' 등 세 가지로 가를 수 있다.

명사 수량사가 보이는 구조적 양상을 다음에서 관찰하기로 하자. 다음 '모두', '몇몇/몇 포기', '백 포기'는 모두 명사 수량사로 사용된 것으로 볼 수 있다.

(4) 가. 김씨가 시장에서 배추를 모두 팔았다.
　　나. 김씨가 시장에서 배추를 몇몇/몇 포기 팔았다.
　　다. 김씨가 시장에서 배추를 백 포기 팔았다.

여기서 이들 명사 수량사들은 목적어 명사구의 의미상 서술어가 되어 그 수량적인 의미를 표시하게 될 것이다. 이들 명사 수량사들이 주어 명사구에 대해서도 서술어 관계에 설 수 있음은 물론이다. 이러한 관계를 보이는 수량사 내포 구문을 김영희(1984)에서는 '매김관계 구문'이라고 하였다.

41. 김영희(1984)에서의 용어로는 각각 '명사 셈숱말'과 '문장 셈숱말'이다.

(5) 가. 상인들이 모두 그 시장에서 배추를 팔았다.
나. 상인들이 몇몇/몇 명 그 시장에서 배추를 팔았다.
다. 상인들이 백 명 그 시장에서 배추를 팔았다.

이와 같이 주어나 목적어 명사구가 수량사의 의미상의 주어가 되는 현상을 살펴 보면 여기에는 어떤 일반적인 제약이 개재함을 알 수 있다. 우선 주어나 목적어에 대해서는 이와 같은 수량사에 의한 서술 관계가 가능하지만 '시장에서'와 같이 격조사 '에서'가 결합된 성분에서는 그와 같은 관계가 거부되기 때문이다.

(6) 가. *김씨가 시장에서 모두/모든 곳 배추를 팔았다.
나. *김씨가 시장에서 몇몇/몇 군데 배추를 팔았다.
다. *김씨가 시장에서 세 군데 배추를 팔았다.

(6)의 비문법성은 격조사 '에서'와 관계된다고밖에는 설명할 길이 없다. 다음 (7)은 '시장'에 대한 수량화가 의미상 불가능한 것이 아님을 보여주며, (8)은 목적어 명사구일 경우 위와 같은 서술 관계가 다시 가능함을 보여주는 것이다.

(7) 가. 김씨가 모든 시장에서 배추를 팔았다.
나. 김씨가 몇몇(의) 시장에서 배추를 팔았다.
다. 김씨가 세 군데 시장에서 배추를 팔았다.
(8) 가. 김씨가 시장을 모두/모든 곳(을) 돌았다.
나. 김씨가 시장을 몇 군데 돌았다.
다. 김씨가 시장을 세 군데 돌았다.

그러므로, 주격 조사 '-이/가'나 목적격 조사 '-을/를'은 구조적으로 '-에서' 등의 격조사들과 구별되어야 한다.[42] 그런데 여타의 격조사가 '-이'나 '-를'과 구별된다는 것은 전자가 후자와는 달리 구조적으로 후치사구의 머리성분(hea

42) 우리는 이 장의 맨처음부터 이러한 견해를 가정하여 왔는데, 위와 같은 예들은 이 점에 대한 한 가지 명시적인 근거가 되리라 본다.

d)으로 간주될 수 있다는 점을 말해주는 것으로 판단된다. 이렇게 본다면 (4),(5)와는 달리 (6)이 비문인 것은 후치사구 '시장에서' 내부의 명사구 '시장'이 뒤따르는 수량사를 성분통어하는 것이 불가능하기 때문인 것으로 설명이 된다. '이'나 '를'은 통사구조에서 명사구에 추상격으로 할당되고, 음성형식 부문에서 형태적인 실현을 보는 것으로 설명한다면,[43] 명사구가 후행하는 수량사를 성분통어하는 데에 아무런 방해가 되지 않는다. 이 시점에서 다음과 같이 정리해 놓기로 하자.[44]

(9) 명사 수량사는 그것이 서술하는 명사구에 의하여 성분통어되어야 한다.

이러한 조건은 '매김관계' 구문의 구조적 조건으로서 유효한 것으로 보인다. 다음에서 더 확인해 보자.

(10) 가. 남자들이 다방에서 여자들을 모두 만났다.
나. 남자들이 모두 다방에서 여자들을 만났다.
다. ?남자들이 다방에서 모두 여자들을 만났다.
(11) 가. 남자들이 다방에서 여자들을 몇몇 만났다.
나. 남자들이 몇몇 다방에서 여자들을 만났다.
다. ??남자들이 다방에서 몇몇 여자들을 만났다.
(12) 가. 남자들이 다방에서 여자들을 세 명 만났다.
나. 남자들이 세 명 다방에서 여자들을 만났다.
다. ??남자들이 다방에서 세 명 여자들을 만났다.

(10)-(12) 모두에서 (가)는 수량사가 목적어에 대하여 서술하고 있는데 비하여, (나)는 수량사가 주어 명사구에 대해서 서술관계를 맺고 있음을 관찰할 수 있는데 이들은 다 성분통어 조건 (9)를 만족한다. 그런데 문제는 이 각각

---

43) 이런 격할당 방식에 대해서 잠정적으로 강영세(1986)을 따른다.
44) 여기서 '성분통어(c-command)'의 정의는 다음을 이용한다.
A가 B를 성분통어하려면 A를 관할하는 첫번째 분지 교점(branching node)이 동시에 B를 관할(dominate)해야 한다.
문제의 수량사들은 모두 VP에 관할되는 것으로 가정한다.

의 (가) 문장에서 목적어 말고 주어까지도 수량사들을 성분통어하고 있음에 틀림없는데, 실제로 주어는 목적어에 후행하는 수량사들에 의해서 서술되지 못하고 있는 것이다. 또 각각의 경우의 (다)문장도 문제가 된다. 이들 경우에 수량어는 적어도 주어 명사구에 의해서는 성분통어되고 있음에도 불구하고 주어와의 주술관계가 인정되기 어렵기 때문이다. 이들 중 (10다)의 경우가 비교적 낫기는 하다. 이러한 양상은 (9)를 다음과 같이 수정하여 설정해 놓으면 설명할 수 있다.45)

(13) 명사 수량어는 그것이 서술하는 명사구와 상호 성분통어해야 한다.

이러한 조건은 이 장에서 다루는 처소교차 구문에서도 확인되는 듯하다. '-으로' 구조에서 이 점을 살펴 보자.

(14) 가. 인부들이 모두 # 트럭을 모래와 자갈로 실었다.
나. 인부들이 일부 # 트럭을 모래와 자갈로 실었다.
다. 인부들이 셋 # 트럭을 모래와 자갈로 실었다.
(15) 가. 인부들이 트럭을 모두 모래와 자갈로 실었다.
나. 인부들이 트럭을 일부 모래와 자갈로 실었다.
다. 인부들이 트럭을 셋 모래와 자갈로 실었다.
(16) 가. 인부들이 트럭을 모래와 자갈로 모두 실었다.
나. 인부들이 트럭을 모래와 자갈로 일부 실었다.
다. 인부들이 트럭을 모래와 자갈로 셋 실었다.

특히 (16)은 목적어와 수량사가 후치사구를 사이에 두고 있지만 동일한 동사구 내부의 성분으로서 상호 성분통어 조건을 만족하기 때문에 해석을 얻을 수 있는 것으로 생각된다.

이것과 비교할 때 문장 수량사 '온통'과 관련되는 (3)과 같은 의미 현상은 이와 같은 일반적인 명사 수량화의 기제로 설명될 수 없다. 부사 '온통'의 자

---

45) 이 조건은 또 제6장에서 도입할 '서술화'의 조건으로서도 유효한 것으로 보인다. Miyagawa (1989: 19-83)에서는 일본어의 유사한 구문에 대해서 이와 같은 상호 성분통어 조건을 설정하고 있다.

리를 어디로 이동시키든지 주어 '인부들'에 대한 수량화의 의미는 얻어지기 어려우므로 (13)의 조건이 이에 적용된다고 보기는 불가능한 것이다. (17)에서 '온통'은 사건 자체를 수식한다.

(17) 인부들이 트럭을 온통 모래와 자갈로 실었다.

그러므로, (17)에서 '온통'의 쓰임은 일반적 수량화의 기제와는 구별되며, 앞서 '전칭적' 수량화와 비교한 '전체적 관여'의 의미를 강조하는(또는 중첩하는) 정도의 역할을 인정할 수 있을 뿐이다.

그러면 '전체적 관여'의 의미는 문법의 어느 영역에서 기술되어야 하는가? 아직도 이를 일반적인 수량화의 기제로 처리할 수 있는 여지는 있다. 그러나 앞서 처소교차 구문의 '-으로' 구조의 예에서 '온통'과 같은 부사의 도움 없이 '전체적 관여'의 의미가 나타남을 볼 수 있었다. 따라서 '온통'은 처소교차 동사들의 어휘 특성상 나타나는 '전체적 관여'의 의미를 보조하거나 강화하는 역할을 하는 데에 불과하다. 그렇다면, 이 '전체적 관여'의 의미를 허가(license)하는 부문은 통사 부문과는 다른 어떤 곳이어야 할 터인데, 현재로서는 이러한 역할을 맡아서 해 줄 표상 층위를 어휘부 내 개별 동사의 어휘기재항에서밖에는 찾기가 어렵다.

여태까지 우리는 논의의 편의를 위하여 '전체적 관여/부분적 관여'의 의미 차이가 모든 처소교차 동사에 내재되어 있다고 가정하여 왔다. 그러나 여기에는 논란의 여지가 남아 있다. 문제는, 내재적으로 '전체적' 의미 속성을 갖는 동사들의 경우는 '-에' 구조와 '-으로' 구조 사이에 의미 차이가 드러나지 않고 둘 다 '전체적 관여'의 의미만이 나타날 수도 있다는 점이다.

(18) 가. 인부들이 창고를 조개탄으로 (가득) 채웠다.
나. 인부들이 창고에 조개탄을 (가득) 채웠다.

사실, '창고'로 표시되는 공간과 '조개탄'으로 표시되는 물질의 단순한 양적인 관련으로 볼 때 위 두 문장의 차이는 발견하기 어렵다. 다음은 이 점을 보여준다.

(19) 가. ??인부들이 창고를 조개탄 한 개로 (가득) 채웠다.
　　 나. ??인부들이 창고에 조개탄 한 개를 (가득) 채웠다.

그러나 다음에서 보는 것처럼, 특정의 시간 표현이 개재될 경우 (18)의 두 구조도 명백한 의미 차이를 드러내 보임을 발견할 수 있다. (20가)의 '-으로' 구조와 (20나)의 '-에' 구조는 의미 해석에 있어 뚜렷한 대조를 보여준다. (20가)는 세 시간의 시간 구간 안에서 창고에 조개탄을 채우는 사건이 시작되고 완성되었다는 의미를 표현하나, (20나)는 해석 가능한 문장인 경우라도 창고에 조개탄을 채우는 일을 세 시간 안의 특정 시점으로부터 시작하였다는 뜻을 표현한다. 각각에 대해서 (20)'에서처럼 보어들의 순서를 바꾸어 놓아도 의미 해석상의 차이를 보이지 않는다.

(20) 가. 인부들은 세 시간 만에 창고를 조개탄으로 채웠다.
　　 나. ?인부들은 세 시간 만에 창고에 조개탄을 채웠다.
(20)'가. 인부들은 세 시간 만에 조개탄으로 창고를 채웠다.
　　 나. ?인부들은 세 시간 만에 조개탄을 창고에 채웠다.

다시 말하면, (20가)는 특정 시점으로부터 시작하여 세 시간이 경과하는 동안 창고가 조개탄으로 채워졌음을 표현한다. (20나)이 한편으로 그러한 의미를 갖을 가능성이 없는 것은 아니나, 그보다는 일을 하지 않다가 조개탄 채우는 일을 세 시간 후에 시작하게 되었다는 해석이 일차적이다. 또한, 다음 예에서도 의미 차이를 관찰할 수 있다.

(21) 가. 인부들은 세 시간 동안 창고를 조개탄으로 채웠다.
　　 나. 인부들은 세 시간 동안 창고에 조개탄을 채웠다.

(21가)는 인부들이 조개탄 채우기를 시작해서 끝날 때까지의 기간이 세 시간임은 물론, 세 시간 걸려서 완성했다는 함축을 갖는데 비해, (21나)는 일의 완성 여부를 떠나 창고에 조개탄을 채우는 작업을 세 시간 동안 하였다는 의

미만을 드러낸다.

이와 같은 의미 국면은 처소교차 구문의 '-으로' 구조가 기본적으로 '완성성'의 특징을 지닌다고 봄으로써 설명되리라고 생각한다. 이에 비하여 '-에' 구조는 '동작성'을 갖는다고 할 수 있다. 보조동사 '-고 있다'가 결합된 다음과 같은 경우에는 문법성의 차이는 생겨나지 않으나, (22가, 나)의 '-으로' 구조 표현이 어떤 한정된 범위('창고'라는 한정된 공간)를 전제하고 있는 데 비하여 (22다, 라)의 '-에' 구조의 경우는 그러한 제한이 없음을 관찰할 수 있다. 완성동사와 동작동사가 '-고 있다'와 같은 진행의 표현에 대해서 다 가능하다는 점은 일반적으로 알려진 사실이다.

(22) 가. 인부들이 창고를 조개탄으로 채우고 있다.
나. 인부들이 조개탄으로 창고를 채우고 있다.
다. 인부들이 창고에 조개탄을 채우고 있다.
라. 인부들이 조개탄을 창고에 채우고 있다.

다음에서 (23가)는 (23나)에 비해 부자연스럽다. 이것 역시 '-으로' 구조가 가지는 완성성이 '아직'이나 진행형의 의미 특질과 화합하기 어렵기 때문이 아닌가 한다. '-고 있다'는 어떤 사건이 끝나지 않고 계속됨을 보이는 기능을 갖기 때문이다.

(23) 가. ??인부들이 아직 창고를 조개탄으로 채우고 있다.
나. 인부들이 아직 창고에 조개탄을 채우고 있다.

앞에서 살폈듯이, '전체적 관여'는 '전칭적 수량화'와는 성격을 달리한다. 그런데, 이상에서의 논의는 이른바 '전체적 관여'의 의미 특성이란 것이 단지 특정 명사구가 지시하는 대상의 평면적인 전체성을 표현하는 것만은 아님을 증명해 주고, 더 근원적인 차원에서 동사 어휘 자체가 가지는 '시상적 속성'과 연관된다고 하는 사실을 뒷받침해 준다. 이러한 시상적 속성은 앞장에서 말한 존재론적 범주의 개념으로 파악된다.

각 동사가 갖는 존재론적 범주에 대한 정보는 동사의 어휘의미구조에 네 가지 시상적 특질, 즉 '완성성, 성취성, 동작성, 상태성'으로 더 나누어 표시할 수 있을 것이다.46) 또, 앞으로 문장의 시상적 의미를 해석할 경우에는, Voorst(1988)의 선례를 따라 시작과 끝을 모두 갖는 '완성성'의 사건을 '0---0'으로, 시작만 갖는 '동작성'의 사건을 '0---'로, 그리고 끝만을 갖는 '성취성'의 사건을 '---0'로 표시하여 이것을 시간을 표시하는 선 위에 위치시킬 것이다. 상태성은 기본적으로 '시작'이나 '끝'을 갖지 않는 것이므로 '---'와 같이 표시할 수 있겠다.

동사 자체가 가지는 '사건적 특성'과 그밖의 요소가 표현하는 시간적 의미는 서로 상호작용을 하여 전체 문장의 의미를 이루어 낸다. 이 점을 명시적으로 보이기 위해서 다음과 같은 도식을 통해 설명해 보기로 한다. 발화시점(speech time : 줄여서 '발화시'), 사건시점(event time : 줄여서 '사건시') 말고, '참조시점(reference time : 줄여서 '참조시')'이라고 하는 기준 개념이 더 필요하다. 이들을 각각 S, E, R로 표시하기로 한다.47)

---

46) 앞 장에서 소개한 바와 같이 이 분류는 Vendler(1957)로부터 유래한다. 이 외에 '반복동사'를 덧붙여 다섯 가지로 나눌 가능성을 생각해 볼 수 있다. 그러나 필자의 판단으로는 '사건'의 서로 다른 양상을 구별하기 위해서는 '완성성, 성취성, 동작성'의 세 가지 범주면 족하다고 본다. 예컨대, 자동사적 처소교차구문을 이루는 특징적인 동사인 '반짝이다, 우글우글하다, 반짝반짝하다' 등의 동사를 위하여 따로 '반복동사'라는 범주를 설정해 볼 만하다.

(a) 가. ??한 시간 만에/안에 하늘에 뭇 별들이 반짝였다.
    나. ?*한 달 만에/안에 장독에 구더기가 들끓는다./우글우글한다
    다. ??한 달 만/안에 장독에 구더기가 들끓었다./우글우글했다.
(b) 가. 한 시간 만/안에 하늘이 뭇 별들로 반짝였다.
    나. ?한 달 만/안에 장독이 구더기로 들끓는다./우글우글한다.
    다. 한 달 만/안에 장독이 구더기로 들끓었다./우글우글했다.

(a가)가 받아들여질 수 있는 경우가 있다면, 뭇별들의 반짝거림이 한 시간 후부터 시작되었다는 의미로 해독될 수 있을 때이다. 이에 비해 (b가)는 특정의 참조시로부터 별들의 반짝거림이 시작하여 '한 시간'이 지난 시점에 이르러는 온 하늘이 뭇별들로 반짝이게 되었다는 함의를 가지게 된다. (a나, 다)와 (b나, 다)의 비교에서도 동일한 해석이 도출된다. 그렇다면 처소교차 자동사 구문의 '에'구조는 동작성을 띠게 되고, '로'구조는 완성성을 갖는다는 결과가 된다. 이로 보아, '반복성'을 동사의 존재론적 범주의 하나로서 설정하는 것은 불필요할 것으로 생각된다. 어휘개별적 의미특질의 하나로서 반복성을 부여할 수는 있을 것이다.

47) 이와 같은 기호와 아래의 도식화의 방식은 Voorst(1988)로부터 취했는데, 이는 원래 H. Reichenbach, Elements of Symbolic Logic(New york: Macmillian, 1947)로부터 비롯된다고 한다. 아래 도표에서 'E'는 '사건 시점'이라기보다는 한 단위의 사건이라고 하는 것이 더 정확하다.

먼저 시간적 성격을 갖는 몇 가지 부가어들이 개입할 경우의 문장의 의미를 도표를 통하여 설명해 보자. 앞에서 거론했던 부가어들 중 '모두' '전부'(전칭적 명사 수량화의 의미로)는 주어나 목적어 등 명사구 성분과 관계하여 수량적 의미 해석이 이루어지지만, '온통' 및 '세 시간 동안', '세 시간 만에', '세 시간 안에', '아직' 등은 그와 같은 방식의 해석이 불가능하다. 또한 '온통'과 같은 양태 부사와 나머지 시간성의 부가어들의 해석 방식도 같지는 않다. (24가)는 (25가)에, (24나)는 (25나)에 표시한다.

(24) 가. 인부들은 세 시간 만에 창고를 조개탄으로 채웠다.
나. ?인부들은 세 시간 만에 창고에 조개탄을 채웠다.

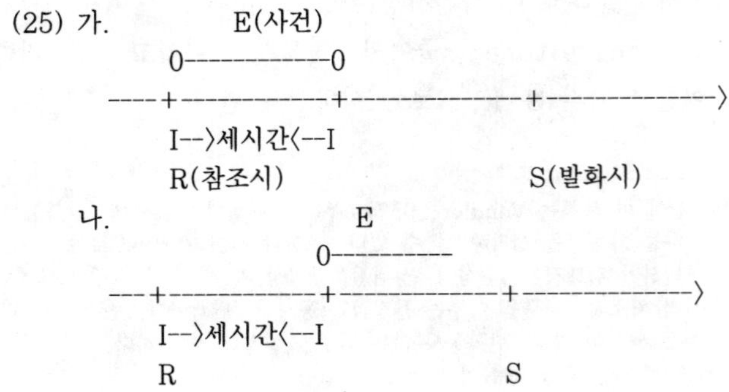

이상과 같은 논의의 결과, 앞의 3.3.1.절에서 설정한 어휘의미구조와 관련한 의문, 즉 '〔IN STATE〕'가 무엇인가의 문제에 대해 한 가지 해결의 방안이 떠오르게 된다. 완성성과 동작성이 한 동사 형태의 두 가지 어휘적 가능성으로 나타난다면, 이 두 가지 특징을 각각의 어휘의미구조에 표시해 주는 것이 타당하다. 그리고 앞서의 어휘의미의 표상에서 그 차이가 〔IN STATE〕에 귀결되었다면, 가능하면 이것을 이용하는 것이 바람직할 것이다.

우리는 앞 장에서 명사와 동사에 공통적으로 적용될 수 있는 의미특질로서 '한계성'과 '내적구조성'을 도입한 바 있다. '-으로' 구조 처소교차 동사의 어휘의미구조는 '-에'구조의 어휘의미구조에 비하여 완성성을 특징으로 갖는다는 이제까지의 관찰이 틀리지 않다면, 이 점을 '〔IN STATE〕'가 표현한다고 보는 것이 가능하다. 즉, 3.3.1.절 (1나)의 어휘의미구조를 다음과 같이 수정하여 표상한다. '처소'의 논항이 완성성의 사건이 되므로 함수 'BE'는 상황적(circumstantial) 의미 영역의 의미특질 '+circ'가 표시되었다.

(26) 칠하다2:
〔〔AFF(x , z)〕,
〔〔CS(x , 〔INCH〔BE/+circ(z,〔IN(〔+accomplishment〕)〕)〕〕〕)〕,
〔BY(〔CS(x , 〔INCH〔BE(y , 〔AT(z)〕)〕〕〕)〕〕〕/칠하
cf. 청소부들이 페인트로 건물벽을 칠했다.(= 3.0.의 (1나))

관계의미층에서 'BY'에 선행하는 의미 성분절이 주절에 해당하므로, 어휘의미 구조 전체적으로 갖는 시상적 속성은 '〔+accomplishment〕'에 표시된 것과 같은 것이 된다. 이렇게 바뀌어진 어휘의미구조의 특징은 '〔STATE〕' 대신 '〔+accomplishment〕'와 같은 특질을 갖는다는 점이다. 이러한 표기 형식에서 특이한 점은 처소의 함수 'IN'에 대한 논항으로 사물이 아닌 상황이 설정되었다는 것인데, 이것이 불가능한 것은 아니다. '상황'이 처소 함수의 논항이 되는 것은, 다음과 같은 문장에서 볼 수 있듯이, 새로울 것이 없는 일이다.

(27) 가. 우리는 지금 난처한 상황에 놓여 있다.
나. 그 스스로 아무런 조처도 취할 수 없음에 이르러 우리가 도와 주었다.

이에 따라 앞서 타동사 구문과 자동사 구문에서 '-으로' 구조는 모두 '〔IN STATE〕' 대신 '〔IN(〔+accomplishment〕)〕'와 같은 부분을 갖는 것으로 수정된다.

3.4. 연결규칙1과 연결규칙2

몇 가지 실례를 들어 어휘의미구조와 어휘통사구조, 그리고 통사구조 사이의 연결 과정을 살펴 보기로 하자. 어휘부의 규칙으로서는 어휘의미구조들 사이의 함의 관계나 어휘부의 표상들 사이의 규칙성을 서술하는 어휘 잉여 규칙과 아울러 어휘의미구조로부터 어휘통사구조로의 연결을 설명해 주는 연결 규칙이 더 필요할 것으로 보인다. 앞에서 지적했듯이, 어휘의미구조나 어휘통사구조에서 논항 변수들의 역할이란 그 구조 안에서 서로간의 동일지시되거나(논항 결속) 서로 구별되는 점을 표시할 뿐이다. 더군다나 어휘의미구조와 어휘통사구조 논항 변수들 사이의 동일지시성은 이 두 구조에 동일한 'x'나 'y', 'z'를 표상해 놓는다 해서 확립되는 것이 아니다. 그러므로 두 구조, 즉 어휘의미구조와 어휘통사구조의 논항들 사이의 연결에 관한 규칙성은 따로이 기술되어야 할 대상이 된다. 이를 '연결규칙1' 라고 하면, 이는 대충 다음과 같은 형식으로 기술될 수 있겠다.

(1) 어휘의미구조로부터 어휘통사구조로의 연결 규칙 :
어휘의미구조에서 '〔INCH〔BE(x,...)〕' 와 같은 의미 성분의 논항 'x' (즉 대상 의미역)를 어휘 통사구조의 직접 논항에 연결하라.

그러면, 어휘의미구조의 논항 'x'(대상)는 어휘통사구조의 직접 논항으로 사상되고, 이것은 다시 통사구조의 목적어 NP으로 사상되는 것으로 설명된다. 이상의 관계들을 다음과 같은 그림으로 표시할 수 있다.

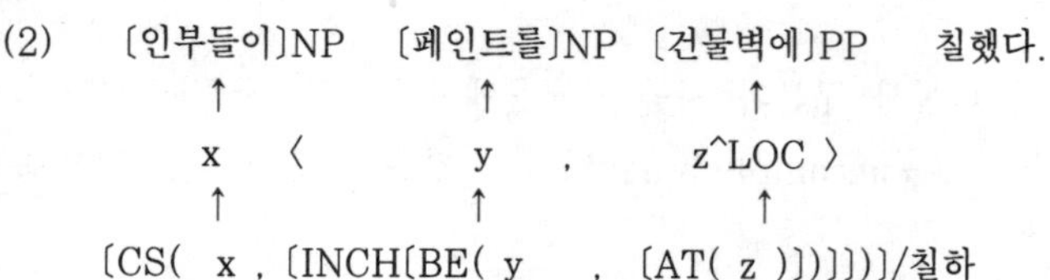

앞서 우리는 처소교차 구문의 '-으로'구조가 두 가지 방면에서 '의미역 기준'을 위배한다고 지적하였었다. 이에 따라 의미역의 개념을 의미역 논항과 의미역 내용으로 구별하고, 의미역 논항의 개념을 이용하는 의미역 기준에 의하면 이러한 문제가 해소된다고 하였다. 즉 3.2.3.절에서의 의미역 기준을 어휘통사구조로부터 통사구조로의 연결 과정에 대한 제약으로 간주하면 이 문장이 의미역 기준을 위배하지 않고 문법적 문장으로 판정됨을 무리 없이 설명할 수 있다.

그런데 (3)의 '-으로' 구조를 위해서 (1)의 연결규칙은 다소 수정되어야 하겠다. 즉 모든 논항이 무제약적으로 동일한 연결규칙의 적용을 받는다기보다는, 작용의미층의 논항이 어휘의미구조로부터 어휘통사구조로의 연결에서 우선순위에 놓인다고 규정하는 것이 필요하다. 이 점을 Jackendoff(1990: 64)에서는 어휘의미구조로부터 통사구조로의 직접적인 연결을 전제하고, 연결을 표시해 주는 연결 지표가 어휘의미구조(어휘개념구조: lexical conceptual structure)에서 단 하나만 표시되어야 한다는 '연결 조건(linking condition)'으로 표현했는데, 이는 어휘통사구조와 같은 것이 중간적인 표상으로 설정될 필요성을 부정하기 때문이다. 또, Jackendoff(1990: 11장)에서는 다시 의미역의 우선순위(thematic hierarchy)라는 개념을 사용해서 어휘의미구조로부터 통사구조로의 연결에 대한 일반 이론을 세우려고 시도하였다. 어휘의미구조에 나타난 논항들을 우선순위에 맞게 배열해서 순서쌍을 만들고, 한편으로 통사구조의 주어와 목적어, 그 외 성분들을 역시 순서쌍으로 만든다. 다음 이 두 순서쌍을 일치시키는 것이다.

관계의미층의 대상 의미역이 어휘통사구조에서 직접 내부논항으로 연결되는 것은 '로'구조의 타동사 구문에서도 같다.

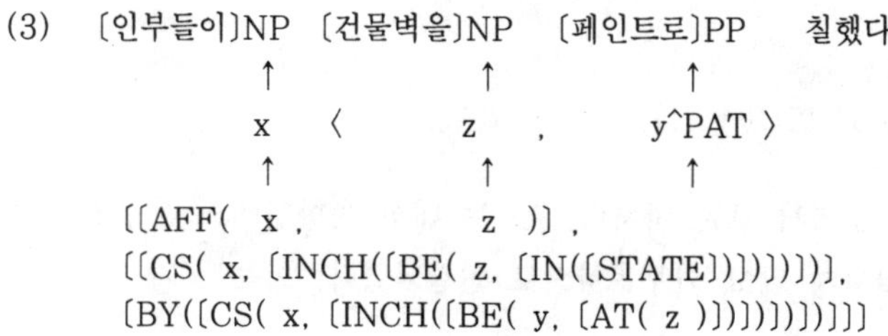

여기서 〔BE(z , 〔IN(〔STATE〕)〕)〕의 환경에 놓여 있는 '대상'의 논항 'z'가 어휘통사구조의 직접 내부논항으로 연결되었다.

어휘의미구조에서 대상 의미역이 실현되는 환경으로는 위와 같은 'BE'함수의 첫째 논항 자리 말고도 GO, STAY, EXT, ORIENT, MOVE, CONF 등의 첫째 논항 자리가 있다. 그런데, 이들이 나타나는 경우를 좀더 면밀히 조사해 보면 '대상' 의미역 논항이 항상 '직접 내부논항'이 되지는 않는다는 사실을 알게 된다. 다음과 같은 이동동사의 문장에서 동사의 어휘의미구조에 GO가 들어 있지만 그 첫째 논항은 어휘통사구조에서 내부논항이 아닌 외부논항으로 연결된다고 보아야 한다. 명령형/청유형/통제구문에 분포 가능하다는 것은 이 동사의 비능격성에 대한 증거가 되기 때문이다. 앞에서 '능격동사'가 갖는 형식적 특징을 어휘통사구조에서 외부논항을 갖지 않는 것으로 해석한 바 있다.

(4) 가. 저리로 가라.
　　나. 저리로 가자.
(5) 가. 아버지는 아이에게 저리로 가라고 명령했다.
　　나. 아이는 손님들이 있는 방으로 가려고 노력했다.
(6) 〔GO(x, 〔TO(y)〕)〕
(7) x〈 y^PAT 〉

그러므로 (1)과 같은 규칙은 어휘의미구조에서 관계의미층의 논항만이 연결과정에서 규칙성을 갖는다고 보기 때문에 불충분하다고 하겠다. (6)에 작용의미층을 덧붙여 더 완성된 꼴로 만들면 다음과 같은 어휘의미구조가 된다.[48]

(8) 가다: 〔〔AFF(x, 　)〕,
　　　　　〔GO(x, 〔TO(y)〕)〕〕

(6)과 (7)의 비교에서 보는 바처럼, 'x'는 대상 논항임에도 불구하고 직접 내부논항으로 연결되지 않고 외부논항으로 연결되었다. 이는 'x'가 작용의미층

48) 다음 어휘의미구조는 '행위자성'이란 것이 꼭 관계의미층의 '행위자' 의미역과만 관계되는 것이 아님을 보여준다. 관계의미층에서는 '대상' 의미역인 것이 작용의미층의 '작용자'와 관계됨으로써 행위자성을 갖게 된다.

에서 'AFF' 함수의 첫째 논항, 즉 작용자로 나타났기 때문인 것으로 판단된다. 그러므로 (1)과 같은 규칙에 앞서 작용자와 외부논항의 연결을 규정하는 규칙이 있어 이것이 먼저 적용된다고 보는 것이 필요할 것 같다. 이를 다음과 같이 순서를 갖는 두 규칙으로 나누어 표현해 볼 수 있다.

(9) --작용자는 외부논항으로 연결하라.
--대상은 직접 내부논항으로 연결하라.

우리는 이미 처소교차 동사의 어휘의미구조에 작용의미층을 설정한 바 있다. (2), (3)에서 보듯, '-에'구조의 처소교차 타동사나 '-으로'구조의 처소교차 타동사의 어휘의미구조에 나타나는 작용의미층의 존재도 (9)의 두 규칙의 정당성을 거부하지 않는다. 그러나 (2)와 (3)에서 관계의미층의 '대상' 논항 ((2)에서 'y', (3)에서 'z')은 작용의미층의 피작용자를 통하고 나서야 어휘통사구조의 직접 내부논항으로 연결됨을 알 수 있다. 두 논항의 작용의미층을 갖는 동사 어휘의 경우 언제나 이것이 사실인 것 같다. 앞서의 논의에서 제시한, 자동사로서의 처소교차 동사들이 갖는 두 가지 어휘구조 형식들도 이에 포함된다.

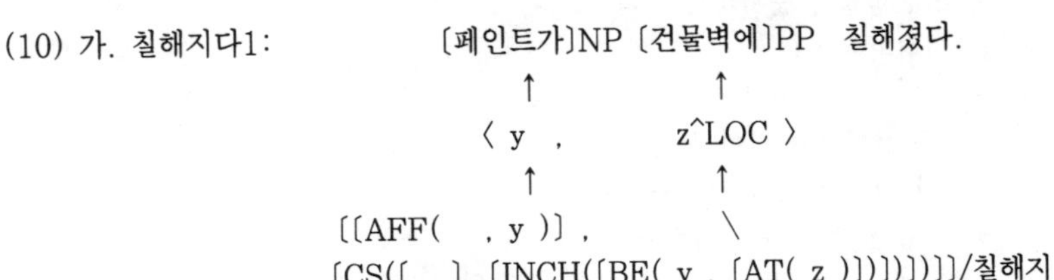

나. 칠해지다2: 〔건물벽이〕NP 〔페인트로〕PP 칠해졌다.

↑ ↑

〈 z , y^PAT 〉

↑ ↖

〔〔AFF(, z)〕,
〔〔CS(〔 〕, 〔INCH(〔BE(z , IN STATE)〕)〕)〕,
〔BY(〔CS(〔 〕, 〔INCH(〔BE(y , 〔AT(z)〕)〕)〕)〕)〕〕〕/칠해지

(10가)와 (10나)에서 모두 관계의미층의 '대상' 논항이 어휘통사구조의 '직접 논항'으로 연결되는데, 그 사이에 작용의미층의 '피작용자'가 개재함이 드러난다. 이렇게, 작용의미층을 갖는 동사 어휘의 경우 '대상' 의미역은 일단 어휘의 미구조 내에서 피작용자와 동일시된 다음에 어휘통사구조의 직접 논항으로 연결된다. 만약 모든 동사의 어휘의미구조가 작용의미층을 포함해야 한다면, 연결 규칙에서 '대상' 의미역을 언급하는 일은 무의미한 일이 될지도 모른다.

Jackendoff(1990: 11장)에서는 어휘의미구조의 논항들의 우선순위라는 개념을 이용하여 연결 과정의 규칙을 설정했다. 어휘의미구조의 논항들을 우선순위를 고려하여 순서쌍으로 만들고, 역시 통사구조의 논항들의 순서쌍을 만든 다음 두 순서쌍을 일치시키는 것이다. 그러나 우리는 통사구조로의 연결 과정에 어휘통사구조의 존재를 고려하므로, 일단 다음과 같이 어휘의미구조로부터 어휘통사구조로의 연결에 관한 규칙을 필요로 한다.

(11) 연결규칙1 :
다음과 같은 우선순위를 고려하여 어휘의미구조와 어휘통사구조 각각에서 논항들의 순서쌍을 형성한 다음, 어휘의미구조 논항들의 순서쌍을 어휘통사구조 논항들의 순서쌍과 일치시키라.
a) 어휘의미구조:
-- 각 의미 성분절 사이의 우선순위 : ' , '로 이어진 두 의미 성분들의 층은 선행하는 것이 우선한다.[49]
-- 각 의미역 논항들의 우선순위 :
작용자 〉 피작용자
행위자 〉 대상 〉 처소, 경로의 의미역 논항
b) 어휘통사구조 논항들의 우선순위:
-- 외부논항 〉 직접 내부논항 〉 간접 내부논항
-- 직접 내부논항이 둘일 경우 선행하는 것이 우선한다.

간접 논항이란 '〈 〉' 안에서 LOC(에, 에게), PAT(로), COM(와), QUO

49) 제7장에서 도입하는 'AND'의 경우도 이에 선행하는 의미 성분이 뒤엣것에 우선한다.

(고) 등과 결합된 논항, 그리고 '〈 ... (x) 〉'와 같은 구조의 'x'와 같은 논항을 의미한다.

앞에서 임시로 설정한 연결규칙2는 어휘통사구조로부터 통사구조로의 대응 과정을 기술하는 규칙이다. 그런데, 이 연결규칙2는 연결규칙1과 달라서 이미 통사구조로의 실현을 예상하여 규정(stipulation)으로서 정해진 어휘통사구조를 이용하게 된다. 이 장에서 도입한 어휘통사구조들은 대체로 다음과 같다.

(12) 가. x〈 y 〉
나. x〈 y, z^LOC 〉
다. x〈 y, z^PAT 〉
라. x〈 y, z 〉
마. 〈 y, (z) 〉

'〈 〉'의 경계 밖에 있는 '외부논항'은 주어로 연결되며, 경계 안의 논항들은 통사구조에서 동사구의 내부에 실현된다. 특별히 유의해야 할 부분은 (12라-바)에서 '〈 〉' 내부에 들어 있는 논항들의 연결 양상이다. (12라)에서는 두 논항 'y'와 'z'가 둘 다 목적어로 연결된다. (12마)와 같은 형식은 이른바 이중주어문으로 실현되는 경우, 그리고 'z'가 부사나 절의 형식으로 나타나 'y'보다는 통사적 계층성이 낮은 경우를 위한 것이다. 이를 다음과 같이 일반화하기로 한다.

(13) 연결규칙2 :
어휘통사구조의 '〈 〉' 경계 외부에 있는 외부논항은 D구조에서 동사구 밖의 주어로 연결되고, 내부의 논항들은 D구조에서 동사구 내부의 성분들로 연결된다. 외부논항이 없는 경우, 내부논항들 중에서도 앞서는 논항이 통사구조의 주어로 실현되며, 나머지 논항은 이보다 우선순위가 낮은 통사구조 성분(보어)로 실현된다.

이 과정을 제약하는 통사구조상의 제약으로 '의미역 기준'이 여전히 필요하다. 앞서 제시했던 것을 다시 든다.

(14) 의미역 기준:
모든 명사구는 어떤 서술어의 논항으로 취해져야 하며, 더욱이 한번만 취해져야 한다.

이상과 같은 연결 과정의 규칙들은 규칙으로서의 간결성이 부족하고 어휘통사구조의 개별적인 규정에 크게 의존한다. 그러나 실제 국어 동사들의 의미와 통사적인 행태를 살펴 보면서, 현 단계로서는 이상과 같은 정도의 일반화가 필요함을 느끼게 된다. 이 점을 앞으로 이 책의 여러 장에서 연결 과정에 대한 고려를 해 나가면서 확인하게 된다. 따라서 각각의 동사 어휘에 대해 어휘의미구조와 어휘통사구조를 기술해 주는 일이 무엇보다도 중요한 과제가 된다.

3.5. 'NP에'와 'NP으로'의 의미 해석에 관하여

처소교차 구문을 위한 두 가지 어휘구조 기술과 관련하여 한 가지 남아 있는 중요한 의문은 'NP으로'의 격조사 '-으로'를 어떤 방식으로 허가(license)해 줄 것인가 하는 점이다. 앞에서 우리는 처소교차 구문의 경우와 도구/방편의 'NP으로' 형식에서 일관된 의미적 특징을 발견할 수 있다고 말한 바 있다. 좀 더 구체적으로 살펴 보기로 하자.

보어 아닌 부가어에 쓰일 때 '-으로'의 어휘적 의미가 더 뚜렷하게 나타난다. 사실 부가어라는 것은 독립적으로 함수적 기능을 하는 성분을 달리 일컫는 것에 지나지 않는다. 처소교차 구문의 'NP으로' 성분은 함수적인 성격과 논항적인 성격의 중복을 보여주는 전형적인 사례가 된다. 그러므로 '-으로'의 의미를 이해하기 위해서는 먼저 부가어로 쓰인 예들을 관찰해 보는 것이 좋을 것 같다.

조사 '-으로'가 사용되는 문맥을 대체로 동사의 종류에 따라 살펴 보면, 대략 '방향'이나 '이동의 경로'의 의미가 주를 이루는 이동동사의 경우와 '재료'의 의미를 갖는 '창조/생성' 동사의 경우, 그리고 '도구/방편'의 의미가 우세한 경우가 있다. 먼저 '도구/방편'의 의미를 갖는 다음 문장의 경우를 보자.

(1) 아이가 돌로 유리창을 깨었다.

이 문장에 대한 가장 평범한 해석에서 볼 때, '돌'의 위치는 맨 처음 '아이'의 손이고, 다음으로 허공을 날아 유리창에 부딪쳐 그것을 원래와 다른 상태로 만들어 놓게 되는데, 마지막에 돌이 어느 위치, 어떤 상태에 있게 되는지는 문제되지 않는다. 이를 달리 표현하면, '깨다' 동사의 행위자인 '아이'가 대상인 '돌'에 어떤 작용을 가하는 제1단계 사건이 일어나고, 거의 동시에 피작용자였던 '돌'은 새로이 작용자가 되어 유리창의 상태를 변화시키는 작용을 가한다.

이러한 의미적 국면을 문장의 의미구조에서 반영하는 방법으로는, 어휘부에서 어휘항목으로서의 격조사 '-으로'의 어휘의미구조에만 표시하거나, 아니면 문장의 의미구조에 적용되는 '부가어 의미해석 규칙(Adjunct Rule)'으로 설정하는 두 가지 방법이 고려될 수 있을 것이다. 그러나 방금 보았듯이 '-으로'와 관련된 의미가 단순히 바로 선행하는 NP에 대해서만 작용하는 것은 아니며, 동사의 어휘의미구조에 논항 융합이 이루어진 결과로서의 의미구조를 이용한다. 따라서 후자의 가능성이 적절할 것이다. 그러므로 문장의 통사구조(S구조)로부터 의미구조로의 대응을 규정해 주는 다음과 같은 규칙을 설정하기로 한다.

(2) 도구/방편의 부가어 'NP으로'를 위한 의미해석 규칙 :
V가 〔〔AFF(x, y)〕, 〔....〕〕에 대응하고 NP가 〔 C 〕에 대응하면,
〔...〔...〔 NP으로〕$_{PP}$...V〕$_{VP}$〕$_{S}$는 다음 의미구조에 대응한다.
〔〔AFF(x, y)〕, 〔〔 .... 〕,
〔BY(〔〔AFF(x, 〔 C 〕^{z})〕, 〔CS(x , 〔AFF(z , y)〕〕〕〕〕)〕〕〕

여기서 가장 핵심적인 작용을 하는 것은 BY 함수이다.ㄴ[50] 대체로 방편/도구

---

50) Jackendoff(1990)에서는 이 경우와 유사한 영어의 '도구 부가어 규칙'을 다음과 같이 표시하고 있다.

의 관계의미는 사동성 의미에 대한 수식의 기능을 보인다고 할 수 있으므로, (2)의 부가어 의미해석 규칙은 사동성의 의미 특질을 갖는 동사에 적용되는 것이 자연스러우리라고 예상할 수 있다. 그러면, 앞서 말한 처소교차 구문의 'NP으로'와 도구/방편의 'NP으로'의 유사점은 어디서 찾아볼 수 있겠는가? 그것은 '-으로' 구조 처소교차 동사의 어휘의미구조에 들어 있는 BY와, (2)의 도구/방편의 부가어 'NP으로' 의미해석 규칙에 나타나는 BY의 공통성으로서 포착된다고 볼 수 있다.

이와 같은 부가어 해석 규칙의 적용을 받는 'NP으로'의 또 다른 사례로서 다음을 들 수 있다.

(3) 가. 월맹군이 탱크 500대로/8개 사단으로 사이공을 공격했다.
    나. 월맹군이 사이공을 공격했다.

'NP으로' 성분이 '도구/방편'의 의미로 해석될 경우는 언제나 수의적 성분인 것으로 보인다. 그런데 (3가) 문장은 다음과 같은 문장 형식과 어떤 관련성을 보이는 듯하다.

(4) 월맹군 탱크 500대가/월맹군 8개 사단이 사이공을 공격했다.

그러나, 필자의 판단으로 (3가) 문장과 (4) 문장 사이의 관계는 통사적인 것도, 어휘구조상의 직접적인 연관도 아니다. (3가)에서 'NP으로'는 (2)와 같은 부가어 규칙의 적용을 받는 부가어로 보면 그것으로 족할 것이다. 다만, (4)와 같은 경우를 위하여 동사 '공격하다'의 작용의미층에 앞에서 무의지적

If V corresponds to $\begin{bmatrix} \ldots \\ AFF^{-}([X],[Y]) \end{bmatrix}$

and NP corresponds to [Z],

then $[_{S}\ldots[_{VP}\ V\ldots[_{PP}\ \text{with NP}]\ldots]\ldots]$ may corresponds to

$$\begin{bmatrix} \ldots. \\ AFF^{-}([X]^{\alpha},[Y]^{\beta}) \\ [BY \begin{bmatrix} CS^{+}([\alpha],[AFF^{-}([\gamma],[\beta])]) \\ AFF^{-}([\alpha],[Z]^{\gamma}) \end{bmatrix}] \end{bmatrix}$$

적인 '싣다'와 관련하여 도입한 'AFF/-vol' 함수를 설정해 줄 수 있다.

둘째로, 다음과 같은 이른바 '창조/생성'의 동사들에서도 '도구/방편'의 경우와 유사한 과정을 상정할 수는 있다. 또 여기서도 'NP으로'가 수의적 성분임이 동일하다. 그러나, '도구/방편'의 경우와는 의미상 뚜렷한 차이가 발견된다. 작용자 '아이'가 '성냥개비'에 작용을 가하는 단계는 마찬지로 나타나지만, '성냥개비'가 다시 '집'에 작용을 가한다기보다는 그 자체가 재료가 되어 '집'의 구성분자가 되어버리는 것이다.[51] 그러므로 (5가), (6가)의 부가어 'NP으로'에도 (2)를 적용한다는 것은 무리인 듯싶다.

(5) 가. 아이가 성냥개비로 집을 만들었다.
    나. 아이가 집을 만들었다.
(6) 가. 사람들이 돌로 탑을 쌓았다.
    나. 사람들이 탑을 쌓았다.

'쌓아올리다' 동사는 앞에서 처소교차 구문을 형성하는 사례로 제시된 바 있으나, (6)의 '쌓다' 문장의 경우는 '돌'이 재료가 되어 탑이라는 전체 구조물을 이루었다는 것으로, 의미가 다르다. 그러나 둘 사이에 공통성 또한 발견할 수 있다. 다음 처소교차 구문의 '-으로' 구조와 비교하는 것이 참고가 된다.

(7) 일꾼들이 온 마당을 보릿단으로 쌓아올렸다.

(5)의 '만들다' 동사의 어휘의미구조를 제6장에서는 다음과 같이 기술할 것이다. 주목할 점은, i)'NP으로'가 부가어이므로 (5가)와 (5나)의 '만들다'가 서로 다른 어휘항목이 아니라는 점, ii)그 어휘의미구조에 (8)에서 보는 것처럼 암시 논항이 설정된다는 점이다.[52]

---

51) 이 경우 '성냥개비'는 본래 한계성([+b,-i])을 가지나 화용론적인 요인에 의하여 비한계성([-b,-i])으로 바뀌었다고 본다. 명사가 이와 같이 의미특질의 전환을 수행하는 것은 국어에서 흔히 있는 현상이다. 이는 제2장에서 도입한 '재료화'의 연산자 'GR'의 작용에 의한 것이라고 할 수 있다.

52) 의미 특질 'comp'는 Jackendoff(1990)에서 도입된 것이다. 다음 (가)와 같이 표시될 때에는 x가 전체로서, 이것이 구성 부분 y들로 이루어짐을 뜻하고, 반대로 (나)는 구성 부분 x가 전체 y을 이룸을 뜻하게 된다.

(8) 〔〔AFF(x, y)〕,
〔CS(x , 〔INCH〔BE/-comp(〔 〕, 〔AT(y)〕)〕〕)〕〕〕

(5가)나 (6가)에 나타나는 '재료'의 부가어 'NP으로'를 위하여 다음과 같은 의미해석 규칙이 하나 더 필요하리라 본다.

(9) 재료의 부가어 'NP으로'를 위한 의미해석 규칙 :
V가 어휘의미구조가 〔…〔BE(〔 (A) 〕, 〔AT(…)〕)〕…〕
에 대응하고, NP가 의미 성분 〔 B 〕에 대응하면,
〔…〔…〔NP으로〕$_{PP}$…V〕$_{VP}$〕$_{S}$는 다음 의미구조에 대응한다.
〔…〔BE($\begin{bmatrix}(A)\\B\end{bmatrix}$, 〔AT(…)〕)〕…〕
단, '$\begin{bmatrix}(A)\\B\end{bmatrix}$'는 〔 (A) 〕와 〔 B 〕의 융합(fusion).

여기서 'BE(〔 (A) 〕,…)' 부분의 '〔 (A) 〕'가 암시 논항으로 나타날 수도 있다고 봄으로써 (8)과 같은 경우를 포함하고자 하는 것이다.

(2)와 (9)에서는 'NP으로'가 두 가지 서로 다른 부가어 의미해석 규칙에 의하여 설명되었다. 동일한 격조사 형태를 갖는 통사적 성분을 서로 다른 규칙으로 설명하는 것이 문제가 될 수 있다. 이에 대한 해답을 위해서 의미역 기준을 동원하는 것은 옳은 방법이 아니다.

(10) ??인부들이 건물벽을 페인트로 붓으로 칠했다.

'페인트로'와 '붓으로'는 과거 격문법적 연구에서 한가지 의미역인 '도구'로 취급

가. 〔BEcomp+(x, 〔AT(y)〕)〕
나. 〔BEcomp-(x, 〔AT(y)〕)〕
이 책에서는 의미특질 'comp+'와 'comp-'를 각각 빗금을 덧붙인 '/-comp'와 '/+comp' 처럼 표기한다.
창조/생성의 동사 '만들다'의 어휘의미구조를 (8)과 같이 설정할 필요성과 이점은 제6장에서 좀더 구체적으로 드러날 것이므로 여기서는 더 논의하지 않겠다.

되던 것들이다. 한 단문 구조에 도구의 의미역이 둘 부여되는 것이 의미역 기준에 의해서 배제되므로 이 문장의 비문법성이 설명된다고 보는 것이 격문법 등, 통사구조에만 의존하는 이론에서의 처리 방식이라고 할 수 있다. 그러나 '페인트로'는 보어이고 '붓으로'는 부가어이므로 의미역 기준이 이러한 문장의 비문성을 설명할 수는 없다. 그보다는 위 문장에서 도구/방편의 'NP으로' 부가어 규칙이 적용되는 동사의 어휘의미구조의 내용과 관계된다고 보는 것이 타당할 것이다. 앞의 (2) 규칙의 내용을 살펴 보면 주어인 'x'가 도구인 'z'에 작용을 가하고, 다시 이 도구가 동사 어휘의미의 일부인 처소에 작용을 가하는 것으로 되어 있다. 그런데 동사의 어휘의미구조 자체는 이 처소가 이미 주어에 의하여 작용을 입은 것으로 설정되어 있으므로, 결과적으로 도구에 의하여 다시금 부가적인 작용을 가하는 것이 자연스럽지 못하다.

다음 예문은 이상의 설명에 대해서 반례를 제공해 주는 것으로 생각될 수 있다.

(11) 인부들이 건물벽을 붓으로 칠했다.

이 경우 '칠하다'는 어휘의미구조에 암시 논항을 가질 뿐 위 (10)과 다를 바 없는데, 도구의 '붓으로'가 취해져서 자연스러운 문장을 형성하는 것으로 보여지기 때문이다. 의미역 기준을 이용하면 위 (10)의 비문성은 물론 이 경우 (11)의 문법성도 간단히 설명된다고 주장할 수 있다. 그러나 (11)과 똑같은 방법으로 설명해야 할 다음과 같은 예는 그리 자연스러운 문장인 것 같지 않다.

(12) ?우리는 벽을 기계로 도배했다.

그러나 이 문장의 부자연스러움은 비문법적이라고 판정할 만한 정도는 아니다. 이 점에 있어서는 정도의 차이는 있으나 (10)도 다르지 않다고 하겠다. 즉,

(13) ?인부들이 대우사 제품 도색기계로 건물벽을 흰 페인트로 칠했다.

이와 같은 문장이 비문법적이라고 주장할 수 없다면 의미역 기준이 여기에 적용되기는 어려운 것이다. 요컨대 (10)의 부적격성은 순수한 통사구조상의 제약이라기보다는 의미론적인 것이다.

이제 재료의 부가어 'NP으로'를 위한 의미해석 규칙 (9)와 앞서의 '-으로' 구조 처소교차 동사의 어휘의미구조를 비교해 보자. 앞 절의 (57나)에서 제시한 '칠하다'의 어휘의미구조와 (52나)의 어휘통사구조를 아울러서 '-으로' 구조를 형성하는 '칠하다'의 어휘기재항(lexical entry)을 다음과 같이 나타내기로 한다.

(14)
칠하-
V
x〈z, y^PAT〉
〔〔AFF(x , z)〕 ,
〔〔CS(x , 〔INCH〔BE/+circ(z, 〔IN(〔+accomplishment〕)〕)〕〕)〕,
〔BY(〔CS(x , 〔INCH〔BE(y , 〔AT(z)〕〕〕〕)〕)〕〕

이 어휘기재항의 두번째 줄의 'V'는 통사 범주 '동사'를 표시한 것이다. 세번째 줄은 어휘통사구조로서, 동사 '칠하다'가 세 개의 논항을 가짐을 표현하고 있다. 이는 이것들 각각이 통사구조에서 보어로 실현되어야 함을 의미한다. 또 대응하는 어휘의미구조가 네번째 줄부터 표시되었는데, 여기서도 x, y, z로 세 개의 논항이 표시되어 있다. '-으로'가 가지는 핵심적인 의미는 'BY'로써 표시된다고 할 수도 있다. 그러나 여기에서 격조사 '-으로' 자체의 고유 의미를 표시해 주는 부분을 따로 구별해 내기는 어렵다. 결국, '-으로'의 의미는 동사 '칠하다'의 의미 중 일부로서만 표시된다고 하는 함의가 성립한다.

그러나 그렇게 되면, 'NP으로'가 보어로서 동사의 어휘의미구조의 논항에 융합되는 과정에서 정작 '-으로'는 의미적으로 아무런 기능을 하지 못하는 요소로 간주되는 셈이다. 따라서 통사구조의 '-으로', 또는 'NP으로'의 의미를 해석해 주는 절차는 따로 반드시 필요하게 된다.

그러므로 처소교차 구문의 'NP으로' 성분도 재료의 부가어인 'NP으로'

성분과 마찬가지로 (9)의 의미해석 규칙을 적용받음으로써 허가를 받는다고 가정하자. 그러면 (8)과 같은 경우에는 암시 논항과 'NP으로'의 'NP'에 대응하는 의미 성분이 융합하여 의미 해석을 얻게 되고, (14)와 같은 경우에는 y로 명시된 논항 위치에 'NP으로'의 'NP'에 대응하는 의미 성분이 융합하여 의미 해석을 얻게 된다. 이렇게 하면 이 두 경우에 있어서 보어든지 부가어든지 모두 조사 '-으로'를 취하는 이유를 설명해 줄 수 있다는 장점이 또한 있다.[53)]

'NP으로'가 나타나는 또 다른 경우를 더 들어 보자. 먼저, 이동동사와 함께 나타나는 목표(Goal)의 'NP으로'는 언제나 보어인 것으로 보인다.

(15) 찬수가 학교로 뛰어간다.

다음으로, 역시 '만들다' 동사와 함께 나타나는 (16)의 경우가 있다. 이것도 앞서 '창조/생성'의 의미와는 반대의 용법으로 다음과 같이 '결과'의 의미를 표현한다. 이와 같은 구문에 관해서는 제6장에서 상론하겠으나, 이 경우는 'NP으로'가 항상 필수적 성분이다. 또 제6장에서 다룰 구문으로 (17)과 같은 것이 있는데 이 경우는 'NP으로'가 '동일 지정'의 상태를 나타낸다. (17가)는 부가어의 예이고, (17나)는 보어의 예이다.

(16) 가. 경애가 밥을 죽으로 만들었다.
　　 나. *경애가 밥을 만들었다. (<-- (16가))
(17) 가. 진이는 우리 앞에 아니꼬운 꼴로 나타났다.
　　 나. 찬수는 영자를 바보로 간주했다.

이렇게, 'NP으로'성분은 부가어로만 쓰이는 도구/방편의 'NP으로'와, 부가어 및 보어로 사용되는 재료의 'NP으로', 보어로만 쓰이는 목표의 'NP으

---

53) 이 '-으로'의 허가와 관련하여 어휘통사구조를 설정하는 것이 정당화된다고 할 수 있다. 즉, '-으로' 구조 처소교차 구문에 나타나는 '-으로'는 동사의 어휘통사구조 'x〈 y, z^PAT 〉'에 'PAT'로 표시되어 있으므로 이것이 통사구조에서 나타나는 것이다.

로', 그리고 '결과', '동일 지정' 등으로 구별되어야 한다.

이제까지 처소교차 구문의 필수적 성분 'NP으로'를 처리해 주었던 것과 똑같은 맥락에서, '-에'의 의미에 대해 적절히 허가해 주는 절차가 필요하다. 그러므로 다음과 같이 'NP에'를 위한 의미해석 규칙을 설정해 주기로 한다.

(18) 처소의 부가어 'NP에/에게'를 위한 의미해석 규칙
V가 〔...BE(..., 〔 (A) 〕)...〕에 대응되고, 'NP에/에게'가 '〔 B 〕'에 대응되면, 〔...〔...〔NP에/에게〕$_{PP}$...V〕〕$_S$는 다음 의미구조에 대응된다.
〔...BE(..., $\begin{bmatrix} (A) \\ B \end{bmatrix}$)...〕
단, '$\begin{bmatrix} (A) \\ B \end{bmatrix}$'는 암시 논항 〔 〕 또는 〔 A 〕와 〔 B 〕의 융합.

여기서 'NP에/에게'로 표현한 것은 처소 표현의 조사로서 '-에'뿐만 아니라 '-에게'가 존재함을 드러내기 위한 것이다. '〔(A)〕'는 '〔A〕'이거나, 또는 암시 논항으로 '〔 〕'가 나타나는 경우를 결합한 것이다.

앞에서 우리가 지속적으로 유지해 온 관점은 처소교차 구문에 나타나는 'NP으로', 'NP에'의 형식이 필수적 성분, 즉 보어라는 것이었다. 그러나 각각 (9)와 (18)의 규칙을 적용받으므로 부가어라고 할 수도 있다. 이것을 필수적 부가어라 부를 수 있다.

'보어'와 '부가어'의 개념은 스스로 문제성을 내포하고 있었다고 생각된다. 특히 전통문법적 연구에서는 '보어'의 대립 개념으로 '부사어'라는 용어가 쓰여 왔으나 '부사'의 범주적 개념을 기준으로 특정의 구성성분의 문법적 기능인 '부사어'를 정의하거나 설명하는 것은 논리적으로 잘못이다. 그러므로 통사구조에서의 문법적 기능을 문제삼기 위해서는 보어와 부가어를 서로 대립시켜야 한다. 이것이 의미구조로 대응될 때에는 논항과 함수의 대립이 된다.[54)]

---

54) 이 책에서는 '함수'란 말을 다소 중의적으로 사용한다. 지금과 같은 경우 외에도, 술어논리학에서 함수자(functor)라고 부르는 'CS', 'GO' 등을 '함수'라고 지칭할 것이다. 이들 경우에 굳이 '함수자'란 표현을 쓰지 않는 이유는, 우리가 'GO'를 지칭할 경우에 실질적으로 함수자로서의 'GO'만을 문제삼는다기보다는, 이것이 두 개의 서로 다른 논항을 가지며, 더욱이 이 두 개의

이상의 사례에서는 'NP으로', 'NP에'가 보어이든 부가어이든 상관없이 동일한 의미해석 규칙의 적용을 받을 수 있는 것으로 나타났다. 보어와 부가어의 개념은 성분의 필수성 여부에 좌우된다. 그러나 조사 '-으로', '-에' 자체는 성분의 필수성 여부와 직접적으로 관련되지 않는 것이다. 그러므로 처소교차 구문에서 'NP으로'와 'NP에'는 보어의 성격과 부가어의 성격을 모두 가졌다고 말할 수밖에 없다. '끼얹다'류의 동사가 이루는 처소교차 구문에서 'NP으로'는 필수 성분이고 어휘의미구조에도 명시되므로 구문적 연관에 따라 보어이며, 여타의 동사가 이루는 처소교차 구문에서의 생략 가능한 'NP으로'도 동사의 어휘구조에 필수 성분으로 등재되는 것이므로 정의에 따라 보어이다. 처소교차 구문은 '-으로' 구조가 '전체적 관여'의 의미 특성을 이루는 데에 기여함으로 말미암아 특이하게 세 자리 구조로 인정되지만, 여타 대부분의 구문에서는 'NP으로'가 부가어이다.[55] 동사의 의미 특성에 밀접히 관련되는 'NP으로'는 논항과 대응되므로 보어이지만, 그렇지 않은 것은 독립적인 '함수'로서 부가어가 된다.

논항 x와 y가 어떤 의미적 요건을 갖는다는 것을 의도하기 때문이다.

55) 이동동사 구문에서도 'NP으로'는 보어이다.

제4장 사동사와 피동사

4.0. 도입

이 장은 사동과 피동에 대한 기존 국어문법의 논의를 살펴보면서 국어에서 이들의 문법적 의의가 어떤 것인가를 고찰해 본다. 앞장에서 이미 사동성과 관련한 어휘들의 어휘의미구조 기술의 실례를 보였으므로, 이 장은 보다 구체적인 국어 자료를 토대로 사동법과 피동법의 기술과 그 체계화와 관련한 문제를 살펴 보려고 한다.

사동법과 피동법을 이루는 동사 어휘의 외연을 조사해 보면, 국어문법 연구에서 차지했던 이들에 대한 관심으로 보아서는 의외일 정도로, 이들 동사의 수가 국어 동사들 전체 중에 차지하는 수효가 그리 대단한 것이 못된다는 사실에 자못 놀라게 된다.[1] 필자가 신기철·신용철 사전(1985)의 표제어를 중심으로 하여 조사한 바에 의하면 접미사계 사동사와 접미사계 피동사의 총수는 674개였다.[2] 이 수치는 '보이다/보이다'처럼 피동/사동이 형태상 동일한 경우 둘로 계산된 것이고, '(소리가)들리다/(물건이)들리다/(물건을)들리다/(망령)들리다'와 같은 경우도 넷으로 계산된 것이다. 이렇게 동음이의어의 가능성을 충분히 인정해 주어도 사동사와 피동사의 총수가 700개를 넘기 어렵다는 사실은 사동법과 피동법의 성격에 대해서 시사하는 바가 크다.

---

1) 이 점은 이미 홍재성님이 구두로 여러 차례 지적한 바 있다. 홍재성님은 국어에서 피사동사를 합하여도 그 수는 500개를 넘지 못한다고 하였다. (1991년 한국언어학회 여름연구회 사전편찬학 특강)

2) 연세대학교 사전편찬실에서 신기철·신용철 사전의 표제어와 문법 정보를 전산기의 자료밑천(database)으로 만든 자료를 이용한 것이다. 다음에 보이는 〈표1〉의 수치는 앞으로 좀더 엄밀한 관점에서 고려되어 〈표2〉와 〈표3〉으로 수정될 것이다. '관용어'는 이 사전에서 동사 아닌 요소가 '(이/를)'과 함께 병기된 표제어들을 대상으로 산정한 것이다.

〈표1〉	비관용어	관용어	합계
사동사 :	282개	137개	419개
피동사 :	192개	63개	255개
합계 :	474개	200개	674개

문법적인 사실의 일반화나 규칙화가 원칙적으로 어떤 언어 현상의 실현 빈도나 어휘항목의 수에 의하여 좌우되지는 않는다고 할 수도 있겠지만, 이들의 수가 국어 동사 어휘 전체[3]에서 1%도 안된다는 사실은 이들을, 그리고 꼭 이들만을 대상으로 작동하는 규칙이나 원리의 존재에 대해 애초부터 회의를 품게 만들기에 족하다. 이러한 회의의 일단은 이미 앞 장에서도 일부 피동 현상과 관련하여 표명된 바 있다. 그러나 피동화의 어휘적 성격을 받아들인다면 그 한도 안에서 피동사들이 공통적으로 참여하는 일반적인 문법적 과정을 발견할 수 있다. 이 연구는 그것을 위하여 구체적인 동사의 어휘구조를 가능한 한 충실히 형식화하고 기술하는 데에 중점을 둔다.

이 장에서 논의하고자 하는 문제와 결론은 다음과 같이 정리된다. 과연 피동법이 특정의 문법적 규칙이나 과정으로 존재하는 것인가? 국어의 피동사들은 능격 동사들 중의 일부분으로서 능격 동사들이 이루어내는 일반적인 구조와 메카니즘을 공유하고 있으며, 따라서 부분적인 생산성을 보이는 형태론적 규칙의 수준에서는 능동사와 피동사의 연관을 규칙화할 수 있다. 사동법에 대해서도 마찬가지이다. 사동접미사들이 행하는 작용은 형태론적 파생의 수준의 것이지만, 새로운 외부논항을 도입한다는 통사론적 결과를 내포하고 있고 그

---

3) 역시 신기철·신용철 사전(1985)에 등재된 동사(동사와 형용사)의 총수는 관용어로 들려 있는 것들('이골이 나다', '성미를 부리다' 등)까지 합산하여 65,608개에 달한다. 이 수치는 비관용어 61,925개와 관용어 3,683개가 합산된 것인데, 여기서 관용어의 검색 방법은 '(이)'/'(가)'/'(을)'/'(를)'을 표제어에 포함하는 것으로 한정했기 때문에 기타의 관용어 표제어를 포용하지 못한 문제가 있다. 이 수치를 이루는 세부적인 내용은 다음과 같다.

(1) 비관용어 중에서 :
- '하'계 동사/형용사 : 43,009개
- '되'계 동사/형용사 : 3,508개
- '하'계도 아니고 '되'계도 아닌 동사/형용사 : 15,408개

(2) 관용어 : 3,683개

러한 점에서 통사론적 과정에 기여한다. 단, 이 점에 관한 정보는 어휘의미구조의 논항과 어휘통사구조의 형식에 의하여 포착된다. 피동법과 사동법의 관련성에 대해서 말한다면, 양자가 외부논항의 억압과 새로운 도입이라고 하는 점에서 외부논항의 유무가 문제될 뿐, 동일한 통사적 구조가 둘 사이에 개재하는 것은 아니라고 보는 것이 온당할 것이다.

이 장에서도 앞 장에서와 마찬가지로 동사의 분류와 조직화에 있어서 '능격성'이 행하는 역할의 중요성에 주목한다. 이 능격성은 피동사나 사동사들을 내부적으로 나누는 데에 매개적인 개념이 된다. 그리고 능격성과 함께 피동문과 사동문을 구성하는 의미적 특질로서 재귀성과 기동성의 특질을 고려할 것이다. 또, 의미적 특질로서의 사동성은 형태론적 사동사들에만 한하는 것은 아니라는 점이 강조된다. 이러한 특질들이 어휘의미구조에서 어휘개별적으로 이합집산함으로써 피동사, 또는 사동사 등의 자연군(natural class)을 형성하게 된다.[4)]

4.1. 사동사와 사동문의 유형

사동사들에 의한 문장들이 통사적으로 한 무리의 자연군을 이룬다는 것은 그 사동사들이 형식적인 면에서 사동접미사를 갖는다는 것과 의미적인 면에서 사동성을 갖는다는 사실의 결합에서 의의가 있다.[5)] 형태론적으로는 사동접미사를 갖지 않더라도 의미상의 사동성을 갖는 동사가 광범위하게 존재하므로,

---

4) 피동사는 능격성과 아울러 피동 접미사의 존재를 공통 특질로 하는 자연군이라 할 수 있고, 사동사는 어휘의미구조에서 'CS'를 포함한다는 것과 함께 사동 접미사를 갖는 특질을 공유하는 자연군이라고 할 수 있다.

5) 국어문법 연구에서 보통 사동문의 연구에 포함시켜 온 문장들에는 '이, 히, 리, 기, 우, 구, 추, 애(없애다)'의 사동 접미사에 의한 짧은 사동문과 아울러, '시키'에 의한 사동문, 그리고 긴 사동문 즉 보조동사 '게 하다'에 의하여 사동의 의미를 표현하는 구문도 있으나, 이 장에서는 주로 첫번째 경우만을 다루기로 한다. '시키'에 의한 사동형은 이 연구에서 제외하기로 하였으나, 역시 어휘적인 사동사의 부류에 속하는 것으로 본다. '게 하다'에 의한 구문은 제6장에서 통제구문과 관련하여 고찰하기로 한다.

사동접미사의 부착 사실은 사동구문의 요건 중 빼놓을 수 없는 특징이다. 과거에 사동 구문과 관련하여 관심을 끌었던 문제 중의 하나는 주동사에 사동접미사가 부착되는 문법적 과정을 통사적인 변형의 기제를 통하여 파악할 수 있겠느냐는 것이다.

사동문을 변형으로써 파악한다는 것은 실지로는 그 내용이 단순치 않다. 이 점과 관련하여 우리는 Harris적인 변형, 즉 공존관계에 있어 공통되는 두 문장들 사이의 연관을 일반화하기 위한 규칙으로서의 변형을 우리의 고려에서 제외하는 것이 좋겠다. 우리가 문제 삼는 변형이란 심층구조 또는 기저구조를 표면구조와 연결하는 기제로서의 Chomsky(1965)적인 변형 규칙을 의미하는 것이다. 여기에는 두 구조 사이의 의미의 동일성이라는 제약이 전제되어 있으므로 좀더 명시성 있는 논의가 가능해진다. 이런 점에서 이정민(1973: 129-147)의 사동문에 대한 기술은 한 전형이 될 것 같다. 이것은 생성의미론적 관점에서 사동문을 분석한 것인데, 여기에서는 접미사에 의한 '짧은 사동문'이 보조동사에 의한 '긴 사동문'과 동일한 기저구조로 설정되어 있다. 이 기저구조는 어휘해체 분석에 따른 추상적 의미 성분들을 포함하고 있는데, 사동 접미사에 대응하는 기저구조의 요소는 'CAUSE'로 설정된다. 이러한 기저구조를 표면구조로 도출하는 데에는 주어 올리기, 서술어 올리기를 비롯한 몇 가지 변형 규칙, 그리고 마지막으로 어휘 삽입 변형 규칙이 필요하다.

사동사를 포함하는 사동문을 추상적인 기저구조로부터 변형을 통하여 도출해 내는 이유는 사동문과 그 대응하는 주동문 사이의 연관을 명시적으로 설명해주기 위해서이다. 또, 이른바 보조동사계 사동문과의 동일성을 받아들인다면 이들에 공통의 기저구조를 설정해 줌으로써 둘의 동질성을 포착해 내는 효과를 얻게 되며, 따라서 이론의 경제성을 이루어 낼 수 있다는 장점이 있다. 그러나 추상적인 기저구조는 그 근거가 박약하고, 접미사계 사동문과 보조동사계 사동문의 동질성의 주장도 액면 그대로의 설득력을 가지지 못한다. 이 점은 이미 앞선 여러 연구에서 누차 다루어졌으므로 다시금 되풀이 논의하는 것은 피하기로 하겠으나, 국어 접미사계 사동사의 외연과 그 통사적 분포를 파악해 가기 위한 관점으로서 강조해 둔다.

앞서의 표에 나타나 있는 사동사의 수치는 사실상 일반적인 사동법의 요건에 엄격히 맞는 것만을 들어 놓은 것은 아니다. 그러므로 좀더 '사동사'다운 사동사들의 목록을 확인하는 일이 선행되어야 할 것 같다.

먼저, 앞서의 통계에서 보인 전체 사동사 어휘중에서, 본디의 주동사 문장과 사동문과의 연관이 의문시되는 예를 골라내기로 한다. 이들은 사실상 형태론적으로도 사동사의 무리에 포함시킬 수 없는 것들이다. '*' 표는 사동사와 대응하는 주동사의 예가 의미상의 대응에 있어서는 물론 형태적으로도 불가능한 경우이며, '?' 표는 형태적으로는 가능하지만 의미상의 연관을 고려할 때 관련 사동문의 대응 주동문으로 인정되기 어려운 경우를 표시한 것이다.[6)]

'이' 계에서:
내려먹이다2(*내려먹다), 돌려다붙이다2(*돌려다붙다), 드러장이다2(*드러장다), 때려죽이다2(*때려죽다), 떠벌이다(*떠벌다), 떠죽이다2(?떠죽다), 맞아들이다2(*맞아들다), 갈라붙이다2(*갈라붙다), 까붙이다(*까붙다), 끄집어들이다2(?끄집어들다), 목을 축이다2(*축다), 충동이다2(*충동다), 우글이다2(?우글다), 우줅이다2(*우줅다), 잡아들이다2(?잡아들다), 잡아죽이다2(*잡아죽다), 재이다2(=재다), 조이다2(?조다), 메다붙이다2(*메다붙다), 메붙이다2(*메붙다), 메어다붙이다2(*메어다붙다), 메어붙이다2(*메어붙다), 멨다붙이다2(*멨다붙다), 몰아들이다2(*몰아들다), 물어들이다2(?물어들다), 발보이다2(*발보다), 비죽이다2(*비죽다), 빨아들이다2(*빨아들다), 새청붙이다2(*새청붙다), 서어브들이다2(*서어브들다), 바람을 쏘이다2(*쏘다), 쓸어들이다2(*쓸어들다), 얽동이다2(*얽동다), 엉거벌이다2(*엉거벌다), 엉벌이다2(*엉벌다), 옥이다2, 벌이다2(*벌다), 붙이다(눈을)2(*눈이/을 붙다), 붙이다(따리를)2(*따리가/를 붙다), 붙이다(말을)2(*말이 붙었다), 붙이다(명맥을)2(*명맥이 붙다), 붙이다(발을)2(*발이 붙다), 붙이다(살손을)2(*살손이 붙다), 붙이다(생청을)2(*생청이 붙다), 붙이다(손을)2(*손이붙다), 붙이다(쌍을)2(*쌍이 붙다), 붙이다(얼빰)2(*얼빰 붙다), 붙이다(이간을)2(*이간이 붙다), 붙어다(입맛을)2(?입맛이 붙다), 붙이다(접을)2(?접이 붙다) 들이다(눈독을)2(*눈독이 들다), 들이다(땀을)2(*땀이 들다), 들이다(뜸을)(?뜸이들다), 들이다(맛을)2(?맛이 들다), 들이다(양자를)2(*양자가/를 들다),

---

6) 이 역시 연세대학교 사전편찬실에서 자료밑천(database)으로 만든 신기철·신용철 사전(1985)의 표제어를 이용한 것이다. '1'은 피동사, '2'는 사동사를 표시하며, '12'는 동일한 형태로 피동사와 사동사의 용법을 다 가진 경우를 참고로 표시한 것이다.

들이다(장가를)2(장가를/*가 들다), 움직이다2(*움직다), 기울이다2(?노력을/이 기울다), 죽이다(숨을)2(?숨이 죽다), 선보이다2(?선보다), 끓이다(심화를)2(?심화가 끓다), 먹이다(기민을)2(?기민을 먹다), 먹이다(살을)2(?살이/을 먹다), 먹이다(성화를)2(*성화가/를 먹다), 먹이다(재갈을)2(*재갈을/이 먹다), 곁들이다2(?곁들다), 속이다(눈을)2(*눈이/을 속다), 숙이다(머리를)2(머리?가/*를 숙다), 녹이다(간을)2, 끌어들이다2(*끌어들다), 밀어붙이다2(*밀어붙다), 달이다2(?달다), 몰아붙이다2(*몰아붙다), 불러들이다2(*불러들다), 조이다(매를)2 (*매를/가 조다), 조이다2(조다), 졸이다(간을)2(*간이/을 졸다), 붙이다(끈을)2(?끈이 붙다), 붙이다2(마음을)(?마음이 붙다), 깃들이다2(?깃들다)7)

'히'계에서
누잦히다2(*누잦다), 더럽히다(몸을)12(?몸이 더럽다), 뚫어맞히다2(*뚫어맞다), 맑히다(뒤를)2(?뒤가 맑다), 밀어젖히다2(*밀어젖다), 알아맞히다2(*알아맞다), 잡히다(전당을)2(*전당을/이 잡다), 젖히다2(?젖다)

'리'계에서
내돌리다2(?내돌다), 내발리다2(*내발다), 눈독올리다2(?눈독오르다), 뒤굴리다2(*뒤구르다), 드날리다2(*드날다), 들날리다2(*들날다), 들놀리다2(*들놀다), 떠벌리다2(*떠벌다), 뜯어말리다2(*뜯어말다), 뜯어벌리다2(*뜯어벌다), 까발리다2(*까발다), 까올리다2(*까오르다), 까자발리다2(*까자바르다), 까짜올리다2(*까짜오르다), 깝살리다2(*깝사르다), 꾸부리다2(?꾸불다), 끄실리다2(*끄실다), 끄어올리다2(*끄어오르다), 끄집어올리다2(*끄집어오르다), 자아올리다2(*자아오르다), 잔올리다2(?잔오르다), 올리다(잔을)2(?잔이 오르다), 안올리다2(*안오르다), 엇놀리다2(*엇놀다), 달리다2(*닫다), 돌리다(눈을)2(?눈이 돌다), 돌리다(등을)2(?등이돌다), 돌리다(마음을)2(?마음이 돌다), 돌리다(숨을)2(?숨이 돌다), 불리다(신래를)2(*신래를 부르다), 벌리다(뒷손을)2(*벌다), 벌리다(아가리를)2(*벌다), 벌리다12(?벌다), 벌리다2(?벌다), 빼돌리다2(*빼돌다), 따돌리다2(*따돌다), 구부리다2(*구불다), 물리다(깡을)2(*깡을 물다), 빌리다2(?빌다), 끌어올리다2(?끌어오르다), 놀리다(수족을)2(*수족을 놀다), 놀리다(입을)2(*입을 놀다), 놀리다(입정을)2(?입정을 놀다), 놀리다2(?놀다), 달리다2(?닫다), 꼭두놀리다28)

---

7) '깃들이다'는 대응하는 '깃들다'형이 있으나 사동형이라고 볼 수 없다. 신기철·신용철 사전(1985)에 들려 있는 다음 예문이 이 점을 말해 준다.
건전한 정신은 건강한 신체에 깃들인다.

8) '꼭두놀리다'는 '꼭두놀다'라는 대응 자동사가 있지만 역시 자동사이다. 이 점에서 '깃들이다'와 같다.

'기' 계에서
내맡기다2(*내맡다), 되넘기다2(?되넘다), 밀맡기다2(*밀맡다), 받아넘기다2(*받아넘다), 속여넘기다2(*속여넘다), 엇기다2(*엇다), 옮기다(말을)2(?말을/이 옮다), 넘기다(바통을)2(*바통을/이 넘다), 넘기다(손을)2 (? 손이/을 넘다), 넘기다(숨을)2(?숨이/을 넘다), 안기다(물벼락을)2(?물벼락을 안다), 벗기다(등가죽을)2(?등가죽을 벗다), 벗기다(생가죽을)2(?생가죽을 벗다), 튀기다(물똥을)2(?물똥이 튀다), 튀기다(손톱물을)2(?손톱물이 튀다), 튀기다(수판알을)2(?수판알이 튀다)

'우/구/추' 그밖
가리우다2(?=가리다), 갖추다2(?갖다), 낚우다2(?=낚다), 내띄우다2(*내뜨다), 내세우다2(*내서다), 다까세우다2(?다까서다), 닦아세우다2(?닦아서다), 때우다(수를)(*수를 때다), 돋우다(목청을)2(?목청이/을 돋다), 돌려세우다2(*돌려서다), 돌려씌우다2(?돌려쓰다), 되세우다2(*되서다)드리우다2(?드리다), 들추다2(?=들다의 강세), 때려치우다2(?=때려치다)때우다(액을)2(*액을 때다), 때우다2(*때다), 떨구다2(?떨다), 몰아세우다2(*몰아서다), 묶어세우다2(*묶어서다), 배우다2(?=배다), 북돋우다2(?=북돋다), 사로채우다2(*사로차다), 상우다(속을)2(?상하다), 새우다(날밤을)2(?=날밤을 새다), 새우다(밤을)(?=밤을 새다), 새우다2(?=새다)세우다(날을)2, 세우다(뜻을)2(?뜻이 서다), 세우다(앞장을)2(앞장을 서다), 세우다(양자를)2(?양자가/를 서다), 세우다(억지를)2(억지가 서다)순대채우다2(?순대차다), 씌우다(다미를)2(*다미를 쓰다), 씌우다(안다미를)(*안다미를 쓰다), 씌우다(안담이)2(*안담이쓰다), 에우다2(?에다)여투다2(?열다), 외우다2(?=외다), 일깨우다2(?=일깨다), 재우다(밤을)2(?밤을 자다), 채우다(수를)2(?수가 차다), 태우다(간을)2(?간이 타다),피우다(가살을)2(?=가살을 피다), 피우다(간교를)2(?=간교를 피다), 피우다(기세를)2(?=기세를 피다), 피우다(기승을)2(?=피다), 피우다(꾀를)2(?=피다), 피우다(난봉을)2(?=피다), 피우다(냄새를)2(?=피다), 피우다(맛을)2(?=피다), 피우다(맞담배를)2(?=피다), 피우다(몽을)2(?=피다), 피우다(바람을)2(?=피다), 피우다(수선을)2(?=피다), 피우다(심술을)2(?=피다), 피우다(아양을)2(?=피다), 피우다(암상을)2(?=피다) 피우다(앙살을)2(?=피다), 피우다(야살을)2(?=피다), 피우다(야지랑을)2(?=피다), 피우다(얌심을)2(?=피다), 피우다(얌전을)2(?=피다), 피우다(어리광을)2(?=피다), 피우다(오망을)2(?=피다), 피우다(옴을)2(?=피다), 피우다(요변을)2(?=피다), 피우다(요사를)2(?=피다), 피우다(이지렁을)2(?=피다), 피우다(재주를)2(?=피다), 피우다(점잔을)2(?=피다), 피우다2(?=피다), 해치우다2(?=해치다), 돋구다2(?돋다), 치우다2(?치다), 비추다(?비치다)

그러므로, 앞서 수치로 제시한, 관용어를 포함한 419개의 사동사 어휘 중에서 대응되는 주동형을 갖는 것은 다음과 같은 193개의 동사들이다.

'이'계 :
누이다2, 누이다2, 눅이다2, 닦이다12, 드높이다2, 가로누이다2,깊이다2, 깎이다12 ,꺼들이다2, 끄어들이다2, 추이다2, 핥이다12, 욱이다2, 박이다12, 비뚤이다2, 삐뚤이다2, 삭이다2, 썩이다(머리를)2, 썩이다(속을)2, 썩이다2, 쏘이다12, 야코죽이다2, 어녹이다2, 보이다(발을)2, 보이다(상을)2, 보이다12, 붙이다2, 붙이다(레테르를)2, 줄이다2, 들이다(물을)2, 들이다(장가를)2, 들이다2, 높이다2, 기울이다2, 죽이다2, 덧붙이다2, 끓이다(속을)2, 끓이다2, 먹이다(기름을)2, 먹이다(떡국을)2, 먹이다(애를)2, 먹이다2, 속이다2, 숙이다2, 녹이다2, 사들이다2, 물들이다2, 길들이다2, 늘이다2, 졸이다(마음을)2, 졸이다2

〈이상 51개〉

'히'계 :
녹히다2, 눅히다2, 늙히다2, 다랍히다2, 맑히다2, 입히다12, 잦히다2, 잦히다2, 접히다12, 묵히다2, 묽히다2, 삭히다2, 썩히다2, 얇히다2, 업히다12, 밝히다2, 잡히다12, 굳히다2, 굽히다(머리를)2, 묻히다2, 익히다2, 익히다2, 넓히다2, 괴롭히다2, 굽히다12, 좁히다2, 읽히다12, 앉히다2, 앉히다2, 붉히다(낯을)2, 붉히다2, 부딪히다2, 식히다2, 눕히다12, 얹히다(머리를)2, 가라앉히다2, 맞히다12, 맞히다2

〈이상 38개〉

'리'계 :
둥글리다2, 곯리다(단배를)2, 곯리다2, 까불리다12, 꿇리다12, 흘리다(땀을)2, 흘리다2, 몽글리다2, 발리다12, 발리다12, 빨리다12, 쓸리다12, 쓸리다12, 아물리다2, 암글리다2, 얼리다2, 엇돌리다2, 올리다(기염을)2, 올리다(물고를)2, 올리다(비명을)2, 올리다(소지를)2, 올리다(손독을)2, 올리다(옻을)2, 올리다2, 걸리다2, 늘리다2, 들리다12, 살리다2, 돌리다2, 날리다12, 울리다12, 불리다12, 불리다2, 알리다2, 말리다(씨를)2, 말리다12, 말리다2, 말리다2, 실리다12 갈리다12, 물리다12, 물리다12, 떨리다12, 놀리다2, 굴리다2, 되살리다2, 끌리다12, 물리다(전지를)1

〈이상 48개〉

'기'계 :
맡기다2, 굶기다2, 웃기다2, 빗기다2, 신기다12, 심기다12, 씻기다(입을)2, 얼넘기다2(얼넘어가다는 가능), 옮기다12, 옮기다2, 남기다2, 넘기다2, 안기다2,

안기다12, 숨기다2, 감기다12, 감기다12, 튀기다12 〈이상 18개〉

'우' 또는 '이우', '구', '추'계 :
곤두세우다2, 깨우다2, 끼우다2, 낮추다2, 늘우다2, 늦추다2, 달우다2, 돋우다2, 되씌우다2, 뒤세우다2, 띄우다2, 맞추다2, 메우다2, 비우다2, 세우다2, 살찌우다2, 씌우다2, 안태우다2, 앞세우다2, 일우다2, 잠재우다2, 재우다2, 재우다(잠을)2, 지우다2, 채우다(샅바를)2, 채우다2, 키우다2, 태우다(목말을)2, 태우다(비행기를)2, 태우다(속을)2, 태우다(애를)2, 태우다2, 틔우다(싹을)2, 들추어내다2, 내다(〈-나다), 대다(〈-닿다), 일으키다(〈-일어나다만 가능), 이루다 〈이상 38개〉

따라서, 앞서의 〈표1〉의 사동사 부분은 다음과 같이 수정되어야 한다.

〈표2〉	비관용어	관용어	계
사동사 :	160	33	193

이들이 가지는 의의는 무엇인가? 원칙적으로 통사적인 변형의 설정 동기는 기저구조상으로 주동문과 사동문이 공통된 부분을 갖고, 한편으로는 주동문, 다른 한편으로는 사동문이 도출됨으로써 둘 사이의 연관이 형식적으로 포착된다는 데에 있다. 걸러내어진 226(419-193)개의 사동사들은 의미상으로 사동성을 갖지만, 이들에 대응하는 표면구조상의 주동문은 불가능하므로 원래의 변형의 동기는 그만큼 그 의의를 잃게 된다. 결국 남아 있는 193개에 대한 의의가 남게 되나 이것이 일반성 있는 규칙으로서의 변형을 정당화하기는 어렵다.

다음에서, 이상 193개의 접미사계 사동사들을 대상으로 이들이 실현할 수 있는 통사적 형식들을 일차적인 기준으로 하여 분류해 보기로 한다. 분류된 각각에 대해서 더 따져 보면 이들조차도 항상 주동사와 사동사의 대응이 보장된 것은 아니라는 사실을 알게 된다. 즉 대응하는 주동사문이 가능하기는 하지만 그 쓰임의 범위가 매우 다른 경우들이 흔하다는 것이다. 이러한 검토가 갖는 귀결은 이미 명백하다. 이들을 어휘론적인 차원에서 기술해 주어야 하리라는 것이다.

사동사들이 실현할 수 있는 통사적 형식들은 다음과 같이 예시된다. (1)은 자동사로부터 파생된 사동사의 문장들이며, 이것도 다시 (1가)는 보통의 자동사로부터, (1나)는 형용사로부터 파생된 사동형을 포함한 문장형식을 보인 것이다. (2)와 (3)은 두 자리의 타동사로부터 파생된 사동사의 문장들이다.

(1) 가.아이가 팽이를 돌린다.
    나.사람들이 길을 넓혔다.
(2) 가.어머니가 아이에게 젖을 먹인다.
    나.어머니가 아이를 침대에 눕혔다.
(3) 어머니가 아이를 젖을 먹인다.

이들 각각이 표현하는 문장 형식을 임시로 다음과 같이 나타내기로 한다. (1가,나)의 문장형식은 (4)로, 그리고 (2가,나)와 (3)은 각각 (5가,나)와 (6)의 문장형식으로 표시된다.

(4) 〔NP이 NP를 V〕
(5) 가. 〔NP이 NP에게 NP를 V〕
    나. 〔NP이 NP에 NP를 V〕
    다. 〔NP이 NP를 NP으로 V〕
(6) 〔NP이 NP를 NP를 V〕

먼저, 〔NP이 NP를 V〕의 문장형식을 갖는 사동사 : 이들은 보통의 자동사로부터 파생된 사동사와 형용사로부터 파생된 사동사의 둘로 더 나뉘어질 수 있다. 전자를 '돌리다'류, 후자를 '넓히다'류라 부르자. 그 예는 다음과 같다.

(7) '돌리다'류:
    돌리다, 누이다, 눅이다, 꺼들이다, 끄어들이다, 욱이다, 박이다, 삭이다, 썩이다(머리를), 썩이다, 야코죽이다, 어녹이다, 보이다(발을), 보이다(상을), 붙이다(레테르를), 줄이다, 들이다, 죽이다, 끓이다(속을), 끓이다, 속이다, 숙이다, 녹이다, 사들이다, 물들이다, 길들이다, 늘이다, 졸이다(마음을), 졸이다, 녹히다, 눅히다, 잦히다, 묵히다, 삭히다, 썩히다, 익히다, 익히다, 굽히다, 식히다, 곯리다, 골리다(단배를), 까불리다, 흘리다(땀을), 몽글리다,

아물리다, 암글리다, 얼리다, 엇돌리다, 올리다, 올리다(비명을), 올리다(기염을), 올리다(소지를), 올리다(손독을), 걸리다, 늘리다, 살리다, 날리다, 울리다, 물리다, 말리다(씨를), 말리다, 말리다, 놀리다, 굴리다, 되살리다, 굶기다, 웃기다, 빗기다, 씻기다(입을), 얼넘기다, 남기다, 넘기다, 감기다, 곤두세우다, 깨우다, 숨기다, 늘우다, 늘이다, 달우다(=달구다), 되씌우다, 뒤세우다, 태우다(속을), 태우다(애를), 틔우다(싹을), 들추어내다[9], 내다

'얼넘기다'와 같은 동사는 대응형으로 '얼넘어가다'는 가능하나 '얼넘다'는 불가능하다. 또, "아이가 손독을 올렸다"의 경우는 "아이가 손독이 올랐다"가 가능하나 둘 사이를 사동과 주동의 대응으로만 보기 어려운 면이 있다. 여기에는 동사의 어휘적 특질로서 재귀성이 문제되는 것 같다. 재귀성과의 관련은 4.2.절에서 따로 논의한다.

(8) '넓히다'류:
드높이다, 깊이다, 비뚤다, 삐뚤다, 높이다, 늙히다, 다랍히다, 맑히다, 묽히다, 얇히다, 굳히다, 넓히다, 괴롭히다, 좁히다, 붉히다(낯을), 붉히다, 맞히다, 낮추다, 맞추다, 메우다, 비우다, 세우다, 살찌우다, 안태우다, 앞세우다, 일우다, 잠재우다, 재우다, 채우다, 키우다,

다음으로 살펴볼 것은 〔NP이 NP에게 NP를 V〕의 문장형식에 참여하는 사동사들이다. 이에는 다음 동사들이 있다.

(9) 닦이다, 깎이다, 추이다, 핥이다, 박이다[10], 쏘이다, 보이다, 접히다, 먹이다(떡국을), 먹이다, 입히다, 업히다, 잡히다, 읽히다, 발리다, 발리다, 빨리다, 쓸리다, 들리다, 불리다, 알리다, 갈리다, 물리다, 물리다, 딸리다, 끌리다, 물리다(전지를), 맡기다, 신기다, 심기다, 옮기다, 남기다, 넘기다, 안기다, 안기다, 감기다, 되씌우다, 맞추다, 씌우다, 지우다, 채우다(샅바를), 태우다(목말을)

---

9) '들추어내다'에 대한 대응 주동형으로 신기철·신용철 사전(1985)에 '들처나다'가 실려 있다.
10) '박이다'의 예로는 신기철·신용철사전(1985)에 들려 있는 "미술가에게 풍경 사진을 박인다."가 있다.

'안기다'의 경우를 보면 의미가 구체성을 띤 경우에는 대응 주동문이 가능한 듯도 하나, 추상적이거나 비유적인 의미로 쓰이는 경우에는 그것이 불가능하다.

(10) 가. 아이가 어머니에게 선물을 안겼다.
-->어머니가 선물을 안았다.
(11) 나. 아이가 어머니에게 합격의 영광을 안겼다.
-->*어머니가 합격의 영광을 안았다.

〔NP이 NP에 NP를 V〕의 문장형식을 갖는 사동사 : 이것은 앞의 문장형식과 격조사 '에/에게'에서만 다르므로 동일한 구조로 볼 가능성도 있지만, 당분간 따로 설정해 놓는다. 예컨대 '눕히다' 같은 동사는 'NP에게'성분을 취할 수 없는 것을 보면 이 격조사의 차이를 오로지 선행 명사의 유/무정성만 가지고 결정해 줄 수만은 없을 듯하다. 이 경우, 동사의 어휘의미구조에 기재되는 무정성의 특질이 'NP에게'를 거부한다고 한다면, 결국 격조사의 선택이 동사의 의미적 특질과 뗄 수 없는 관련을 갖는다고 할 수 있을 것이다.

(12) 누이다, 가로누이다, 붙이다, 붙이다(레테르를), 들이다(물을), 들이다(장가를), 기울이다, 덧붙이다, 먹이다(기름을), 입히다, 밝히다, 묻히다, 앉히다, 눕히다, 얹히다(머리를), 가라앉히다, 맞히다, 둥글리다, 끓리다, 흘리다, 올리다(물고를), 올리다(옻을), 올리다, 실리다, 숨기다, 튀기다, 끼우다, 띄우다, 맞추다, 씌우다, 재우다, 지우다, 채우다(살바를), 채우다, 태우다, 대다

다음으로 〔NP이 NP를 NP으로 V〕의 문장형식을 갖는 사동사 : 여기에 드는 동사의 예는 그리 많지 않다.

(13) 들이다(장가를), 높이다, 물들이다, 밝히다, 올리다, 날리다, 옮기다, 넘기다, 튀기다, 띄우다, 채우다, 굴리다

〔NP이 NP를 NP를 V〕의 문장형식을 갖는 사동사 : 이러한 이른바 '이중목적어 구문'도 동사의 어휘적 특질에 의하여 결정되는 것으로 보아, 다음과

같은 어휘들을 가려낼 수 있다.

(14) 추이다, 썩이다(속을), 줄이다, 들이다(물을), 들이다(장가를), 먹이다(애를), 곯리다, 쓸리다, 걸리다, 빗기다, 씻기다(입을), 감기다, 재우다(잠을), 태우다(목말을), 태우다(비행기를), 태우다(속을), 틔우다(싹을)

'비행기를 태우다'와 같은 관용어 어휘의 경우 'NP에게'성분은 불가능하고 (15나)처럼 '이중목적어 구문'만이 적격성을 얻는다.

(15) 가. *그가 나에게 비행기를 태웠다.
나. 그가 나를 비행기를 태웠다.

이밖에 '말다'로부터 파생된 사동형으로 볼 수 있는 '말리다'는 특이하게 〔NP이 NP에게 S게/도록 V〕의 문장형식을 갖는다.[11)]

(16) 선교사가 사람들에게 투전을 못하게/도록 말렸다.

사동사들이 어휘적 성격을 갖는다는 것은 한 동사 형태가 여러 가지 문장 형식에 실현된다는 데에서도 알 수 있다. 일례로, 위에서 '먹이다'는 네 가지의 문장형식에 참여하는 것으로 나타나는데, 이는 '먹이다'에만 한하는 것은 아니다.

(17) 가. 저분은 소를 먹인다.
나. *저분은 아이를 먹인다.
(18) 찬수는 걸레에 기름을 먹인다.
(19) 어머니가 아이에게 젖을 먹인다.
(20) 어머니가 아이를 젖을 먹인다.

접미사계 사동문을 변형적인 절차를 통해서 설명하는 것은 이론의 경제성으로 볼 때 이득되는 바가 없는 것으로 보인다. 변형으로 처리할 경우 어휘개별적인 제약을 너무 많이 주게 되어 통사적 과정으로서의 변형 규칙이 지녀야

11) 이것은 제6장에서 논의하는 '통제 구문'의 한 예가 된다.

할 일반성을 확보해 주기 어렵게 된다. 어휘부의 존재를 생각하지 않는 문법은 어휘들의 개별적인 속성을 충실히 고려해 주기 어려우므로 근본적인 문제성을 지닌다고 할 수 있다. 193개의 사동사들로부터 찾을 수 있는 규칙성이란 어휘부 내에서 포착되는 것이란 사실을 더 논의 없이 받아들이기로 하고, 다음에서는 이들 어휘가 갖는 어휘적 의미에 촛점을 맞추어 관찰해 보기로 한다.

4.2. 재귀성과 사동사

4.2.1. 사동성과 재귀성

의미적 측면에서 보면, 사동사들은 원칙적으로 '사동성'의 의미 특질에 의하여 무리를 짓게 된다.[12] 그런데 이들은 각 동사 어휘가 가지는 재귀성, 기동성 등의 특질에 따라, 또는 이들의 상호작용의 결과로 하위부류가 나타나게 된다. 다음에 이러한 특질들이 사동문의 형성에서 어떤 작용을 하는지 살펴보기로 한다.

사동구문의 문제에는 동사가 어휘적 특질로서 가지는 재귀성의 문제가 깊이 숨어 있다. 사동 구문과 재귀성과의 관련은 이미 송석중(1967)에서 간파되었다. 송석중(1967)에서 논의된 다음 문장을 살펴 보자.

(1) 군인이 이발사에게 머리를 깎이었다. (188쪽)

송석중님은 (1)의 문장이 피동문으로서의 해석과 사동문으로서의 해석으로, 두 가지의 의미를 가짐을 지적했으며, 이 둘을 서로 다른 기저로부터, 서로 다른 변형 규칙을 통하여 각각 도출해 내었다. 또한 사동사로서의 '깎이다'도 다음과 같은 두 가지 사동문을 이룰 수 있다.

---

12) 물론, 의미적인 '사동성' 특질의 존재와 함께 사동 접미사를 가져야 한다는 형태적 특질이 첨가되어야 한다.

(2) 가. 장교가 이발사에게 군인의 머리를 깎인다.(192쪽)
나. 군인이 이발사에게 머리를 깎인다. (193쪽)

(2가)나 (2나)는 본질적으로 같은 구조의 사동문이다. (2나)와 같은 경우는 '머리' 앞에 관형어 '군인'이 주어와 동일 성분이기 때문에 탈락된 것으로, 영어의 대명사화(pronominalization)에 해당한다고 지적하였다.

그런데 송석중님에 의하면, (3)과 같은 문장들은 보통의 사동문과는 다른 특징을 갖는 것으로, 이를 '회피적 문장(obviative sentence)'이라고 하였다.

(3) 가. 내가 아이에게 신을 신긴다.
나. 어머니가 아이에게 옷을 입힌다.
다.마리아가 아이에게 기저귀를 채운다.
(4) 가.내가 마리아에게 아이를 업힌다.
나.마리아가 요한에게 애기를 안긴다.

(3)은 '회피적 문장'의 예들이다. 사동문의 일반적인 의미는 목적어나 '에게' 선행 명사구가 지시하는 사람에게 어떤 일을 하게 하거나 유발하거나 하도록 돕는 것이라고 할 때, 회피적 문장은 이러한 요건을 충족시키지 못한다. 사동문의 '-에게'선행 명사구는 '행위자'의 의미를 가지나, 회피적 문장에서 '-에게' 선행 명사구는 '낙착점'의 의미를 갖는다. 이러한 견지에서 (4)의 문장들은 구조적 동음이의성(structural homonymy)을 띤다고 한다.

(5)의 문장들을 더 자세히 고찰하여 (5)'의 문장들과 비교하면서, 송석중님은 두 종류의 문장들 사이의 차이가 그 동사의 재귀성의 차이에 의한 것임을 밝혀 낸다.

(5) 가. 누이가 나의 머리를 감긴다.
나. 어머니가 나의 옷을 벗긴다.
다. 요한이 마리아의 손을 씻긴다.
(6) 가. *내가 나의 머리를 감긴다.
나. *누이가 나의 머리를 감는다.
(7) 가. *내가 나의 옷을 벗긴다.
나. *어머니가 나의 옷을 벗는다.

(8) 가. *마리아가 자기의 손을 씻긴다.
나. *요한이 마리아의 손을 씻는다.

그런데 송석중(1967)에서는 아직 사동성과 재귀성의 관계가 아직 명시성을 가지고 표현되어 있지 않다. 그가 회피적 문장과 사동문의 차이를 동사의 재귀성으로 돌리긴 했지만 설명의 기조는 변형 규칙에 의한 것이었고, 그 변형 규칙의 효용은 이 두 구문의 문법적 연관과 차이를 명시해 주는 데에 있었을 뿐, 동사의 재귀성 자체를 반영할 수는 없었으리라 생각된다. 여기서 동사의 어휘구조를 분석할 필요성을 느끼게 된다. 두 구문의 차이와 연관성도 어휘구조의 기술에 의하여 보다 효과적으로 포착될 수 있으리라 본다.

격문법적인 접근 방법에 입각하여 재귀성과 관련된 사동사의 어휘의미구조를 언급한 논문으로 이기동(1975)이 있는데, 이는 우리의 어휘의미구조 분석의 취지와 유사한 하나의 선례가 되어 준다.13)

Shibatani(1973)는 국어의 긴 사동문에서, 사동적 상황에 의하여 변화를 겪는 피동자(patient 곧 causee) 자신도 행위를 하게되는 경우가 있음에 비하여 짧은 사동문에서는 일반적으로 그렇지 않다고 주장함으로써, 이를 양인석(1972)에서의 긴 사동문과 짧은 사동문의 동질성 주장에 대한 반박 논거의 하나로 삼았다.

(9) 가. 그는 아이에게 옷을 입게 하였다.
나. 그는 아이에게 옷을 입혔다.

이기동(1975)에서는 짧은 사동문에서도 피동자가 실지로 특정의 행위를 수행하는 예가 있음을 지적하고, 이 기준에 따른 두 유형의 짧은 사동문에서 각

13) 동사의 재귀성이 어휘 조직 속에서 차지하는 중요성을 간파한 또 하나의 연구 사례로 박양규(1978, 1984)를 들 수 있다. 이는 송석중(1967)의 이른바 회피적 문장과 사동문이 재귀성과 긴밀히 연관됨에 주목하고, 이기동(1975)에서 두 개의 사동사 유형을 가를 때 행위자의 행동의 영향이 자신에게 미치는가 여부를 고려한 것의 발전선상에 놓인다고 하겠다. 박양규님은 이 재귀성을 사동문, 피동문과 관련시켜 고찰함은 물론, 국어에서 '재귀동사'라는 동사의 부류를 새로이 설정하려는 시도를 보이고 있다.

각 나타나는 두 가지 동사 어휘들의 어휘적 관계를 기술해 보이고 있다. 우선 위 (9나)와 같은 첫번째 유형의 사동사로 다음과 같은 것들을 들었다.

(10) 유형1:
벗기다, 신기다, (모자를)씌우다, 지우다, (목도리를)감기다, (대님을)치이다, (가방을)메우다, (손을)씻기다, (머리를)감기다, 빗기다, 굶기다, 맡기다, 먹이다

이러한 사동사를 파생시키는 원래의 '타동사'들은, 행위를 하는 주체와 행위를 받는 대상이 동일하다는 특징을 갖는다. 반대로 위의 사동사들은 행위자와 행위를 받는 사람이 같아서는 안된다. 그래서 타동사 '감다'와 사동사'감기다'는 각각 다음 (11가)와 (11나)의 문장 형식이 불가능하다고 한다.

(11) 가. *나i는 존j의 머리를 감았다.
나. *나i는 나i의 머리를 감겼다.(지표 i, j는 필자)

타동사에서의 동일지시적 관계는 동사 '감다'의 어휘구조에서 의미역과 표면격의 특질을 한 단위로 하여 설정한 성분에 동일지시 지표 '@'를 부여함으로써 포착해 주었다. 또, 파생된 사동사의 어휘구조에서 +@와 -@라는 지표로써 사동사 '감기다'가 갖는 비동일지시적 관계를 포착해 준다. '입다'나 '감다' 같은 타동사의 격틀은 (12가)로 일반화될 수 있는데, 실지로 "*나는 나에게 머리를 감았다." 같은 문장은 나타나지 않으므로 기저의 행위자(agent)와 수여(dative) 의미역이 '병합(incorporation)'되는 과정이 개재하고 따라서 (12나)와 같은 격틀이 생겨난다고 한다.[14] 그리고 이에 대응하는 사동사 '입히다'나 '감기다'의 격틀은 (13)으로 표시된다.

14) 이기동(1975)의 '병합'은 이 책에서 사용되는 용어 '병합'과 동일하지 않다. 우리의 '병합'은 표면격 특질을 명시하지 않으며, 두 개의 격틀을 연결지어 주는 과정으로 간주되지도 않는다.

(12) 가.
$$\begin{bmatrix} +\mathrm{V} & & & \\ + \begin{bmatrix} +\mathrm{NM} \\ +\mathrm{AGT} \\ @ \end{bmatrix} & \begin{bmatrix} +\mathrm{DM} \\ +\mathrm{DAT} \\ @ \end{bmatrix} & \begin{bmatrix} +\mathrm{AC} \\ +\mathrm{OBJ} \end{bmatrix} & \_\_ \end{bmatrix}$$

나.
$$\begin{bmatrix} +\mathrm{V} & & \\ + \begin{bmatrix} +\mathrm{NM} \\ +\mathrm{AGT} = \mathrm{DAT} \end{bmatrix} & \begin{bmatrix} +\mathrm{AC} \\ +\mathrm{OBJ} \end{bmatrix} & \_\_ \end{bmatrix}$$

(13)
$$\begin{bmatrix} +\mathrm{V} & & & \\ + \begin{bmatrix} +\mathrm{NM} \\ +\mathrm{AGT} \\ +@ \end{bmatrix} & \begin{bmatrix} +\mathrm{DM} \\ +\mathrm{DAT} \\ -@ \end{bmatrix} & \begin{bmatrix} +\mathrm{AC} \\ +\mathrm{OBJ} \end{bmatrix} & \_\_ \end{bmatrix}$$

다음으로, 피동자(causee)가 행위를 수행하는 예인 사동사 유형2는 다음과 같은 것들이다.

(14) 유형2:
불리다(blow), (글씨를)씌우다, 들리다, 뜯기다, 읽히다, 갈리다, (실을)감기다, 누이다, 빨리다, 품기다, 딸리다, 보이다, (쌀을)씻기다

이들이 실현되는 문장에서는 사동자(causer)와 피동자(causee) 모두가 '행위자'의 의미역을 갖게 된다고 한다. 그런데, 이는 격문법의 이른바 '일문일격 원리'(의미역 기준의 일부가 됨)를 위배하게 되어 문제를 야기한다. 이에 대해서 이기동님은 '심층격(의미역)'이 원자적 실체가 아니고 의미 원소들로 더 분석될 수 있는 실체임을 강조하고 이러한 판단에 따라 어휘기재항의 격틀(case frame)에 복합적 특질을 부여하고 있다. 사동자는 〔+AGT, +Inst(igator), -perf(ormer)〕로, 피동자(causee)이면서 동시에 행위의 주체가 되는 논항을 위하여는 〔+AGT, -Inst, +perf〕로 표시하고 있다. 이밖에, '씻기다, 감기다' 등의 동사는 중의적이라고 보았다.

(15) 가. 그는 존에게 손을 씻겼다.
나. 그는 존에게 쌀을 씻겼다.

이기동(1975)에서는 이 두 가지 사동사의 유형이 곧바로 재귀성 여부에 의해서 갈라진 것이라고 하지는 않으나, 이들 두 사동사 유형의 구별에는 재귀성이라는 특질이 주요한 매개적 요인으로 작용하고 있음을 관찰할 수 있다.

우선 (10)과 (14)의 동사들을 조사해 보면 이기동님의 기술에는 다소 문제가 드러난다. '대님을 치이다', '(가방을)메우다', '(바람을)불리다', '품기다'와 같은 형태가 가능한지는 논외로 하고,15) 유형1의 동사들 모두에 대한 (12가)나 (12나)와 같은 격틀의 설정이 타당성을 갖는지 의심스럽다. (10)의 '유형1' 동사들에 대해서 몇 가지로 검사해 보자.

먼저, (10)에 대한 주동형인 타동사들은 모두 (11가)와 (11나)의 특징을 보이는가? (11가)의 특징을 검사해 보면, 이 기준에 부합하는 것은 '씻기다, 빗기다, 굶기다'에 국한되고, 오히려 대부분인 나머지 동사들은 다음과 같이 (11가)의 특징에 반대된다.

(16) 가. 나는 잠시 입고 있던 철수의 옷을 벗었다.
나. 나는 철수의 신을 신었다.
다. 나는 철수의 모자를 (머리에) 썼다.
라. 나는 경애의 짐을 대신 (등에) 지었다.
마. 나는 경애의 목도리를 (내 목에) 감았다.
바. 나는 내것을 잃어버려서 잠시 (발에) 아버지의 대님을 치고 거리에 나왔다.
사. 나는 경애의 가방을 (어깨에) 메었다.
아. 나는 철수의 일을 대신 맡았다.
자. 나는 철수의 밥을 먹었다.
차. 나는 아버지의 옷을 입었다.

또한 (10)의 사동사들에 대해서 (11나)와 같은 특징의 유무를 검사해 보면, 이 기준에 부합하는 것은 역시 '씻기다, 빗기다, 굶기다'에 국한될 뿐, 나머지는 다음과 같이 (11나)와 반대되는 특징을 보인다.

15) 이들 어휘는 신기철·신용철 사전(1985)에도 등재되어 있지 않다.

(17) 가. 나는 나의 옷을 철수에게서 벗겼다.
나. 나는 나의 신을 철수에게 신겼다.
다. 나는 나의 모자를 경애에게 씌웠다.
라. 나는 나의 짐을 철수에게 지웠다.
마. 나는 내 목도리를 아기에게 감겼다.
바. 나는 나의 책을 경애에게 맡겼다.
사. 나는 내 밥을 아이에게 먹였다.
아. 나는 나의 옷을 철수에게 입혔다.

그러므로 (11가, 나)의 테스트가 의미를 갖는 것은 정작 두 자리 서술어인 '씻다', '벗다', '굶다'의 경우에 한함을 알 수 있다.

그러면, 이기동(1975)에서의 의도는 '재귀적 성분'을 목적어 이외의 것까지도 포함하고자 하는 것이 아닐까? 그렇다는 가정 하에 재귀적인 성분이 목적어가 아닌 경우로 확대하여 (11가, 나)의 가능성을 검사해 보면, 실지로 대부분의 먼저 (11가)의 테스트에 부합한다. 그러나 여기서도 (18)에서 보는 것처럼 (11가)의 테스트와 반대되는 예는 있다.

(18) 가. 나는 목도리를 철수의 목에 감았다.
나. 나는 철수의 발에 대님을 쳤다.

다음으로, 사동사의 경우 목적어 이외의 재귀성분을 상정하여 (11나)의 테스트에 대한 반응을 살펴보면, (10)에 들었던 모든 동사가 (11나)와 같은 반응을 보여 이 점에서 문제는 삼기는 어렵다. 그러나 (19가)와는 달리 (19나)와 같은 경우 비록 강조된 의미를 보이기는 하지만 이와 같은 표현을 아주 배제할 수는 없을 것이다.

(19) 가. ?*나는 짐을 나의 등에 지웠다.
나. 나는 짐을 나 자신에게 지웠다.

이상의 결과를 놓고 말할 수 있는 것은, 앞서 (11가, 나)와 같은 테스트가 재귀성 여부를 알기 위한 것이지만, 이 테스트는 개개의 동사의 어휘개별적 성격을 일일이 고려한 차원에서 행해질 수밖에 없다는 것이다. 어떤 동사는 목적어에, 어떤 동사는 'NP에'나 'NP에게'에 대해서, 또 어떤 동사는 'NP으로'를 대상으로 검사해야 하는 것이다. 더욱이 'NP에', 'NP에게', 'NP으로'에서 'NP' 자체가 주어와의 동일지시성 여부와 관계되기도 하지만 어느 경우에는 이 'NP'의 하위 성분인 'NP의'에 대해 동일지시성 여부가 관계되기도 한다.

그러면 이러한 결과에 비추어 (12가, 나)의 격틀의 타당성을 검토해 보자. 예를 들어, 다음과 같은 문장의 타동사 '벗다'가 격틀에서 갖게 되는, 행위자 주어와 동일지시되는 'DAT' 성분이란 무엇일까? (12가, 나)의 격틀의 취지를 고려한다면 아마도 '아이' 정도가 될 것이다. 설사 그렇다 하더라도 이것이 '수여'의 의미역 내용을 갖는다고 말하기는 곤란할 것이다.

(20) 가. 나는 옷을 벗었다.
나. 나는 아이에게서 옷을 벗겼다.
다. 나는 아이의 몸에서 옷을 벗겼다.

이를 위하여 '시원(source)' 같은 의미역(심층격)을 설정할 수는 있다. 그렇다면 '먹다'와 같은 경우에는 어떠한가? 이 경우에는 '수여'나 '시원'의 의미역을 설정할 수 없으므로 다음 같은 예를 고려하여 '도구'나 '경로' 같은 것을 생각해 볼 수 있겠다.

(21) 사람은 입으로 밥을 먹는다.

(12)에서처럼 모든 재귀적 성분의 의미역(심층격)을 '수여(DAT)'로 설정할 수 없음은 명백하다. 또, 시원이나 도구/경로 등의 의미역을 설정하더라도, '벗다'의 경우와 필수성분으로 나타나는 'NP에게서'와 '먹다'의 경우 수의적 성분으로 나타나는 경우를 동일한 차원에서 고려하여 격틀을 설정해 줄 수는 없을 것이다. 사실 앞서 대표적인 경우로 든 '감다/감기다'의 경우도 '수여'의 의미역을 설정할 근거는 찾아보기 어렵다. 이상과 같은 사실을 분명히 밝히기 위해서는 어휘개별적인 견지에서 각 동사의 어휘의미를 더 분석하는 일이 요구된다고 하겠다.

그러므로, (12가, 나)의 격틀 자체로는 유형1과 관련되는 타동사와 유형1의 사동사 모두를 포괄하여 설명해 주지 못한다. 이러한 격틀의 특징은 개개의 의미역을 의미역 특질들의 복합으로 보고 있다는 점과, 표면격의 특질을 어휘부의 정보로서의 격틀에 도입하고 있다는 점일 것이다. 우선 표면격의 특질을 어휘구조로서의 격틀에 통합하여 기재하는 것은 '먹다, 감다'와 같은 예에서 그 의미역 내용과 표면격의 형식에 대응이 존재하지 않는다는 문제를 드러낸다. 그리고, 논항과 동사 사이의 의미역 관계를 의미역 특질의 복합으로 표기하는 방식은 제3장에서 지적한 문제를 또한 갖는다.

술어 해체에 의한 어휘의미구조 기술 방식을 위와 같은 재귀성을 포함하는 동사들에 대해서 적용해 보기로 한다. 이상의 예들에 대한 관찰을 통하여 추출할 수 있는 '재귀성'의 어휘의미구조상의 특징은 다음과 같이 정리될 수 있다. 1)'사동성(CS)'의 의미 성분을 갖는다는 것. 2)논항 결속이 포함된다는 것.[16] 이 점은 앞서 (12가, 나)에서 '@'의 표시가 의도하는 동일지시의 특징과 관련된다. 3)그리고 '병합'된 의미 성분을 내포하고 있다는 것이다. 그런데 재귀성의 한 요건을 이루는 논항 결속은 관계의미층의 논항들 사이에 맺어지는 논항 결속에만 한한다고 보아야 한다. 이 점을 드러내기 위하여, 편의상 작용의미층은 표시하지 않는다.

(22) 입다:
〔CS(x, 〔GO(x , 〔TO〔IN/+cntc(〔CLTH〕^{y})〕〕〕)〕)〕[17]
cf.아이가 옷을 입는다.

(23) 벗다:
〔CS(x, 〔GO(x ,〔FROM〔IN/+cntc(〔CLTH〕^{y})〕〕〕)〕)〕
cf.김씨가 외투를 벗었다.

논항 결속의 측면은 한 어휘의미구조에 동일한 논항 변수 x가 둘 이상 나타나

16) 논항 결속의 개념과 보기는 이미 제3장에서 제시했다.
17) 앞 장에서 말한 것과 같은 맥락에서, '〔CLTH〕'는 '〔 〕/+clth'와 같다. 또, '〔 〕^{y}/+clth'는 'y/+clth'와 동일한 내용을 갖는다. 의미특질에 대한 표기상의 약정에 대해서는 〈부록2〉를 참조할 것.

는 것으로써 표시하였으며, '병합'의 측면은 '입다'나 '벗다'나 모두 'CLTH'를 포함하고 있다는 것으로써 표시해 주었다. 따라서 '입다'와 '벗다'는 서로 방향성이 다른 경로(path)의 함수를 포함한다는 점에서만 구별된다.

논항 결속 및 병합의 양상이 좀더 복잡한 경우는 '지다'와 '메다'따위의 동사들이다. 이들을 위하여 '〔등-OF〕'와 '〔어깨-OF〕'를 병합된 의미 성분으로 새로이 도입한다.18)

(24) 지다:
〔CS(x, 〔INCH(BE(y , 〔AT(〔등-OF(x)〕)〕)〕)〕
cf.김씨가 젊었을 때 쌀 한 가마니를 지고 냇물을 건너 뛰었다고 한다.
(25) 메다:
〔CS(x , 〔INCH(BE(y , 〔AT(〔어깨-OF(x)〕)〕)〕)〕
cf.군인들이 엠16을 메었다.

'먹다'나 '마시다' 또는 '굶다'도 재귀성을 가진 것으로 나타나는데, 이는 다음과 같이 형식화해 보면 분명히 드러난다.19)

(26) 먹다:
〔CS(y, 〔GO(〔FOOD〕^{z} ,〔TO(〔IN(〔MOUTH-OF(y)〕)〕)〕)〕)〕
cf.오랜만에 불고기를 먹었네.

---

18) '등'이나 '어깨' 등은 복합 특질로서 '〔BP〕/+back'(또는 〔 〕/+bp,+back)나 '〔BP〕/+shoulder'(또는 〔 〕/+bp,+shoulder)와 같이 표시할 수도 있다. 다음 (26)-(28)에서 'MOUTH-OF'도 마찬가지 방식으로 바꿔 표시할 수 있다. 이러한 것들은 명사의 의미에 대한 표기 방식이 정해짐에 따라 정리되어야 할 문제이다.
'메다', '지다'의 경우 (24), (25)와는 달리 다음과 같은 세 자리 구문도 나타나므로, 이를 위한 어휘의미구조는 달리 기술되어야 한다. (가), (나)에 대한 어휘의미구조로 (다), (라)와 같은 형식이 가능할 것 같다.
가. 경애가 등에 짐을 지었다.
나. 김씨가 어깨에 가방을 메었다.
다. 〔〔AFF(x, y)〕,
〔CS(x, 〔INCH〔BE(y , 〔AT(〔등-OF(〔 x 〕)〕^{z})〕)〕)〕)〕〕
라. 〔〔AFF(x, y)〕 ,
〔CS(x, 〔INCH(BE(y , 〔AT(〔어깨-OF(〔 x 〕)〕^{z})〕)〕)〕)〕〕
19) 여기에서도, '〔FOOD〕^{y}'는 '〔 〕^{y}/+food'나 'y/+food'와 동일한 내용을 갖는다.

(27) 마시다:
〔CS(y, 〔GO(〔LIQD〕^{z}, 〔TO(〔IN(〔MOUTH-OF(y)〕〕)〕)〕)〕
cf.국문과 학생들이 잔디밭에서 술을 마신다.

(28) 굶다:
〔CS(y, 〔NOT〔GO(〔FOOD〕^{z} , 〔TO(〔IN(〔MOUTH-OF(y)〕〕)〕〕)〕)〕
cf.그 소년은 사흘 동안 밥을 굶었다.

재귀성을 갖는 타동사들에 대한 사동화는, 일단 사동접미사가 부착되는 형태론적 파생의 절차를 갖고, 그 효과로는 어휘의미구조에서 새로운 사동성 함수 'CS'를 더 얻게 된다. 일단 '입히다', '벗기다', '지우다', '먹이다', '굶기다'의 어휘의미구조를 보이기로 한다. 역시 관계의미층의 뼈대가 되는 부분만을 표시하겠다.

(29) 입히다:
〔CS(x, 〔CS(y, 〔GO(y , 〔TO〔IN〔CLTH〕^{z}〕〕)〕)〕)〕
cf.어머니가 아이에게 새 옷을 입힌다.

(30) 벗기다:
〔CS(x, 〔CS(y,〔GO(y , 〔FROM〔IN〔CLTH〕^{z}〕〕)〕)〕)〕
cf.어머니가 아이를 옷을 벗겼다.

(31) 지우다:
〔CS(x ,〔CS(y, 〔INCH(BE(z , 〔AT(〔등-OF(y)〕)〕)〕)〕)〕
cf.허생원이 나귀에게 짐을 지우고 길을 간다.

(32) 먹이다:
〔CS(x,〔CS(y,〔GO(〔FOOD〕^{z},
〔TO(〔IN(〔MOUTH-OF(y)〕〕)〕)〕)〕)〕
cf.어머니가 아이에게 대젓가락으로 불고기를 먹이고 있다.

(33) 굶기다:
〔CS(x,〔CS(y,〔NOT〔GO(〔FOOD〕^{z},
〔TO(〔IN(〔MOUTH-OF(y)〕〕)〕〕)〕)〕)〕
cf.김씨는 아이들을 사흘 동안 밥을 굶겼다.

그런데, 이렇게 사동형으로 바뀌었을 때는 재귀성이 사라진다.[20] 재귀성은 항상 주어 논항과 여타 논항의 관련을 전제하는 것이 그 개념적 특징이라고 할 수 있는데, 새로운 논항의 도입으로 인하여 기존의 주어의 주어로서의 지위가 상실되기 때문이다.[21] 그러므로 재귀성의 요건으로서의 논항 결속은 주어 논항과의 결속이어야 한다.[22] 앞에서 거론하였던 '행위자성 피동자(agentive causee)' 유무에 의한 사동사의 구별은 이 점과 관련하여 의미를 갖는 것 같다. 앞서의 유형2 사동사들의 사동화하기 이전 타동사들은 재귀성을 갖지 않는 것 같다. 이들은 재귀성을 발견하려 할 경우 'NP으로'성분을 상정하여야 하는 것이 대부분인 듯하다.

(34) 가. 아이가 입으로 젖을 빤다.
나. 학생이 손으로 글씨를 쓴다.
다. 소녀가 손으로 쌀을 씻는다.

그런데 도구/방편의 'NP으로'성분은 언제나 부가어이기 때문에 동사의 어휘의미구조에는 직접 개입을 않는 것으로 볼 수 있고, 따라서 재귀성의 타동사로부터 파생된 유형1의 사동사와 그렇지 않은 사동사의 구별이 생겨나는 것이 아닌가 한다. 사실 어떤 경우든지 '도구/방편의 NP으로'성분은 해당 문장의 통사적 주어의 힘에 의하여 작용을 받게 된다.[23] 그러므로 위 문장들에서 재귀성을 발견할 수 있다면, 이는 통사적 구조로부터 기원하는 재귀성이요, 동사어휘가 본래 가지는 재귀성이라고 볼 수는 없다.

사동화라고 하는 파생 절차는 원래의 외부논항을 억압하여 내부 논항으로 들이미는 효과가 있다.[24] 재귀성을 갖는 동사가 사동화될 경우에는 이 과정이

---

20) 이 점은 박양규(1978)에서 주장된 바 있다.

21) 그렇다고 사동접미사를 갖는 사동사가 언제나 재귀성을 갖지 않는 것은 아니다. 사동화에 의하여 새로운 주어(외부 논항)가 도입될 때, 접미사가 부착되기 이전의 타동사 어간이 가지고 있던 논항과 새로 도입된 외부 논항이 일치하는 수도 있어, 결국 재귀성이 나타나게 된다.
가. 포장마차가 불을 밝히고 있다.
나. 이 현상은 이와 같은 특징을 보이고 있다.

22) 이 때의 주어 논항은 'CS'함수의 첫째 논항이어야 하므로, 항상 외부 논항이 될 수밖에 없다.

23) 이미 제3장에서 제시된 도구/방편의 'NP으로'성분을 위한 의미해석 규칙에 이 같은 점을 반영하였다.

24) 이와 같은 설명 방법에 대해서는 Williams(1981)를 참조.

온전히 수행되는 데 반해서 재귀동사 아니던 타동사의 사동화는 이러한 과정에서 모종의 특별한 변수를 만나 외부논항의 내부 논항에 대한 통제가 약화된 것이 아닌가 생각해 보는 것도 흥미로울 것 같다. 어쨌든 위에서와 같이 술어 해체 분석을 이용한 어휘의미구조는 앞서 (12), (13)에서와 같은 동일지시 지표나 비동일지시 지표를 따로 필요로 하지 않게 된다. (12)와 같은 동일지시성은 논항 결속의 작용 안에 들어가는 것이며, (13)과 같은 비동일지시성은 서로 다른 x와 y의 논항 변수로 자연스럽게 표시할 수 있다.

사동화를 하나의 원리에 따라 설명할 수 있는 것으로 파악한 연구 사례로서, 박양규(1978)에서는 사동화할 수 있는 주동사는 모두 재귀적 성격을 띤다고 주장하였다. 잠시 이 점을 검토해 보기로 한다.

박양규님은 접미사계 사동문이 가능한 것은 대응되는 주동문이 재귀동사일 때에 한한다고 주장하였다. 아울러, 접미사계 피동사는 모두 재귀성을 띤다고 결론지었다. 단, 형용사로부터 파생된 사동사는 그 형용사와 문법적인 연관을 갖지 않는, 어휘적인 타동사에 불과하다고 하였다. 이 주장의 진위를 살피기 위해서는 재귀동사의 범위가 어디까지인가가 결정될 수 있어야 할 것이다. 박양규(1985)에서는 처격, 조격, 탈격 등에 더하여 주격 재귀동사까지 설정할 가능성을 시사하였다. 여기서 문제는 어휘적인 재귀성과 통사적인 재귀성이 구별되지 않았다는 데에 있는 듯싶다. 가령, "기린이 목이 길다."와 같은 '이중주어문'에서 '길다'는 재귀동사인가? 물론 여기서 '목'은 '기린의 목'이지만, 이와 같은 해석은 '길다'의 어휘적 의미와는 직접 관계가 없는 것이라고 해야 할 것이다.

다음으로, 사동사로 되기(사동화)에 재귀성이 매개한다고 설명할 수 있는 자료의 범위는 어느 정도나 되는가? 형용사 파생의 사동사는 예외가 된다고 하였는데, 그렇다면 정작 재귀성의 매개로써 설명할 수 있는 동사의 수는 매우 빈약한 것이 된다. 또, 재귀동사가 아니면서도 대응 사동사를 갖는 반례가 있다. '돌다, 구르다, 죽다, 식다'는 재귀동사로 보기 어려우나 '돌리다, 굴리다, 죽이다, 식히다'로 사동화할 수 있다. 역으로 '일으키다' 같은 예는 사동사라고 할 수 있으나 대응되는 주동사가 없다.

4.2.2. '-고 있다'와 재귀성

재귀성과 관련되는 특이한 현상으로, 보조동사 '-고 있-'이 결합될 때 일부 재귀성 동사는 두 가지 의미를 보인다.

(1) 가. 찬수가 옷을 입고 있다.
나. 찬수가 옷을 벗고 있다.
다. 찬수가 짐을 지고 있다.
라. 찬수가 가방을 메고 있다.

이들 문장은 각각 진행의 의미와 결과 상태의 계속의 의미를 둘 다 갖는다. 이기동(1978나)에서는 '쓰다, 입다, 끼다, 신다, 이다, 지다, 걸치다, 매다, 안다' 등 동사가 '-고 있다'와 결합할 때 이 두 가지 의미를 갖는다고 주장하고, 결과 상태 계속의 의미를 갖는 데에는 동사의 의미에 '한계점'의 요소가 가정될 수 있는 것이 필수 요인이라고 하였다.

이들 동사는 모두 목적어가 주어 자신에 영향을 주는 관계를 보이는데, 이는 재귀동사가 갖는 특징인 것으로 판단된다. 이 현상에 주목하여, 적어도 '-고 있-'과의 결합에서 이러한 두 가지 의미를 보이는 동사는 반드시 재귀동사이어야 한다는 가설을 세워 볼 수 있다. 재귀동사의 어휘의미구조에서의 특징은 사동성 'CS'를 지니며, 병합된 의미 성분과 논항 결속의 특질을 갖고 있다는 것이다.

그러나 앞에서 재귀동사로 기술한 동사들을 갖는 다음 문장들은 그러한 두 가지 뜻을 갖지 못한다. (2가-다)는 진행의 뜻만을, (2라)는 결과 상태 계속의 뜻만을 갖는다.

(2) 가. 경애가 밥을 먹고 있다.
나. 경애가 술을 마시고 있다.
다. 누나가 머리를 감고 있다.
라. 경애가 밥을 굶고 있다.

그러므로 한 가지 가정은, 재귀동사 중에도 '처소'의 의미 성분을 병합하는 재귀동사만이 위에 말한 특징을 보인다고 보는 것이다. '먹다', '감다'는 '경로'의 의미 성분을 병합하는 재귀동사로 생각되기 때문이다.

다음 문장이 두 가지 의미로 해독되는 것을 보면 '떼다'도 재귀동사로 볼 가능성이 있다.

(3) 찬수는 명찰을 떼고 있다.

하지만 다음 (4가)를 살피면 (3)의 경우와는 같지 않음을 알 수 있다. 여기서 결과 상태 계속의 의미는 찾아보기 어렵다. (4가)의 '떼다'에 대한 어휘의미구조는 (4나)와 같다.[25] 이에 따르면 '떼다'는 재귀동사가 아니다.

(4) 가. 직원들이 게시판에서 오래된 벽보를 떼고 있다.
나. 떼1: 〔〔AFF(x, y)〕,
〔CS(x , 〔INCH〔BE(y ,
〔AT-END-OF(〔FROM(〔AT/+cntc, +atch(z)〕)〕)〕)〕)〕)〕〕
직원들이 게시판에서 오래된 벽보를 떼었다.

(3)과 (4가)를 비교해 보면 그 의미적 가능성 뿐만 아니라 두 경우의 문장구조가 상이함이 주목된다. (3)은 두 자리 구문으로서 완전하다. 그러나 (4가)는 'NP에서'를 필수성분으로 갖는 3자리 구문으로 보아야 할 듯하다. 그러므로 (3)에서의 '떼다'는 재귀동사로 간주되고, 다음과 같은 어휘의미구조로 표시된다.[26]

---

25) 양정석(1992)에서와 세부적으로 약간 달라졌다. 즉, BE에 병기되었던 '+cntc, +atch'의 의미특질 부분이 처소 함수 AT로 옮겨져 표시된 것이 그것이다. 참고로 '붙이다'의 어휘의미구조는 다음과 같이 설정된다.
붙이다: 〔〔AFF(x , y)〕,
〔CS(x , 〔INCH〔BE(y , 〔AT/+cntc, +atch(z)〕)〕)〕)〕〕
cf. 경애는 크리스마스 카드에 씨일을 붙였다.

26) 두 경우의 '떼다'의 용법은 어휘의미구조상으로는 논항 'x'가 처소의 논항으로 논항 결속되느냐 여부에서만 차이가 나지만, 어휘통사구조로는 다음처럼 뚜렷이 구별된다.
떼다1: x〈 y, z^SOC 〉

(3)′ 뗴2: 〔〔AFF(x, y)〕,
〔CS(x, 〔INCH〔BE(y ,
〔AT-END-OF(〔FROM(〔AT/+cntc, +atch(x)〕〕〕〕〕〕〕〕〕〕

이상의 사실을 검토해 보면, '-고 있다'와 결합하여 중의성을 보이는 것들은 처소의 의미역을 갖는 재귀동사라고 일반화할 수 있을 듯하다. 그러나 큰 문제점은 다음에서 보는 것처럼 '놓다, 넣다' 등 처소 표현의 동사가 재귀동사로 보기 어려움에도 불구하고 중의성을 갖는 현상이다.

(5) 가. 그가 식탁에 책을 놓고 있다.
나. 그가 돈지갑에 안경을 넣고 있다.

이를 보면, 앞서의 재귀동사들이 결과 상태 계속의 의미가 얻어지는 것은, 이들이 재귀동사로 이해되기 때문이라기보다는, 오히려 기동성을 갖는 처소의 표현이기 때문이 아닌가 한다. 이기동(1978)에서는 이들의 특징이 '한계점'을 갖는 데에 있다고 말한 바 있다. 시상적 특징으로서의 한계점을 갖는 동사들을 그 해체 분석에서 상태의 변화나 기동성의 요소로 기술하려는 시도가 있어 왔다.[27] 이상의 예들에 따르면 재귀동사 모두가 '-고 있-'과 결합하여 두 가지 의미를 보이는 것이 아니라, 처소의 재귀동사만이 그러하다. 우리의 형식화에 의하면 이러한 동사들은 기동성(INCH)과 상태(BE) 함수의 결합으로 표시되는 것이었다.

앞에 말한 두 가지 의미를 다 보이지는 않지만 재귀동사로 확인되는 것이 있다. 앞 장에서 무의지성을 특징으로 하는 예로 들었던 '포함하다'나 '싣다' 동사들은 '-고 있다'와의 결합에서, 두 가지 의미가 아니라, 결과 상태 계속의 의미 하나만을 보여준다.

(6) 가. 이 반이 수석합격자를 포함하고 있다.

뗴다2(재귀동사): x〈 y 〉

27) 이러한 논의로 대표적인 것은 Dowty(1979: 37-132)이다. 그는 상태 변화를 표시하는 의미 요소로 'BECOME'을 사용한다.

나. 이 트럭이 모래를 싣고 있다.

이 예들은 재귀성의 요소가 보여주는 특징이 '중의성'에 있는 것이 아니라 다만 '결과 상태 계속'의 의미에만 있는 것임을 잘 말해 준다.

이상 논의된 사실은 '-고 있다'의 결합에 의한 특정 의미의 나타남이 직접적으로 재귀동사와 같은 한 동사 부류를 구별해 내는 특징이라고는 할 수 없으나, 동사의 어휘의미를 형식화하는 과정에 하나의 지침을 주는 것으로 받아들일 수 있다. 즉 '-고 있다'에 의해서 결과상태 계속의 의미를 보이는 동사들은 기동성 'INCH'와 'BE'의 결합으로 기술할 수 있다는 것이다. 이상의 논의에 따라 제2장에서 기술한 다음과 같은 어휘의미구조 형식이 정당성을 얻게 된다.

(7) 가. 이 반이 수석입학자를 포함하고 있다.
나. 포함하- : [[AFF/-vol(x, y)] ,
[CS(x , [INCH[BE(y , [IN(x)])])])]
(8) 가. 트럭이 모래를 싣고 있다.
나. 싣- : [[AFF/-vol(x, y)] ,
[CS(x , [INCH[BE(y , [AT([x/+vhcl])])])])]

4.2.3. 짧은 사동과 긴 사동

앞선 여러 연구에서 논란이 많이 되었던 다음의 짧은 사동형과 긴 사동형의 차이를 잠시 살펴 보자. 다음은 양인석(1974)의 예문이다.

(1) 가. 외부 손님을 먼저 태웁시다.
나. 외부 손님을 먼저 타게 합시다.

짧은 사동형은 직접적인 행동을, 긴 사동형은 간접적인 행동을 표현한다는 점이 종종 지적되어 왔다. 그런데 (1가)는 짧은 사동형으로 된 문장임에도 불구하고 간접적인 행동으로 해석될 소지가 있다. 그러므로 이것은 양인석(1974)에서 두 사동형이 동의임을 보이는 증거로 간주된다. 송석중(1980)에서는 손님의 의사나 행동의 자유를 돌아보지 않고 보이지 않는 호의의 손길로 밀어넣은 것으로 화자가 인식하기 때문에 (1가)의 '짧은 형'이 가능하므로, 이것이 '직접 행동'의 논리에서 벗어나는 것은 아니라고 한다. 이렇게 직접/간접 행동의 차이가 찾아지는 것을 송석중님은 두 사동문이 이의임을 증명하는 것으로 해석한다. 그러나 다시 손호민(1978)에서는 두 사동형 사이에 직접/간접의 의미 차이가 있음을 인정하지만, 이러한 직접성과 간접성의 의미 대립은 문법을 넘어서는 의미론적 원리로 다루어져야 한다고 J. Ross의 이론을 빌어 설명한다. 손호민님은 이에 따라 두 사동형을 동일한 심층에서 유도할 수 있다고 보고 있다. 그러나 직접 행동/간접 행동의 차이 말고라도 두 사동문을 별개의 것으로 보아야 할 이유를 어휘구조적인 측면에서도 찾아볼 수 있을 것 같다.

'태우다' 동사는 '들리다, 업히다'처럼 재귀성과 깊은 관련을 갖는 것으로 보인다. 이에 비해 이것의 주동형인 '타다'는 재귀성을 갖지 않는 것으로 보인다. '타다', '태우다'의 어휘의미구조는 다음과 같이 설정된다. 다만 논항 결속이 처소 성분에 대해서 이루어지는 것이 아니라 '대상' 의미역을 가지는 성분(BE 함수의 첫번째 논항)에 대해서 이루어지는 것이 다를 뿐이다.

(2) 타다 : 〔CS(y, 〔INCH〔BE(y , 〔AT(z/+vhcl)〕)〕〕)〕
(3) 태우다 :
〔CS(x, 〔CS(y , 〔INCH〔BE(y , 〔AT(z/+vhcl)〕)〕〕)〕)〕
(4) 가. 나는 손님을 차에 태웠다.
나. ??나는 손님을 차로 태웠다.

여기서 '차로 태우다'의 형식이 어색한 것은 일단 BE 함수가 '경로(path)'의 함수들과 양립하기 불가능하다는 사실로부터 설명되는 것으로 볼 수 있다. 물론, 방편의 부가어로서의 '-으로'는 가능하다. 그 경우 'x가 차에 특정의 작용을 가하여, 다시 피작용자가 y에 작용을 가하게 된다'는 정도의 해석이 된다. 이러한 까닭에 다음과 같은 예에서 '차'는 '나'가 부리는 차일 가능성이 높다.

(5) 내가 손님을 차로 태워서 보내드렸다.

이것과 대응되는 긴 사동형은 다음에 보는 것처럼 불가능하다.

(6) ?*내가 손님을 차로 타게 해서 보내드렸다.

(5)의 경우는 사동사 '태우다'가 도구/방편의 표현과 화합할 수 있으나 (6)에서는 '타다'동사가 그러한 표현을 용인하지 않는 것이 둘의 문법성 차이의 이유라고 할 수밖에 없다. 두 동사의 어휘의미구조 (2), (3)을 비교해 보면, (2)의 경우 도구/방편의 부가어가 가해질 경우 y가 차에 특정의 작용을 가하여 이것이 다시 y 자신에게 작용을 가하게 된다는 의미 해석이 얻어져야 하는데 일단 이것이 생각되기 어려운 상황이기 때문에 (6)와 같은 결과가 나온 것이라 설명할 수 있다.

4.3 피동사와 피동문의 유형

전통문법의 많은 문법서에서 피동에 관한 언급이 있지만 가장 포괄적인 것은 최현배(1961[1937])이다. 그 후 송석중(1967)에서는 생성문법의 이론적 틀에 의하여 피동화의 현상을 깊이있게 파헤치고 있는데, 이는 피동문 자체를 변형 규칙을 설정하여 도출한 최초의 연구가 된다. 김석득(1970)도 변형의 방식을 사용하면서, 동사 어간과 피동 접미사, 보조동사, '되-', '당하-', '받-','듣-'등의 공존 관계, 또는 주어 등 문장의 성분들과 접미사등 피동 요소들 사이의 공존 관계를 포괄적으로 기술하고 있다. 이정민(1973가)은 피동문의 기저를 사동문과 동질적인 구조로 설정하여 일련의 변형 과정을 통해 도출해 낸다. 이정민(1973가)이 생성의미론적 방법에 입각한 것이었다면 이기동(1978나)는 어휘론의 입장에 서서 피동문을 관찰하고 있다. 그는 능동문과 피동문이 변형으로 연결될 수 없으며, 결국 둘 사이의 관계는 어휘부에서 파생규칙의 하나로 처리되어야 함을 설득력 있게 논증하고 있다. 이정민(1973가)에서도 그 유사한 착상이 보이지만, 피동과 사동의 연관성 내지는 공통성이 박양규(1978)에서 더욱 부각되어 논의된다. 여기서 특히 재귀성과의 관련이 진지하게 다루어지고 있음을 보게 된다. 이남순(1984)은 국어에서 변형 규칙으로서의 피동화가 성립할 수 없음을 재확인하고, '문형'의 개념을 이용하여 설명해야 한다고 하였다. 그리고 최근의 김영주(1990)에서는 능격성 개념과 관련하여 피동 구문의 격표시 문제를 고찰하고 있는데, 피동사는 모두 능격성을 띠는 것으로 보되, "유미가 철수에게 가방을 빼앗겼다." 같은 이른바 타동적 피동 구문의 동사는 피동사에서 제외한다.

최현배(1971〔1937〕: 420-434)에서는 국어의 피동법을 접미사 '-이-, -히-, -리-, -기-'등에 의한 첫째 입음법, '되-', '받-', '당하-'에 의한 둘째 입음법, 보조동사 '지다'에 의한 셋째 입음법으로 서술하여 놓았다. 그러면, 국어에서 이러한 피동사들로 이루어진 문장들은 모두 어떤 단일한 원리나 규칙에 지배되는 것일까? 결론부터 말한다면, 피동사만을 위한 문법적 구조나 과정이란 따로 있지 않다는 것이다.

그러나, 이 연구는 최현배(1961)의 세 가지 피동사들을 일단 모두 개별적인 어휘항목으로 받아들여 어휘적 차원에서 기술해 주되, 어휘부로부터 통사구조로의 논항의 연결 과정에 나타나는 일반적인 규칙성이 피동 구문을 한 무리의 자연군으로 이루어 주는 주요 요인임을 인정한다. 먼저 '접미사계 피동'의 현상들을, 가능한 한 가지를 나누어 그 통사적 특징들을 하나하나 검토해 보겠다. 그런 다음 '되-'계 피동문과 '-어지-'계 피동문의 문제를 다루려고 한다. 이제까지의 피동 구문에 대한 연구들에서 사용된 분석의 도구들과, 과거보다는 좀더 풍부하게 얻을 수 있는 자료적 바탕으로 이 문제에 더욱 가까이 접근할 수 있게 되었다고 본다.

피동문의 범위를 일단 접미사를 갖는 피동사의 경우로 한정하여 놓고 보면, 그 각각에 대해서 중요한 분포적 특징을 검사해 가는 일이 비교적 수월해지리라 생각된다. 먼저 앞에서 사동사들에 대해서 했던 것처럼, 이 장 머리의 〈표 1〉에 지적된 잠정적인 피동사들의 목록 중에서 능동사와의 대응이 인정되기 곤란한 것들을 골라내기로 하자.[28)]

'이' 계에서
되치이다1(?되치다), 펴이다(셈평이)1(*셈평이/을 펴다), 메나씨박이다1, *메나씨박다), 박이다(명씨가)1(*명씨가 박이다), 박이다(못이)1(?못을 박다), 박이다(얼음이)1(?얼음을 박다), 박이다12(?집안에 박다), 셈펴이다1(*셈펴다), 보이다(속이)1(?속을 보다), 돋보이다1(?돋보다), 트이다(뒤가)1(?뒤를 트다), 트이다(속이)1(?속을 트다), 뜨이다(왕기가)1(?왕기를 뜨다), 조이다(마음을)1(?마음을 조다), 조이다(맘이)1(?맘을 조다), 죄이다(마음이)1(?마음을 죄다), 맺히다(목이)1(*목을 맺다)

'히' 계에서
넘어박히다1(*넘어박다), 더럽히다(몸을)12(*몸을 더럽다), 밟히다(눈에)1(*눈이/에 밟다), 색히다1(*새다), 잡히다(살얼음이)1(*살얼음을 잡다), 잡히다(살이)1(?살을 잡다), 잡히다(동살이)1(*동살을 잡다), 막히다(기가)1(*기를 막다), 막히다(목이)1(?목을 막다), 막히다(어금이)1(*어금을 막다), 기막히다1(*기막다), 입히다(?입다), 부딪히다1(?부딪다)눕히다12(?눕다), 얹히다(?얹다), 얹히다(먹은 것이)1(*얹다), 뒤집히다(간이)1(?간을 뒤집다), 뒤집히다(눈이)1(?눈을 뒤집다),

'부딪히다1'에 대한 능동사형으로 '부딪다'가 불가능하지는 않으나 둘이 대당관계에 있다고 볼 수는 없다. 또, "그녀가 적군에게 몸을 더럽혔다"에서 '더럽히다'는 피동사적인 쓰임을 엿볼 수 있으나 그에 대응하는 능동형을 생각하기가 곤란하다. 특이한 예로 '입히다'는 "*옷이 철수에게 입혔다." 등이 가능하지 않다. '입다'의 피동형은 '입혀지다'로만 가능하다. '눕히다'의 예도 마찬가지이다. 피동형으로 '눕혀지다'는 가능하지만 "*아이가 눕혔다./?*물건이 선반에 얹혔다." 따위는 불가능하다.

'리' 계에서
쏠리다1(마음이)(*마음을 쏠다), 되걸리다1(?되걸다), 둘리다(인에)1(?인이/에 두르다), 둥글리다1(?둥글다), 뒤탈리다1(?뒤탈다), 맞달리다1(?맞달다), 맞질리

---

28) 여기 피동사들도 역시 연세대학교 사전편찬실에서 자료밑천(database)으로 만든 신기철·신용철 사전(1985)의 표제어를 이용한 것이다. 앞에서의 경우와 마찬가지로, '1'은 피동사, '2'는 사동사를 표시하며, '12'는 동일한 형태로 피동사와 사동사의 용법을 다 가진 경우를 참고적으로 표시한 것이다.

다1(?맞지르다), 기둥팔리다1(*기둥팔다), 꿀리다1(*꿀다), 을리다1(*을다/*으르다), 접질리다1(?접지르다), 멋질리다1(?멋지르다), 삭갈리다1(?삭갈다), 섞갈리다1(?섞갈다), 쓸리다(마음이)1(?마음을 쓸다), 아물리다1(?아물다), 얻어걸리다1(?얻어걸다), 엇놀리다1(?엇널다), 엇돌리다1(?엇돌다), 걸리다(눈에)1(?걸다), 걸리다(된서방에)1(?걸다), 걸리다1(?시간을 걸다), 들리다(뒤가)1(?뒤를 들다), 들리다(망령)1(*망령을 들다/?망령 들다), 들리다(사레가)1(?사레를 들다), 들리다(산매가)1(?산매를 들다), 들리다(삼성이)1(?삼성을 들다), 들리다(다리를)1(?다리를 들다), 팔리다(인심이)1(?인심을 팔다), 어울리다1(?어울다), 풀리다(떡심이)1(?떡심을 풀다), 틀리다(비위가)1(?비위를 틀다), 틀리다(수가)1(?수를 틀다), 눌리다(가위에)1(*가위에/가 누르다), 밀리다(오금이)1(?오금을 밀다), 꿀리다(뒤가)1(?뒤를 꿀다), 질리다(기가)1(?기를 지르다), 겯질리다(?겯지르다), 엇갈리다1(*엇갈다), 떨리다1(?떨다), 빌리다1(?빌다), 딸리다12(따르다), 휘말리다1(*휘말다), 질리다1(?지르다)

'기'계에서

꿀기다1(?꿀다), 끊기다(동이)1(?동을 끊다), 잠기다(목이)1(?목을 잠그다), 곪기다(?곪다), 돌곰기다(?돌곪다), 옮기다12(?옮다),

'옮기다' 피동형에 대해서 대응형 '옮다'가 생각될 수는 있지만 피동형이 '옮기다'형태 그대로 쓰일 수는 없고 '옮겨지다'꼴로 실현되어야 한다. 그밖에 '들키다1' 같은 형태가 피동형으로 알려져 온 것인데, 이 경우도 대응 능동형 '듣다'와의 관련이 그리 밀접하지는 않다.

이 장의 맨앞에서 제시한 피동사의 수치 중에서 위와 같은 선정 작업의 결과 얻어진 좀더 피동사다운 피동사는 다음에 제시하는 170개이다.

'이'계 :

낚이다1, 누이다1(눕다:잿물에 삶아서 빨아 희고 부드럽게 하다), 닦이다12, 드러쌓이다1, 들이끼이다1, 깎이다12, 깨이다1, 꾀이다12, 끼이다1, 짚이다1, 핥이다12, 훑이다1, 죄이다(맘이)1, 메이다1, 미이다1, 볶이다1, 부치이다1, 쏘이다12, 쓰이다(마음이)1, 쓰이다1, 씌다1, 씌다1, 씌다12, 엮이다1, 보이다12, 놓이다1, 쌓이다1, 모이다1, 섞이다1, 묶이다1, 끊이다1, 휩싸이다1, 싸이다1, 덮이다1, 엿보이다1, 둘러싸이다1, 꺾이다(기가)1, 꺾이다1, 트이다1, 뜨이다1, 뒤덮이다1, 개이다1, 치이다1, 들여다보이다1, 들여다뵈다1 〈이상 45개〉

'히'계 :
되먹히다1, 들이박히다1, 긁히다1, 꼽히다1, 집히다1, 잊히다1, 접히다12, 받히다1, 밟히다1, 업히다12, 옭히다1, 잡히다(기틀이)1, 잡히다(마음이)1, 잡히다(물이)1, 잡히다(발목을)1, 잡히다(일손이)1, 잡히다(자리가)1, 잡히다(전당을)1, 잡히다12, 막히다1, 묻히다1, 얽히다1, 뽑히다1, 뽑히다1, 갇히다1, 박히다(못이)1, 박히다(살이)1, 박히다(인이)1, 박히다1, 굽히다12, 사로잡히다1, 붙잡히다12, 적히다1, 읽히다12, 맺히다1, 걷히다1, 찍히다1, 찍히다1,파묻히다1, 닫히다1, 뒤집히다1, 짓밟히다1, 먹히다1, 들이꽂히다1 〈이상 44개〉

'리'계 :
까불리다1,내둘리다1, 널리다1, 막걸리다1, 맞걸리다1, 꿇리다12, 헐리다1, 발리다12, 발리다12, 빨리다12, 쓸리다12, 쓸리다12, 엇물리다1, 열리다1, 열리다1, 달리다(꼬리표가)1, 달리다12, 걸리다12, 들리다1, 들리다12, 팔리다(정신이)1, 팔리다1, 풀리다(속이)1, 풀리다1, 날리다12, 울리다12, 몰리다1, 몰리다1, 불리다12, 말리다1, 말리다12, 쏠리다1, 실리다12, 떨리다(속이)1, 떨리다(이가)1, 매달리다1, 밀리다1, 밀리다1, 밀리다1, 벌리다12, 깔리다1, 갈리다(이가)1, 갈리다1, 갈리다1, 갈리다1, 갈리다12, 물리다12, 물리다12, 눌리다1, 딸리다(뒤가)1, 뚫리다1, 거슬리다1, 휩쓸리다1, 이끌리다1, 끌리다12, 뒤틀리다1 〈이상 56개〉

'기'계 :
끊기다1, 돌곰기다1, 삶기다1, 신기다12, 심기다12, 씻기다1, 앗기다1, 빼앗기다1, 담기다1, 안기다12, 잠기다(손이)1,[29] 잠기다1, 잠기다1, 벗기다12, 쫓기다1, 꼴리다1, 뺏기다1, 감기다12, 감기다12, 튀기다12 〈이상 20개〉

'우'계 :
빗기우다1, 불리우다1, 잘리우다, 꼽히우다, 감기우다[30] 〈이상 5개〉

그러므로 이 장 첫머리에 제시된 접미사계 피동사들의 수치는 다음과 같이

29) '손이 잠기다'는 '손을 잠그다'란 대응 표현이 쓰이나 전자는 '어쩔 수 없음'을 나타내는 데 비해 후자는 '적극적으로 나섬'의 뜻이 강하다.

30) 임홍빈(1983)에서는 '우'를 상실되었던 행위자의 행동성을 복원해 주는 장치로 보았는데, '이,히,리,기'를 갖는 모든 피동사 어간 뒤에는 다시 '우'가 연결되 수 있다고 하였다.(41쪽) 그러나 모든 피동사에서 '우'의 실현을 용인해주기는 어려운 것으로 보인다. 필자로서는 오히려 '우'가 용인되는 예를 찾기가 어려웠음을 지적하고자 한다.

수정되어야 한다.

〈표3〉	비관용어	관용어	계
피동사 :	150	20	170

사동사에 대해서 그랬던 것처럼 여기서도 먼저 가능한 문장 형식을 확인하는 일부터 시작해 보자. 뒤에서는 'NP에게'를 부가어로 보고 부가어 의미해석 규칙에 의하여 도입하게 되는데, 이에 따르면 다음에서 'NP에게'를 포함하는 문장 형식은 제외되어야 한다. 이런 점에서 'NP에게'가 보어였던 앞서 사동문의 경우와는 다르다. 하지만 다음과 같은 상태 그대로도 분포가능한 문장 형식에 따라 피동사들의 성격을 유형화하여 보는 효과는 얻을 수 있다.

(1) 가. 〔NP이 V〕
　　나. 〔NP이 NP에 V〕
　　다. 〔NP이 NP으로 V〕
　　라. 〔NP이 NP이 V〕
　　마. 〔NP이 NP라고 V〕
(2) 〔NP이 NP에게 V〕
(3) 가. 〔NP이 NP에게 NP를 V〕
　　나. 〔NP이 NP에 NP를 V〕
(4) 가. 〔NP이 NP에 NP이 V〕
　　나. 〔NP이 NP에게 NP이 V〕

피동사들이 분포할 수 있는 이와 같은 통사적 형식은 다음 (5)-(8)의 문례들에 나타나 있다. 특히 (5가-다)는 앞장에서 다룬 처소교차구문의 동사인데, 이들은 'NP에게'를 용인하지 않는다는 점에서 (6)과 같은 전형적 피동문과 구별된다. (7)은 'NP에게'를 갖는다는 점에서는 (6)의 전형적인 피동문과 같으나, 목적어를 취한다는 사실 때문에 선뜻 피동문의 무리에 포함시키기 어려운 예이다. 이를 임시로 목적어를 갖는 피동문이라 부르기로 한다. 그런데 (8나)는 (8가)와의 유사성에도 불구하고, 여러가지 면에서 통사적으로 다른 특징이 발견되므로, 그 생성 경로를 달리 보아야 할 듯하다.

(5) 가. 내 코가 (*철수에게) 막혔다. : (1가)
나. 빨래가 (*철수에게) 나뭇가지에 걸렸다. : (1나)
다. 고속도로 수원 서울 구간이 (*철수에게) 차량들로 막혔다. : (1다)
라. 찬수는 갑자기 숨이 막혔다. : (1라)
마. 그는 척척박사라고 불리운다. : (1마)
(6) 도둑이 순경에게 잡혔다. : (2)
(7) 가. 경애가 철수에게 가방을 빼앗겼다. : (3가)
나. 아이가 벌에 팔을 쏘였다. : (3나)
(8) 가. 아이가 장난감에 정신이 팔렸다. : (4가)
나. 포수가 범에게 팔이 물렸다. : (4나)

먼저 〔NP이 V〕형 : 여기에 분포할 수 있는 피동사는 다음과 같다.

(9) 닦이다, 낚이다, 꾀이다, 깨이다, 핥이다, 미이다, 엮이다, 보이다, 모이다, 끊이다, 엿보이다, 꺾이다, 트이다, 뜨이다, 개이다, 들여다 보이다, 들여다 뵈다, 긁히다, 집히다, 잊히다, 막히다, 묻히다, 얽히다, 뽑히다, 박히다(살이), 굽히다, 붙잡히다, 걷히다, 걷히다(회비가), 닫히다, 뒤집히다, 짓밟히다, 까불리다, 막걸리다, 꿇리다, 헐리다, 쓸리다, 들리다, 풀리다, 울리다, 몰리다, 말리다, 밀리다, 갈리다, 갈리다, 뚫리다, 끊기다, 삶기다, 씻기다, 잠기다, 벗기다,

'잊히다'의 경우 "그 일이 사람들의 기억에서 잊혀졌다"와 같은 문장 형식이 고려되어야 한다. 형태적으로 '잊히다'도 가능하기는 하지만 보통 피동의 의미로는 '잊혀지다'가 자연스럽다.

〔NP이 NP에 V〕형 :

(10) 누이다(빨래가 잿물에), 드러쌓이다, 깎이다, 들이끼이다, 끼이다, 짚이다, 훑이다, 쏘이다, 쓰이다, 씌다, 놓이다, 쌓이다, 모이다, 섞이다, 묶이다, 휩싸이다, 싸이다, 덮이다, 둘러싸이다, 뜨이다, 뒤덮이다, 치이다, 들이박히다, 긁히다, 집히다, 받히다, 밟히다, 업히다, 옭히다, 잡히다(물이), 얽히다, 갇히다, 박히다, 박히다(못이), 박히다(인이), 적히다, 맺히다, 파묻히다, 들이꽂히다, 널리다, 발리다, 열리다, 달리다, 걸리다, 걸리다, 날리다, 몰리다, 쏠리다, 실리다, 매달리다, 깔리다, 물리다(벌레에), 눌리다, 질리

다(빗장이), 거슬리다, 휘쓸리다, 이끌리다, 끌리다, 심기다, 담기다, 잠기다, 감기다, 감기다, 튀기다,

〔NP이 NP으로 V〕:

(11) 묶이다, 휩싸이다, 싸이다, 덮이다, 둘러싸이다, 뒤덮이다, 꼽히다, 막히다, 묻히다, 얽히다, 뽑히다, 박히다, 발리다, 쓸리다, 불리다, 불리우다, 쏠리다, 깔리다, 심기다

〔NP이 NP이 V〕:

(12) 죄이다(맘이), 메이다, 꺾이다(기가), 들여다보이다, 들여다뵈다, 잡히다(기틀이), 잡히다(마음이), 잡히다(일손이), 잡히다(자리가), 찍히다(사진이), 먹히다, 발리다, 달리다(꼬리표가), 들리다, 풀리다(속이), 울리다, 떨리다(속이), 떨리다(이가), 벌리다, 갈리다, 뚫리다, 뒤틀리다, 신기다, 씻기다,

〔NP이 NP라고 V〕:

(13) 불리다, 불리우다

〔NP이 NP에게 V〕:

(14) 낚이다, 꾀이다, 깎이다(예산이), 볶이다, 쓰이다, 씌다(귀신이), 보이다, 꺾이다, 치이다, 들여다보이다, 들여다뵈다, 되먹히다, 집히다, 접히다, 받히다, 밟히다, 업히다, 잡히다, 사로잡히다, 붙잡히다, 읽히다, 짓밟히다, 먹히다, 내둘리다, 쓸리다, 열리다, 들리다, 팔리다, 밀리다, 눌리다, 끌리다, 신기다, 안기다, 쫓기다, 감기다, 튀기다,

〔NP이 NP에게 NP를 V〕:

(15) 먹히다, 잡히다(발목을), 잡히다, 찍히다(형사들에게 사진을), 앗기다, 빼앗기다, 뺏기다, 빗기우다

〔NP이 NP에 NP를 V〕:

(16) 찍히다, 물리다(벌레에 팔을), 쏘이다(벌에 팔을 쏘였다)

〔NP이 NP에 NP이 V〕:

(17) 팔리다(장난감에 정신이)

〔NP이 NP에게 NP이 V〕:

(18) 잡히다, 찍히다(형사들에게 사진이), 딸리다(뒤가), 빗기우다

검토된 사실에 대해서 몇 가지를 간단히 지적만 하고 넘어가기로 한다.

첫째, 과거에 종종 그랬던 것처럼 'NP에게' 성분의 존재를 피동문을 이루는 필수적인 요건으로 간주하기는 어렵다. 'NP에게' 성분이 나타날 수 있는 경우를 피동사 중에서 찾아 보아도 그것은 오히려 극히 일부분에 지나지 않는 것이다. 뒤에서 우리는 이 'NP에게' 성분을 부가어로 보고, 이를 위한 의미해석 규칙을 설정함으로써 설명해 주려고 한다.

둘째, 이상과 같이 검토해 보면 과거에 많은 관심의 대상이 되었던 '타동적 피동사'들이 그 예가 극히 제한되는 특이한 것임을 알 수 있다.

(19) 가. 경애가 강도에게 가방을 빼겼다.
나. 포수가 범에게 팔을 먹혔다.

이런 경우에 대응되는 능동문과의 문법적 연관을 포착해 주어야 할 필요성은 찾아 보기 어렵다. 또, 다음 문장들에서 '더럽히다', '굽히다'의 피동사적인 쓰임을 엿볼 수 있으나 그에 대응하는 능동형을 생각하기가 곤란하다.

(20) 가. 그녀가 적군에게 몸을 더럽혔다.
나. 임금이 신하들에게 자기 뜻을 굽혔다.

따라서 (19)-(20) 같은 경우는 피동문의 예로 보지 않고, 세 자리 논항을 갖는 구문으로 간주하려고 한다.31)

셋째, 이상에서 재분류된 피동사의 예들은 대응되는 능동형을 분명히 찾아낼 수 있는 것들이지만, 이들 피동사 무리가 취하는 문장 형식은 위에서 살핀 것만 해도 열 가지나 되고, 개별의 피동사 형태 각각을 보더라도 특정의 피동사가 취하는 문장형식은 둘 이상인 경우가 흔하다. 이것은 능동 구문과 피동 구문의 관계를 곧바로 통사적으로 규칙화하기가 어려움을 말하여 준다고 하겠다.

4.4. 피동성과 기동성

과거의 국어 문법 연구에서 많이 논의되던 문법적 특질 중 하나로 기동성(inchoativity)이 있다. 기동성에 대한 우리의 일반적인 해석은 이것이 상태를 사건으로 바꿔주는 역할을 한다고 보는 것이다. 그런데 그 기동화의 결과가 되는 사건은 상태 표현의 중요한 일부였던 속성을 갖게 된다.[32] 국어에서 보조동사로 알려져 온 '-어지-'의 용법은 이러한 역할과 관련되는 것으로 보인다.

(1) 손이 파래졌다.

우선 '파랗다'의 의미를 다음과 같이 표상할 수 있다. '[BE/+ident(x, [AT(.....)])]'부분은 '이다'의 의미를 표현하기 위하여 사용될 수도 있다.[33] 속

31) (19가)와 같은 예를 김영주(1990)에서 이와 같이 보았는데, (19나)과 같이 신체 부분의 '팔'과 같은 명사가 나타나는 경우는 달리 처리하였다. (19가), (19나)는 다음과 같이 대비된다.
가. *경애가 강도에게 가방이 뺏겼다.
나. 포수가 범에게 팔이 먹혔다.
필자는 신체 부분의 명사가 주격으로 나타난 지금 (나)의 경우는 이들과는 달리 두 자리 서술어의 구조로 본다.

32) Jackendoff(1990: 91-95), Jackendoff(1991: 37) 참조.

33) 함수에 부대적인 특질로서 표시할 때 이와 같이 'BE/+ident'로 표시하는 것은 Jackendoff(1990)에서 'BEident'로 표시했던 것과 완전히 동일한 의미를 갖는다. '이다'의 의미에 관해서는 제5장에서 논의한다.

성을 나타내는 보통의 품질형용사는 이처럼 '이다'가 갖는 '동일성'의 의미를 공통적으로 갖는다고 가정한다.

(2) 파랗- : 〔BE/+ident(x, 〔AT(〔파랗〕)〕)〕

'〔파랗〕'는 잠정적으로 표시된 의미단위로서, 더 작은 의미요소들로 분석될 가능성이 있다. 속성을 나타내는 형용사들의 의미 표기 방식이 결정됨에 따라 정리되어야 할 부분이라고 하겠다. '파래지다'는 여기에 기동성의 의미특질이 더해진 의미를 가진 것으로 생각된다. 그리하여 일단 다음과 같은 표상을 생각할 수 있다.

(3) 파래지- : 〔INCH(〔BE/+ident(x, 〔AT(〔파랗〕)〕)〕)〕

이와 같은 부류의 동사로는 '짧아지다, 굵어지다, 차가와지다, 거세어지다, ...'등 상당히 많은 수의 동사를 찾아볼 수 있다.

여기서 보조동사 '-어지-'에 대응하는 의미는 이렇게 기동성의 함수 'INCH'와 동일시된다. 이와 같은 상태 표현의 동사에 부착된 '-어지-'를 기동성의 표현으로 보는 것은 국어 문법 연구에서 상당히 일반화된 견해라 생각된다.34) 그런데 더 나아가 모든 경우의 '-어지-'가 기동성의 의미를 갖는다는 주장이 서정수(1994)에서 제기되었다. 이에 따르면 '기동상'의 개념은 전통적으로 어떤 동작이나 상태의 시작을 나타내는 것으로 알려져 있고, 근래에는 그러한 시작으로 나타나는 변화 양상, 이를테면 범주 변화 양상까지도 포괄하게 되었다고 한다. 이런 관점에서 모든 '-어지-'가 이러한 기동상을 표현한다고 보는 것이다. 이와 관련하여 고려할 사항은 기동성의 형식화와 관련된 것이다. 우리가 이 글에서 사용하는 함수 'INCH'는 Jackendoff(1990, 1991)에 따른 것으로, 상태로부터 사건으로 가는 함수라는 정의를 전제하고 있다. '-어지-'의 표현 중에는 이러한 요건으로부터 벗어나는 것들이 많이 있다. 타동사에 '-어지-'

---

34) 이정민(1973), 성광수(1976), 서정수(1994: 552-559) 참조.

가 붙어서 피동적 표현을 얻을 수 있음은 오히려 위의 순수한 기동 표현에 대해서보다 널리 알려진 사실이다. 다음 예에서 '막다' 동사가 피동의 표현으로 바뀌는 것은 '-어지-'의 작용에 의한 것이라고 할 수밖에 없다.

(4) 구멍이 막아졌다.

문제는 국어의 보조동사 '-어지-'와 기동성의 함수 'INCH'를 동일시할 수 없다는 것이다. 여기에는 두 가지 해결의 방향이 생각될 수 있다. 하나는 서정수(1994)에서처럼 국어의 모든 보조동사 '-어지-'가 기동성을 표현한다고 보되, 대신 기동성의 개념을 확대하여, 상태로부터 사건으로의 사상(mapping)뿐만 아니라 사건으로부터 사건으로의 사상도 가능한 것으로 규정하는 것이다. 다른 하나는 '-어지-'가 모든 경우에 기동성을 보인다는 점을 부정하되, '-어지-'를 포함하는 표현의 전체 어휘의미 속에서 '-어지-'의 의미가 기여한다고 보는 것이다. 우리는 후자를 취하려고 한다. 여기에는 다음과 같은 배경이 고려되어야 한다.

먼저, '-어지-'가 들어 있지 않은 많은 동사의 기술을 위해서도 'INCH' 함수가 필요하다는 점을 강조해야 할 것 같다. (3)처럼 상태동사에 '-어지-'가 부착된 동사 말고도, '-어지-' 없이 거의 동일한 어휘의미구조를 갖는 예들이 많이 있다. '굳다', '늙다' 등이 그것이다.

(5) 땅이 굳었다.

이 예문에 나타나는 동사 '굳'의 어휘의미구조는 대략 다음과 같이 표상할 수 있는데, 이는 '-어지-'를 갖는 (3)에서의 '파래지'와 같은 구조를 갖는다. 즉 '-어지-' 없이도 상태를 사건으로 바꿔주는 '기동성'의 함수 'INCH'가 찾아진다는 것이다.

(6) 굳- : 〔INCH(〔BE/+ident(x, 〔AT(〔HARD〕)〕)〕)〕

앞서 '〔파랗〕'의 경우에서처럼, 이 경우의 '〔HARD〕'도 상태동사로서의 '굳'이 갖는 의미를 표상한다. 이도 더 분석될 가능성이 있다.

다음으로 지적할 점은, 처소 의미와 관계되는 많은 수의 사동성 동사의 어휘의미구조에는 'INCH' 함수가 필요하다는 것이다. 처소의 의미는 보통 존재의 표현이나 상태의 표현 내부에 잘 나타난다. 상태 표현에 사동성이 가해지기 위해서는 이 상태성을 사건성으로 바꾸어주는 함수가 필요하다. 왜냐하면 사동성이란 그 두번째 논항으로 사건만을 취하기 때문이다. 이러한 요구 조건에 부응하는 것이 기동성 함수의 기능이다. 대표적인 예로 제2장에서 사동성 처소 동사의 예로 든 '놓다'와 '넣다'를 들 수 있다. 이들 모두는 사동성 함수 'CS'와 함께 기동성 'INCH'를 사용하여 표상된다.

(7) 놓- : 〔CS(x, 〔INCH(〔BE(y, 〔AT(z)〕)〕)〕)〕
(8) 넣- : 〔CS(x, 〔INCH(〔BE(y, 〔IN(z)〕)〕)〕)〕

앞에서 '-어지-' 없이 기동성 'INCH'가 확인되는 경우로 '굳다' 동사를 예시하였는데, 이와 같은 동사에도 '-어지-'는 결합될 수 있다.

(9) 땅이 굳어졌다.

만약 '-어지-'가 'INCH'와 그대로 대응되는 것이라면 이 역시 '굳'이 표현하는 사건을 논항으로 하여 사건을 사상해 가는 기능을 갖는다고 해야 할 것이나, 이는 위에서의 'INCH'의 규정에 어긋나는 것이다. 그러므로 '굳어지'의 어휘의미구조는 앞의 (6)과 다름없는 꼴로 표상하는 수밖에 없을 것이다. 그러면 '굳다'와 '굳어지다' 사이에는 의미 차이가 없는가? 필자는 이 둘 사이에 의미 차이가 있다고 판단하지만, 그것은 '-어지-'의 의미의 유무와 정확히 대응되는 것이 아닌 어떤 요인이 개입된 것이라고 본다.

이기동(1978가: 35)에서는 앞서 (4)의 경우에 대하여 '비자동적 과정'의 의미가 나타난다고 관찰한 바 있다. '-어지-'에 의해 형성되는 이러한 피동 표현에 비해 '-이-, -히-, -리-, -기-' 등 접미사에 의해 형성된 피동 표현은 '자동적 과정'을 나타낸다고 한다. 이와 같은 의미 국면에 대한 설명은 Talmy(1

975)로부터 기원한다.

(4) 구멍이 막아졌다.
(10) 구멍이 막혔다.

(4)의 표현은 이 문장에 직접 나타나지 않은 제삼의 작용자의 작용이 감지되나 이 점에서 (10)은 이와 다른 것 같다. (9)에 나타나는 '-어지-'에 대해서도 이와 같은 '비자동적 과정'의 의미를 인정한다면, 위에 말한 '굳다'와 '굳어지다'의 의미 차이를 설명하는데 도움이 될 것이다. 두 표현의 차이는 이 비자동적 과정의 유무로써 설명될 수 있을 것이다.

제2장에서의 작용역학에 기반한 형식화를 지금의 문제에 적용하면, (9)에서 '굳어지다'의 어휘의미는 다음과 같은 구조로 표상된다.

(11) 굳어지- : 〔〔AFF(, x)〕,
〔INCH(〔BE/+ident(x, 〔AT(〔HARD〕)〕)〕)〕〕

그러므로 이 어휘의미구조와 '굳'의 어휘의미구조의 차이는 결국 '〔AFF(, x)〕'를 갖는 작용의미층의 유무로써 구별된다.

'-어지-'와 피동 접사의 차이로부터 생겨나는 동사 의미의 차이에 Talmy의 작용역학이 정확하게 적용되는지는 더 따져 보아야 한다. '-어지-'의 형식을 갖는 피동 표현은 일반적으로 이러한 작용역학에 영향을 받는 피작용자를 갖는다고 생각된다. 반면에 접미사계 피동 표현, 즉 피동사는 일반적으로 외부의 힘의 작용이 고려되지 않는 표현으로 생각된다. 이에 대해서는 뒤에서 더 논급할 것이다.

'-어지-'가 곧바로 'INCH'에 대응된다고 할 수 없음을 이상의 사실로써 알 수 있다. 또, '-어지-'가 나타나는 경우 모두에 기동성 'INCH'가 확인될 수는 있는 것도 아니다. 국어문법 논의의 여러곳에서 지적되어 온 것처럼, '파랗다' 등의 상태표현에 붙는 '-어지-'나 피동화의 '-어지-' 말고도 '오다, 가다'와 같은 자동사에도 '-어지-'가 부착이 가능한 것이다. (12)에서 '오다'와 '닳다'는 스스로가 사건성을 가지므로 '-어지-'에 의해 사건성을 갖게 되었다고 말하기 어렵다.

(12) 가. 나는 요즈음 여기에 자주 안 와졌다.
나. 신발이 닳아졌다.(이상 서정수, 1994: 554)

(12가)의 '와지다'가 갖는 어휘의미는 대략 다음과 같이 표상된다.

(13) 와지- : [[AFF(, x)],
[GO(x, [TO([AT(y)])])]]

이러한 형식화는 '-어지-'를 취할 수 없는 동사들의 구조적 분포를 설명해 준다. 일례로 '주다'는 다음과 같은 행태를 보여준다.

(14) 가. 내가 아이에게 컴퓨터를 주었다.
나. 내가 그 아이를 컴퓨터를 주었지요.
(15) 가. *내가 아이에게 컴퓨터를 주어졌다.
나. *내가 그 아이를 컴퓨터를 주어졌지요.
(16) 가. 아이에게 컴퓨터가 주어졌다.
나. *그 아이를 컴퓨터가 주어졌다.

이러한 행태는 '-어지-'를 포함하는 표현을 단일한 동사 어휘로 생각하고, 그들에 공통으로 작용자를 결여한 'AFF' 함수가 작용의미층에 설치되는 것으로 보면 자연스럽게 해명된다. (15)의 두 문장이 불가능한 것은 주어와 목적어가 둘이 나타나기 위해서 작용의미층에 피작용자와 함께 작용자가 설치되어야 하는데 그것이 어휘의미구조상으로 허용되지 않기 때문이다. (16나)도 이와 마찬가지이나, 반면에 (16가)는 가능한 것이다. '아이에게'에 대응하는 논항은 작용의미층에 나타나지 않기 때문이다.

여기서 주의할 점은 '[AFF(, x)]'의 의미 성분이 곧 '-어지-'에 대응하는 의미인 것은 아니라는 것이다. 이러한 의미 성분은 '-어지-' 표현 아닌 많은 동사 표현의 어휘의미구조에서 흔히 찾아볼 수 있으며, 반대로 '-어지-'를 갖는

'어그러지다, 부러지다, 사라지다' 등은 이와 같은 의미 성분을 상정하기 곤란한 것이다.

이상의 관찰은 다음과 같은 중요한 점을 보여 준다. 하나의 단어 표현으로 생각되는 '(어) 지'가 실지로는 그 고유한 의미를 갖지 못하고 다만 다른 본동사 요소들과의 결합 결과로서만 의미에 기여하게 된다는 것이다. 따라서 서정수(1994)에서처럼 '-어지-'와 기동상을 동일시하는 것은 기동상의 의미를 이상에서와는 다른 것으로 볼 때에만 가능할 것이다. 그러나 기동상의 의미를 단순히 확대하는 것만으로는 안될 것이다. 일반적으로 어미 요소들 중에는 유사한 성격을 보이는 것이 많으나, 거기에는 이 어미 요소가 첨가되는 것과 대응되는 일정한 의미 첨가의 규칙이 있다고 생각된다. '-어지-'에는 이와 같은 규칙성을 인정해 주기가 곤란한 듯 하다. 이는 '-어지-'의 의미적 기능이 일반 파생접사와 다르지 않음을 뜻한다.[35)]

양정석(1992)에서는 '중립동사'[36)]들의 예를 사동성과 기동성의 교차적 현상으로 파악하려고 시도하였다. 그리하여 다음 (17)과 같은 문장들에 나타나는 이른바 '기동적' 의미를 이 동사의 어휘의미구조에 반영해 주려고 하였다. 그 결과는 (18)의 부적격한 의미구조로 나타났다. 'INCH' 함수가 '상태'로부터 '사건'으로 가는 함수가 아닌, '사건'으로부터 '사건'으로 가는 함수로 표시되었기 때문이다.[37)]

---

35) 그러나 통사적으로 보면, '지다'를 독립된 단어로 간주하지 않으면 안될 증거들이 있다.

그 말이 믿어는 지지만 영 납득이 안된다.

이와 같은 예에서 본동사와 '지다' 사이에 '-는'과 같은 요소가 끼어들 수 있는 것이다. 필자는 '믿어는 지-'를 하나의 어휘적 단위로 만드는 '재구조화'와 같은 과정이 여기에 개재하는 것이 아닌가 생각한다. 양정석(1991가)에서는 '재구조화'를 두 가지 종류로 나누어 보았다. 어휘부 내에서만 영향력을 갖는 '숙어 형성의 재구조화'와, 통사구조에 영향을 주는 재구조화의 두가지로 나누는 것이다. 후자의 사례가 되는 것은 제7장에서 부분적으로 논의된다. '믿어는 지-'와 같은 경우는 숙어형성의 재구조화의 예가 될 것이다.

36) 이 중립동사를 연구자에 따라 '능격동사'라고 부르는 일이 있으나, 이 책에서의 능격동사는 이와 다른 것이다. '중립동사'란 용어는 연재훈(1989)에서 보이는데, 그 곳에서 든 중립동사의 예는 다음과 같은 것들이다.

구기다, 그치다, 날리다, 내려가다, 내리다, 멈추다, 미치다, 반짝이다, 시작하다, 울리다, 펄럭이다, 풍기다, 휘날리다, 휘다, 벌름거리다, 오물거리다, 꼼지락거리다, 깜박거리다 등

37) 다음과 같은 예에서 '움직이다'는 재귀동사로서의 용법을 갖는다.

(17) 가. 자동차가 움직인다.
나. 차력사가 자동차를 움직인다.
(18) 가. 움직이1: 〔INCH(〔MOVE(x)〕)〕
나. 움직이2: 〔CS(x, 〔INCH(〔MOVE(y)〕)〕)〕

'움직이다' 동사를 기동성을 포함한 구조로 본 것은 (17가)과 같은 예문에 기동성의 의미가 있다는 관찰에 근거한 것이나, 앞에서 말한 기동성의 규정상 사건성의 'MOVE' 함수를 갖는 논항을 취할 수는 없다. 또한, 국어의 많은 동사 표현들이 보이는 의미를 좀더 널리 살펴 보면 이 경우의 이른바 '기동성'의 측면을 이와 같이 동사의 어휘의미의 하나로 기재할 필요는 없음이 드러난다. 우선, (17가)에는 기동성(구체적으로는 '시작')의 의미와 함께, '과정'의 의미도 있다. 그러므로 이 '과정'의 의미를 기반으로 어휘의미구조에 표상한다면, '기동' 내지는 '시작'의 의미는 별도의 다른 원리가 수의적으로 작용하여 나타나는 것으로 설명할 수 있다. 이 원리를 다음과 같이 표현하기로 하자.

(19) 동작동사(activity verbs)에 순간 시점이 가해지면 그 시점으로부터의 '시작'을 나타낸다.[38]

그렇다면, (18)의 두 개의 어휘의미구조는 각각 다음과 같이 기동성 함수를 갖지 않는 구조로 수정된다.

(20) 가. 움직이1: 〔MOVE(x)〕
나. 움직이2: 〔CS(x, 〔MOVE(y)〕)〕

4.5. 피동성과 능격성

그들이 몸을 움직였다.

38) 다른 사건성(event) 동사로 '완성동사(accomplishment verbs)'나 '성취동사(achievement verbs)'에는 이러한 일반화가 적용되지 않는 것 같다.

피동성은 어느 특정 개념함수의 기능과 대응되는 의미 특질이 아니다. 일단 사동성의 의미구조가 성립된 토대 위에서만 표상될 수 있는 것이 피동성의 의미 구조이다. 다음에 '씹다'에 대응하는 피동사 '씹히다'의 어휘의미구조를 먼저 들어 보겠다.

(1) 씹히- : cf. 돌이 씹힌다.
〔CS(〔 〕, 〔GO/+cntc, +cols(y /+food,
〔VIA(〔TEETH-OF(〔 〕)〕)〕)〕)〕

이처럼, 피동성은 사동성 어휘의미구조의 사동자(행위자) 논항이, 자리만 있고 특정 변수가 표시되지 않는 '암시 논항'으로 나타나는 구조를 특징으로 한다.

'씹히다'를 위시한 보통의 접미사계 피동사들은, 비록 어떤 동작과 관련된 특징을 가질지라도, 주어 논항의 행위를 표현하지는 않는다. 이것은 (1)의 어휘의미구조를 살펴봄으로써 알 수 있는 것처럼, 'CS' 함수의 첫째 논항, 즉 행위자가 명시적으로 나타나지 않기 때문인데, 이는 동사의 어휘기재항에 어휘의미구조와 함께 설정되는 또 다른 어휘구조인 어휘통사구조에 '능격성'의 구조로 반영되게 되어 있다. '씹히다'의 어휘통사구조를 예시하면 다음 (2가)와 같다. (2나)는 이에 대응하는 타동사 '씹다'의 어휘통사구조이다.

(2) 가. 〈 y 〉
나. x〈 y 〉

(2가)의 논항 'y'는 문장의 통사구조에서 동사구 내부의 성분으로 실현된다. 그러므로 어휘통사구조에서 '〈 〉'의 경계는 문장의 통사구조, 즉 D구조에서 동사구의 경계와 대응된다. (2나)의 'x'는 주어로 실현되고, 'y'는 그대로 동사구 내부의 성분으로 실현된다. (2가)처럼, D구조의 주어로 실현되는 논항을 갖지 않은 어휘통사구조는 바로 동사의 능격성을 표시해 준다. (2나)에서 'x' 논항은 어휘의미구조에서 행위자, 즉 'CS' 함수의 첫째 논항과 작용의미층 함수('AFF'나 'REACT')의 첫째 논항과 대응된다. 능격동사의 어휘통사구조 중 특

이한 것은 이중주어 구문을 이루는 경우이다.

(3) 〈 y, (z) 〉

(3)의 어휘통사구조에서 직접 주어로 실현될 논항, 즉 외부논항은 보이지 않는다. 따라서 D구조에서는 두 논항이 다 VP 내부의 명사구로 연결되고, 'y'가 이동변형을 거쳐 거쳐 S구조에서 주어로 실현되게 된다. 괄호 '( )'로 둘러싸인 'z'도 간접 논항으로 간주된다.

능격성을 갖는 동사, 즉 능격동사는 그 통사적인 특징에 따라 한 부류를 이룬다. 국어에서 이 능격동사를 구별해 내는 통사적 특징으로는 명령형 문장에의 분포 가능 여부, '노력하다' 등의 통제동사나 '명령하다' 등의 통제동사의 하위절에 분포할 수 있느냐 여부 등을 들 수 있다.[39] 예컨대, '뛰다' 따위의 자동사는 이러한 환경에 분포 가능하다.

(4) 가. 네가 뛰어라.
　　나. 아이가 뛰려고 노력하였다.
　　다. 나는 아이에게 뛰라고 명령하였다.

그러나 '씹히다' 등의 피동사는 이와 같은 환경에 분포할 수 없다는 점에서 '뛰다' 같은 동사와 부류를 달리한다.

(5) 가. *밥이 씹혀라.
　　나. *밥이 씹히려고 노력했다.
　　다. *나는 밥에게 씹히라고 명령했다.

---

39) 이러한 테스트들의 의의는 과거에 동사의 상태성 여부를 분간하는 데 있는 것으로 알려져 왔었으나, 이를 능격동사를 구별해 내는 데에 사용한 연구는 김영주(1990)이다. 능격성은 김영주(1990)에서의 용어로는 비대격성(unaccusativity)이지만, 이 글에서는 이와 같은 의미로 '능격성' 을 사용하는 것이다. '능격성(ergativity)'을 이렇게 '비대격성(unaccusativity)'과 같은 의미로 사용한 예는 Miyagawa(1989: 41-45)에서 볼 수 있는데, 이렇게 능격성을 보통 비대격성의 의미로 사용한 선례로 Burzio, Intransitive verbs and Italian auxiliaries (doctoral dissertation, MIT, 1981)를 들고 있다. 그러나 구체적으로 능격성을 구별하는 방법에서 Miyagawa와 이 글은 같지 않다.

피동사 말고도 이러한 '능격성'의 특징을 보이는 자동사의 예는 더 있다. 모든 상태동사는 다 이와 같은 특징을 보이며, 나아가 '흐르다'와 같은 자연발생적 동작을 보이는 동사들도 마찬가지이다.

(6) 가. *너는 추워라./*물이 흘러라.
　　나. *나는 추우려고 노력했다./*물이 흐르려고 노력했다.
　　다. *나는 그에게 추우라고 명령했다./*그는 물에게/물이 흐르라고 명령했다.

보통의 피동사, 상태동사, 자연발생적 과정을 나타내는 동사들이 갖는 이러한 분포적 제약은 이들이 심층구조에서 떳떳한 주어를 갖지 못하기 때문인 것으로 설명할 수 있다. 이것이 통사적 특징으로서의 '능격성'이 갖는 의미이다. 그런데 이러한 통사적으로서의 능격성은 의미적인 원천으로서 비행위자성과 대응된다. 앞서 (1)의 어휘의미구조에서 작용자와 'CS'의 첫째 논항, 즉 행위자가 암시 논항으로 나타난 것은 이러한 능격성이 어휘의미구조적으로 반영된 것이라고 볼 수 있다. 이 결과, 능격동사의 문장에 나타나는 주어는 '대상'의 의미역 특질과 대응된다. 그러므로 능격동사 구문에서 주어의 비행위자성과 대상성은 모두 그 동사의 어휘의미구조로부터 자연스럽게 해석되는 것이다.

참고로 '흐르다'의 어휘의미구조는 다음과 같이 경로의 논항을 갖는 형식으로 표상되는데 이 경우 역시 대상이 주어로 연결되는 능격동사의 한 예가 된다.

(7) 흐르- : 〔GO(x/+liqd, 〔TO(y)〕)〕
　　　　　강물이 바다로 흐른다.

기존 국어문법 연구에서 능격성이란 개념은 이 글에서와 달리 사용되는 경우가 많다. 비교적 이 글의 개념과 유사한 취지로 사용된 것은 김석득(1980)에서의 예이다. 이 논문에서 '능격성(자리만듦성)'은 용어의 뜻 그대로 새로운 자리를 만들어 낼 수 있는 잠재력을 의미한다. 여기서 '새로운 자리'란 사동자의 논항으로 이해된다. 김석득님은 한 자리 동사, 두 자리 동사, 세 자리 동사 각각에 대해서, 의미적 제약을 고려해 가면서, 새로운 자리를 만들어 낼 수 있는지 여부를 점검하였다. 다음과 같이 '돌다'가 접미사 '리'의 개재 하에 새로운 자리('아이가')를 만들어 낼 때 이 자동사 '돌다'는 '자리만듦성'을 갖는 것이다.

(8) 가. 팽이가 돈다.
　　나. 아이가 팽이를 돌린다.

그런데 이러한 '자리만듦성'은 자동사만의 특징이 아니다. 김석득(1980)에 의하면 다음과 같이 두 자리의 타동사의 경우에도 '자리만듦성'이 인정되는 것이다.

(9) 가. 어머니가 아이를 업었다.
　　나. 아버지가 어머니에게 아이를 업혔다.

양정석(1992)과 이 글에서 사용하는 '능격성'이란 개념은 김석득(1980)에서의 '자리만듦성' 내지 '능격성'이 의도하는 바와 공통되는 점이 있으나, 다음 몇 가지 점에서 구별된다. 1)구체적으로 대응하는 사동사형을 갖는 동사만이 능격성을 갖는 것으로 보지는 않는다. 대응하는 사동사형이 없는 자동사들, 그리고 대부분의 피동사들이 능격성을 갖는 것으로 본다는 점에서 김석득님의 능격성의 범위와는 실제적인 차이가 있다. 더욱이 김석득님은 주동사의 의미적 특질로 자연발생적, 불가항력적인 것들은 사동화하기 힘들기 때문에 능격성을 갖지 않는다고 해석하나 우리는 그러한 예들이 자동사일 경우 오히려 전형적인 능격성을 갖는다고 해석한다. 2)김석득(1980)에서와는 달리, 타동사가 능격성을 갖는 것으로 보지는 않는다. 김석득님은 더욱이 '게 하'에 의한 사동, 즉 긴 사동문도 동사의 능격성 여부를 판단하기 위한 검사 방법으로 사용하였다. 그러나 긴 사동문의 성립 가능성을 여기에 도입할 경우 능격성은 그 문법적인 의의를 대부분 잃어버리게 될 것으로 보인다. 3)김석득님은 하나의 동사라도 다음과 같이 환경에 따라 능격성을 가질수도, 갖지 않을 수도 있는 것으로 해석하지만, 우리의 '능격성'은 한 동사 어휘가 어휘부에서 갖는 영구적인 특질로 해석된다.

(10) 가. 꽃이 핀다. --> *아무개가 꽃을 피운다.
　　나. 웃음꽃이 핀다. --> 아무개가 웃음꽃을 피운다.

앞에서의 세 가지 검사 방법을 사용하면, '피다'는 이 어느 경우로 보나 행위자성을 갖지 못하는 능격동사임이 판명된다.

그런데 (9)의 경우는 좀더 주목을 요한다. 김석득(1980)에서처럼 (9가)의 '업다'는 타동사임에도 불구하고 능격성을 갖는 것으로 보아야 할 것인가? 그러나 여기에는 성격을 달리하는 메카니즘이 개재된다고 하는 것이 필자의 판단이다. (9)에서의 사동형의 파생에는 능격성의 특질이라기보다는 재귀성이라는 요소가 깊이 관여하고 있다.40)

국어에서 피동 표현을 얻는 방법에는 크게 두 가지가 있는 것으로 알려져 왔다. '-이-, -히-, -리-, -기-'등의 접미사에 의한 접미사계 피동과 보조동사로 알려진 '-어지-'에 의한 보조동사계 피동이 그것이다. 앞절에서 논의한 바를 따르면, '-어지-' 피동은 역시 어휘적인 성격을 띠며, '-어지-' 피동 표현은 그 어휘의미구조에 작용의미층을 갖는다는 것이다. 앞서 들었던 다음 예문을 다시 인용한다.

(11) 가. 굴뚝이 막혔다.
　　나. 굴뚝이 막아졌다.

이 두 피동 표현의 의미 차이는 이기동(1978가)에서 잘 설명되었다. (11가)의 피동사가 자동적인 과정을 표시하는 데에 비해 (11나)의 보조동사 피동 표현은 외부의 힘에 의한 비자동적 과정을 표현한다는 것이다. 앞절에서는 '-어지-' 표현에 대해서 피작용자만을 갖는 작용의미층을 설정해야 한다고 말한 바 있다. 이러한 판단은 결국 (11가)와 같은 경우의 접미사계 피동사에 작용

40) 실지로 박양규(1978)에서는 접미사계 사동사에 대하여, 사동화할 수 있는 동사의 요건으로서 재귀성을 내세우고 있다. 그러나 앞에서 보았듯이, 모든 재귀동사가 사동사화할 수 있는 것도 아니며, 역으로 사동사화할 수 있다고 모두 재귀동사인 것도 아니다.

의미층을 설정해 줄 수 없다는 결론으로 이어진다.

양정석(1992)에서 필자는 두 가지 피동 표현이 갖는 의미 차이를 고려하지 않은 채, 모든 피동 표현의 어휘의미구조에 피작용자만을 갖는 작용의미층을 설정해 주었었다. 우선 모든 '-어지-' 피동 표현에 그러한 작용의미층을 설정할 수 있는가 하는 문제를 짚어 보고 나서, 모든 접미사계 피동사는 작용의미층을 갖지 못하는가의 문제를 차례로 살펴 보기로 한다.

이기동(1978다)에서 밝혔듯이, 형용사에 '-어지-'가 결합된 표현은 자동적 과정을 나타낸다. 형용사에 사동 접미사가 결합하여 사동 표현이 이루어진 다음 형성되는 '-어지-' 표현은 다시금 비자동적 과정을 나타낸다.

(12) 가. 그 강은 조금씩 넓어지고 있다.
　　　나. 그 강은 조금씩 넓히어지고 있다.

(12가)는 강이 자연적으로 사람의 힘이 가해지지 않고 넓혀지는 과정으로서 해석되고, (12나)는 사람의 힘이 가해져서 일어나는 과정으로 해석된다.[41] 이에 따라, 형용사와 결합하여 이루어진 '-어지-' 표현은 그 어휘의미구조에 작용의미층을 설정하지 않는 것으로 방침을 세울 수 있다.

'-어지-' 요소가 확인되는 경우 중에서 다음 예들은 보통의 '-어지-'표현과는 구별되어야 한다는 점이 역시 이기동(1978다)에서 지적되었다.

(13) 가. 어그러지다, 아스러지다, 부러지다, 시그러지다, 사라지다
　　　나. 엎어지다, 자빠지다, 넘어지다, 쓰러지다, 떨어지다, 미끄러지다

이들은 모두 '지다'에 선행하는 요소에 대한 형태 분석이 어려운 동사들이다. 특히 이기동님은 특히 (13나) 동사들에서의 '지다'는 의미상으로 보조동사가 아닌, "해가 졌다, 나뭇잎이 진다"와 같은 예에서의 본동사 '지다'에 더 가깝다고 하였다. 이들 동사는 그 '-어지-'요소의 존재에도 불구하고 비자동적 과정이 아닌, 자동적 과정의 해석을 받아야 하는 것으로 생각된다.[42]

41) 이기동(1978다: 47) 참조.

다음으로 살펴 볼 점은, 과연 모든 접미사계 피동사는 자동적 과정을 나타내는가 하는 것이다. 이는 곧 모든 접미사계 피동사가 그 어휘의미구조에 작용의미층을 갖지 않는가 하는 물음과 같다. 국어의 접미사계 피동사의 수효는 그리 많은 것이라고는 할 수 없는데, 그 중에는 다음과 같이 목적어를 취하는 동사들도 포함되어 있다. 이들 동사에 대응하는 '-어지-' 피동의 문장은 가능하지 않다.

(14) 가. 아이가 불량배에게 시계를 빼앗겼다.
　　나. *아이가 불량배에게 시계를 빼앗아졌다.

피동사는 능격성을 갖는다고 하였다. 그러나 피동사로 알려져 온 동사들 중

---

42) 피동문의 두 형식 중 '-어지-' 피동문은 'NP에 의하여' 형식과 잘 어울리나 접미사계 피동문은 일반적으로 그렇지 않은 듯하다.

?*수레가 사람들에 의해 밀렸다./ 수레가 사람들에 의하여 밀어졌다.

(11) 같은 경우, 접미사계 피동형과 보조동사계 피동형이 다 가능하다. 전자에 있어 힘의 작용을 감지하기는 어려운 듯하다. '그을음'은 굴뚝이 막히는 데 쓰인 재료이지, 작용자라고 보기 어렵다.

굴뚝이 {그을음에 의해, ?*청소부에 의해} 막혔다.

굴뚝이 {??그을음에 의해, 청소부에 의해} 막아졌다.

그러므로 이들 예에서 'NP에 의하여'는 부가어적으로 힘의 작용을 덧붙이는 기능을 갖는다고 할 수 있다.

다음도 비교가 된다. 이기동(1978다)에서 '좁아지다'는 자동적 과정을 나타낸다고 하였는데, '좁혀지다'는 사동사 '좁히다'에 다시 '-어지-'가 결합된 형식이므로 비자동적 과정을 나타내게 되었다고 할 수 있다.

강이 {토사에 의해, ?*사람들에 의해} 좁아졌다.

강이 {??토사에 의해, 사람들에 의해} 좁혀졌다.

문제가 되는 예는 (13가)와 같은 것들이다. '부러지다' 같은 경우는 다음과 같이 'NP에 의하여'와 잘 어울리며, 이 때 'NP'는 작용자로 볼 수 있는 것이다.

바람에 의하여 나뭇가지가 부러졌다.

'NP에 의하여'에서 '의하여'는 'NP1이 NP2에 의한다'의 문장 형식에서 보는 것처럼 동사 '의하다'의 한 활용형이다. 동사 '의하다'나 그 활용형 '의하여'에서 보어 'NP'는 작용 또는 그 작용의 근원이 되는 힘을 그 의미로 갖는다고 볼 수 있다.

굴뚝이 청소부의 힘에 의해 막아졌다.

굴뚝이 막아진 것은 청소부의 힘에 의한다.

'의(依)하다'는 '依據하다', '依支하다', '依存하다' 등과 어원적 관련을 갖고 있으나 정작 그 의미를 분석하기는 쉽지 않다. '의하다' 또는 '의하여'의 보어가 '힘'이나 '작용'의 의미특질을 갖는다고 가정한다면 이상 예문들에서의 비문성의 이유가 어느 정도 설명될 것이다.

에는 우리의 기준에서의 능격성의 요건에 맞지 않는 것들이 있다. 바로 지금 (14)의 '빼앗기다'의 경우가 그 하나이고, 이밖에 '잡히다' 같은 동사들이 있다. 전자는 목적어를 취할 수 있고, 후자는 주어 논항이 행위자성을 내포한다.

(14)′*아이가 불량배에게 시계가 빼앗겼다.
(15) 가. 경애가 찬수에게 손을 잡혔다.
  나. 경애가 찬수에게 손이 잡혔다.
(16) 가. 찬수에게 손을 잡혀라./경애가 찬수에게 손을 잡히려고 노력했다.
  나. *찬수에게 손이 잡혀라./*경애가 찬수에게 손이 잡히려고 노력했다.

(15나)는 예사의 피동문이다. 주격형 '손이'는 '잡히다'가 갖는 어휘의미와는 직접적으로 무관한 요소라고 생각된다. 이에 비해 (14가)와 (15가)는 예사 피동문과는 달리 목적어를 가진다. 이 점을 반영하여 (14가)와 (15가, 나)의 동사의 어휘의미구조를 기술하면 각각 다음과 같이 된다.

(17) 빼앗기- : 〔〔AFF(, z)〕,
  〔CS(〔 〕, 〔GO/+poss(y, 〔〔FROM(z)〕,
  〔TO(〔AT/+ctrl(〔 〕)〕)〕〕)〕)〕〕
  cf. 아이가 불량배에게 시계를 빼앗겼다.
(18) 가. 잡히1: 〔〔AFF(y,)〕,
  〔CS(〔 〕, 〔CS(y, 〔INCH(〔BE(z/+bp,
  〔AT/+cntc, +ctrl(〔HAND〕-OF(〔 〕)〕)〕)〕)〕)〕〕
  cf. 경애가 찬수에게 손을 잡혔다.
  나. 잡히2: 〔CS(〔 〕, 〔INCH(〔BE(y,
  〔AT/+cntc, +ctrl(〔HAND〕-OF(〔 〕)〕)〕)〕)〕〕
  cf. 경애가 찬수에게 손이 잡혔다.

'빼앗기다'와 '잡히다1'의 어휘의미구조는 보통의 접미사계 피동사와는 달리 작용의미층을 갖는 것으로 표상되었다. 우선 (14가)의 '빼앗기다' 문장과 (19)의 '빼앗다' 문장을 비교해 보면 둘의 연관이 보통의 능동문과 피동문에서 보는 것과 같은 것이 아님을 알 수 있다. (14가)의 '아이에게'는 (19)에서 '아이로부터/에게서/한테서'와 대응되는 것이다. 따라서(17)과 (20)에서 피동사 '빼앗기다'와 능동사 '빼앗다'는 어휘의미구조상으로 그 관계의미층의 논항이 서로 연관을 갖지 않는 것으로 기술되었다.

(19) 불량배가 아이로부터/에게서/한테서 시계를 빼앗았다.
(20) 빼앗- : 〔〔AFF(x, y)〕,
〔CS(x, 〔GO/+poss(y, 〔〔FROM(z)〕, 〔TO(〔AT/+ctrl(x)〕)〕〕)〕)〕〕

(14가)의 동사 '빼앗기다'에 대한 어휘의미구조인 (17)에서 'z' 논항('아이')은 작용의미층의 피작용자이고, 작용자가 비어 있으므로, 주어로 연결된다. 'y' 논항('시계')은 관계의미층에서 대상 의미역을 가지므로 목적어로 연결된다. 더 구체적으로, 앞 장에서 설정한 '연결 규칙1'로 설명하면, (17)에서 어휘의미구조 논항들의 순서쌍은 (17가)'와 같고, 그에 대응하는 어휘통사구조 즉 〈x, y〉의 순서쌍은 (17나)'가 된다.[43)]

(17)'가. 어휘의미구조의 순서쌍: (z, y)
| |
나. 어휘통사구조의 순서쌍: (x, y)

즉, 어휘의미구조 작용의미층의 피작용자 'z'는 두 내부 논항 중 'x'로 연결되고, 대상 'y'는 다른 내부 논항 'y'로 연결되는데, 이는 앞 장의 '연결 규칙1'에 비추어 결함이 없다. 만약 '빼앗기'와 '잡히1' 동사들의 어휘의미구조에 작용의미층이 설정되지 않는다면 (17가)'의 논항들의 순서가 (z, y)로 될 근거가 없으므로 이와 같은 연결 과정에 대한 설명이 어려워질 것이다.

'빼앗기다'의 어휘통사구조 형식 〈x, y〉는 극히 예외적인 것으로 주목된다. 이 동사는 외부논항을 갖지 않으므로 일단 능격동사의 부류에 든다고는 할 수 있지만, 여타 능격동사들과는 달리 목적어를 취하는 것이다. 이렇게 독특하게 해석되는 〈x, y〉와 같은 어휘통사구조를 가외로 설정하는 것은 '연결 규칙2'를

---

43) 다시 말하지만, 어휘의미구조나 어휘통사구조에서 논항 변수 x, y, z는 한 구조 표상 속에서의 동일성과 다름을 표시할 뿐이다. (17)'에서 위, 아래의 'y'는 동일한 것으로 전제되지 않는다.

복잡하게 만드는 것이 사실이다. 그러나 "*불량배에게 시계를 빼앗겨라.", "?*아이는 시계를 빼앗기려고 노력했다.", "?*아이에게 시계를 빼앗기라고 명령했다." 등의 증거를 존중할 때 (17)의 어휘의미구조와 능격적인 어휘통사구조 〈x, y〉가 정당성을 얻는다. 이러한 예를 고려하여 수정된 '연결 규칙1', '연결 규칙2'는 이 책의 결론인 제8장에서 제시할 것이다.

(15)의 두 가지 피동문에 대응하는 능동문과 그 동사의 어휘의미구조는 다음과 같다. 특히 (15가)는 '잡다'의 사동형 '잡히다'가 만들어지고, 다시 이 사동형의 어휘의미구조를 기반으로 하여 피동사의 어휘의미구조가 구해지는 것으로 보아야 한다. 이 점이 (18가)의 어휘의미구조가 보이는 예외성을 설명해준다.

(20) 가. 잡히3: 〔〔AFF(x, z) ,
〔CS(x, 〔CS(y, 〔INCH(〔BE(z,
〔AT/+cntc, +ctrl(〔HAND〕-OF(y))〕)〕)〕)〕)〕〕
cf. 어른들이 아이에게 밧줄을 잡혔다.
나. 잡- : 〔〔Aff(x, y)〕,
〔CS(x, 〔INCH(〔BE(y,
〔AT/+cntc, +ctrl(〔HAND〕-OF(x))〕)〕)〕)〕〕
cf. 아이가 밧줄을 잡았다.

4.6. 능동과 피동, 주동과 사동의 관계

이미 앞에서 말한 바 있지만, 송석중(1967)에서는 다음과 같은 문장이 '재귀성'을 갖는지 여부에 따라 구조적 동음이의성을 갖는다고 하였다.44)

---

44) 이 문장을 다음처럼 어순을 바꿔 놓으면 회피적 문장으로만 이해된다.
할머니가 아이를 어머니에게 업힌다.
이는 아마도 처소옮김의 의미를 갖는 동사들이 갖는 일반적인 구조와 관련된 것이 아닌가 한다.

(1) 할머니가 어머니에게 아이를 업힌다.

이 문장이 갖는 한 가지 의미는 사동문으로서의 의미이다. 이 때 사동사 '업히다'와 대응하는 주동사 '업다'는 재귀동사이며, 이 경우 '-에게'에 선행하는 명사구는 '행위자'의 역할을 가진다. 그러나 한편으로 '-에게' 선행 명사구가 '낙착점'의 의미를 갖고 행위자의 의미를 갖지 못하는 해독도 가능하다. 후자의 경우는 사동문이 아닌, 이른바 '회피적 문장(obviative sentence)'으로 명명되었다. 즉, 사동문으로서의 의미는 '할머니'가 어머니를 시켜서 어머니로 하여금 아이를 업는 행위를 자발적 의지를 가지고 하게 만든다는 의미이고, '회피적 문장'은 어머니의 행위자로서의 역할이 드러나지 않는 것으로, 할머니가 어머니의 등이라는 처소에 아이를 옮겨놓는다는 일반적인 처소 표현으로서의 의미이다.

두 가지 의미를 두 동음이의 동사의 어휘의미구조 차원에서 구별해 보고, 과연 사동문이라는 것이 그 대응되는 주동문과의 관계에서 어떤 규칙성으로써 맺어지고 있는지 관찰해 보기로 한다. 이른바 사동문의 동사를 '업히다1'로, '회피적 문장'의 동사를 '업히다2'라고 하자. (2)의 '업다'는 '업히다1'과 연관되는데, 그 특징은 '어머니'의 행위자성이 드러난다는 것이다. 일단 '업다'의 어휘의미구조는 재귀성을 포함하는 구조로 표상된다.45)

(2) 가. 어머니가 아이를 업었다.46)
나. 업- : 〔〔AFF(x , y)〕,
〔CS(x , 〔INCH(〔BE(y , 〔AT(〔등〕-OF(x))〕)〕)〕)〕〕

---

45) 이 어휘의미구조에서 논항 변수 y와 z는 다음의 사동사의 어휘의미구조에 나타나는 y, z와 대응된다. 이는 다만 이 자리에서 편의상으로 하는 약속일 뿐이다. 일반적으로는 논항 변수의 표기는 한 명제 단위 내에서의 동일성과 구별을 표시하는 기능밖에는 없다.

46) 다음과 같은 문장 형식은 여기서 논외로 한다.
어머니가 등에 아이를 업었다.
'등에'와 같은 성분의 의미는 처소의 'NP에' 부가어 규칙에 의하여 설명되는데, '업다'의 어휘의미에 이와 같은 의미 성분이 이미 설정되어 있으므로, 의미 성분의 '융합(fusion)' 현상이 일어나게 되는 것으로 보인다.

이 어휘의미구조의 특징은 우선 사동성의 함수 'CS'를 포함하며, 이 사동성 함수의 첫번째 논항이 병합된 성분 '〔등〕-OF'의[47] 논항으로 다시 나타난다는 것이다. 재귀성이란 일반적으로 행위자가 자기 자신에 대해 어떤 행위를 하는 국면을 갖는 것으로 알려져 있으므로 위와 같은 어휘의미구조는 이에 대한 온당한 표현으로 간주될 수 있다. 단, 이와 같은 재귀성의 국면은 관계의미층의 요소들을 통해서만 나타난다.

이제, (1)이 '사동문'으로 해석되는 경우, 사동사의 어휘의미구조는 사동성과 새 논항을 새로이 도입하므로 다음과 같이 사동성이 겹쳐진 꼴로 기술된다. 새로 도입된 논항 'x'는 기존의 다른 논항과 결속되지 않으므로 원래 주동사의 재귀성이 사라지는 결과가 된다. 이 때 작용자의 두번째 논항으로서의 목적어는 사동사의 경우에도 그대로 유지됨에 주의해야 한다.

(3) 업히1(사동사):
〔〔AFF(x , z)〕,
〔CS(x , 〔CS(y , 〔INCH(〔BE(z ,
〔AT(〔등〕-OF(y))〕)〕)〕)〕)〕)〕〕

(1)의 또 한 가지 의미, 즉 '사동문으로 볼 수 없는 경우'의 동사 '업히다2'의 의미는 다음과 같이 표상된다. 먼저, 작용의미층은 '업히1'의 경우와 같다. 그러나 관계의미층에서는 '업히1'의 경우와 크게 다른 모습을 보인다. 이 어휘의미구조도 주어와의 논항 결속을 포함하지 않고, 따라서 재귀성을 가지지 않는 점에서는 '업히1'과 같으나, 'y' 논항이 부분적으로도 행위자의 역할을 하지 못하고 있다.

---

47) 앞에서의 '〔TEETH〕-OF', '〔HAND〕-OF' 및 여기의 '〔등〕-OF'와 같은 의미 성분은 더 분석될 필요가 있다. 우선 '〔등〕'은 신체부분(+bp)의 하나로서 '등'이 갖는 어휘개별적 특질이 복합된 의미 성분으로 표상되어야 하겠다. 또, '-OF' 부분은 일종의 비분리 관계의 표현이 되나, 이 자체로서는 개념구조의 한 함수로 인정될 수 없다. 이는 아마도, 각각의 어휘가 갖는 성격에 따라, Jackendoff(1991)에서 말하는 CONT, COMP, ELT 등의 연산자를 포함하는 의미 성분으로 바뀌어져야 할 것이다.

(4) 업히2(회피적 문장에서):
〔〔AFF(x, y)〕,
〔CS(x , 〔INCH(〔BE(y , 〔AT(〔등〕-OF(〔 z 〕))〕)〕)〕)〕〕

이 '업히2' 동사는 직접적으로 대응하는 주동사의 문장을 갖지 않는 것으로 해석되나 사동성의 의미 요소를 가지고 있고, 또한 접미사 '히'를 취하므로 사동사로서 인정하지 않을 수는 없을 것이다.

그러므로 '업히2'는 주동사로서의 '업-'과 구조적으로 흡사한 어휘의미구조를 가지되, 논항들의 배열에 있어서는 재귀성을 갖는 '업-'과는 큰 차이를 보인다. 이렇게 두 가지 '업히다'의 어휘의미구조를 형식화해 놓음으로써 둘 사이의 차이와 앞서 관찰된 (1)의 중의성이 자연스럽게 설명된다.

(2나)에 표상된 '업'의 어휘의미구조와 (3)의 '업히1'의 어휘의미구조를 비교해 보면 둘 사이의 연관이 상당히 규칙적임을 감지할 수 있다. 즉, 사동접미사의 첨가와 의미적으로 대응하는 요소는 사동사의 어휘의미구조에서 사동성 함수 'CS'와 새로운 논항 'x'로 나타난다. 이 점을 다음과 같은 어휘 규칙으로써 나타낼 수 있겠다. 이도 역시 관계의미층에서의 규칙성임을 강조해야겠다.

(5) [V / 〔F(y, z)〕] ⟨---⟩ [V+{이} / 〔CS(x, 〔F(y, z)〕)〕]

그런데, (2나)의 '업-'과 (4)의 '업히2'에는 이러한 규칙적인 관계를 찾아보기가 어렵다. 이 점을 중요시한다면 (4)의 '업히2'는 엄밀한 의미의 사동사로 인정해 주기 어려운 면이 있다. 바로 이 점이 송석중(1967)에서 (1)과 같은 문장을 두 가지 서로 다른 구조로 관찰한 이유라고 할 수 있고, 우리의 형식화는 이 점을 명시적으로 설명해 주는 이득이 있다.

주동사 '업다'는 사동사로뿐만 아니라 피동사로의 파생이 다 가능한데, 두 경우 형태는 모두 '업히다'로서 동일하다. 피동사의 경우에도 두 가지의 의미가 구별되나, 그 의미적 양상은 사동사의 두 가지 경우와 그대로 대응되지 않는다. 다음 (6가)는 주어 '아이'의 의지에 따른 행위가 표현되며, (6나)는 '아이'가 자신의 의지에 의하지 않고 제삼자의 행위에 의해 영향받음을 표현한다.

(6) 가. 아이가 스스로 어머니에게 업혔다.
나. 아이가 할머니에 의해서 어머니에게 업혔다.

이를 살펴 보면, 사동사의 두 가지 용법과 피동사의 두 가지 용법은 서로 같은 원리에 의하여 연결되지 않음을 알 수 있다. 앞서 피동사에 대한 어휘의미구조 기술의 예를 따르면, 일반적인 피동사는 비행위자성을 띠므로, (6)의 두 예 중 보다 표준적인 피동문은 (6나)라고 할 수 있다. (6나)의 피동사 '업히다'의 어휘의미구조는 다음과 같이 표상된다.[48]

(7) 무의지의 피동사 '업히3': -- (6나)
〔CS(〔 〕, 〔INCH(〔BE(y , 〔AT(〔등〕-OF(z))〕)〕)〕)〕

이 '업히다'에 대한 어휘의미구조를 잘 살펴보면 이것이 주동사인 '업다'의 어휘의미구조 (2나)를 토대로 하여 만들어진 것이라기보다는 회피적 문장의 동사 '업히다2'를 근거로 하여 만들어진 것임을 알 수 있다. 만약 (2나)의 '업다'를 기초로 만들어졌다면 다음과 같은 꼴이 될 것이다. 여기서 두 암시 논항에 동일지시 지표를 표시하는 방법으로 연결해 주더라도 (6나)의 '업히다'가 의도하는 바를 바로 나타내 주지는 못한다고 하겠다. 이는 (6나)에서 '어머니에게'가 부가어 아닌 보어로 사용되고 있기 때문이 아닌가 한다.

(8) 〔〔AFF(, y)〕,
〔CS(〔 〕, 〔INCH(〔BE(y , 〔AT(〔등〕-OF(〔 〕))〕)〕)〕)〕〕

우리는 앞에서 회피적 문장의 경우, 주동문과의 접미사에 의한 규칙적 연관을 부정하였다. 그런데도 이에 대응되는 피동문은 오히려 전형적인 피동문으로서의 성격이 더 두드러지게 나타나는 것을 볼 수 있다.

만약 접미사에 의한 피동화를 규칙으로 표현한다면 그 과정은 작용의미층의 작용자와 관계의미층의 첫번째 사동자를 암시 논항으로 만들어 주는 것이라고

---

48) 양정석(1992: 146)에서의 기술은 잘못된 것이므로 이 글에서와 같이 바로잡아야 한다.

할 수 있다. 그렇다면, 위의 어휘의미구조들에 대한 관찰로부터, 피동사의 어휘의미구조는 일단 사동사의 어휘의미구조가 형성된 다음에나 생겨날 수 있다는 결론을 얻게 된다. 그런데 (6가)에 나타난 '업히다'의 어휘의미구조는 이보다도 더 멀어진 모습을 보여준다. 이를 다음과 같이 표상한다.

(9) 의지의 '업히4': cf. 아이가 스스로 어머니에게 업혔다.
〔〔AFF(y ,)〕,
〔CS(〔 〕, 〔INCH(〔BE(y , 〔AT(〔등〕-OF(〔 z 〕))〕)〕)〕)〕〕

여기서 '어머니'에 대응하는 논항은 'z'이다. 보통의 피동사에서 'CS'의 첫째 논항(행위자)은 'AT' 함수의 논항과 일치하나, 이 경우는 다르다. 또, "*아이가 업혔다."는 다른 피동사 구문에서처럼 완전한 문장으로 받아들여지기 곤란하다. 따라서 '어머니에게'는 다른 피동사 구문에서와는 달리 보어로 간주되어야 한다.

이 어휘의미구조에는 관계의미층에 암시 논항이 남아 있어, 피동사로서의 성격을 유지하고 있다. 작용의미층에는 'y'논항이 작용자가 되어 이 '피동사'의 행위자적 성격을 표시해 주고 있다. 앞 절에서 피동사의 경우에도 행위자성을 갖는 동사로 이른바 '피동타동사'들을 들었는데, (9)의 '업히다'는 작용의미층을 갖는 피동사의 또 한 가지 예라고 하겠다.

이상의 사실은 주동으로부터 사동, 또는 능동으로부터 피동으로 바뀌는 과정이 그리 일사불란한 규칙성에 의하여 이루어지지 않고, 부분적인 어휘 규칙의 수준에서 맺어지는 것임을 다시금 보여준다.

4.7. 피동사의 시상적 속성

다음으로, 피동사들이 갖는 시상적 속성을 살펴 보기로 한다. 특히 보조동사 '-어 있-'과의 공존가능성이 피동사들의 어휘의미를 분석하는 데에 어떻게 관여하는지 검토해 본다.

이기동(1978가)에서는 보조동사 '-어 있-'이 자동사에 의하여 선택되며, 이때 자동사는 의미상 '한계점'을 내포하는 특징을 갖는다고 하였다. 김영주(1990: 90-91)에서는 이기동(1978가)의 이와 같은 지적에 주목하여, 모든 피동사가 '-어 있-'을 취하는 '종결동사(telic verb)'인 것으로 간주하였다. 이것은 '-어 있-'을 선택하게 되는 근원이 동사의 어휘적 특질 중의 하나인 '종결성(telicity)'인데, 모든 피동사가 종결성을 띤다는 뜻이다. 그렇다고 역으로 모든 종결동사가 피동사라는 뜻까지 의도하는 것은 물론 아니다.

다음은 김영주(1990: 91)에서 '-어 있다'를 취할 수 있는 동사들로서 제시한 목록이다. 그는 여기에 모든 피동사가 첨가된다고 한다.

(1) 떨어지다, 무너지다, 넘어지다, 떠나다, 돌아오다, 돌아가다, 남다, 존재하다, 터지다, 기절하다, 죽다, 태어나다, 도착하다, 미치다(crazy), 가다, 오다, 들어오다, 들어가다, 새다, 부풀다, 붓다, 깨다, 끝나다, 올라오다, 올라가다, 빠지다, 솟다, 되다, 나타나다, 벌어지다, 들어나다, 피다, 시들다, 녹다, 얼다, 앉다, 서다, 눕다, 닿다, 기대다, 썩다, 늘어나다, 증가하다, 줄다, 감소하다, 속하다, 나다(occur)

김영주(1990: 90)에서는 또 타동사의 완료상을 표현하기 위하여 '-어 놓다'나 '-어 두다'를 사용한다고 하고, '걷다, 뛰다, 달리다, 놀다' 등은 '-어 두다'를 취할 수 있다고 하였다. 본동사로서의 '놓다'와 '두다'는 'INCH[BE(...)'를 포함하느냐 'STAY'를 포함하느냐 따라 갈리는 것으로 보인다. 이들 의미요소는 보조동사에도 그대로 간직되는 것으로 볼 수 있다. 즉, 두 보조동사는 표현하는 바가 다르며, 똑같이 완료상의 표현으로 간주될 수는 없다.

실제의 피동사들을 모두 검토해 보면 모든 피동사가 종결성을 띤다는 진술도 너무 강한 것임을 알 수 있다. 여기서 먼저 이 점을 확인해 보자. 앞의 목록을 대상으로 하여 조사해 보면 꽤 많은 예를 더 찾아볼 수 있다.

(2) 가. *나에게는 애드벌룬이 보여 있다.
나. *모래가 바람에 날려 있다.
다. ?*김후보가 박후보에게 밀려 있다.
라. *이가 갈려 있다.

마. *된 서방에 걸려 있다.
바. *나는 기막혀 있다.
사. ?*힘이 달려 있다.
아. *속이/*이가 떨려 있다.
자. ?*눈에 뜨여 있다.
차. ?*나는 기가 막혀 있다.
카. *오금이 밀려 있다.
타. *나는 그 문제에 마음이 쓰여 있다.
파. *참 못된 놈팽이에게 얻어걸려 있다.

다음과 같은 예는 동시에 피동사와 사동사로 쓰이는 동사를 갖는 문장들이다.

(3) 가. *먼지가 날려 있다.
나. *음식이 남겨 있다.(cf.남겨져 있다.)
다. *남산이 나에게 보여 있다.

이와 같이, 일반적으로 피동사로 인정되는 것들 중에도 '-어 있-'와 공존하지 않는 것들이 상당수 있다. '-어 있-'과 공존한다는 분포상의 특징이 '종결성'의 표지라면, 위에서 예를 든 피동사들은 종결동사일 수 없음이 분명하다. 앞에서 말한 바와 같이, 이기동(1978)에 의하면 '-어 있-'과 공존할 수 있는 동사들은 자동사이면서 어떤 한계점을 가질 수 있는 동사라야 한다고 한다. 그런데 국어 피동사들의 의미적 특징을 조사해 보면 피동사들이 언제나 한계점을 갖는 것은 아니다. 즉 "모래가 바람에 날린다."나 "이가 갈린다.", "나는 그 문제에 마음이 쓰인다.", "내게는 애드벌룬이 보인다." 처럼 피동형이 가능한데도 위와 같이 '-어 있-'형이 불가능한 것은 이 동사들이 개별적인 특징으로서 한계점을 상정하기 어렵기 때문이다. 이는 피동사들을 '-어 있-'의 공존 가능성으로 일반화하기가 불가능함을 보여 준다. 피동사가 모두 한계점을 갖는 동사여야 할 이유가 없으므로, 이들을 시상적인 속성에 따라 하나의 부류로 특성화해 주기는 어렵다. 따라서 각 동사 개별적으로 시상적 속성(존재론적 범주)을 덧붙여 줄 수밖에 없을 듯하다.

이는 결국, 모든 피동사들이 하나의 시상적 속성을 갖는다고 할 수 없음을 말해 준다. 피동사들은 다양한 시상적 속성을 갖는 타동사들로부터 파생되어 생겨난 것이기 때문이다.

4.8. 피동문과 'NP에게' 성분

피동문을 통사론적으로 설명함에 있어서 어려운 문제 중의 하나는 'NP에게'의 지위에 관한 것이다. 여기서는 이에 대하여 부가어 의미해석 규칙을 이용한 설명을 시도한다.

모든 피동사가 다 'NP에게' 성분을 동반하는 것은 아니다. 앞 장에서 'NP에게'의 출현이 불가능한 구문의 예를 보았던 터이다. 다음이 그 대체적인 유형이다.

(1) 가. 수돗구멍이 헝겊으로 틀어막혔다.
　　나. 헝겊이 수돗구멍에 틀어막혔다.
(2) 가. 철수가 이제 틀이 잡혔다.
　　나. 줄이 한 줄씩 뒤로 밀렸다.

(1)과 같은 경우, 동작의 행위자가 드러날 때는 'NP에 의하여/의해/의해서'와 같은 형식으로 표현될 수도 있는 듯하다. 그런데, 많은 경우에는 그대로 피동사와 더불어 'NP에게' 형식이 나타나므로, 이 성분의 필수성 여부가 가부간에 결정되어야 한다.

(3) 가. 철수가 기르던 개에게 물렸다.
　　나. 도둑이 순경에게 잡혔다.
　　다. 아이가 동네 불량배에게 시계를 빼앗겼다.
(4) 가. 철수가 물렸다.
　　나. 도둑이 잡혔다.
　　다. 아이가 시계를 빼앗겼다.

앞에서 살펴본 피동사의 통사적 분포를 고려하면 (3가, 나)에서 'NP에게'는 필수성분으로 인정하기 곤란하다. 그러나 의미적으로는 'NP에게'에 대응하는 의미적 부분이 피동사 자체의 의미에서 감지된다. 이 점은 앞에서 설정한 피동사의 어휘의미구조에서 암시 논항으로 반영되어 포착되었다.

따라서 (3)의 '물리다', '잡히다', '빼앗기다'의 어휘통사구조를 각각 다음 (5가-다)의 구조로 설정하기로 한다. 이들은 각각 (4가-다)와 대응한다. '물리다'는 능격 동사로, '잡히다'와 '빼앗기다'는 비능격 동사로 설정되었는데, 후자의 이유는 앞서 말한 것처럼 주어가 행위자성을 갖는다고 보기 때문이다.[49]

(5) 가. 〈 y 〉
  나. x〈 〉
  나. x〈 y 〉

(3가)의 문장을 예로 들어 피동문과 관련한 통사적 과정을 살펴 보자. 먼저 (5가)의 어휘통사구조는 그대로 다음과 같은 D구조를 형성하게 된다.

(6) 〔 e 〕$_{NP}$ 〔〔철수〕$_{NP}$ 〔물리〕$_{V}$〕$_{VP}$었다.

(6)에서 보는 것처럼 논항 'y'와 연결되는 명사구(NP)가 동사구(VP)의 내부에 들어 있고, 동사구 경계 바깥의 주어 위치는 비어 있는 상태로 나타난다. 여기에, 통사부문의 일반적 원리로서 주술관계가 갖추어져야 한다는 요구가 있다고 가정할 수 있다. 이러한 일반 원리를 구체적으로 실행하는 규칙이 뒤의 제6장에서 말하게 될 '서술화 규칙'이다.[50] 이에 따라 (6)은 (7)처럼 바

---

49) '잡히다'는 행위자성과 함께 재귀성을 가진다고 보았으므로, 앞서 4.6.절에서 살펴 본 '의지를 갖는 피동사 어간'으로서의 '업히'와 동일한 맥락에서 기술해 주어야 한다.

50) Chomsky(1981) 및 Miyagawa(1989) 등에서는 명사구 이동의 이유를 격을 할당받기 위한 것이라고 설명하지만, 이 책에서는 국어에서 주격의 할당이 당연값(default)으로 주어지는 것으로 보기 때문에(이에 관하여 강영세, 1986 및 김영주, 1990 참조) 이 경우 동사구 내부의 명사구가 주어로 이동해야 할 필연성을 정당화해 주기 어렵다. 서술화 규칙을 명사구 이동의 이유로 설명하는 예는 Rothstein(1983)에서 볼 수 있다.

뀌게 되며, 동사구의 명사구 위치에는 흔적(trace: t_i)을 남기게 된다. 그리고 이동된 명사구와 남아 있는 흔적에는 동일지표 'i'가 부여된다.

(7) 〔철수i〕$_{NP}$ 〔〔 ti 〕$_{NP}$ 〔물리〕$_V$〕$_{VP}$었다.

격할당의 문제에 관해서는 대체로 강영세(1986)의 방식대로, 추상격으로 주격(〔+NOM〕), 목적격(〔+ACC〕, 관형격(〔+GEN〕), 사격(〔+OBL〕)을 부여하고 음성형식(PF) 부문에서 격형태의 실현을 보게 되는 것으로 간주한다. 단, 목적격을 부여하는 경우에 동사의 어휘적 특질을 강영세(1986)에서는 비상태성(〔-stative〕)이라고 하였으나, 이러한 동사의 특질에 대해서는 적절한 조정이 필요할 것이다.

이제 'NP에게'를 허가(license)해 주는 일이 중요한 문제로 남았다. 피동사의 어휘기재항에는 'NP에게'의 의미해석을 위한 몫이 남아 있지 않으므로 1) '에게'의 어휘의미구조에 이것이 명사구를 취하여 문장 전체의 의미구조에 관여하는 국면을 등재하여 주거나, 2)통사구조로부터 문장의 의미구조로의 대응(해석)에서 이를 규정해 주는 두 가지 가능성이 존재한다. 그러나 전자의 대안은 어휘의미구조의 성격상 어려움이 있다.

앞서의 피동사에 대한 어휘의미구조 분석에서 'CS' 함수의 첫째 논항으로 암시 논항이 설정된 것은 피동사가 갖는 공통적인 형식이다. 또한, 'NP에게'를 취하는 피동사 구문이 갖는 또 하나의 특징은 사동성의 행위자 논항과 함께 처소의 논항도 암시 논항으로 나타난다는 점이다. 이 두 논항은 동일한 대상이다. 피동문에 나타나는 'NP에게' 성분은 이러한 암시 논항의 존재를 이용한 다음과 같은 부가어 의미해석 규칙에 의하여 의미를 허가받는 것으로 설명하는 편이 낫다.

(8) 피동문의 'NP에게' 부가어 의미해석 규칙:51)

51) 양정석(1992: 161)에서는 다음과 같이 기술하였으나, 이 'NP에게' 부가어 규칙이 문제되는 것은 작용의미층이 아니고 관계의미층이므로 이와 같이 수정하는 것이다.

V가 〔CS(〔 〕i, 〔 ... 〔AT(...〔 〕i)〕...〕)〕에 대응하고 NP가 〔 A 〕에 대응하면, 〔...〔 V...〔NP에게〕...〕VP〕S는 다음 의미구조에 대응된다.

〔CS($\begin{bmatrix} \\ A \end{bmatrix}_i$, 〔 ..... 〔AT($\begin{bmatrix} \\ A \end{bmatrix}_i$)〕...〕)〕

단, $\begin{bmatrix} \\ A \end{bmatrix}$은 동사 어휘의미구조의 암시 논항과 의미 성분 A의 융합.

(3가)의 '물리다'와 같은 동사는 물론이고, (3나, 다)의 동사 '잡히다'와 '빼앗기다'도 비록 작용의미층을 갖지만 보통의 피동사와 마찬가지로 (8)의 규칙이 적용된다.

한 가지 흥미로운 사례는 '빼다/빠지다/빼어지다' 동사들이다. 어휘의미적으로 볼 때 피동형은 일단 사동형이 만들어진 다음, 거기에 어떤 성분이 덧붙어져서 만들어진다고 볼 수 있다. '빼다'에는 'CS'의 요소가 있다. "찬수가 나무에서/로부터 못을 뺀다."의 경우 동사의 어휘의미구조는 다음과 같이 표시할 수 있다.

(9) 빼- : 〔〔AFF(x, y)〕,
〔CS(x, 〔INCH〔BE(y, 〔AT-END-OF(〔FROM(〔 z 〕)〕)〕)〕)〕)〕〕

'빼어지다'는 'CS'의 첫째 논항이 암시 논항으로 나타나나, 앞서의 '지다'형 동사에 대한 약속에 따라 작용의미층의 작용자가 나타나지 않는 형식으로 표시된다.

(10) 빼어지- : 〔〔AFF(, y)〕,
〔CS(〔 〕, 〔INCH〔BE(y, 〔AT-END-OF(〔FROM(〔 z 〕)〕)〕)〕)〕)〕〕

V가 〔〔AFF(〔 〕, y)〕AND〔....〕〕에 대응하고 NP가 〔 A 〕에 대응하면,
〔...〔 V...〔 NP에게 〕...〕VP...〕S는
〔〔AFF($\begin{bmatrix} \\ A \end{bmatrix}$, y)〕AND〔....〕〕에 대응된다.

또, 행위자와 처소의 논항이 암시적 논항이면서 이 규칙에 의하여 동일한 의미 성분이 융합되어야 함을 표시하기 위하여 동일지시 지표 'i'를 붙여 놓았다.

'빠지다'는 어원적으로 '빼어지다'와 관계 있지만, 행위자를 필요로 하지 않는 문맥이 굳어짐에 의하여 작용의미층을 갖지 않는 어휘의미구조를 갖게 된 것으로 해석된다. 사동성 함수 'CS'를 갖지 않으므로 행위자 논항이 암시 논항으로 나타날 수는 더욱 없을 것이다.

(11)빠지- : [INCH[BE(y,
[AT-END-OF([FROM([AT/+cntc,+atch([z])])])])]

두 동사 어휘의 차이를 다음으로써 확인할 수 있다.

(12) 가. *못이 찬수에게 빠졌다.
나. *못이 찬수에 의하여 빠졌다.
(13) 가. *못이 찬수에게 빼어졌다.
나. 못이 찬수에 의하여 빼어졌다.

(8)의 규칙은 작용의미층의 작용자와 관계의미층의 행위자가 모두 암시 논항으로 나타날 때 'NP에게'가 융합될 수 있음을 보여준다. '빠지다' 어휘의미구조에 행위자는 물론 작용자를 가질 가능성이 없으므로 (12가, 나)의 두 문장이 보이는 비문성이 결과되었다. (8) 규칙에 관한 한 '빼어지다'도 적합하지는 않다고 보아야 한다. (13가)의 비문성의 이유는 '빼어지다'의 어휘의미구조 (10)에서 행위자와 처소의 논항이 동일지시적인 암시 논항으로 설정되어 있지 않았다는 데에서 찾을 수 있겠다. 이들에 비하면 (13나)가 적격성을 얻는 것은 (13나)'가 성립가능한 것과 다름 없는 현상이라고 하겠다.

(13)' 나. 못이 빼어졌다.

제5장 존재동사와 심리동사

5.0. 도입

제1장에서는 문법적 구조와 과정이 개념구조에 대한 증거가 된다는 원칙을 표명한 바 있다. 또 제2장에서는 동일한 의미역 관계가 서로 다른 여러 의미영역에 걸쳐 나타나는 것이 언어의 한 특징이며, 비록 새로운 영역을 표현할지라도 기존의 어휘로써 이 새로운 영역을 표현할 수 있기 때문에 어휘부의 경제성이 확보된다고 하였다. 의미역 관계에 대한 관점을 좀 다른 각도에서 생각해 본다면, 전혀 새로운 의미영역에 대해서 새로운 어휘가 만들어지더라도 이 어휘의 쓰임은 기존의 의미역 관계에 대한 표현 방식에서 크게 멀어지지 않는다. 이 장에서는 이러한 논점을 잘 보여주는 동사들의 몇 가지 부류를 살펴볼 것이다. 존재와 소유를 표현하는 동사들, 느낌동사들, '이다', 그리고 종래 국어 연구에서 광범위하게 심리를 표현한다고 생각되어 온 동사들에 대해서 살피면서, 분석하기 까다로운 예들로 알려진 이들 현상의 해명을 위해 문장의 통사구조와 의미역 관계에 바탕을 둔 어휘의미의 분석이 필요함을 주장하려고 한다.

5.1. '있다'의 여러 가지 양상

'있다'는 국어 동사 중에서 빈도순으로 1위를 차지할 만큼 중요성이 인정되는 동사이며,[1)]그만큼 그 쓰임새에 있어서도 단순치가 않다. '있다'가 분포하는 통사적 형식은 보조동사가 아닌 경우라도 적어도 세 가지로 나누어 보아야 할 것 같다. 그것은 먼저 〔NP이 V〕 형식으로서, "신은 있다."와 같은 예를 갖는 것, "영수 집에 내 책이 있다." 같은 예의 〔NP에 NP이 V〕 형식, 그리고 "할아버지가 곰방대가 있다."와 같은 예에서 보이는 〔NP이 NP이 V〕 형식이다. 〔NP에 NP이 V〕형에서 '-에'는 선행 요소가 유정 명사일 때 '-에게'로 실현된다. 이 형식은 때로 〔NP에게는 NP이 V〕 형식으로 나타나기도 하는데, 이 때 'NP에게는'이 'NP에게'와 같은 지위를 갖는지는 문젯거리가 된다.

'있다'의 통사적 행태를 검사하기 위한 방법으로 명령형이나 청유형의 가능성, 통제 구문에서의 분포 가능성을 따져 볼 수 있다. 또 한편으로는 그 대응하는 존대형이 '계시다'와 '있으시다'의 두 가지로 갈리는 것을 고려해야 한다. 우선, '있다'의 존대형으로 쓰이는 '계시다'와 '있으시다'는 다음과 같은 행태를 보인다.

(1) 가. 그분이 돈이 있으시다./그분이 세 살 난 딸이 있으시다.
　나. *그분이 돈이 계시다./*그분이 세 살 난 딸이 계시다.
(2) 가. *그분이 그곳에 있으시다.
　나. 그분이 그곳에 계시다.
(3) 가. *그분이 그곳에 있으신다.
　나. 그분이 그곳에 계신다.

이들 예만을 살펀다면 '계시다'는 〔NP에 NP이 V〕형에만 분포하고, 〔NP이 NP이 V〕형에는 분포하지 않으며, 상태성과 사건성의 가능성을 다 갖는다고 할 수 있다.[2] 또, '있으시다'의 경우는 〔NP이 NP이 V〕형에 분포하며, 사건성의 가능성을 갖지 않는다.

다음은 '행위자성'에 관한 실험이다. 주어의 의지나 제어가능성이 '계시다'로써는 표현될 수 있는데 반하여 '있으시다'로써는 그것이 불가능한 것 같다.

1) 연세대 한국어사전편찬실에서 1991년 '연세말뭉치I' 300만 말마디를 바탕으로 하여 빈도 조사를 실시한 결과에 의한다. 참고로 동사들 중 최상위 10위까지만을 보이면 1. 있다, 2. 되다, 3. 없다, 4. 않다, 5. 하다, 6. 같다, 7. 크다, 8. 많다, 9. 못하다, 10. 말하다 순이다.
2) '사건'과 '상태'의 개념 구분에 대해서는 2.2.2.절을 참조할 것.

(4) 가. 할아버지, 집에 계세요!
나. 할아버지는 집에 계시려고 하였다./노력하였다./시도하였다.
다. 할아버지는 집에 계시겠다고 약속하셨다.
라. 나는 할아버지에게 집에 계시라고 당부하였다./부탁하였다.
(5) 가. ?*할아버지, 집에 있으세요! cf.여기에 있어 주세요!
나. ?*할아버지는 집에 있으시려고 하였다./하셨다./노력/시도하였다.
다. ?할아버지는 집에 있으시겠다고 약속하셨다.
라. ?*나는 할아버지에게 집에 있으시라고 당부하였다./부탁하였다.

그러므로 '계시다'의 사건적, 또는 행위자적 의미와 대응하는 것을 '있다1'로 표시하기로 하자. 문장형식으로는 〔NP에 NP이 V〕형을 취한다. 이 때의 '계시다'는 비능격 동사이며, 이것에 '있다1'이 대응하는 것으로 볼 수 있다.

(6) 가. 나는 두 시간 동안만 집에 있으려고 한다.
나. 경애는 찬수에게 일요일만이라도 집에 있으라고 당부했다.

다음으로, '계시다'에 대응하는 상태성의 구문으로 간주될 수 있는 예도 있다. 이를 '있다2'로 표시하겠다. 겉보기에 다음과 같이 여러 개의 처소 표현의 성분이 나타나지만 '계시다' 또는 '있다'가 어휘구조에서 취하는 논항은 둘인 것으로 간주하기로 한다. 문장형식으로는 이도 역시 〔NP에 NP이 V〕형을 보인다.

(7) 가. 찬수는 시골에 할아버지가 계시다.
나. P는 형님댁에 아들이 있다./P는 시골에 노모가 있다.
(8) 가. 찬수에게는 시골에 할아버지가 계시다.
나. P에게는 형님댁에 아들이 있다./P에게는 시골에 노모가 있다.

(7)과 (8)을 살펴볼 때, 직관적으로 '계시다'나 '있다'와 긴밀한 관계에 놓여 있다고 생각되는 성분은 세 가지 다일 수 있다. 그러나 상태성의 동사인 '계시다'나 '있다'가 세 개의 논항을 취한다고 보는 것은 무리이다. 동사 어휘의 선택적 특성을 중요시한다면, (7)과 같은 예들에서 '찬수는/P는'은 오히려 '시골에/형님댁에'보다 동사와의 긴밀도가 약하다고 할 수 있다. 하지만 그 필수성의 측정을 위해서 다음과 같은 조작을 가하여 보면 '찬수는'이 없는

(9)보다는 '시골에'가 없는 (10)이 더 자연스러움을 발견할 수 있다.

(9) 가. ?시골에 할아버지가 계시다.
    나. ??할아버지가 계시다.
(10) 찬수는 할아버지가 계시다.

그렇지만 '찬수는'은 문장 성립을 위하여 꼭 필요한 요소가 아니다. 그러나 존재의 대상과 그 대상의 위치에 대한 정보는 '계시다'나 이와 대응하는 '있다'에게 꼭 필요한 요소라고 인정할 수 있다. 다음 각각이 한자리 구문으로서 불가능한 것은 이 때의 '계시다'가 두 자리 동사라는 증거가 된다.

(11) 가. *찬수는 계시다.
     나. *시골에 계시다.
     다. ??할아버지가 계시다.
     라. 할아버지가 시골에 계시다.

필자의 판단으로, (7가)의 '찬수는'은 '주제어'로 사용되고 있으며, 동사가 내재적으로 취하는 논항으로 볼 수 없다. 그러므로 '찬수는'을 위해서는 일반적인 주제어를 위한 해석 과정을 기다리면 된다.3)

〔NP이 NP이 V〕형은 '소유'의 의미를 나타내는 것으로 보인다. (1)-(3) 및 다음을 살펴보면 '계시다'가 '존재'의 의미와 더 화합하는데 비하여, '있으시다'는 이 〔NP이 NP이 V〕형이 가지는 '소유'의 의미와 더 가까운 것으로 보인다. 이렇게 〔NP이 NP이 V〕형에 분포하는 '있다'를 '있다3'으로 표시한다.

(12) 가. * 할아버지가 집이 계시다.
     나. 할아버지가 집에 계시다.
     다. 할아버지가 집에 계신다.
(13) 가. 할아버지가 집이 있으시다.

---

3) 이 과정이 구체적으로 어떤 형태를 갖는지는 앞으로 더 천착해 보아야겠다. 그러나, 주제어의 의미해석을 위해서도 부가어 의미해석 규칙에 준하는 어떤 과정이 준비되어야 하리라고 생각할 수 있다. 최근 Ahn, S., K. Kim, C. Lee(1992)에서는 '전제 보충'이라는 개념을 사용하여 주제어에 대한 해석 과정을 기술한 바 있다.

나. *할아버지가 집에 있으시다.
다. *할아버지가 집에 있으신다.
라. *철수는 할아버지가 있으시다.

그런데 (13가)와 대비되는 다음 (14)의 예들에서 '있으시다'는 모두 〔NP이 NP이 V〕형과 공통되는 구조가 인정되고, 여기에 분포하는 '있다' 역시 '있다3'으로 묶인다고 보겠다.

(14) 가. 할아버지에게는 집이 있으시다.
나. 할아버님께는 집이 있으시다.
다. 할아버님께서 집이 있으시다.
(15) 가. *철수에게는 할아버지가 있으시다.
나. *철수께는 할아버지가 있으시다.
다. *철수께서 할아버지가 있으시다.

우선 이제까지 구분한 '있다'의 경우들을 다음과 같이 정리할 수 있다. "신은 있다."와 같은 예에서의 한 자리 동사도 '있다4'로서 첨가한다.

(16) 있다1 : 비능격성(존재) ------- 2자리의 '계신다', '있는다'
있다2 : 능격성 (존재) ------- 2자리의 '계시다', '있다'
있다3 : 능격성 (소유) ------- 2자리의 '있으시다', '있다'
있다4 : 능격성 (존재) ------- 1자리의 '계시다', '있다'

의미상으로 유사성은 있지만, '계시다'와 '있으시다'를 동일한 어휘로 보기보다는 서로 다른 독립된 어휘로 간주하는 것이 필요하다. 나아가, 동일한 방법으로, 이 두 어휘와 각각 대응하는 '있다' 동사들도 위와 같이 두 가지 이상의 동음이의의 어휘로 갈라 보는 것이 가능할 것이다. '있다'와 같이 광범위한 외연을 갖는 형태를 하나의 어휘로만 파악하려고 하는 것은 무리가 아닌가 생각된다.

그러나 문제는 '-에게'를 포함하는 문장이다. 다음에서 보는 것처럼, '-에게'와 공존하는 '있다'에 대해서는 '존재'의 의미뿐만 아니라 '소유'의 의미도 인정 못할 바 아니다. 사실상 이 점이 '있다'의 정체를 바로 파악하는 데

항상 방해를 해 왔던 주요인이 아니었던가 싶다.

(17) 찬수에게 집이 있다.

우리가 앞으로 지켜 나갈 하나의 방침은 '-에게'와 '-에게는'을 구별하는 것이다. 이에 따라 '〔NP에게는 NP이 V〕형'에 분포하는 '있다3'과는 달리 '〔NP에게 NP이 V〕형'에 분포하는 것을 잠정적으로 '있다5'로 표시하겠다.

(18) 있다5 : 능격성(존재/소유) -------- '*계시다'('에게'형)

특별히 문젯거리가 되는 것은 '있다2'와 '있다4'가 비교되는 다음과 같은 예이다.

(20) 가. 철수가 돈이 있다.
나. 철수에게 돈이 있다.

이 두 문장의 의미는 과연 동일한가? 명령형, 청유형, 두 가지 통제 구문에 분포할 수 없다는 점에서 둘은 동일하며, 서로를 전혀 구별할 수 없다.

(21) 가. *돈이 있어라./*돈이 있자./*철수는 돈이 있으려고 노력했다./*영수는 철수가 돈이 있으라고 권유했다.
나. *철수에게 돈이 있어라./*있자./*영수는 철수에게 돈이 있으라고 권유했다.

이 두 가지가 존재의 의미와 소유의 의미로 차이를 보이는 경우로 다음 예를 들 수 있다.

(22) 가. 그 때 영자에게 잘못이 있었다.
나. ?그 때 영자가 잘못이 있었다.
(23) 가. 그 때 순간적으로 영자에게 실수가 있었다.
나. ?그 때 순간적으로 영자가 실수가 있었다.

(22나)와 (23나)가 다소 부자연스러운 것은 'NP이 NP이 있다'꼴의 문장과

'NP에(게) NP이 있다'꼴의 문장 사이에 '소유'와 '존재'의 의미 차이가 유지되기 때문인 것으로 보인다. 여기서 '소유'란 소유권(ownership)으로서의 의미로 볼 수 있다.[4] 즉 위 두 문장에서의 어색함은 '잘못'이나 '수상한 점' 따위의 순간적인 속성을 영자가 가지고 있는 무슨 소유물이나 되는 것처럼 (상대적인 항구적 속성으로) 표현하고 있다는 데에서 오는 것 같다.

'많다'는 '있다'의 경우와 상응하는 두 가지 문장 형식을 취할 수 있다. 다음의 예들에서도, (24)의 두 문장에 대응하는 (25가)와 (25나)는 의미 해석상의 차이를 보이는 것 같다. 설령 두 문장이 모두 '소유'의 의미를 표현하는 것으로 여겨질지라도 부가어 '제일로'나 '첫번째로'가 수식하는 대상이 두 문장에서 완전히 동일하지는 않은 듯한 것이다. 필자의 직관으로는, (25가)에서 수식어의 수식 대상은 일차적으로 '영자'인데 비하여 (25나)에서의 일차적인 수식 대상은 '돈'이라야 할 것으로 생각된다. 그리하여 (25나)가 문법적인 문장으로서 받아들여질 때의 우선적인 의미는 영자가 가지고 있는 것들이 많은데 그 중에서 제일로/첫번째로 돈이 많다는 것이 된다. (25가)는 영자가 돈이 제일로/첫번째로 많은 사람이라는 뜻이 된다.

(24) 가. 영자가 돈이 많다.
나. 영자에게 돈이 많다.
(25) 가. 영자가 제일로/첫번째로 돈이 많다.
나. ?영자에게 제일로/첫번째로 돈이 많다.
(26) 가. 영자가 누구보다도 돈이 많다.
나. ?영자에게 누구보다도 돈이 많다.
다. 영자에게 무엇보다도 돈이 많다.

(25), (26)에서 (가)와 (나)의 대비는 부가어의 의미 해석에 있어서 조사 '-

4) Jackendoff(1983: 191)에서는 소유의 개념을 크게 둘로 갈라 분리가능 소유(alienable possession)와 비분리 소유(inalienable possession)로 나누고, 전자를 다시 소유권(ownership)과 임시 관리(temporary control)의 경우로 나누었다. [NP_1에(게) NP_2이 V]형의 구문이 소유의 의미를 표현할 수는 있지만 그것은 임시 관리의 의미가 주된 것인 반면, [NP_1이 NP_2이 V]형의 구문은 소유권이나 비분리 소유의 의미를 주된 것으로 한다고 본다. 후자의 구문은 전자의 구문에 비해서 상대적으로 항구적인 소유의 속성을 표현하는 것이 아닌가 한다.

에게'가 일정한 작용을 행하고 있음을 보여주는 것 같아 흥미롭다. 각각에서 (가)의 문장은 돈이 많은 것이 '영자'이지만, (나)의 문장에서는 영자가 가지고 있는 것 중에서 가장 많은 것이 '돈'이라는 사실이 표현된다. 그래서 (26나)에 비교한 (26다)가 적격성을 얻게 된다. '영자에게'를 후치사구(PP)로 본다면 (25나)에서 '영자'가 수식어를 성분통어하는 것을 후치사(P)가 막고 있는 폭이 되고, 따라서 가능한 수식 대상으로 '돈'이 해석된다고 볼 수 있는 것이다.

두 가지 '있다'가 서로 의미가 다르다는 사실은 다음과 같은 방법으로도 검증할 수 있다.

(27) 가. 철수는 500만원이 있다.
　　나. 철수는 운동장에 있다.
　　다. *철수는 500만원이, 그리고 운동장에 있다.

다음과 비교해 보자.

(28) 가. 철수는 자동차가 있다.
　　나. 영수는 자전거가 있다.
　　다. 철수는 자동차가, 그리고 영수는 자전거가 있다.
(29) 가. 철수는 자동차가 있다.
　　나. 영수에게는 자전거가 있다.
　　다. ?철수는 자동차가, 그리고 영수에게는 자전거가 있다.
　　라. ?영수에게는 자전거가, 그리고 철수는 자동차가 있다.

(29다, 라)는 다소 어색한 느낌이 없지 않으나 문법성이 문제될 정도는 아니다. 그러나 다음과 비교해 보자.

(30) 가. ?*철수에게 자동차가, 그리고 영수가 자전거가 있다.
　　나. ?*영수가 자동차가, 그리고 철수에게 자전거가 있다.

(30)의 두 문장이 훨씬 더 부자연스러운 것은 '-에게는'과는 달리 '-에게'는 '처소'의 의미를 더욱 강하게 표현하는 어휘적 특징을 가지고 있기 때문인 것으로

보인다. 그러므로 '-에게는'을 단순히 후치사 '-에게'에 보조사 '-는'이 덧붙은 것 정도가 아닌, 독립적인 복합 조사 단위로 보아야 함을 시사한다.

다음과 같은 대비를 통하여 두 가지 문장 형식의 차이가 나름대로 본연의 기능을 가지고 있음을 알게 된다.

(31) 가. 네 돈이 나에게 있다. (존재, 또는 '임시 관리'의 의미)
나. 나에게 네 돈이 있다. (존재, 또는 '임시 관리'의 의미)
(32) 가. ?*네 돈이 나는 있다. (소유의 의미)
나. ?*나는 네 돈이 있다. (소유의 의미)

흥미로운 것은 '에게는'형이 (31)보다는 (32)와 보조를 같이한다는 점이다.

(33) 가. ?*네 돈이 나에게는 있다.
나. ?*나에게는 네 돈이 있다.

그러나 재귀대명사화에서의 다음과 같은 사실은 'NP에게'형과 'NP이'형이 서로 구별되기 어려움을 말해주는 듯도 하다. 즉 이 경우 'NP에게'는 'NP에게는'과 동일한 성격을 보이는 것 같다.

(34) 가. 김씨에게 자기 사무실이 있다.
나. 자기 사무실이 김씨에게 있다.
(35) 가. 김씨는 자기 사무실이 있다.
나. 자기 사무실이 김씨는 있다.

주체존대화의 방법을 통해서도 동일한 점을 발견할 수 있다.

(36) 가. 선생님께 사무실이 있으시다.
나. 사무실이 선생님께 있으시다.
(37) 가. 선생님은 사무실이 있으시다.
나. 사무실이 선생님은 있으시다.

그러므로 '있다'가 갖는 이러한 특징들을 그대로 고려해 주기 위해서는 'NP에게'가 갖는 두 가지 성격을 역시 인정해 주지 않을 수 없을 것이다. 즉, '있다2'의 구문에서 '-에게'는 '-에'와 변이적 관계를 갖지만, '있다3'의 구문에서는 오히려 '-에게는'과 변이적 관계를 갖는다. 이렇게 보면 결국 '있다5'를 독립된 어휘항목으로서 설정할 필요는 사라진다.

그러면 이들의 어휘통사구조와 어휘의미구조는 어떤 모습일까? 앞서 (16)의 표에서 알 수 있는 것은 '있다1'만을 제외하고는 모두 능격성을 띤다는 것이었고 이에 따라 다음과 같은 어휘통사구조가 결정된다. '있다3'의 경우에 괄호로 표시된 논항 '(y)'는 간접 논항의 일종으로서, 통사구조로의 실현에서 x를 우선하지 못함을 표시한다. 통사구조, 즉 D구조로의 실현에서는 어휘통사구조의 형식이 그대로 유지된다. 그러므로 '있다1'을 제외하고는 모두 주어 위치가 비어 있는 D구조를 갖게 된다. 그러나 S구조에서 주어의 실현을 요구하는 '서술화 규칙'의 제약을 어기지 않기 위하여 직접 논항과 연결되었던 명사구가 주어 위치로 이동하게 되어 적격문을 형성한다.[5)]

(38) 가. '있다1' : x〈 y^LOC 〉
　　　cf.너는 집에 있어라.
　　나. '있다2' : 〈 x, y^LOC 〉
　　　cf.P가 형님댁에 아들이 있다./책상에 책이 있다.
　　다. '있다3' : 〈 x , (y) 〉
　　　cf.할아버지가 집이 있으시다./할아버지께 집이 있으시다.
　　라. '있다4' : 〈 x 〉
　　　cf.신은 있다.

이들 각각에 대응하는 어휘의미구조는 다음과 같이 설정된다.

(39) 가. '있다1' : [[AFF(x,)] , [STAY(x , [AT(y)])]]
　　나. '있다2' : [BE(x, [AT(y)])]
　　다. '있다3' : [[BE(x, [IN STATE/+poss])] ,
　　　　　[BY([INCH[BE(y, [AT(x)])]])]]

---

5) 이러한 설명법은 Rothstein(1983)에 의한다. 다만, Rothstein(1983)에서는 이런 구문을 위한 D구조로서 주어 위치를 아예 갖지 않은 표상을 상정한다. 서술화 규칙에 대해서는 제6장에서 상론한다.

라. '있다4' : 〔BE(x , 〔AT(〔 〕)〕)〕

이에 따르면 '있다1'은 행위자성을 띠며, 논항 결속의 특징도 보이므로 재귀성의 동사에 준하는 것이다. '있다2'는 능격동사로서의 존재의 의미를 갖는 것이며, '있다3'은 소유의 의미를 갖는 것이다. '있다4'는 암시 논항을 포함하는 한 자리 서술어이다.

'있다1'의 경우는 'AFF' 함수를 가진 작용의미층이 설정됨에 비해 나머지 것은 관계의미층만을 갖는다. 이렇게 설정한 까닭은 통사구조에서의 실현을 설명해주기 위한 것이다. (38다)에서 보는 것처럼 '있다3'의 어휘통사구조는 직접 논항 한 개와 특별한 간접 논항을 포함하며, 능격성 특질로 인하여 이 두 개의 논항이 모두 동사구 경계 안에 들어 있다. 그러므로 어휘의미구조로부터 어휘통사구조로의 연결에 있어서 선행 의미 성분절의 논항 'x'가 먼저 높은 우선순위(hierarchy)의 논항으로 연결된다는 점을 이와 같은 어휘의미구조 형식을 통하여 규정해 주는 것이 필요할 것으로 보인다. 또한 'STATE' 의미 성분은 제3장에서 처소교차 동사의 '-으로' 구조를 위하여 설정한 전례가 있었지만 여기서는 소유의 '있다'와, '소유'의 의미를 갖는 다른 경우를 포괄해 주기 위한 의도가 있다.

(40) 가. 이 컴퓨터는 하드디스크가 있다.
나. 이 집이 대문이 많다.
다. 도봉산이 오리나무가 많다.
라. 수유리가 숲이 울창하다.

(40)의 경우가 '소유'의 의미를 갖는다고 말하기는 어려우나, 관련되는 통사적 특징은 '소유'의 경우와 동일한 것으로 관찰된다. 아마도 국어 화자들에게는 이와 같은 예들이 '비분리적 소유'로 이해되는 것 같다.

'있다4'와 대응하는 '많다', '울창하다'의 어휘의미구조는 기본적인 형태에서 동일하고, 어휘개별적인 의미 성분이 덧붙은 다음과 같은 꼴을 갖는다.

(41) 가. 많다: 〔〔BE(x, 〔IN STATE/+poss〕)〕,

〔BE(x, 〔AT(〔많〕)〕)〕,
〔BY(〔INCH〔BE(y, 〔AT(x)〕)〕〕)〕〕

나. 울창하다: 〔〔BE(x, 〔IN STATE/+poss〕)〕,
〔BE(x, 〔AT(〔울창하〕)〕)〕,
〔BY(〔INCH〔BE(y, 〔AT(x)〕)〕〕)〕〕

'있다'의 부정 표현으로 간주되는 '없다'는 행위자성을 갖지는 못하나 나머지 가능성에 있어서는 동일하다.

(42) 가. '없다1' : 〔NOT(〔BE(x, 〔AT(y)〕)〕)〕
그는 서울에 없다.

나. '없다2' : 〔NOT(〔〔BE(x, 〔IN STATE/+poss,〕)〕
〔BY(〔INCH〔BE(y, 〔AT(x)〕)〕〕)〕〕)〕
그는 차가 없다.

다. '없다3' : 〔NOT(〔BE(x , 〔AT(〔 〕)〕)〕)〕
신은 없다.

5.2. 소유동사와 느낌동사

'있다'류 동사와 '밉다'류 동사 사이에는 공통성이 발견된다. 양정석(1987)에서는 이중주어문의 한 유형을 이루는 '〔NP이 NP이 V〕'의 문장형식 중에서 두 명사구가 다 필수성을 가진다고 인정되는 경우를 주어와 보어를 갖는 구문으로 보고, 이들에 나타나는 동사들은 일단 하나의 큰 부류에 포함되는 것으로 보았다. 몇 가지 통사적인 검사를 시행해 가면서 이들간에 통사적으로 일치하지 않는 양상이 발견되기도 하였으나 그 차이에 크게 주목하지는 못했었다. 이러한 구문에 분포하는 '있다'류 동사를 소유동사라 부르고, '밉다'류 동사를 느낌동사라 지칭하기로 한다. 이 절에서는 소유동사 무리를 '밉다'류의 느낌동사 무리와 비교하면서 이들의 차이를 명확히 하려고 한다.

먼저 두 동사 무리는 〔NP에게는 NP이 V〕와 〔NP는 NP이 V〕의 두 가지 문장 형식을 모두 취할 수 있다는 점에서 분포적 특징을 공유한다.

(1) 가. 나에게는 부모로부터 물려받은 집 한 채가 있다.
나. 나는 부모로부터 물려받은 집 한 채가 있다.
(2) 가. 나에게는 경애가 싫다.
나. 나는 경애가 싫다.

또한 논항의 위치를 바꾸어 보아도 둘의 차이는 드러나지 않는다.

(3) 가. 부모로부터 물려받은 집 한 채가 나에게는 있다.
나. 부모로부터 물려받은 집 한 채가 나는 있다.
(4) 가. 경애가 나에게는 싫다.
나. 경애가 나는 싫다.

그런데 각각의 논항이 관계관형절의 머리성분으로 실현되는 양상에 있어서 소유동사와 느낌동사는 미세하나마 차이를 보이기 시작한다. (7가)와 (8가)의 경우, 'NP에게는'은 내포절 안에서 실현되기 어려우므로 대신 'NP에게'로 나타나는 것으로 본다.

(5) 부모로부터 물려받은 집 한 채가 있는 나...
(6) 경애가 싫은 나...
(7) 가. 나에게 있는 부모로부터 물려받은 집 한 채...
나. *내가 있는 부모로부터 물려받은 집 한 채...
(8) 가. ?나에게 싫은 경애...
나. *내가 싫은 경애...
다. 내겐 싫은 경애...

또, 관계관형화와 유사한 효과를 갖는 것으로 알려진 분열문화의 조작을 가해 보면 두 동사 무리가 완전히 똑같지만은 않다는 점이 드러난다. (1나)과 (2나)에서 첫번째 논항은 모두 분열문의 촛점 위치에 설 수 있는 것으로 보인다. 이것이 (1가)와 (2가)에 이르러서는 둘 다 불가능한 듯하며, 따라서 소유동사와 느낌동사가 이 점에서 차이를 갖지는 않는다. 그러나 두번째 논항이 분열문의 촛점 자리에 서는 경우에는 소유동사와 느낌동사가 서로 상당한 차이를 보인다.

(9) 가. ?*부모로부터 물려받은 집이 한 채 있는 것은 나에게이다.
나. 부모로부터 물려받은 집이 한 채 있는 것은 나이다.
(10) 가. ?*경애가 싫은 것은 나에게이다.
나. 경애가 싫은 것은 나이다.
(11) 가. 나에게 있는 것은 부모로부터 물려받은 집 한 채이다.
나. ?내가 있는 것은 부모로부터 물려받은 집 한 채이다.
(12) 가. ?나에게 싫은 것은 경애이다.
나. *내가 싫은 것은 경애이다.

사실 두 동사 무리는 구조적, 형식적으로도 같지 않다. 일반적으로 NP가 무정명사냐 유정명사냐에 따라 '처소'의 격조사 형식은 '에' 또는 '에게'로 실현된다. (1가)에서도 'NP에게'는 NP가 지니는 의미적 특성에 따라 'NP에'로 나타나기도 한다. 그러나 느낌동사 문장에서는 'NP에게는' 또는 'NP에게'만이 적절하고, 'NP에는' 또는 'NP에'는 매우 부자연스럽다.

(13) 가. 대한민국의 장래에는 희망이 있다.
나. ??나의 마음에는 경애가 싫다.

(2)의 느낌동사 문장에는 이른바 '인칭 제약', 좀 더 정확하게 말하면 주어 논항의 동일지시성과 관련한 제약 현상이 있으나, (1)과 같은 소유동사의 문장에는 그런 제약이 없다. 먼저 느낌동사의 예부터 확인해 보자. (2)의 문장들이 주어가 1인칭이므로 문법성에 이상이 없으나, 2,3인칭 주어를 만나면 비문이 된다.

(14) 가. *너에게는 경애가 싫다.
나. *너는 경애가 싫다.
(15) 가. *영수에게는 경애가 싫다.
나. *영수는 경애가 싫다.

이에 비해 소유동사의 경우는 주어의 인칭에 관계없이 문장이 성립된다.

(16) 가. 너에게는 부모로부터 물려받은 집 한 채가 있다.
나. 너는 부모로부터 물려받은 집 한 채가 있다.
(17) 가. 영수에게는 부모로부터 물려받은 집 한 채가 있다.
나. 영수는 부모로부터 물려받은 집 한 채가 있다.

그러므로 소유동사와 느낌동사를 큰 부류로서는 하나의 범주에 넣어 줄 수는 있겠지만, 내부적으로는 둘을 서로 구별할 필요가 있다.

5.3. 느낌동사 구문

느낌동사에 대해서 살펴 보자. 다시 정리하면, 느낌동사란 다음 (1가)와 (1나) 같은 형식을 모두 취할 수 있는 동사들로, 과거 심리동사에 대한 논의의 주종을 차지해 온 것들이다. 이것을 모두 (2)와 같은 단일한 어휘통사구조로 표시하겠다.[6] 느낌동사 구문에서 '-에게는/한테는'은 '에게/한테'와 보조사 '-는'이 합쳐져 한 단위를 이루고 있는 것으로 본다. 'z'가 소괄호 '( )' 안에 들어 있는 것은 이것이 우선순위에 있어서 'y'보다 낮은 지위에 놓임을 표시하기 위한 것이다.[7]

(1) 가. NP에게는(한테는) NP이 V
나. NP이/는 NP이 V
(2) 〈 y , (z) 〉

이러한 형식에 부합하는 것은 (3)과 같은 '싫다' 문장 말고도 더 찾아 볼 수 있다. '들리다'등의 피동사가 이 형식에 들며, 때로 속성적 의미의 명사와 '이

6) 이는 앞서의 '있다3'를 위한 어휘통사구조와 동일하다.
7) 이러한 형식의 어휘통사구조가 필요한 예는 앞서 소유의 〔NP에게 NP이 있다〕 구문과 다음 장의 통제구문이다. 전자의 동사가 갖는 어휘통사구조는 느낌동사들처럼 〈 y, (z) 〉로 설정되고, '요구하다' 등의 통제동사가 갖는 어휘통사구조는 x〈 y, (z) 〉로 설정된다. 이들 어느 경우에서나 'y' 논항이 처소성을 띠기는 하되, 그 어휘의미구조의 형식을 살펴보면 알 수 있는 것처럼, 특별한 의미구조 형식(〔BE(y, 〔IN STATE〕)〕)을 갖는 주절로 올라와 있어 주어로 연결된다. 'y' 자리에 나타나는 '-에게는/에게' 형식은 따로 부가어 규칙을 통하여 허가해 주어야 하리라고 본다.

다'의 어간이 재구조화하여 이와 같은 문장 형식을 이루기도 한다.[8] 또한 '필요하다'류의 동사도 이와 같은 요건에 든다. 이들은 공통적으로 '경험자(experiencer)' 의미역을 갖는다는 점에서 하나로 묶을 수 있다.

(3) 가. 나에게는/한테는 경애가 싫다.
  나. 나는 경애가 싫다.
(4) 가. 나에게는 그 소리가 들린다.
  나. 나는 그 소리가 들린다.
(5) 가. 나에게는 경애가 최고이다.
  나. 나는 경애가 최고이다.
(6) 가. 나에게는 친구가 필요하다.
  나. 나는 친구가 필요하다.

그러나 '싫다'류와 나머지 동사들이 갖는 차이점 역시 주목해야 한다. '싫다'는 단문일 경우, (7)에서 보듯이, 주어가 1인칭일 경우만 만족스럽다는 이른바 '인칭 제약'을 가지며, (8)에서 보는 것처럼, 타동사의 문장과도 일정한 연관을 보는데, 여타의 것들은 이 양자의 특징을 동시에 갖지 못한다.

(7) 가. 나는/에게는 경애가 싫다.
  나. *너는/에게는 경애가 싫다.
  다. *찬수는/에게는 경애가 싫다.
(8) 가. *나에게는 경애를 싫어한다.
  나. 내가/나는 경애를 싫어한다.

즉 '들리다'와 '최고이다'는 인칭 제약의 특징에서는 '싫다'와 같지만 (8나)와 같은 형식은 이루지 못하며, '필요하다'는 이 두 가지 특징을 다 갖지 못한다.

(9) 가. 나는/에게는 그 소리가 들린다.
  나. *너는/에게는 그 소리가 들린다.
  다. *찬수는/에게는 그 소리가 들린다.

---

8) 이러한 재구조화의 개념에 대해서는 양정석(1986, 1997)을 참조할 것.

(10) *나는/*너는/*그는 그소리를 들려한다.
(11) 가. 나는/에게는 경애가 최고이다.
나. *너는/에게는 경애가 최고이다.
다. *찬수는/에게는 경애가 최고이다.
(12) *나는/*너는/*그는 경애를 최고여한다.
(13) 가. 나는/에게는 친구가 필요하다.
나. 너는/에게는 친구가 필요하다.
다. 찬수는/에게는 친구가 필요하다.
(14) ?*나는/?*너는/?*찬수는 친구를 필요해한다.

그러므로 이제부터 '느낌동사'라는 용어는 (4)-(6)의 경우를 제외하고 엄격히 (3)의 '싫다' 유형만을 지칭하는 것으로 해 둔다. 이러한 요건에 드는 동사들로는 다음과 같은 것이 있다.

(15) 좋다, 어렵다, 가소롭다, 가엾다, 거북하다, 고맙다, 고소하다, 괘씸하다, 괜찮다, 구리다, 궁금하다, 귀엽다, 귀찮다, 그립다, 근지럽다, 껄끄럽다, 넵다, 노엽다, 놀랍다, 답답하다, 대견스럽다, 대견하다, 두렵다, 따갑다, 뜨겁다, 만만하다, 맵다, 메스껍다, 무겁다, 무섭다, 미덥다, 미안하다, 밉다, 반갑다, 벅차다, 부끄럽다, 부럽다, 분하다, 불쌍하다, 불쾌하다, 불편하다, 사랑스럽다, 새삼스럽다, 서글프다, 섭섭하다, 수치스럽다, 슬프다, 시끄럽다, 신기하다, 신통하다, 실망스럽다, 싫다, 쑥스럽다, 아깝다, 아니꼽다, 아쉽다, 안타깝다, 애석하다, 야속하다, 얄밉다, 어렵다, 억울하다, 자랑스럽다, 즐겁다, 지긋지긋하다, 지루하다, 징그럽다, 창피하다, 통쾌하다, 힘들다, 괴롭다, 가렵다, 간지럽다, 감탄스럽다, 경탄스럽다, 걱정스럽다, 겁나다, 이상하다

여기에, 보문을 취하여 느낌동사 구문을 이루는 '싶다'가 첨가될 가능성이 있다. 그러나 이것도 (16다)에서 보는 것처럼 'NP에게는'꼴은 불가능하다.

(16) 가. 나는/*너는/*그는 좀 떳떳한 직업에 종사하고 싶다.
나. 나는/너는/그는 좀 떳떳한 직업에 종사하고 싶어한다.
다. *나에게는 좀 떳떳한 직업에 종사하고 싶다.

느낌동사의 예 (3)에서 시상 형태가 '었'으로 나타날 때 다음과 같이 문법

성에 있어서 변화가 발생한다. 즉, 이른바 인칭 제약이 해소된다.

(17) 가. 나는 경애가 싫었다.
　　나. 너는 경애가 싫었다.
　　다. 찬수는 경애가 싫었다.

이들 느낌동사와 관련해서 해결해야 할 점은 크게 세 가지이다. 첫째는 (2)와 같은 능격동사로서의 어휘통사구조를 정당화하는 문제이고, 두번째로는 그 어휘의미구조를 기술하는 문제이며, 다음으로는 이른바 '인칭 제약' 현상을 중심으로 하여 통사구조와 의미구조 사이의 대응을 고려해 주는 일이다.

느낌동사 구문에서 첫번째 성분 'NP_1이' 및 'NP_1에게는'은 주어이다. 이 점과 관련해서 다음의 증거를 살펴 보자. 재귀대명사 '자기'는 주어를 선행사로 하거나, 이것을 성분통어하는 성분을 선행사로 한다고 알려져 있다. (18나)나 (19나)에서 '자기'와 동지표가 붙어 있는 '철수'는 주어로 인정될 수도 없으며 또 '자기'를 성분통어하지도 못하므로 이 문장들은 비문이 된다.

(18) 가. 철수$_i$는 자기$_i$를 비판했다./철수$_i$는 자기$_i$ 동생을 비판했다.
　　나. *자기$_i$가 철수$_i$를 비판했다./?*자기$_i$ 동생이 철수$_i$를 비판했다.
(19) 가. 철수$_i$는 자기$_i$ 선생님에게 질문했다.
　　나. *자기$_i$ 선생님은 철수$_i$에게 질문했다.

이 점에서 느낌동사 문장도 다를 것이 없다. 단 '[NP_1이/에게는 NP_2이 V]' 꼴의 구문에서 'NP_1이/에게는' 성분을 주어로 간주할 때에 그러하다.

(20) 가. 철수$_i$는 자기$_i$가 싫었다./철수$_i$는 자기$_i$ 동생이 싫었다.
　　나. *자기i는 영수i가 싫었다./*자기 동생은 영수가 싫었다.
(21) 가. 철수$_i$에게는 자기$_i$가 싫었다./철수$_i$에게는 자기$_i$ 동생이 싫었다.
　　나. *자기$_i$에게는 영수가 싫었다./*자기$_i$ 동생에게는 영수$_i$가 싫었다.

(18가), (19가)에서 두 성분의 순서를 바꾸어도 문법성이 유지된다.

(18)′ 가. 자기$_i$를 철수$_i$는 비판했다./자기$_i$ 동생을 철수$_i$는 비판했다.
(19)′ 가. 자기$_i$ 선생님에게 철수$_i$는 질문했다.

이 점에서도 느낌동사 문장는 같은 행태를 보인다.

(20)′ 가. 자기$_i$가 철수$_i$는 싫었다./자기$_i$ 동생이 철수$_i$는 싫었다.
(21)′ 가. 자기$_i$가 철수$_i$에게는 싫었다./자기$_i$ 동생이 철수$_i$에게는 싫었다.

다음은 내포절 속에 '자기'가 나타나는 경우이다. 이 때도 (18), (19)에서와 동일한 양상이 관찰된다.

(22) 가. 경애$_i$에게는 찬수가 자기$_i$를 사랑하는 것이 괴로왔다.
나. 경애$_i$는 찬수가 자기$_i$를 사랑하는 것이 괴로왔다.
(23) 가. 경애$_i$에게는 자기$_i$를 사랑하는 남자가 귀찮았다.
나. 경애$_i$는 자기$_i$를 사랑하는 남자가 귀찮았다.

따라서 이들 현상을 통사구조에서 적절하게 설명해 주기 위해서는 통사구조의 어느 층위에서 느낌동사 문장의 첫번째 명사구 성분이 두번째 명사구 성분보다 상위의 지위에 놓이는 것으로 정해 줄 필요가 있다. 그런데, 느낌동사는 능격동사이기 때문에 두 논항이 앞서의 (2)에서처럼 내부 논항으로 설정될 수밖에 없다. 이에 따르면, 느낌동사의 어휘통사구조 (2)의 구조적 관계는 제3장에서 보인 '연결 규칙2'에 의하여 그대로 D구조에서 실현된다. 즉 D구조는 주어가 없는 구조로 나타나게 된다. S구조의 규칙인 서술화 규칙이 있어 주어 없는 통사구조의 존재를 제약하므로 'x'에 대응하는 성분 'NP는/에게는'이 S구조의 주어 위치로 이동하게 된다.

문제는 y 논항이 'NP에게는'으로 대응되며, 통사구조에서 NP가 아닌 'NP에게는' 자체가 한 단위가 되어 다른 성분과 관계를 맺고 있다는 것이다. 즉 종래의 성분통어 개념은 대체로 다음과 같이 정의된다.

(24) A를 관할(dominate)하는 첫번째 분지 교점(branching node)이 B를 관할하는 경우이면, 그리고 그런 경우에만 A는 B를 성분통어한다.

우리는 '에게' 등의 조사가 머리성분으로서 후치사구 'PP'를 이룬다고 간주해 왔다. 느낌동사 문장들에서 주어 'NP에게는'의 'NP'가 '자기'를 성분통어하는 데에 '-에게는'이 장벽이 되는 것이다. 즉 'PP'가 'NP'를 관할하는 첫번째 분지교점이 되는데 이는 '자기'를 관할할 수 없는 것이다. 따라서 D구조에서든 S구조에서든 PP 속의 NP가 뒤따르는 NP를 성분통어하는 일은 불가능하다. 그런데도 불구하고 앞의 예들에서는 'NP'일 경우나 'NP에게는'일 경우나 마찬가지로 '자기'에 대한 선행사로 해석되는 것이다.

이러한 문제는 (21가, 나), (22가), (23가)에서 'NP에게는'성분이 그 대응하는 'NP는' 성분과 마찬가지의 통사적 행태를 보이는 데에서 온다. 여기서 '-에게는'이 '-에게'와 '-는'으로 분석된다는 것은 상식이다. 보통 처소나 여격을 표시하는 격조사로 알려진 이 요소가 주어 위치에서 주격조사와 같은 역할을 행하고 있다는 점에서 문제의 어려움이 있다. 그러면, 이를 앞에서 순수한 의미의 격표지로 간주해 온 '-이, -를, -의'와 마찬가지로 처리할 수는 없을까?[9] 이들 느낌동사의 격 할당은 대체로 앞서 존재의 '있다' 구문의 예를 따를 수 있으나 (3)의 보기에서 나타나는 바와 같이 문제가 그리 간단하지 않다. 일단 (3가)와 (3나) 두 문장의 형식을 비교해 보면, 이 문장에서 표현되는 경험의 주체 즉 경험자(experiencer)가 한 쪽에서는 조사 '-에게는'으로 부착되어 있고 다른 한 쪽에서는 주격으로 부착되어 있다.

국어문법 연구에서 관련 구문의 조사 '-에게'를 여타 구문의 '-에게'와 구별해 보려는 시도는 없지 않다. 한 예로 정인상(1980)에서는 관계문법(Relational Grammar)의 관점을 따라 '-에게'가 주격조사로서 인정되어야 한다고 주장했는데, 그 논거는 바로 느낌동사 구문에서의 재귀대명사화 관련의 현상과 주체존대화에서 찾아졌다. 유사한 처리 방식의 예가 원리 매개변인 이론 하에서 국어의 격 할당 문제를 논의한 김영주(1990)에서도 보인다. 김영주(1

9) 강영세(1986)에서는 목적격이 추상격으로서 비상태성 동사의 자매항에 부여되고, 사격은 후치사의 자매항에, 그리고 여타의 격이 할당되지 않은 명사구에 역시 추상격으로서의 주격(+[NOM])이 당연값(default)으로 할당된다고 하였다. 이들에 음성형식 부문에서 격형태가 부여된다.

990)에서는 느낌동사에서의 격 할당을 여타의 것들과 구별하여, 이 구문에서 'NP에게' 성분에는 동사의 의미역 특질에 따른 내재격(inherent case)이 할당된다고 보았다. 이것은 특히 D구조에서 '추상격'이 아닌 '형태격'으로 부여된다고 하였다.

'NP에게는' 성분을 주어로 간주하는 데에 있어서 필자는 이 앞선 두 견해와 동일한 관점을 갖는다. 그러나 이들과는 달리 '-에게'를 격조사 내지는 격표지의 하나로 보지 않고 그 스스로 어휘적 기능을 갖는다고 본다. '-에게는'을 한 단위로 간주하여, 여타의 보조사들과 마찬가지의 지위에 서는 것으로 처리하고자 하는 것이다.

이제까지 제시한 예문에서는 문제의 성분을 의도적으로 'NP에게는'으로써 표시했는데, 이들을 과거의 논의에서 흔히 그랬던 것과 같이 'NP에게'로 제시하면 어색한 문장을 얻게 된다. 그러므로 '-에게'가 가능한 경우가 있다면, 그 때의 '-에게'는 '-에게는'의 자유 변이형으로 보는 것이 좋을 것 같다. 사실상 국어에서 주격조사 '-이/가'만이 주어 위치에 나타날 수 있는 것은 아니다. '-는/도/만/까지' 등의 보조사도 이 위치에 허용되는 것이며, '단체 주격'이라 불리는 '-에서', 존칭의 주격 '-께서'가 주어 위치에 실현된다. 또한 다음과 같은 경우는 '-로서는'이 주어 위치에 나타날 수 있음을 보여준다. 이들을 위하여 일일이 '내재격'의 처리 방식에 호소하는 것은 이들 각각을 독립된 보조사로 설정하는 것보다 비경제적인 일이라 생각된다.

(25) 가. 나로서는 네가 제일 마음에 든다.
 나. 할아버지로서는 걷는 게 좋으시지.

또한 느낌동사나 몇몇 동사 부류에 나타나는 '-에게'의 경우만을 위하여 '내재격'과 같은 가외의 격 할당 방식을 설정하는 것은 격 할당의 이론을 복잡하게 만드는 것이어서 이롭지 못하다고 본다.

이제, 이들이 갖는 통사적 형식을 중심으로 하고, 또한 앞서의 '있다'류 동사들과의 형식적 유사성을 고려하여 앞서 든 (3)의 '싫다'의 어휘의미구조를 다음 (26가)와 같이 기술하고, 이것과 대응하는 '싫어하다'의 어휘의미구조를

(26나)와 같이 기술하기로 한다. (26가)는 앞서 '있다3'에 대하여 부여했던 어휘의미구조와 기본적으로 같은 꼴이다.

(26) 가. 싫다1: [[BE(x, IN STATE/+feel,+싫음)],
　　　　　　[BY([INCH[BE(y, [AT(x)]])]])]]
　　　　cf.나는 영자가 싫다.
　　나. 싫어하다: [[REACT(x, y)] ,
　　　　　　[[BE(x, IN STATE/+feel,+싫음)],
　　　　　　[BY([INCH[BE(y, [AT(x)]])]])]]]
　　　　cf.나는 영자를 싫어한다.

이들은 각각 다음과 같은 어휘통사구조로 사상된다. 작용의미층이 관계의미층에 우선함은 물론이고, 'BY'와 같은 종속화 연산자에 의해서 두 의미 성분절이 연결될 때에도 주절인 선행 의미 성분절의 논항이 어휘통사구조로의 연결에서 우선순위를 갖는다고 가정한다. 이 점을 반영하기 위하여 (26가)′와 같은 어휘통사구조를 설정하는 것이다.

(26)′가. 〈 y , (z) 〉 (= (2))
　　나. x〈 y 〉

(26가)′는 제3장의 처소교차 자동사들에서와 마찬가지로 주어 위치가 비어 있는 D구조로 연결된다. 'y'가 주어 위치에 자리잡게 되는 것은 S구조에서이다. D구조로부터 S구조로 사상하는 과정에서 괄호 '( )' 안에 든 논항 'z'는 다른 것보다 우선순위에 있어 뒤떨어진다. 통사구조에서는 'y'에 대응하는 'NP에게는'이 한 단위가 되어 성분통어나 지배관계를 맺는 것으로 간주하고자 한다. (26나)′는 D구조에 주어와 목적어가 모두 나타나는 보통의 타동사 구문과 다를 바 없다.

이와 같은 동사들이 갖는 특별한 통사적 행태는 주어의 인칭 제약 현상에서 드러나 보인다. 이 점을 문법적 과정에서 적절히 위치지어 주는 일은 필수적인 과제가 된다. 그러나 이 문제의 본질은 '인칭 제약'으로 표현되기보다는 주어의 동일지시성과 관련하여 고려되어야 할 것이다.

(27) 가. 찬수는 경애가 좋았다고 나한테 말했다.
나. ?찬수는 자기가 경애가 좋았다고 나한테 말했다.
다. *찬수는 영수가 경애가 좋았다고 나한테 말했다.
(27)′가. 찬수는 경애가 싫었음을 나한테 은밀히 고백했다.
나. ?찬수는 자기가/는 경애가 싫었음을 나한테 은밀히 고백했다.
다. *찬수는 영수가 경애가 싫었음을 나한테 고백했다/말했다.

(27나)와 (27나)′가 성립가능한 문장임에 비해서 (27다), (27다)′는 비문이다.[10] (27가)에서는 '좋다'가 이끄는 하위절의 경험자 주어가 생략되어 있다고 할 수 있다.[11] (27나)가 다소 부자연스러운 것은 구조적으로 동일지시적인 위치에서 '자기'가 실현될 때 일반적으로 발견되는 의미해석상의 특징인 것으로 보인다. 하지만 앞에서의 소유동사 '있다'에는 이러한 제약이 없다.

(27) 가. 찬수는 자기가 돈이 있다고 나한테 말했다.
나. 찬수는 할아버지가 돈이 있다고 나한테 말했다.

그런데 느낌동사가 보이는 주어의 동일지시성 제약이란, 이 동사가 내포절의 서술어로 참여하게 되는 경우에 그 상위절의 주어와 지시적으로 관계한다는 맥락에서 말해질 수 있는 것으로, '통제(control)' 현상과 방향이 반대라고 할 수 있다. 즉 '통제'란 상위절의 성분과 하위의 내포절의 주어가 동일지시되는 현상이다. 그리고 통제 구문은 그 근원에 있어서 상위절 동사의 어휘적 특질이 투사되어 생겨나는 것이라 볼 수 있다.[12] 그러나 느낌동사의 동일지시성은 느낌동사 자체가 상위절 동사에 대해서 부여하는 것으로 그 방향이

---

10) (27나)는 다소 부자연스러운 것이 사실인데, '자기가' 대신 '자기는'이 쓰인 다음 예는 오히려 한결 나아진다.
찬수는 자기는 경애가 좋다고 나한테 말했다.
내포절 속에서 주어에 부착되는 '는'은 제약되고 '가'가 대신 나타나는 것이 자연스러운 일임에도 이와 같은 현상이 생겨나는 것은 이 자리에 '자기'가 나타나지 않아도 '좋다'의 경험자 주어를 충분히 해석할 수 있다는 잉여성 때문일 것이다.
11) (27가)는 한 자리 서술어로서의 '좋다'를 가진 문장으로도 해석될 수 있다. 그 경우 '좋다'는 이 경우와는 달리 품질동사로서 쓰인 것이다.
12) 통제 구문과 통제 동사에 대해서는 제6장에서 논의한다.

반대가 된다.

느낌동사들도 1자리 구문의 가능성을 갖는다. (28)과 같은 구문의 '괴롭다'는 (7)의 어휘의미구조를 갖는 것으로 설정할 수 있다.

(28) 나는 괴롭다.
(29) 〔〔BE(x, 〔IN STATE/+feel, +괴로움〕)〕,
〔BY(〔INCH〔BE(〔 〕, 〔AT(x)〕)〕)〕)〕〕

(29)가 이제까지 논의한 두 자리의 느낌동사와 구별되는 차이란 'y'에 대응하는 암시 논항을 포함하고 있다는 것밖에는 없다. 느낌동사 형태가 한 자리 서술어로 쓰이는 경우 그 논항이 언제나 경험자 의미역만을 갖는 것은 아니다. '괴롭다', '간지럽다'의 경우는 경험자 의미역을 갖는 것으로 인정되지만 '싫다'의 경우는 오히려 대상 의미역[13]만을 갖는 것이다.

(30) 가. ?*나는 싫다.
나. 경애는 싫다.

이런 경우를 '싫다2'라고 하면, 그 어휘의미구조는 좀 다른 모습을 보인다.[14]

(31) 싫다2: 〔〔BE(〔 〕, 〔IN STATE/+feel, +싫음〕)〕,
〔BY(〔INCH〔BE(x , 〔AT(〔 〕)〕)〕)〕)〕〕

다음에서 보듯이, '싫다'는 느낌동사로서의 용법만을 가진 동사인 듯하다.

(32) 가. 나는 경애가 싫다.
나. 나에게는 경애가 싫다.

---

13) 이런 경우의 대상 의미역을 흔히 자극(Stimulus)이라고도 한다. 이정민(1976) 참조.

14) 이 어휘의미구조에서는 암시 논항이 특정의 선택적 특질을 지니는 것으로 보인다. 화자나 그에 상당하는 대상을 가리키는 상황지시적 요소를 '+I'로 표시하기로 하면, 이 어휘의미구조를 다음과 같이 나타낼 수 있다.
싫다2: 〔〔BE(〔 +I 〕, 〔IN STATE/+feel, +싫음〕)〕,
〔BY(〔INCH〔BE(x , 〔AT(〔 +I 〕)〕)〕)〕)〕〕

다. ?*나에게 경애가 싫다.

(32다)의 부적격성은 (33다)의 '좋다'의 경우와 대조를 보인다.

(33) 가. 나는 경애가 좋다.
나. 나에게는 경애가 좋다.
다. 나에게 경애가 좋다.

(33가)는 느낌동사 구문으로의 해석이 일차적이며, (33다)는 품질동사 구문으로의 해석만이 가능하다. 품질동사 구문의 해석으로는 '내가 어떤 일을 하는데, 그 일을 위하여 경애가 적합하다.' 정도의 뜻이 된다. (33나)의 문장은 중의적이어서, (33가)와 (33다)의 두 가지 구조로 해석될 수 있다.

품질동사 구문의 '좋다'는 한 자리 동사로 생각될 수 있다. 이런 구문에서 'NP에게'는 부가어이다.

(34) 가. 경애가 좋다.
나. 경애가 나에게 좋다.
다. 나에게 경애가 좋다.

이 구문에는 '-에게'뿐만 아니라 '-에'도 가능하다.

(35) 가. 등산이 건강에 좋다.
나. 모피는 추운 겨울을 지내기에 좋다.

품질동사 '좋다'의 어휘통사구조와 어휘의미구조는 다음과 같이 나타낼 수 있다.

(36) 가. 〈 y 〉
나. 〔BE/+ident(y , 〔AT(〔GOOD〕)〕)〕

(34나, 다)와 같은 문장들의 완전한 의미는 'NP에게' 또는 'NP에'를 위한

의미 해석의 규칙이 적용된 후라야 얻어진다. 'NP에게/에'가 갖는 의미는 (34나)에 대한 다음 동의문으로 바꿔 볼 수 있다.

(37) 경애가 나를 위하여 좋다.

'NP에게/에'에서 'NP'는 장차의 어떤 이로운 행위나 작용이 목적으로 하는 대상이 된다. 이를 '수혜 대상'이라 부르기로 한다. 이러한 점을 포착하기 위하여, 'NP에게/NP에'가 갖는 의미적인 기여를 다음 규칙을 통하여 기술하기로 한다.

(38) 수혜 대상 'NP에게/에' 부가어 의미해석 규칙:
V가 〔BE/+ident(x, ...)〕에, NP_1이 〔A〕에, NP_2가 〔B〕에 대응하면,
〔NP_1 ... 〔NP_2에게/에 ... V〕$_{VP}$〕$_S$는 다음과 대응된다.
〔〔BE/+ident(〔A〕, ...)〕, 〔FOR(〔AFF/+help(〔A〕, 〔B〕)〕)〕〕

수혜 대상 부가어인 'NP에게'는 주어 논항이 수혜 대상에 작용을 가하는 것을 목적으로 한다는 의미를 덧붙이게 된다. (38)을 살펴보면 동사 어휘의미구조의 첫째 논항이 주어와 대응되며, 작용을 가하는 주체(작용자)가 된다. (38)이 적용된 결과로 (34나, 다)가 갖게 되는 의미구조는 다음과 같이 표상할 수 있을 것이다.

(39) 〔〔BE/+ident(〔경애〕, 〔AT(〔GOOD〕)〕)〕,
〔FOR(〔AFF/+help(〔경애〕, 〔나〕)〕)〕〕

(38)의 규칙이 적용되는 동사의 범위가 어디까지인지 현재로서 정확히 한정할 수는 없지만 품질동사의 경우는 이것이 다 적용될 수 있다고 본다. "경애가 나에게 나쁘다."와 같이 부정적인 가치 판단을 표현하는 예에도 적용되지만, 얻어진 의미구조를 대상으로 하여 의미적인 적격성의 판정이 이루어지게 된다.

이상에서 보면, 느낌동사적 용법의 한 자리 동사까지 포함하여, '좋다'의

어휘항목은 세 개 이상으로 설정된다. '싫다' 같은 동사는 1자리나 2자리 구문을 다 형성할 수 있으나, 둘 다 느낌동사로서의 쓰임을 갖는다는 점에서 특징적이다.

5.4. 느낌동사의 타동사형, 사동사형

이상에서는 자동사인 느낌동사만을 고려했는데, 흥미로운 것은 이들에 대해서 타동사와 사동사의 대응형이 발견된다는 것이다. 우선 5.3.절의 (15)에 제시되어 있는 동사들은 모두 대응하는 타동사형을 가지고 있다.

(1) 가. 찬수는 경애의 쌀쌀한 태도가 괴로웠다.
　　나. 찬수는 경애의 쌀쌀한 태도를 괴로워했다.
　　다. 경애의 쌀쌀한 태도가 찬수를 괴롭혔다.

느낌동사의 타동사형은 모두 (1나)의 '괴로워하다'처럼 느낌동사 어간에 '-어하-'를 결합한 형태로 되어 있는데, 이 점은 다음과 같은 어휘부의 파생 규칙으로 표시할 수 있다.

```
(2) ┌  V                                                        ┐
    │ 〈 x, ( y ) 〉                                              │
    └〔BE(x, IN STATE/+feel )〕, 〔BY(〔INCH〔BE(y, 〔AT ( x )〕〕〕〕)〕 ┘
                        ┌  V-어하-                                   ┐
                        │ x 〈 y 〉                                   │
                  --->  │ 〔REACT(x,y)〕 , 〔〔BE(x, IN STATE/+feel)〕,     │
                        └        〔BY(〔INCH〔BE(y, 〔AT( x )〕〕〕〕)〕〕〕  ┘
```

그러므로 느낌동사에 결합 되는 '-어하-' 형태는 능격동사의 구조를 비능격의 타동사 구조로 바꾸어 주며, 의미적으로는 REACT 함수를 갖는 작용의미층을 새로 도입하는 효과를 갖는다.

다음으로 느낌동사에 대응하는 사동사형의 존재는 김영주(1990: 100-127)에서 지적된 것이다. (1)에서 살펴보면 '괴롭다'에 대해서 타동사형 '괴로워하다'와 사동사형 '괴롭히다'가 일관성 있게 대응하는 듯이 보인다. 그러나 이 세 형태의 관계가 그리 규칙성 있는 관계인 것 같지는 않다. 우선 다음의 표에서 보는 것처럼 세 형태가 모두 갖추어져 대응하는 예는 오히려 예외적이라 할 수 있을 정도이며, 느낌동사로부터 파생된 사동사형의 예는 기타의 형용사로부터 파생된 것보다 수가 훨씬 적다. (3)은 앞서의 느낌동사 목록에서 이 세 가지 형태의 대응이 가능한 경우를 모두 찾아본 것이며, (4)는 느낌동사 아닌 형용사로부터 파생된 사동사를 들어보인 것이다.

(3) 괴롭다	-- 괴로워하다	-- 괴롭히다
간지럽다	-- 간지러워하다	-- 간지럽히다
시끄럽다	-- 시끄러워하다	-- ?시끄럽히다
걱정스럽다	-- 걱정스러워하다/걱정하다	-- 걱정시키다
감탄스럽다	-- 감탄스러워하다/감탄하다	-- ?감탄시키다
실망스럽다	-- 실망스러워하다/실망하다	-- 실망시키다
경탄스럽다	-- 경탄스러워하다/경탄하다	-- ?경탄시키다
좋다	-- 좋아하다	-- *
싫다	-- 싫어하다	-- *

(4) 높이다, 낮추다, 깊이다, 얇히다, 드높이다, 둥글리다, 밝히다, 굳히다, 넓히다, 좁히다, 잦히다, 붉히다, ...

느낌동사로부터 파생되는 사동사만을 위한 파생 규칙을 설정해 준다 하더라도 그 규칙은 생산성이 극히 미약한 것이 되고 만다. 그러므로 느낌동사로부터 파생된 사동사는 (4)와 같은 일반적인 형용사 기원의 사동사와 동일한 파생 규칙으로 설명해 주는 것이 낫다. 그런데, (1가)와 (1다)를 비교해 보면 '괴롭다'의 경우에는 경험자와 대상의 순서로 되어 있던 논항들의 문장구조상의 배열이 '괴롭히다'의 경우에는 대상과 경험자의 순서로 뒤바뀐다는 특징이 있다.

양정석(1992)에서는 '괴롭히다'류 사동사들의 어휘의미구조를 일반 형용사 파생 사동사와 동일한 형식으로 기술해 주려고 시도한 바 있다. '높다 --> 높이다'와 같은 예를 위해 제시했던 (5) 규칙에 부합하는 어휘의미구조 형식을 유지해 주기 위하여, 한 자리 동사로 사용되는 '괴롭다'의 어휘의미구조 (6)을 기초로 '괴롭히다'의 어휘의미구조 (7)의 형태를 이끌어 냈던 것이다.

(5) 〔BE/+ident(y , 〔AT(〔HIGH〕)〕)〕
 ---〉〔CS(x, 〔INCH〔BE/+ident(y, 〔AT(〔HIGH〕)〕)〕〕)〕
(6) 〔〔BE(y, 〔IN STATE〕/+feel,+괴로움)〕,
 〔BY〔INCH〔BE(〔 〕, 〔AT(y)〕)〕〕〕
(7) 〔〔AFF(x, y)〕,
 〔CS(x, 〔INCH(〔〔BE(y, 〔IN STATE/+feel,+괴로움〕)〕〕,
 〔BY(〔INCH〔BE(〔 〕, 〔AT(y)〕)〕〕)〕〕)〕)〕〕
 cf.경애의 쌀쌀한 태도가 나를 괴롭힌다.

이는 사동사 '괴롭히다'를 (5)의 일반성 아래 포용하려는 시도였으나, (7)에서 암시 논항이 나타난 것은 명백한 잘못이다. (1가)와 (1다)의 비교에서, 두 명사구의 순서만이 바뀐 것을 알 수 있는데, 이에 비추어 보면 (7)에서 암시 논항으로 나타난 부분은 사실은 'y' 논항으로 채워져야 하는 것이다.

(7)이 드러내는 또 한 가지 문제가 있다. (7)의 발상은 (1가)를 직접 (1다)로 대응시키려는 것인데, 한편 (1나)와 (1다)의 연관은 고려하고 있지를 않다. 그런데 정작 문법적 과정에서 중요성을 갖는 것은 (1가)와 (1다)의 연관이라고 판단된다.

느낌동사의 사동사형이 가지는 중요한 문제점은 재귀대명사 '자기'나 '서로'와 관련한 통사구조상의 행태에서 찾아질 수 있다. 김영주(1990: 120-121)에서 든 다음 예들에서 '자기'나 '서로'는 목적어 명사구에 의하여 조응되고 있어 설명에 어려움을 제기한다.

(8) 가. 자기가 일으킨 사고가 존을 괴롭혔다.
 나. 서로의 오해가 그 학생들을 괴롭혔다.

재귀사인 '자기'와 '서로'는 그 선행사에 의하여 성분통어되어야 하나, 여기서는 이러한 조건이 만족되지 못하고 있다. 김영주(1990)에서는 이러한 경우 '괴롭히다'를 일반적인 사동사형과는 달리 능격동사의 특징을 갖는 것으로 설정하였다. 이 결과 (8가, 나)의 문장에서 주어 명사구는 D구조에서 동사구 안에 머물게 되어 재귀대명사 해석에 있어서의 성분통어 조건을 위배하지 않게 된다.

그러나 우리는 주어와 목적어가 갖추어진 2자리 동사는 작용의미층을 가지고, 그 작용의미층에서 작용자와 두 논항이 다 채워진 형태로 설정하여 왔다. 비록 (8)의 문장들이 명령형, 청유형이나 통제 구문에의 분포가능성이라는 검사에서 부정적 반응을 보이는 것은 사실이지만, 이 점은 앞서 무의지적 행위자의 설정 예에서 보았던 것처럼 주어가 무정성(-animate)을 갖는 것이기 때문에 그리 된 것이다. 다음과 같이 유정성 명사구를 주어로 가질 때에는 위의 검사에 긍정적 반응을 보이는 것이다.

(9) 가. 그 학생들을 괴롭히자.
나. 철수가 존을 괴롭히려고 노력한다.

(1다)에 나타난 '괴롭히다'의 어휘의미구조를 (1나)의 '괴로워하다'를 바탕으로 기술하면 (8)의 문제를 해결하는 데에도 타당한 근거를 얻을 수 있으리라 보여진다. '괴로워하다'의 어휘의미구조는 (2)에 드러나 있다. '괴롭히다'를 이에 대한 사동사형으로 보면 다음과 같은 어휘의미구조가 얻어진다.

(10) 〔CS(y, 〔〔REACT(x, y)〕, 〔〔BE(x, 〔IN STATE/+feel, +괴로움〕)〕,
〔BY(〔INCH〔BE(y, 〔AT(x)〕)〕〕)〕〕)〕〕)〕

Jackendoff(1990: 64-68)에서는 그의 개념의미론을 바탕으로 한 연결이론에서 재귀대명사를 처리하는 한 가지 흥미로운 방법을 제안하고 있다. 즉, 통사구조에 나타난 재귀대명사에 대해서 그 대응하는 의미구조에서 조응사(an-aphor)인 변수(variable) 'ξ'를 부여한다는 것이다. 그리고 나서 이에 대한 해석은 의미구조를 통하여 얻어낸다는 것이다. 이에 따르면 (8가)의 의미구조는 다음과 같은 형식을 갖게 될 것이다.

(11) 〔CS(〔ξ가 일으킨 사고〕,
〔〔REACT(〔존〕, 〔ξ가 일으킨 사고〕)〕 ,
〔〔BE(〔존〕, 〔IN STATE/+feel, +괴로움〕)〕,

BY〔INCH〔BE(〔ξ가 일으킨 사고〕, 〔AT(〔존〕)〕)〕〕〕〕)〕

(11)에서 조응사 변수 'ξ'가 해석되기에 적절한 조건을 갖춘 의미 성분은 '〔존〕' 이외에는 찾기 어려우므로 'ξ'가 '〔존〕'과 동일지시된다.

그러므로 통사적인 성분통어 조건이 충족되지 않는 (8)과 같은 경우에 재귀대명사화가 일어나는 이유는 (11)과 같은 의미구조의 형태를 고려함으로써 자연스럽게 설명할 수 있다.

5.5. '이다' 문장과 추론규칙

동사 '있다'가 관계하는 구문이 존재를 표현하는 경우와 소유를 표현하는 경우 통사적 형식을 달리하며, '좋다' 따위의 품질동사 문장도 통사적 형식을 달리하여 느낌동사 구문으로 쓰임을 보았다. 각각의 '소유'와 '느낌'의 동사에 대해서 새로운 어휘항목으로 분리해 주었는데, 이는 의미영역의 변화가 새로운 어휘적 가능성으로까지 나아간 것으로 보았기 때문이다. 상태성 동사의 예 중 이러한 맥락에서 해석해 줄 만한 현상이 '이다' 문장이다. 이들도 소유와 느낌의 경우와 마찬가지의 의미역 관계를 보여준다. 다만 이들과 달리 통사적으로 격조사 '-에'를 취하는 대응형을 갖고 있지 못할 뿐이다. 그 의미영역을 동일시(Identificational)의 영역이라고 할 수 있다.

필자는 양정석(1986)에서 '이다'에 대한 의미 기술을 시도해 보았는데, 이에 따르면 '이다'가 나타나는 통사적 환경은 크게 세 가지이다.[15]

(1) 두루미가 학이다.
(2) 아카시아가 콩과식물이다.
(3) 나는 경애가 최고이다.

---

15) '분열문'이라 불리는 (가)와 같은 구문, 그리고 이에 준하는 (나) 구문에 대해서는 논외로 한다.
가. 데모가 일어난 것은 파고다 공원에서였다.
나. 진격은 사이공으로였다.

(1)에서 '이다'에 앞서는 두 명사구의 순서가 바뀌어도 근본적으로 의미의 차이를 보이지 않으나, (2)에서는 둘의 순서가 바뀔 경우 부자연스러운 문장이 된다.

(1)′ 학이 두루미이다.
(2)′ *콩과식물이 아카시아이다.

(2)′가 의미를 얻을 수는 있으나 그러기 위해서는 매우 비정상적인 상황맥락을 동원해야 한다. (3)의 경우에는 '최고'가 속성을 표시함으로써 일반 형용사와 같은 의미를 가지므로 '이다'가 갖는 의미는 추출되기 어렵다고 보았다. 이 경우는 명사 '최고'와 '이다'(즉 '이-')'가 재구조화하여 '최고다'라는 새로운, 숙어와 같은 어휘적 단위를 이룬다고 보았다.[16] 이를 재구조화한 것으로 보지 않을 수 없는 이유는 통사구조의 일반성을 설명하기 위해서이다. 다음과 같은 경우에 보어인 'NP와'가 나타나는 현상은 서술성 명사 '상관적'과 '이다'가 재구조화하는 단계를 전제하지 않고는 그리 쉽사리 설명되지 않는다.

(4) 앞서의 현상은 뒤따르는 현상과 상관적이다.

'이다'를 동사(용언)로 보아야 한다는 데에 대해서는 근래에 이르러 국어 연구자들 사이에 거의 의견의 일치를 보이고 있는 듯하다.[17] (4)에서는 동사인 '이다'가 세 개의 보어를 이끈다고 해야 할지 모른다. 이러한 문제는 모든 국어 문장의 통사구조를 일반성 있는 하나의 원리에 의하여 해명해 주려고 할 때 필연적으로 생겨난다. 성격이 다른 구문이나 다음 예도 같은 문제를 드러낸다.

(5) 나는 경애가 최고이다.

---

16) 양정석(1986)에서의 용어로는 '재구성 규칙(restructuring rule)'이다.
17) 남기심 · 고영근(1985)에서는 학교문법 통일안의 취지에 따라 '이다'를 서술격 조사로 서술하고 있으나, 이도 통일을 위한 것일 뿐 이론적인 결정은 아니라고 하겠다.(243쪽 참조)

여기서 '최고이다'는 명사인 '최고'와 동사인 '이다'가 합쳐져, 앞에서 살펴 본 느낌동사와 유사한 통사적 행태를 보여주고 있다.

(6) 가. 나는 경애가 좋다.
　　나. 나는 경애가 최고이다.
(7) 가. {*너는, *그는} 경애가 좋다.
　　나. {*너는, *그는} 경애가 최고이다.
(8) *나는 경애가 유일한 최고이다.

(6)-(8)에서 중요한 것은, '최고이다'가 두 개의 어휘로 나뉠 수 있음에도 이러한 구문에서 한 단위의 어휘로서 통사구조를 형성한다는 점이다. 더군다나 (8)에서 명사인 '최고'가 관형어의 수식을 받지 못한다는 사실은 '최고다'가 한 단위의 서술어로 기능한다는 우리의 관찰을 지지해 주는 것으로 보인다.

앞에서 우리는 품질동사가 새로운 '느낌(+feel)'의 의미영역에서 새로운 어휘적 단위로 변용됨을 보았다. 이러한 일단의 어휘 부류에 참여하는 특이한 예로서 '최고이다'와 같은 현상이 발견되는 것이다. '최고' 자체에 두 개의 논항을 갖는 어휘의미구조를 설정하는 것이 무리임을 생각한다면 (6), (7)이 보여주는 통사적 행태에 따라 '최고이다'를 '좋다'와 같은 부류로 간주하는 것이 온당함을 알게 된다.[18] 이밖에도 재구조화에 의한 고려를 해 주어야 할 예는 이 책의 곳곳에서 지적하게 된다.

다시 (1)과 (2)로 되돌아가 보자. 양정석(1986)에서는 이 두 문장의 '이다'가 어휘적 의미를 가지는 것으로 분석되어야 한다고 결론지었다. (1)의 '이다'

---

18) 첫번째 명사구를 주제어로 설정함으로써 문제가 해결되는 것은 아니다. 엄정호(1989)에서는 '최고다' 문장을 재구조화로써 설명하는 필자의 처리 방식에 대해 반박하였는데, '좋다'와 같은 동사가 품질동사와 느낌동사로서 두 가지 어휘적 가능성을 가질 수 있다는 점에 대해서는 고려하지 않고 있다. 앞 절에서 말한 것처럼 '싫다' 같은 동사는 느낌동사로서의 한 가지 어휘적 가능성만 보인다. 이 경우에 (나)는 물론, 같은 의미로 (다)도 가능하다. (라)가 가능할지라도 이 때 경험자 논항이 암시 논항으로 상정되지 않으면 안된다.
　가. ?*나에게 경애가 싫다.
　나. 나는 경애가 싫다.
　다. 나에게는 경애가 싫다.
　라. 경애가 싫다.

는 '대칭적 동일함의 이다'로 (2)의 '이다'는 '반대칭적 동일함의 이다'라고 불렀으나, 이 두 가지 경우의 '이다'를 서로 다른 어휘항목으로까지 갈라 보아야 할지는 분명히 판단하기 어려워 유보 상태로 놓아 두었었다. 하지만 (2)와 같은 경우에 두 명사구 중 앞의 명사구와 뒤의 명사구의 외연을 비교함으로써, (2)의 '이다' 구문에 대한 한 가지 의미론적 조건을 제시해 놓았다고 하겠다. (2)의 '이다'에 대한 의미론적 조건은 다음과 같다.

(9) NP_1은 NP_2에 앞서고, NP_1의 외연이 NP_2에의 외연보다 좁다는 조건 하에서의 동일함을 '이다'는 뜻한다.(양정석(1986)의 (33))

그러나 이것은 '이다'에 앞서는 두 명사구가 의미적으로 갖추어야 할 조건의 하나라고는 할 수 있지만 '이다' 자체의 의미는 아니다. 양정석(1986: 20)에서는 다시 '이다'에 대한 어휘기재항을 다음과 같은 형식으로 부여하였다.

(10) 이다: V, 〔NP_1 NP_2 ___ 〕
Theme Goal

즉, 앞선 명사구는 대상의 의미역을, 뒤의 명사구는 목표의 의미역을 갖는 것으로 간주된 것이다. 특히 두번째 명사구의 의미역으로 목표가 상정된 것은 '되다'와의 평행성을 고려한 것인데, 상태성의 동사에 목표 의미역이 상정된 것은 잘못이므로 '처소(Location)' 정도로 고쳐 놓을 수 있을 것이다.

'NP_1가 NP_2이다' 구문의 의미는 집합론적으로 (11가)와 같이 형식화하거나 1순 술어논리(first-order predicate logic)의 방식으로 (11나)와 같이 형식화된다. NP_1에 대응하는 의미를 'a', NP_1에 대응하는 의미를 'b'라고 가정한다.

(11) 가. $a \in b$
나. $b(a)$

그러나 이와 같은 표기는 '이다' 자체가 갖는 의미에 대해서는 말해 주는 것이 없다. 개념의미론의 방침을 따르는 우리는 어휘나 문장의 의미를 기술할 때 항상 문법적 구조와의 대응을 고려하여 왔다. 이제까지의 고려에 따라 '이다' 자체가 갖는 의미를 다음과 같이 표상할 수 있다.

(12) 〔BE/+ident(x , 〔AT(y)〕)〕

이는 일단 '이다'의 의미에 대해서 (10)에서 의도하는 바와 대체로 부합한다. 연결이론을 고려하더라도, 'x' 논항이 주어가 되고 'y' 논항이 아무런 격조사 형식을 갖지 않은 상태로 보어로 실현됨을 보장할 수 있게 되어 통사적인 사실을 설명하기에 아무런 문제가 없다. 또 'BE'는 존재론적 범주로서 상태성을 갖는 것이므로 '이다' 문장이 상태성을 갖는다는 점을 적절히 표상해 준 것이라고 할 수 있다.

Jackendoff(1983)에서는 영어의 'be' 동사 구문이 갖는 범주 판단(categorization)의 의미 기능을 중심으로 해서, 우리의 인지작용이 개념구조를 바탕으로 하여 행하는 기본적인 추론규칙들을 제시해 보이고 있다. 국어에서도 앞서 (2)와 같은 문장은 범주 판단 작용을 표현하는 대표적인 예라고 할 수 있다. 범주 판단의 가장 기본적인 유형은 다음과 같은 문장에서 나타난다.

(13) 철수는 사람이다.

'철수'는 '사람'이라는 '유형(type)'에 대해서 한 사례(instance)가 되는, 즉 '징표(token)'이다.[19] (13)은 다음과 같이 표현될 수 있다. 이 경우 '이다'의 의미는 'IS AN INSTANCE OF'라는 함수로 표현되어 있다.

---

19) 여기서 이용되는 유형과 징표의 개념 및 추론규칙의 개념에 대해서는 Jackendoff(1983) 6장과 8장을 참조함. '철수'와 같은 고유명사는 징표로서의 의미만을 갖지만, '사람'과 같은 명사는 유형으로서도, 징표로서도 쓰일 수 있다. 다음 예는 '사람'이 징표로 쓰이는 경우이다.
저기 사람 온다.
흥미로운 예로서, 한자어 접미사 '-적(的)'은 징표 또는 유형의 명사를 유형의 명사로 전환하는 기능을 갖는다. '마르크스적'처럼, 징표로만 쓰이는 고유명사에도 '-적'이 붙으면 유형의 명사가 얻어지는 것이다.

(14) [STATE TOKEN
IS AN INSTANCE OF([THING TOKEN
〔철수〕],
[THING TYPE
〔사람〕])]

이를 일반화하면 다음과 같이 표시할 수 있다. 어떤 징표는 그것이 속하는 유형의 한 사례라는 뜻으로 이해할 수 있다.

(15) [STATE TOKEN
IS AN INSTANCE OF(〔TOKEN〕, 〔TYPE〕)]

그런데, 우리가 국어라는 언어체계에서 '철수'라는 말을 사용할 때는 '철수'가 '사람'이라는 유형에 속하는 한 사례라는 사실이 전제되어 있음을 안다. 이러한 사실은 우리의 인지구조 속에 다음과 같은 'INSTANCE OF'와 같은 연산자가 내재한다고 봄으로써 설명할 수 있다.

(16) [THING TOKEN
INSTANCE OF(〔THING TYPE〕)]

또한 (15)의 범주 판단의 형식은 (16)의 전제된 범주 판단의 형식과 긴밀히 연결되어 있다. 즉, 인간의 인지구조는 다음과 같은 추론규칙을 작용시켜 고도로 창조적인 범주 판단을 할 수 있게 만드는 것이다.

(17) [STATE TOKEN
IS AN INSTANCE OF(〔TOKEN〕i, 〔TYPE〕j)] 〈--〉
[TOKEN
INSTANCE OF(〔TYPE〕j)]i

이와 같은 추론규칙을 더 일반화하여 다음과 같은 추론규칙을 얻어낼 수 있다.

(18) '이다' 추론규칙1 :

STATE
BE/+ident(〔X〕i, 〔AT(〔TYPE, Y〕j)〕) 〈--〉

X
INSTANCE OF(〔TYPE, Y〕j) i

우리의 인지구조 속에는 또한 'INSTANCE OF'와 반대짝이 되는 연산자로서 'EXEMPLIFIED BY'와 같은 것이 있다고 가정할 수 있다. 이 연산자가 있음으로써 인간은 새로운 일반적인 개념을 형성할 수 있으며, 이미 알고 있던 개념에 구체적인 정보를 더해 갈 수 있게 된다. 가령, '개'라는 개념은 구체적인 개 '바둑이'의 사례와, '삽살개'와 같은 역시 일반적 개념으로 이루어질 수 있다.

(19)
THING TYPE
〔개〕
EXEMPLIFIED BY(THING TOKEN 〔바둑이〕)
EXEMPLIFIED BY(THING TYPE 〔삽살개〕)

이를 이용하여 다음과 같은 추론규칙도 얻어낼 수 있다

(20) '이다' 추론규칙2 :

STATE
BE/+ident(〔X〕i, 〔AT(〔TYPE, Y〕j)〕) 〈--〉

〔TYPE, Y〕
EXEMPLIFIED BY(〔X〕i) j

(18)의 연산자 'INSTANCE OF'와 'EXEMPLIED BY'는 각각 (21)과 (22)의, 더 일반적인 추론규칙들을 통해서 구체적으로 해석된다.

(21) $$\begin{bmatrix} X \\ \text{INSTANCE OF}(\begin{bmatrix}\text{TYPE} \\ Y\end{bmatrix}_j) \end{bmatrix}_i \langle\text{--}\rangle \begin{bmatrix} X \\ Y \end{bmatrix}_i$$

(22) $$\begin{bmatrix} \text{TYPE , X} \\ \text{EXEMPLIFIED BY}(\ [Y]\ ) \end{bmatrix} \text{---}\rangle \begin{bmatrix} Y \\ X \end{bmatrix}$$

(21), (22)는 각각 (18), (20)에서 두 가지 연산자의 구체적 적용을 보여준다. (21)은, 어떤 실체 X가 징표이든 유형이든 그것이 유형 Y의 한 사례라면 곧 X는 Y의 모든 의미특질을 공유하는 실체로 해석된다는 뜻을 갖는다. X나 Y는 명사구의 의미 성분인데, 명사구의 의미 성분은 의미특질들이 계층성을 가지고 복합된 구조라고 할 수 있다. 그러므로 (21)과 (22)에서 우변의 기호는 X와 Y의 의미특질들을 비교하여 두 의미특질 사이에 모순이 발생하면 실패하고, 그렇지 않으면 성공하는 것으로 해석할 수 있다.[20]

분석적 판단이라고 할 수 있는 앞서의 (1), (2), (13)의 문장들은 모두 주어의 개념 X가 Y에 포섭(subsumption)되는 관계에 있다. (21)의 우변에서 대괄호의 위 아래에 X와 Y가 병치된 것은 둘이 단일화되어야 함을 뜻하는 것이다. 지표 'i'는 단일화된 결과로 나타난 특질구조(feature struxture)가 X 자체의 특질구조와 동일한 것임을 표시하게 되는데, 이는 Y가 X를 포섭하여야 함을 규정한다. 이에 따라 "아카시아가 콩과식물이다."는 문법적인 문장으로 판정되지만, "*콩과식물이 아카시아이다."는 비문법적인 것으로 판정받게 된다. 또, "철수는 사람이다."와 같은 예에서 '철수'가 어휘부에 [+human]으로 등재되어 있다면 (18) 및 (21)이 적용되어 문법적인 문장으로 판정될 것이다. "*사람이 철수이다."도 역시 이에 따라 비문법적인 문장으로 판정된다.

(21)과는 달리 (22)에서는 좌우변이 단방향의 화살표로 맺어져 있다. 이는 좌변에 대해서 우변이 필요조건일 뿐, 충분조건은 되지 못함을 표시하고자 하는 것이다. 또한 좌우변에 지표가 표시되어 있지 않다. '이다' 표현 중에는 "철수는 구

20) 이것이 정보 처리의 기본적인 조작인 '단일화(unification)'이다. 논항 융합과 관련하여 이 개념을 소개한 제2장의 〈주34〉를 참고할 것. '단일화' 및 다음에 곧 나타날 '포섭'의 개념은 Shieber(1986)에 의한다.

두쇠이다."와 같은 것도 있다. '철수'가 '구두쇠'의 한 예가 된다고 판단하는 것은 두 명사의 개념 분석에 의해서만은 할 수 없는, 경험적이면서도 창조적인 판단이라고 하겠다. 그러나 이러한 창조적 판단을 위한 최소한의 조건이 주어져 있지 않으면 안된다. (22)의 우변은 X와 Y의 특질구조가 적어도 단일화할 수 있어야 함을 규정하고 있다. 즉, 그 내부의 특질 중에서 서로 상충하는 것이 있어서는 안된다는 것이다.

(18), (20)만으로는 설명되지 않는 '이다' 구문의 예로서 다음과 같은 문장이 있다.

(23) 김정식이 김소월이다.

여기서 주어와 보어는 모두 징표로서, 이 문장은 둘 사이의 징표적 동일성(token identity)을 표현한다. (18), (20) 규칙의 좌변에서 두번째 논항은 유형으로 명시되어 있기 때문에 (23)과 같은 예는 이들 규칙에 의하여 해석될 수 없으므로 일단 부적격한 것으로 판정나야 할 것이다. 그러나 앞서 유형과 유형의 동일성을 표현하는 "두루미가 학이다."가 문법적인 문장이라면 징표와 징표의 동일성을 표현하는 (23)도 그와 다를 바 없다. 따라서 다음과 같은 추론규칙을 더 설정한다.

(24) '이다' 추론규칙3 :

$$\begin{bmatrix} \text{STATE} \\ \text{BE/+ident([TOKEN] , [AT([TOKEN])])} \end{bmatrix} \text{--->} \begin{bmatrix} \text{X} \\ \text{Y} \end{bmatrix}$$

이 규칙에서도 좌변과 우변이 단방향의 조건으로 규정되었고, 두 논항에 대한 지표가 표시되지 않았다. 두 논항이 징표라는 제약이 있으므로 X와 Y의 특질구조가 단일화하는지 여부만 검사하면 된다. 이에 따라 "*철수는 영수이다."와 같은 문장은 두 의미 성분이 단일화하는 데 실패하여 비문이 되는 것으로 해석된다.21)

이상에서 '이다'가 구성하는 범주 판단을 중심으로 하여, 전제된 범주 판단, 그리고 이들의 연관을 설명해 주는 추론규칙들을 살펴 보았다. '이다'의 어휘의미구조는 (12)로 표상하는 것만으로 충분하다. 이 어휘의미구조는 징표와 유형의 범주 판단, 유형과 유형의 총칭적 범주 판단(generic categorization), 유형과 유형의 동일성, 그리고 징표와 징표의 징표적 동일성(token identity) 등을 표현하게 되는데, 여기에는 여러 종류의 추론규칙이 작용하고 있다.

'이다' 표현 중에는 이상의 규칙들로도 해석되지 않는 예들이 있다. 다음과 같은 표현들도 상황맥락에 따라 충분히 해석 가능하다.

(25) 가. 영수는 천주교이다.
　　 나. 영희는 신장염이다.

(25가)는 "영수는 천주교 신자이다."를, (25나)는 "영희는 신장염을 앓고 있는 사람이다."를 의미하는 것으로 해석될 수 있다. (25가, 나) 자체의 표현으로는 (18), (20), (24) 어느 규칙을 적용해 보든지 비문이 될 수밖에 없다.

문법의 규칙을 위배하였음에도 불구하고 상황맥락에 따라 수용되는 해석이 얻어지는 경우, 문법의 위배로 말미암아 촉발되는 화용론적 해석의 기제가 활용될 수 있다. 이것을 보충해석 규칙(construal rule)이라고 부른다. '이다'가 가지는 '동일성'과 관련한 의미 표현의 유연성은 이상에서 설정한 추론규칙들, 그리고 보충해석 규칙이 중간에 매개함으로써 가능해지는 것이라고 설명할 수 있다.[22)]

5.6. 표상적 동사: '그리다', '말하다', '생각하다'

---

21) 이들 고유명사의 경우, 두 명사가 어휘부에서 〔+human〕과 같은 특질을 공유할지라도 궁극적으로 둘을 구별하는 어떤 특질이 기재된다고 가정할 수 있다.

22) '이다' 문장 말고도 보충해석 규칙이 활용되는 예를 흔히 찾을 수 있다. "철수가 천주교가 되었다."가 "철수가 천주교 신자가 되었다."로 해석되는 경우는 물론, "운명이 한숨을 쉬었다."와 같은 은유 표현도 보충해석 규칙의 적용으로 의미 있는 표현으로 받아들여지는 것이라 할 수 있다. 그러나 '이다' 문장이 다른 어떤 구문들보다 유연성이 큰 것은 사실이다. '이다' 구문의 의미 해석과 관련하여 더 자세한 논의는 양정석(1996다)를 참고할 수 있다.

5.6.1. 지각동사와 '알다', '생각하다'

이 절에서는 Jackendoff(1983)의 표상 이론(theory of representation)에 입각하여 국어의 동사들 '그리다', '말하다', '믿다', '생각하다' 등의 어휘의미 구조를 기술하는 문제를 고찰하려고 한다. 느낌동사나 지각동사, 그리고 '믿다, 생각하다' 등의 동사들은 서로 뚜렷한 통사적인 특징을 공유하지는 않는 것 같다. 그럼에도 과거 심리동사에 대한 연구에서는 대개 이들을 하나로 묶어 취급하여 온 경향이 있다.(이정민, 1976, 김홍수, 1989) 그것은 대체로 이들이 의미적으로 '경험자'로 지칭되는 의미역(심층격)을 갖는다고 판단했던 데서 말미암은 것이라고 하겠다. 우리가 이 장에서 이들을 모아 다루는 것도 그러한 경향을 고려한 것이기는 하나, 이 절에서는 더욱 성격을 달리하는 것으로 알려진 동사들이 '믿다'나 '생각하다'의 분석을 위하여 다루어지게 된다. 즉, '그리다'와 '말하다'는 어느 모로 보나 경험자 의미역을 갖는다고 보기 어려움에도 '믿다'와 '생각하다'와 한 가지 중요한 국면에서 공통성을 가지므로 함께 고찰하려고 하는 것이다.

느낌동사의 타동사형과 지각동사, '믿다, 생각하다' 동사는 심리적인 과정을 표현함에도 불구하고 행위자성을 드러내 보인다는 특징을 갖는다. 이 점은 이들 동사의 성격을 이해하는 데 한 가지 실마리가 될지도 모른다. 또 이와 관련되는 사실로서 이들이 두 자리의 타동사 구문을 이룬다는 것도 빼놓을 수 없는 요소라 할 수 있다. 이 점에서 이들은 앞서 느낌동사의 타동사형과는 같은 맥락에서 처리해 줄 가능성이 있다.

(1) 가. 나는 그녀석을 좋아하려고 아무리 노력해도 안 된다.
나. 이것 하나만은 꼭 알아라.
다. 그 문제는 집에 가서 생각해라.
라. 작가가 되려면 이 점을 몸으로 느껴라.
마. 냄새를 맡아라.

이 점을 포착하기 위하여, 느낌동사로부터 파생된 '좋아하다'류의 동사를 위하여 사용한 바 있는 작용의미층의 'REACT' 함수를 이용할 수 있을 것이다. 실지로 양정석(1992)에서는 이상과 같은 관점에서 지각 과정을 표현하는 동사들과 '생각하다'를 느낌동사로부터 파생된 타동사들과 동일한 맥락에서 기술하려는 시도를 했다. 참고적으로 들어 보면 다음과 같다. '〔STATE〕' 의미성분에 대한 세부적인 명세만을 달리하되, 이를 '경험자(experiencer)' 의미역의 표현을 위해 남겨 놓고, 'BY' 이하는 개별 어휘에 따라 다소 다른 내용을 가질 수 있게 하였다.

(2) 알다: 〔〔REACT(x, y)〕,
〔〔BE(x, IN STATE/+알)〕, 〔BY(〔INCH〔BE(y, 〔AT(x)〕)〕〕)〕〕〕
cf.식이요법을 시작할 때는 먼저 자기가 비만해진 원인을 알아야 한다.

(3) 생각하다: 〔〔REACT(x, y)〕,
〔〔BE(x, IN STATE/+생각)〕,
〔BY〔INCH〔BE(y, 〔AT(x)〕)〕〕〕
cf.나는 음악을 들을 때마다 그 음악을 창조해 낸 작곡가를 생각하곤 한다.

(4) 느끼다: 〔〔REACT(x, y)〕,
〔〔BE(x, IN STATE/+feel)〕,
〔BY〔GO(y, 〔TO(x)〕)〕)〕〕〕〕
cf. 나는 더욱 대자연의 위대한 능력 앞에 두려움을 갖게 되었고 한편으로는 신뢰의 감정을 느끼게 되었다.

(5) 맡다: 〔〔REACT(x, y)〕,
〔〔BE(x, 〔IN STATE/+감각〕)〕,
〔BY〔GO(y, 〔TO(〔코-OF(x)〕)〕)〕〕〕
cf.거인이 사람 냄새를 맡았다.

(6) 보다: 〔〔REACT(x, y)〕,
〔〔BE(x, IN STATE/+감각)〕,
〔BY〔GO(y, 〔TO(〔눈-OF(〔x〕)〕)〕)〕〕〕/맡
cf. 현식이는 농부의 목소리에 그 쪽을 보았다.

(7) 듣다: 〔〔REACT(x, y)〕,
〔〔BE(x, IN STATE/+감각)〕,
〔BY〔GO(y, 〔TO(〔귀-OF(〔x〕)〕)〕)〕〕〕
cf. 그는 이층집에서 흘러나오는 피아노 소리를 들었다.

(4)-(7)의 지각동사들에 대해서는 'REACT'의 설정이 비교적 설득력을 갖는다고 볼 수 있다. 그러나 이들의 관계의미층의 주-의미 성분절 '〔BE(x, IN STATE〕'부분은 어휘의미구조의 일반적 형식으로 보나, 통사구조로의 연결에 있어서나 별 의미를 갖지 못한다. 'REACT'가 사용되는 의미구조상의 환경은 주어 논항이 으뜸힘의 작용에 대해서 반작용 내지 반응을 하는 경우이므로, 만약 (7)과 같은 예에서 '피아노 소리'가 귀에 자극으로 가해져 '그'가 반응하는 것을 표현한다면, 오히려 '〔BE(x, IN STATE〕, BY' 부분이 제거되는 것이 이 'REACT' 함수의 설정 취지에 맞는 것이라고 하겠다. 그러므로 '느끼다, 맡다, 보다, 듣다' 등에 대해서는 최소한의 수정을 가하여 다음과 같은 어휘의미구조로 설정해 놓기로 한다. 병합된 의미 성분으로서 '감각, 코, 눈, 귀' 등을 설정하였지만 더 정밀한 고려가 요구된다.

(8) 느끼다: 〔〔REACT(x, y)〕, 〔GO(y, 〔TO(〔감각-OF(x)〕)〕)〕〕
(9) 맡다: 〔〔REACT(x, y)〕, 〔GO(y, 〔TO(〔코-OF(x)〕)〕)〕〕
(10) 보다: 〔〔REACT(x, y)〕, 〔GO(y, 〔TO(〔눈-OF(x)〕)〕)〕〕
(11) 듣다: 〔〔REACT(x, y)〕, 〔GO(y, 〔TO(〔귀-OF(x)〕)〕)〕〕

(2)의 '알다'도 대체로 이와 같은 맥락에서 처리해 줄 수 있으리라 생각한다. 이 경우의 '알다'는 종결성을 가지는데, 종결성을 갖는 동사들의 경우는 기동성과 상태성의 함수로 표상되는 것이 일반적이므로 (2)와 같은 형식이 수긍이 간다. 다른 '알다'의 어휘적 가능성이 있을 수도 있으나 지금 문제되는 종결성을 갖는 '알다'의 경우 (13)과 같이 표상하기로 한다.

(12) 가. 그는 자기가 비만해진 원인을 알고 있다.
나. 그는 그 순간에야 비로소 그것을 알았다.
(13) 알다: 〔〔REACT(x, y)〕,
〔INCH〔BE(y, 〔AT(〔AWARENESS-OF(x)〕)〕)〕〕

그런데 앞서 (1)과 같은 행태에 관하여, 이것을 'REACT'와 같은 작용의미층 함수의 설정을 정당화하는 것으로 해석할 수도 있겠지만, 그저 일반적인 사동성 함수의 존재를 말해주는 것으로 볼 수도 있다. 특히 (3)의 '생각하다'를 다른 경우와 똑같이 'REACT'로 처리해 주는 것은 무리인 듯하다. 일단 의미적인 특징을 성찰해 보더라도, '생각하다'는 다른 지각동사나 '알다'보다는 더 적극적인 작용의 양상을 표현한다. 또, 다음 두 문장은 동의문(paraphrase)의 관계에 놓여 있는 것으로 볼 수 있다.

(14) 가. 그것을 생각하지 말아라.
나. 그것을 마음에 담아 두지 말아라.

이러한 보기는 '생각하다'가 '담다'나 '담아 두다'가 갖는 의미 요소로서의 사동성을 함께 가지고 있다는 점을 증거해 주는 듯하다. 또 (14나)는 '생각하다'의 의미에 '마음' 자체가 관여하고 있다는 점도 보여주는 것 같다.

앞에서, '-고 있다'가 결과상태 계속의 의미를 보이는 경우에는 기동성과 상태성 함수의 결합으로 표상하자는 제안을 한 바 있다.[23] '생각하다'는 '-고 있다'와의 결합에서 결과상태 계속의 의미를 보이지 않는다. 이 점에서 (12가)와는 대조적이다.

(15) 그는 아직도 그 문제를 생각하고 있다.

그러므로 앞서의 (3)보다는 대체로 다음과 같은 어휘의미구조가 더 타당할 것이다. 이 어휘의미구조는 다음 절 및 다음 장 제6장에서 유용하게 이용될 것이다.

(16) 생각하다: 〔〔AFF(x, y)〕,
〔CS(x, 〔STAY(y, 〔IN(〔MIND-OF(x)〕)〕)〕)〕〕

5.6.2. 표상적 동사

23) 4.2.2.절을 참조할 것.

'생각하다'에 대해서 앞절의 (16)처럼 표상함으로써 느낌동사나 지각동사들과는 일단 관계를 끊어버린 결과가 되었는데, 이러한 결정의 타당성은 '생각하다'가 '믿다'는 물론, '말하다', '그리다' 또는 '묘사하다' 등과 함께 특별한 의미론적 행태를 공유한다는 점에서도 발견된다. 이런 동사들을 Jackendoff(1983)에 따라 표상적 동사라고 부른다. 또 '그림', '사진' 같은 명사들은 표상적 명사라고 한다.

'그림', '사진' 등의 명사는 문장 안에서 어떤 어구의 해석과 관련하여 중의성을 일으키는 작용을 한다.

(1) 그림 속에 경애가 있다.

'경애'는 두 가지 해석을 가질 수 있다. 그림으로 그려진 '경애'로의 해독이 흔한 것이지만, 그림들이 전시되어 있는 전시관에서 여러 개의 전시대 사이에 있는 실제의 경애를 발견했을 경우에도 이러한 문장이 발화될 수는 있다. Jackendoff(1983)는 (1)과 같은 경우 #영상-경애#(표상으로서의 경애)와 #실제-경애#로 두 가지 해독이 생기는 것을 문장의 통사구조와 완성된 의미구조의 사이 어느 단계에서 작용하는 '표상화 규칙'을 설정하여 설명한다.

(2) 표상화 규칙
문장 S나 문장들의 연속체가 다음과 같은 의미 성분을
표현하거나 함축하면,
〔BE(〔X〕, 〔IN(〔〔Y〕 REPRESENTATIONAL〕))))〕
S의 표상 속에 나타나는 모든 〔X〕를 수의적으로
〔REP(〔X〕)〕로 대치하라.

'REPRESENTATIONAL'이란 특질은 명사 자체가 어휘적으로 갖는 특질이다. 함수 'REP'는 #실제-X#를 #영상-X#로 사상해 주는 함수로 정의된다. (1)과 같은 문장은 표상화 규칙이 적용되기에 적합하다. '그림'은 전형적으로

'REPRESENTATIONAL'을 갖는 명사이며, '있다'는 그 자체가 (2)에서 제시된 의미구조 형식을 갖는다. (1)의 의미구조를 일단 보이면 다음과 같다.

(3) 〔BE(〔경애〕, 〔IN([〔그림〕 / REPRESENTATIONAL])〕)〕

(3)은 (2)의 구조적 조건을 충족시켜 주므로 '〔경애〕'에 대해서 '〔REP(〔경애〕)〕'로의 대치가 수의적으로 일어난다. 대치가 일어나면 그 꼴은 (3)′와 같이 되고, 대치가 일어나지 않으면 (3)의 형식 그대로 남게 된다.

(3)′〔BE(〔REP(〔경애〕)〕, 〔IN([〔그림〕 / REPRESENTATIONAL])〕)〕

그러므로 (1) 문장이 #실제-경애#에 대해서 진술하는 경우의 의미구조는 (3)이며, #영상-경애#에 대해서 진술하는 경우는 (3)′가 된다.

(1)처럼 표상적 명사를 포함하는 문장 단위 속에서 뿐만 아니라, '경애의 사진'과 같이 표상적 명사를 포함하는 명사구 표현에서도 '경애'는 #영상-경애#로 해석되는데, 이를 위하여 (2)와 같은 기능을 해 주는 것은 다음의 규칙이다.

(4) '⟨x의⟩ 그림': [THING / REPRESENTATIONAL / ⟨〔CONT(〔REP(〔X〕)〕)〕⟩]

이른바 믿음맥락(belief-context)을 형성하는 대표적인 동사 '믿다, 생각하다'의 의미를 기술하기 위해서는 아래와 같은 점이 설명될 수 있어야 한다. 첫째, 다음과 같은 삼단논법이 '믿다, 생각하다'의 보문에서는 불가능한 이유가 설명되어야 한다.

(5) 가. 철수는 행성의 수가 일곱개라고 {믿는다, 생각한다.}
  나. 행성의 수는 아홉개이다.

다. 그러므로, 철수는 행성의 수가 아홉개라고 {믿는다, 생각한다.}

둘째로, 존재 일반화가 믿음맥락에서는 적용되지 않는다. "어떤 사람이 건물 안으로 들어왔다."라는 문장으로부터 "건물안으로 들어온 어떤 사람이 존재한다."는 뜻을 추론할 수 있으나, "철수는 어떤 사람이 건물 안으로 들어왔다고 믿는다"라는 문장으로부터는 '어떤 사람'의 존재를 추론할 수 없다.

셋째로, "동그라미가 네모지다."라는 문장은 따로 발화되면 모순된 표현으로서 의미상으로 부적격하지만 "그 아이는 동그라미가 네모지다고 {믿는다, 생각한다.}"는 '그 아이'의 개념상의 착오를 표현하는 문장으로서는 부적격하지 않다.

넷째로, 철학자 Quine의 예를 그 원래의 취지를 잃지 않도록 국어의 문장으로 표현한 다음 예를 살펴 보자. 철수가 다방에서 어제 보았던 어떤 사람을 간첩이라고 믿거나 생각하는데, 철수는 그 사람의 이름을 모르지만 그 사람의 이름은 박영호라고 하는 것이 배경이 되는 상황이다. (6나)는 문제가 없다.

(6) 가. 철수는 박영호가 간첩이라고 {믿는다, 생각한다.}
나. 철수는 그 다방에서 어제 보았던 그 사람이 간첩이라고 {믿는다, 생각한다.}

(6가) 문장을 가지고 따질 때, 철수가 박영호란 이름을 모르는 것이 실제 상황이므로 (6가)는 참일 수도 거짓일 수도 있다. 참이 되는 경우는 결과적으로 박영호가 간첩이므로 (6가)는 실제 상황을 표현하는 데에 오류가 없기 때문이다. 거짓이 되는 경우는 '그 다방에서 어제 보았던 그 사람'을 실제적으로 지시가 같다고 '박영호'로 잘못 대치하였기 때문에 생겨난다. 참이 되는 해독을 보통 Quine에 따라 '투명한 해독(transparent reading)'이라 하고, 거짓이 되는 해독을 불투명 해독(opaque reading)이라 부른다.

'믿다, 생각하다' 등의 동사는 의미론적으로 이와 같은 문제를 보여 많은 사람들에게 연구의 자극이 되어 왔다.[24] 이러한 문제들이 정도의 차이는 있지만

---

24) 믿음맥락에 대한 이전의 연구와 그들에 대한 비판은 Jackendoff(1983: 212-239)에 개진되

'그리다'와 같은 #그림#을 만드는 동사나 '말하다'와 같이 #문장#를 만드는 동사들에게도 나타난다는 점에 주목한 Jackendoff는 이들 #그림#과 #문장#, 그리고 나아가 #믿음#이 모두 #표상#이라는 존재의 한 종(species)이라는 사실을 밝혀 내었다. #믿음#은 달리 말하면 #마음의 표상#이 된다. 다음 문장에서 '경애'는 #실제-경애#로도 해석될 수 있고 #영상-경애#로도 해석된다. 전자로는 경애를 모델로 하여 그림을 그린다는 뜻이고, 후자에서는 그리는 과정을 통하여 경애 그림를 얻었다는 뜻이 된다.

(7) 철수는 도화지에 경애를 그렸다.

'말하다'에서도 마찬가지로 두 가지 해독을 구별할 수 있다. '어제 일어난 일'이 실제의 일로서도, 영상으로서도 해석될 수 있다.

(8) 철수는 이야기 중에 어제 일어난 일을 말하였다.

(5)의 삼단논법에서 드러나는 믿음맥락의 문제는 그림표상을 표현하는 '그리다'나 말표상을 표현하는 '말하다'에서 나타나는 실제와 영상의 두 가지 의미해석이 마음 표상의 '믿다, 생각하다'에도 동일하게 나타난다고 봄으로써 설명이 가능해진다. 이 삼단논법의 대전제인 (5가)에서 '행성'은 #영상-행성#이며, 소전제인 (5나)의 '행성'은 #실제-행성#으로 해석된다. 그러므로 두 대상이 동일지시될 수 없고, 따라서 서로 대치될 수 없다. 이것이 (5)의 추론이 이루어지지 않는 이유이다.

다음으로 위에서 믿음맥락과 관련한 두번째 문제, 즉 존재의 일반화가 불가능하다는 점은 '말하다'에서도 역시 평행하는 사례가 있다. 즉, "철수는 어떤 사람이 건물 안으로 들어왔다고 믿는다" 대신에 "철수는 어떤 사람이 건물 안으로 들어왔다고 말했다"와 같은 문장에서도 존재의 일반화는 성립하지 않는 것이다. 통사구조가 똑같지는 않지만 '그리다'의 경우에도, "그가 용을 그렸다."

어 있다. 이익환(1989)에서도 믿음문장의 문제를 정리하고, 형식의미론적 대안으로서 상황의미론(Situation Semantcs)의 설명 방법을 소개하고 있다.

고 해서 용이라는 것이 존재한다고 추론할 수 있는 것은 아니다. 이들의 경우 존재 일반화가 거부되는 것은 이들 세 가지 동사가 모두 #표상#을 나타내는 동사들이기 때문이다. 위의 '믿다' 문장의 경우, '어떤 사람'이 #표상#, 말하자면 #영상-어떤 사람#으로 해석되기 때문에 존재의 일반화가 일어나지 않는다.

세번째 문제의 예인 "그 아이는 동그라미가 네모지다고 {믿는다, 생각한다.}"도 '그리다'와 '말하다'에서 대응되는 예를 쉽게 찾을 수 있다.

(9) 가. 그 아이는 동그라미를 네모지게 그린다.
　　나. 그 아이는 동그라미를 네모지다고 말한다.

이들 문장을 비문법적이라고 할 수는 없다. 착오로 그리거나, 착오로 말하는 것을 표현한 것 뿐이다. 이런 착오의 표현이 '그리다', '말하다', 그리고 '믿다, 생각하다'의 맥락에서 가능한 것은 이들이 공통적으로 표상적 동사이기 때문이다.

마지막 문제, 즉 (6가)가 참일 수도, 거짓일 수도 있다는 점은, '믿다, 생각하다'가 만들어내는 불투명 맥락이라는 것이 표상적 동사의 한 특징이라는 점을 지적함으로써 설명될 것이다. 먼저 거짓이 되는 해독으로는, 표상적 동사인 '믿다, 생각하다'의 하위절에 들어 있는 '박영호'가 철수의 마음 속에서 투사되는 #영상-박영호#로 표현되었기 때문에, 실제 상황과 부합되지 않아 거짓이 되는 것이다. 참이 되는 해독은, '박영호'가 다시 #실제-박영호#로 전환될 수 있기 때문에 가능한 것으로 설명된다. 이 두 가지 해독을 명시적인 의미구조로 표현함으로써 문제를 잘 이해할 수 있을 것이다. 다음은 '생각하다'의 경우 (6가)의 예에 대해서, 거짓이 되는 불투명 맥락과 참이 되는 투명한 맥락을 각각 의미구조로 표상한 것이다. '생각하다'의 의미구조는 이미 앞절에서 제시한 바 있으므로 이를 이용한다. 투명한 맥락을 나타내는 (10다)에서 'TR'은 #영상-박영호#를 #실제-박영호#로 전환해 주는 연산자이다. 이는 일반적으로 〔REP(〔X〕)〕의 논항인 X에 적용되어 그 부분을 이루는 의미 성분을 투명한 해독으로 전환시켜 준다.

(10) 가. 철수는 박영호가 간첩이라고 생각한다.
나. 불투명 해독:
〔CS(〔철수〕, 〔STAY(〔REP(〔BE/+ident(〔박영호〕, 〔AT(〔간첩〕)〕)〕)〕,
〔IN(〔MIND-OF(〔철수〕)〕)〕)〕)〕
다. 투명한 해독:
〔CS(〔철수〕, 〔STAY(〔REP(〔BE/+ident(〔TR(〔박영호〕)〕,
〔AT(〔간첩〕)〕)〕)〕, 〔IN(〔MIND-OF(〔철수〕)〕)〕)〕)〕

두 가지 해독 모두에서 표상화 연산자 'REP'가 사용되었는데, 이것은 앞서의 표상화 규칙 (2)에 의한 것이다. 앞절에서 제시한 다음과 같은 '생각하다'의 어휘의미구조에서 'MIND'라는 요소가 이와 같이 표상화 규칙을 작동시키는 요인으로 작용하였다.

(11) 생각하다: 〔〔AFF(x, y)〕,
〔CS(x, 〔STAY(y , 〔IN(〔MIND-OF(x)〕)〕)〕)〕〕

이밖의 구문, 특히 통제 구문에서의 '생각하다'의 쓰임에 관해서는 다음 제6장에서 더 고려하려고 한다.

5.7. '-더라'의 분석

'-더라'는 선어말 어미 '-더-'와 어말 어미 '-라'가 결합한 복합형이기는 하지만 의미를 분석하는 데에 있어서는 이를 한 단위의 동사 어휘처럼 간주하는 것이 편리하므로 앞으로 계속 한 단위로 나타내겠다. 그 의미를 분석함에 있어서 이 둘을 나누어서 기술해야만 될 필연성은 찾아보기 힘들다.[25)]

손호민(1974)에서는 '-더-'가 심층의 의미단위들, 즉 REPORTER, PAST, PERCEIVE 들로부터 변형에 의하여 도출되는 표면의 문법 형태소라고

---

25) 상위절의 동사가 하위절, 즉 보문의 종결어미를 선택하거나 배제하는 일이 있다. '-더라'를 한 단위로 본다면 '생각하다' 등의 동사가 '-더라'를 종결어미로 하는 하위절을 배제하는 사실을 체계적으로 기술할 수 있는 이점이 있다.

분석하였다. 이 후로 이러한 분석은 '-더-'의 의미와 통사적 행태를 설명하는 데에 한 모범이 되어 왔다. 실상 '-더-'의 의미는 어느 한 가지 의미특질로써 포괄적으로 기술하기 어려운 속성을 갖는다고 할 수 있다. 특히 이를 보편성을 갖는 의미 요소로 형식화하고자 할 때 더욱 그러하다. 그런데 이렇게 복합적인 의미 요소로 분석되는 특징은 이제까지 살펴 보았던 모든 동사들이 갖는 특징과 다를 바 없는 것이다. 이 절에서는 '-더라'를 다른 동사들과 동일한 차원에서 분석하고, 그 어휘의미구조를 제시하려고 노력할 것이다. 그러나 관련되는 통사·의미적 행태를 검토해 보면 '-더라'의 의미 해석 과정이 어휘적 차원에서 모두 기술될 수는 없음이 밝혀질 것이고, 따라서 부가어 의미해석 규칙의 형식을 갖는 제약을 설정하는 데에 이르게 될 것이다.

'-더라'는 단문에서 화자의 보고를 표현한다고 할 수 있다.26) 이 때의 '보고'를 그저 '알림'이라고 하든지 '제보'라고 하든지, 그것은 본질적인 문제가 아니라고 본다. 다만 의사전달의 한 과정으로서 다른 어떤 동사보다도 '보고하다'가 표현하는 의미와 공통점을 갖는다는 정도로 생각할 수 있다. 그렇다면 '보고하다'의 어휘의미구조를 먼저 기술한 다음 이에 나타난 형식을 이용할 수 있을 것이다.

상위절 동사의 종류도 '-더라'의 실현을 제약하는 요인이 된다. '생각하다'와 같은 동사는 내포절에 '-더라'가 나타나는 것을 배제한다. 이 점에서 주어의 동일지시성은 관여적이지 않다.

(1) 가. *철수는 영희가 어제 오후 3시에 대홍극장에 들어가더라고 생각한다./생각했다.
  나. *철수는 자기가 어제 오후 3시에 대홍극장에 들어가더라고 생각한다./생각했다.
(2) 가. 철수는 영희가 어제 오후 3시에 대홍극장에 들어가더라고 말한다/말했다.
  나. *철수는 자기가 어제 오후 3시에 대홍극장에 들어가더라고 말한다 /말했다.

---

26) 서정수(1977)에서는 '-더-'의 기본 의미를 '보고'라고 주장한 바 있다.

(2나)가 배제되는 것은 상위절의 주어 '철수'와 하위절의 주어 '자기'가 동일지시됨으로부터 말미암는다. 이 경우 '-더라'가 아니라면 가능한 것이다.

(2)′ 나. 철수는 자기가 어제 오후 3시에 대흥극장에 들어갔다고 말한다 /말했다.

따라서 (1나)도 이와 같은 이유로 설명할 수 있을 것이다. 하지만 (1가)의 비문성을 설명하기 위해서는 다른 원인을 찾아내지 않으면 안된다.

'생각하다' 또는 '믿다, 여기다' 등은 '마음 표상'의 동사들이다. 이 점은 '-더라'가 마음 표상과 어떤 면에서 관련됨을 보여주는 것으로 해석된다. 그러면 그 관련이란 무엇일까?

'-더라'가 '보고'의 의미 기능을 가졌다는 주장은 서정수(1977)에서 제기되었다. (1가)의 경우, 생각하는 주체인 자기에 대해서 어떤 사건을 보고하는 것이 이치에 맞지 않기 때문에 비문이 되었다고 설명할 수 있다. 그렇다면 '-더라'를 보고의 동사 '보고하다'와 유사한 의미를 갖는 것으로 취급할 가능성이 생겨난다.

다음을 살펴 보면, (1가)의 '생각하다'의 문맥 뿐만 아니라, 다음 (3가)와 같이 '주장하다'의 문맥에서도 '-더라'가 부적격하기는 마찬가지이다. (3나)의 '보고하다'의 문맥에서는 '-더라'의 쓰임이 적격성을 얻는다.

(3) 가. *나는 그가 키가 크더라고 주장한다.
나. 나는 그가 키가 크더라고 보고한다.(이상 김영희(1981: 71)에서 따옴)

(1가)와 (3가)가 공통적으로 비문이 되는 현상은 동일한 원리에 지배되는 것일까? 필자는 그렇다고 본다. 이들 예문의 문제성은 상위절 동사 '생각하다'와 '주장하다'에 있다고 할 수 있다. '생각하다'가 마음 표상을 만들어 내는 표상적 동사임은 앞에서 말한 바 있다. 만약 '주장하다'도 표상적 동사로 인정될 수 있다면 (1가)와 (3가)의 공통적인 비문성이 하나의 원리로 설명될 실마리

가 생긴다고 하겠다. '주장하다'가 표상적 기능을 갖는 동사라는 가정은 다음 예로 볼 때 참으로 드러난다.

(4) 그는 한 사람이 건물 안으로 들어왔다고 주장했다.

(4)로부터 '한 사람'의 존재를 일반화할 수는 없다. '그'가 착오로 또는 고의로 틀린 주장을 할 수도 있기 때문이다. '주장'은 언어를 통한 의사의 전달을 함의한다는 점에서 '보고'와 상통하나, '보고'는 실제 경험한 것을 전달하는 행위라는 점에서 '주장'과는 차이가 있다. 역시 의사 전달을 표현하는 '말하다' 동사도 '보고하다'와 같은 무리에 포함된다고 할 수 있다. (2가)의 문법성이 이 점을 말해 준다.

앞에서는 '믿다, 생각하다'류의 동사와 '말하다' 동사들이 동일한 표상적 동사라고 주장하였다. 그러나 전자가 마음 표상의 동사인데 반해서 후자는 '언어 표상'의 동사인 점이 다르다. 물론 '주장하다'는 언어를 통한 행위라는 점에서 '말하다'류의 동사들과 공통된 바가 있지만, 기본적으로 명제 내용에 대한 믿음을 갖는다는 점에서 '믿다'류의 동사와 공통되기도 한다. 또, 다음과 같이 언어의 매개 없이도 '주장'이 가능한 것을 보면 기본적인 차원에서 '주장하다'를 '믿다'류의 하나로 묶는 일이 타당할 것으로 보인다.

(5) 그들은 끝내 집을 비워주지 않음으로써 그 집에 대한 소유권을 주장하였다.

그러므로 위에서와 같은 '생각하다, 주장하다' 대 '보고하다, 말하다'의 문법성의 차이는 이들이 내포하는 서로 다른 표상의 차이로 설명될 가능성이 있다.

먼저 (1가)와 (3가)가 배제되는 이유를 살펴 보자. 이들 예에서의 동사 '생각하다', '주장하다'는 모두 표상적 동사들이다. 그 하위절의 의미 성분에 'REP' 연산자가 작용하는 것을 특징으로 한다. '말하다'류와는 다른 표상성의 차이를 나타내기 위하여, 이들 동사의 표상성은 REP_1로, '말하다'류 동사의 표상성은 REP_2로 표시하기로 하자.

'-더라'를 동사와 동일한 맥락에서 의미 분석해 줄 수 있는데, '-더라'는 문장의 선행하는 부분, 즉 'S'를 그 보어로 취한다고 볼 수 있다. 이 때 '-더라' 자신이 이끄는, 'S'에 대응하는 의미 성분의 내용은 투명성을 갖게 된다.

(6) 한 사람이 건물 안으로 들어오더라.

이와 같은 문장에서는 '한 사람'의 존재가 전제된다고 할 수 있다. 따라서 '-더라'가 갖는 어휘의미구조를 다음과 같이 'REP'와 'TR'를 갖는 것으로 표상하기로 한다. 'TR' 연산자는 'REP'의 영향권 내부에서만 의의를 지니는 것으로 정의된다.27) 'TR'을 설정하기 위해서는 따라서 'REP'도 아울러 설정해야 한다. 이렇게 되면 '보고하다'와 마찬가지로 '-더라'도 표상적 동사의 성격을 갖는다는 점이 이 'REP' 연산자의 존재로써 설명된다.

(7) 〔REP(〔TR(...)〕)〕

즉, (6) 문장은 다음과 같이 표상된다.

(8) 〔REP(〔TR(〔한 사람이 건물 안으로 들어오〕)〕)〕

그런데, (1가), (3가)와 같은 행태를 보이는 동사 '생각하다'와 '주장하다'는 공히 그 어휘의미구조에 'REP' 연산자를 포함하는 것으로 설정된다. 그러므로 이들 문장이 비문이 되는 이유는 완성된 의미구조에서 'REP' 연산자가 중복되는 의미구조상의 부적격성에 의해서 찾을 수 있다고 하겠다.

(9) *〔REP(〔REP(〔TR(〔한 사람이 건물 안으로 들어오〕)〕)〕)〕

그러면 상위절의 동사로 '말하다'와 '보고하다'를 갖는 (2가)나 (3나)의 문법성은 어떻게 설명할 것인가? 앞서의 논의에서는 두 동사를 모두 표상적 동사로 간주하였다. 이들은 표상성의 종류에 있어서만 차이를 보인다고 하겠다. 여기서 중요한 점은 이들 '보고하다, 말하다'와 '-더라'가 '보고'의 의미를 공통적

---

27) Jackendoff(1983: 229, 1985b: 453) 참조.

으로 갖는다는 데에 있다.

(9)의 의미구조가 부적격한 이유는 무엇인가? Jackendoff(1983:263 fn. 11)에 의하면 두 개 이상의 연산자가 작용할 경우 서로 관련되는 연산자들은 서로 일종의 결속 관계로 맺어진다고 한다. (9)에서는 내부의 두 연산자('REP'와 'TR')가 서로 결속될 뿐 맨 왼쪽의 'REP' 연산자는 결속되지 못하는 것으로 해석된다. 이것이 이 의미구조가 부적격한 이유이다. 반면, (2가)와 (3나)에서는 '보고하다, 말하다'가 갖는 'REP' 연산자가 '-더라'의 'REP' 및 'TR' 연산자와 서로 결속된다고 가정할 수 있다. 이들은 서로 동일한 내용의 연산자라고 할 수 있으므로 이러한 가정이 설득력을 갖는다. 위에서처럼 '믿다, 생각하다, 주장하다'가 갖는 REP를 REP_1이라 하고, '보고하다, 말하다, -더라'가 갖는 REP를 REP_2라 하면 다음과 같은 의미구조상의 제약을 설정해 놓을 수 있다.

(10) *REP_i[. . .REP_j

잠정적이나마, 이것이 이들 문장의 의미구조가 적격성을 얻고 따라서 이들 문장이 문법적인 것으로 판정되는 이유라고 하겠다.

이상과 같은 형식화로써 '-더라'가 갖는 통사·의미적인 제약이 다 해명되는 것은 아니다. '-더라'는 1인칭 주어의 실현을 제약하는 특징이 있음이 과거의 여러 연구에서 주목되어 왔다.

(11) 가. 경애가 어제 3시쯤에 대홍극장에서 나오더라.
  나. *내가 어제 3시쯤에 대홍극장에서 나오더라.
(12) 가. 경애가 어제 3시쯤에 대홍극장에서 나왔다.
  나. 내가 어제 3시쯤에 대홍극장에서 나왔다.

말할 것도 없이, (11)과 (12)의 문법성의 대비가 생기는 것은 '-더라' 때문이다. 그런데 (11나)의 비문법성이 주어가 1인칭임으로부터 말미암는 것은 아니다. 다음 (13다)의 비문법성을 더 고려해 보면 문제의 근원이 상위절과 하위절 두 주어 사이의 동일지시성 여부에서 비롯된다는 것을 알 수 있다. '자기'는 일인칭의 체언이 아니기 때문이다.

(13) 가. 찬수는 경애가 어제 3시쯤 대홍극장에서 나오더라고 나한테 말했다.
나. 찬수는 내가 어제 3시쯤 대홍극장에서 나오더라고 나한테 말했다.
다. *찬수는 자기가 어제 3시쯤 대홍극장에서 나오더라고 나한테 말했다.
(14) 가. 철수는 경애가 어제 3시쯤 대홍극장에서 나왔다고 나한테 말했다.
나. 철수는 내가 어제 3시쯤 대홍극장에서 나왔다고 나한테 말했다.
다. 철수는 자기가 어제 3시쯤 대홍극장에서 나왔다고 나한테 말했다.

앞서의 느낌동사에 관한 논의에서 '좋다' 등의 느낌동사들도 동일지시성과 관련한 제약을 갖는다는 점이 관찰되었었다. 그러나 '좋다'와 관련되는 동일지시성 제약의 내용이 '-더라'의 동일지시성 제약과 같은 것은 아니다. '좋다' 등의 느낌동사에서는 상위절과 하위절의 성분이 지시적으로 일치할 것을 요구하지만, '-더라'의 경우에는 반대로 일치해서는 아니됨을 말하고 있는 것이다. 그러면 느낌동사와 '-더라'가 같이 출현하는 경우를 살펴 보자.

(15) 가. 찬수는 경애가 좋더라고 나한테 말했다.
나. ?찬수는 자기가 경애가 좋더라고 나한테 말했다.
다. *찬수는 영수가 경애가 좋더라고 나한테 말했다.

이를 앞서의 예들과 비교해 보면 알 수 있는 것처럼, '좋다' 등의 느낌동사와 '-더라'가 결합할 때에는 그 동일지시성의 양상이 느낌동사의 경우와 일치한다.

이러한 현상에 대한 필자의 판단은 다음과 같이 정리된다. 첫째, 이들 문법성의 차이를 문법의 범위 내에서 구조적으로 설명해 줄 수 있다. 둘째, 이들 현상의 핵심적인 문법적 과정은 상위절 성분과 하위절 주어 사이의 동일지시성의 제약으로부터 비롯되는데, 이 제약은 개별 어휘항목 '좋-'나 '-더라'에 근원을 두고 있다. 셋째, '좋다' 등 느낌동사와 관련되는 구문에서는 상위절과 하위절 성분의 동일지시성이 지켜져야 하고, '-더라'와 관련되는 구문에서는 상위절 성분과 하위절의 주어가 동일지시되어서는 아니 된다. 넷째, 느낌동사와 '-더라'가 결합하는 경우, 즉 '좋더라'의 구문은 느낌동사 '좋다'의 구문과 동일한 행태를 보인다.

이상의 사실은 궁극적으로 '좋-'나 '-더라'가 갖는 어휘적 특질로부터 나오는 것이라고 할 수 있으므로, 이들의 어휘의미구조에 이상의 사실들을 반영하는 것이 바람직한 대안이라 하겠다.

먼저, 단문에 나타나는 종결어미의 어휘의미구조를 따로 기술하여 주고, 이 종결어미의 어휘의미구조에 있는 논항 변수에 선행하는 문장(S)의 의미 내용이 융합되는 것으로 가정하기로 한다. '-다'의 어휘의미구조는 잠정적으로 다음과 같이 기술할 수 있다.28)

(16) -다 : 〔GO/+ling(z , 〔FROM(〔 +I 〕^{x})〕, 〔TO(〔+YOU〕^{y})〕〕)〕

'+ling'는 언어를 통한 의사전달의 의미영역을 표시하는 것으로 설정해 둔다. '+I'와 '+YOU'는 화자와 청자를 의미특질로 표시한 것이라 보면 된다.29) 즉, 종결어미 '-다'는 모든 문장의 의미해석을 위하여 1인칭의 화자 논항과 2인칭의 청자 논항을 내어놓게 되어 있다.30)

이와 같은 '-다'의 기술을 고려하여 '-더라'의 어휘의미구조를 설정해야 한다. '-더라'의 어휘의미구조는 '-다'의 어휘의미구조에 특정의 의미 성분이 덧붙여진 형식이 된다. 또한 앞서 고려한 '-더라'의 표상성에 관한 사실도 포함되어야 한다.31)

---

28) (16)이나, 다음 (17)의 어휘의미구조 형식이 '-다' 또는 '-더라'가 갖는 어휘의미를 완벽하게 기술한 것으로 보기는 어렵다. 현재로서는 그 윤곽만을 보이는 데에 그치고, 다른 기회에 더 자세히 고찰하려고 한다.

29) '-다'를 비롯한 종결어미들은 이와 같은 상황지시(deixis)적인 의미를 그 어휘의미구조에 당연값(default value)으로 포함하는 것으로 본다. 뒤에서는 복합문의 내포절에서 이 종결어미들의 당연값이 상위절 주어의 값을 물려받는 것으로 설정한다.

30) 이러한 설명은 과거 이홍배(1970)나 이정민(1973가), 김영희(1981)의 이행소론이나 언어행위론을 이들의 생성의미론적인 방식과는 반대의 방향에서 원용한 것이라고 할 수 있다. 즉, 본 연구에서는 어휘항목이 가진 의미를 바탕으로 문장의 의미가 얻어지는 과정을 기술하고자 하는 것이다.

(17) -더라 :
〔〔GO/+ling(z , 〔〔FROM(〔+I〕^{x})〕, 〔TO(〔+YOU〕^{y})〕〕〕)〕,
〔PAST(〔PERCEIVE(x, 〔REP(〔TR(z)〕)〕)〕)〕)〕〕

'PAST'와 'PERCEIVE'는 손호민(1975)에서 도입했던 의미 요소인데, 특히 'PERCEIVE'를 더 분석하여 다른 일반성 있는 함수들로 환원하는 일이 가능할 것 같다. 연산자 'TR'은 여타의 경우와는 달리 필수적으로 적용되는 것으로 본다.

그러나 이상과 같은 기술 방법의 난점은 '-더라' 또는 느낌동사가 상위절의 주어와 동일지시된다는 제약을 기술하는 일이다. 이를 개별 느낌동사의 어휘의미구조에 표시하는 것은 무리인 듯하다.

이 시점에서, 통사구조와 의미구조를 직접 연결하는 '부가어 의미해석 규칙'을 고려하는 것은 의미있는 일일 듯싶다. 앞서 설정했던 부가어 규칙들에서 격조사 '-으로'나 '-에게'의 의미가 관여하는 부분은 통사적으로 '-으로'나 '-에게'의 지배 범위에 드는 NP만이 아니다. 따라서 '-으로'나 '-에게'의 의미 해석을 위하여 어휘부에 개별의 어휘의미구조를 설정해 주는 것만으로는 부족함이 분명하다. 마찬가지로, 상위의 구성성분에 대한 제약을 부과하는 '-더라' 그리고 '좋다'류의 느낌동사들에 대하여 완전한 의미 해석을 보장해 주기 위해서는, 어휘의미구조의 설정 외에 부가어 의미해석 규칙과 같은 것이 따로 필요할 것이다.

문제에 대해서 단계적으로 접근해 가기로 하자. 먼저 '-더라'가 단문에서 쓰일 경우의 제약을 다음과 같이 기술할 수 있다.

(18) '-더라' 구문의 대응 규칙 :
V가 〔F(x, ...)〕에 대응되고, C가 〔〔GO/+ling(z , 〔〔FROM(〔+I〕^{x})〕,

31) '-더라'뿐만 아니라, '-ㅂ디다', '-데' 따위도 이와 같은 형식의 어휘의미구조를 갖는 것으로 본다. 상대존대의 등분과 관계되는 세부적인 차이는 의미특질들로 덧붙일 수 있다. 선어말 어미 '-으시-', '-었-', '-겠-'이 갖는 의미적 기여는 역시 함수가 아닌 의미특질로 기술할 수 있다고 본다.

〔TO(〔+YOU〕^{y})〕〕〕〕, 〔PAST(〔PERCEIVE(x, 〔REP(〔TR(z)〕〕)〕)〕〕〕〕에 대응되며, NP$_1$이 〔A〕에 대응되면, 통사구조 〔〔NP$_1$ … V〕$_S$ C〕$_S$는 다음 의미구조에 대응된다.

〔〔GO/+ling(〔F(〔A〕,…)〕, 〔〔FROM(〔 +I 〕^{x})〕, 〔TO(〔+YOU〕^{y})〕〕〕〕, 〔PAST(〔PERCEIVE(x, 〔REP(〔TR(〔F(〔A〕 , …)〕)〕〕)〕〕〕〕〕

단, 다음 조건을 만족해야 한다:

i) V가 〔〔BE(x, 〔IN STATE/+feel〕)〕, …〕에 대응될 경우:
〔A〕 = x

ii) V가 그밖의 동사일 경우: 〔A〕 =/= x

이 규칙에서 가장 두드러지는 점은 '-더라'가 느낌동사에 후속하는 경우와 그 외의 경우를 이접적(disjunctive)인 조건으로 구별하였다는 것이다. 앞에서 말한 바와 같이 '-더라'가 느낌동사와 결합할 경우에는 느낌동사 구문의 행태를 그대로 갖게 된다.

이를 통하여 알 수 있는 것은, '-더라'를 갖지 않는 느낌동사 구문의 해석을 위한 규칙을 별도로 설정해 줄 필요가 있다는 점이다. 다음에서 보듯, 느낌동사 구문은 '-더라'와 관련되지 않고도 동일지시성 제약을 갖는 것이다.

(19) 가. 나는 경애가 좋다.
나. *너는 경애가 좋다.
다. *찬수는 경애가 좋다.

따라서, 느낌동사 구문의 해석을 위한 규칙을 따로 다음과 같이 설정하기로 한다.

(20) 느낌동사 구문의 대응 규칙 :

V가 〔〔BE(x, 〔IN STATE/+feel〕)〕, …〕에 대응되고, NP$_1$이 〔A〕에 대응되며, C가 〔〔GO/+ling(z , 〔〔FROM(〔 +I 〕^{x})〕, 〔TO(〔+YOU〕^{y})〕〕〕〕, …〕에 대응되면, 통사구조 〔〔NP$_1$ … V〕$_S$ C〕$_S$는 다음 의미구조에 대응된다.

〔〔GO/+ling(〔〔BE(〔A〕 , 〔IN STATE/+feel〕)〕, …〕 , 〔〔FROM(〔 +I 〕^{x})〕, 〔TO(〔+YOU〕^{y})〕〕〕〕, …〕

단, 다음 조건을 만족해야 한다: 〔A〕 = x

이 규칙의 형태는 위 (18) 규칙과 대동소이하다. 이 규칙이 (18) 규칙보다 먼저 적용되는 것으로 보아야 관련 현상들에 대한 해석이 순조롭게 이루어진다.

다음으로 살펴볼 것은 이러한 구문이 내포절로 쓰일 경우를 위한 의미 해석의 과정이다. 앞서 (13)과 (15)의 예문들이 다음 단계로 해명되어야 한다. 이들 예문을 다시 반복한다.

(13) 가. 찬수는 경애가 어제 3시쯤 대흥극장에서 나오더라고 나한테 말했다.
나. 찬수는 내가 어제 3시쯤 대흥극장에서 나오더라고 나한테 말했다.
다. *찬수는 자기가 어제 3시쯤 대흥극장에서 나오더라고 나한테 말했다.
(15) 가. 찬수는 경애가 좋더라고 나한테 말했다.
나. ?찬수는 자기가 경애가 좋더라고 나한테 말했다.
다. *찬수는 영수가 경애가 좋더라고 나한테 말했다.

'-더라'를 내포절에 포함한 (13)에서는 상위절의 주어와 내포절의 주어가 동일지시되지 말아야 한다는 제약이 지켜지고 있다. 반면 느낌동사를 내포절에 포함한 (15)에서는 상·하위절의 주어가 동일지시되어야 한다는 제약이 지켜지고 있다고 보아야 한다. (15)의 경우, 이러한 제약에 직접 관여하는 것은 '-더라'가 아니라 느낌동사이다. '-더라'를 제거한 다음에서도 문법성이 (15)에서와 같이 유지되고 있는 것이다.

(15)′가. 찬수는 경애가 좋다고 나한테 말했다.
나. ?찬수는 자기가 경애가 좋다고 나한테 말했다.
다. *찬수는 영수가 경애가 좋다고 나한테 말했다.

이상과 같은 관찰을 통하여, 단문과 복합문에서의 동일지시성의 양상은 일관된 원리를 준수하고 있다는 확신을 얻을 수 있다. (13), (15), (15)′에는 본질적으로 (18)과 (20)의 규칙으로 표현된 원리가 지켜지고 있는 것이다. 가장 핵심적인 연결고리는, 종결어미 '-다'와 '-더라'의 어휘의미구조에서 화자를 가리키는 논항이 변수(x)이면서 '+I'의 특질로서 표시되어 있다는 점에 있다. 단문의 경우에는 이것이 그대로 '화자', 즉 '나'로 해석된다. '말하다'류의 동사를 상위절 서술어로 갖는 복합문의 해석에서는 상위절의 주어가 이 화자 논항을 대신한다. 이 점만 보장해 준다면 (18)과 (20)의 규칙이 복합문에서도 그대로 활용될 수 있다. 다음과 같은 해석의 원리가 있어 (18)과 (20)에 앞서 적용되는 것으로 본다.

(21) 종결어미 '-다', '-더라' 등의 어휘의미구조에 있어서 x의 값은 단문의 경우 다음과 같이 '+I'이지만 복합문의 경우에는 상위절 동사의 외부논항(주어)의 값을 물려받는다.
〔GO/+ling(z , 〔FROM(〔 +I 〕^{x})〕, 〔TO(〔+YOU〕^{y})〕〕)〕

이와 같은 원리가 주어지면 '-더라' 구문이나 느낌동사 구문을 보문으로 취하는 복합문이, 일반적인 논항 융합의 과정과 함께 (18), (20)의 적용을 받아 체계적으로 해석될 수 있게 된다.

느낌동사 구문의 동일주어 제약이나 '-더라' 구문의 비동일주어 제약은 상위절과 하위절의 주어들 사이에 존재하는 동일지시성의 제약이란 점에서 공통점이 있다. 동사 및 '-더라' 등 종결어미들에 대한 어휘적 기술을 바탕으로 하고, 기술상으로 다소 복잡하기는 하지만 소수의 부가어 규칙만을 덧붙임으로써 이들 현상의 공통점, 연관성을 포착할 수 있었다.

(18)이나 (20)은 문장의 통사구조로부터 문장의 의미구조로 대응되는 규칙으로서, 국어의 문법을 이루는 규칙들이다. 이러한 규칙들을 어기고도 실제 언어생활에서 사용되는 문장의 예가 있다.

(22) 가. (가 보니) 내가 가장 멀리 뛰었더라.
나. (꿈 속에서) 내가 울더라.

여러 사람의 넓이뛰기 기록을 살펴 본 한 사람이 보고하는 말로 (22가) 문장은 적격성을 얻는다. 꿈 속의 나의 모습을 회상하는 문장 표현으로 (22나)도 역시 적격성을 얻는다.

이러한 현상을 우리는 남기심(1989)에서 말한 '시점 옮기기'와 같은, 문법 밖의 규칙의 작용으로 간주하고자 한다. 우리가 가정하는 의미구조는 지배결속 이론에서 말하는 통사구조의 하나로서의 논리형태(LF)와는 다르다. 의미구조에는 문법적으로 관계되는 모든 의미 차이들이 다 표시되어야 한다. 이 의미는 경우에 따라 어휘의미구조에 있던 것이 그대로 투사되어 나타난 것일 수도 있고, 또는 통사구조로부터 의미구조로의 대응 과정에서 생겨난 것일 수도 있다. 우리가 말하는 문법적인 영역 내의 것이란 이런 것들을 뜻한다. 그런데, 완성된 의미구조에 추론규칙(inference rule)이나 보충해석 규칙(construal rule)이 적용되는 수도 있다. 특히 (22)의 예들에 대해서는 보충해석 규칙이 적용된다.[32] (18) 규칙을 위배하였음에도 불구하고 상황맥락을 참조함으로써 적절한 의미의 보충을 통하여 해석을 얻으려는 노력이 행해진다. '시점옮기기'는 이러한 보충해석 규칙의 한 가지라고 생각된다. 이와 비슷한 보충해석 규칙의 적용례는 앞서 '이다' 문장과 관련해서 일부 살펴본 바 있다.

'시점옮기기'는 문법의 영역 밖의 현상이라고 하였다. 이 말은 시점옮기기와 관련한 통사론적 규칙, 부가어 의미해석 규칙이 따로 설정될 필요가 없다는 뜻이다. 이미 다 만들어진 의미구조를 대상으로 그에 대한 해석을 다른 방식으로 한다는 것이다. 그러나 시점이 옮겨지기 전의 의미해석과 후의 의미해석은 문법 내의 요소들이나 기제들로써 다 도출 가능한 것이다. (22)와 같은 예들이 비문법적 문장으로 판정되는 것은 (18)의 규칙이 곧이곧대로 적용되는 일상적인 상황에서인데, 특수한 맥락에서 화용론적인 보충이 주어지면 이 규칙의 적용이 완화될 수 있다. 즉, (22)에서 '가 보니'라든가 '꿈속에서'와 같은 표현들이 이러한 불투명 맥락을 다시 형성해 주는 역할을 하는 것이다.[33] 문

32) 이 책의 초판에서는 이 보충해석 규칙을 '추론규칙'의 하나로 취급하였으므로 추론규칙의 적용이 항상 문법의 영역 밖의 것인 것처럼 서술하였으나, 이는 잘못이다. 추론규칙은 문장의 의미구조를 입력으로 하여 형식적으로 다른 의미구조를 출력으로 내놓는 것으로서, 앞서 '이다' 구문의 해석에 필요한 세 가지 추론규칙들처럼 문법 내의 규칙으로 설정되는 것이 있을 수 있다. 보충해석 규칙은 문장 경계 밖의 언어 요소나 언어형식 밖의 화용적 상황과 관련지을 수 있다는 점에서 추론규칙과는 큰 차이가 있다.

33) 이 점은 5.6.2.절에서 설정한 '표상화 규칙'이 설명해 줄 것이다.

법 내적인, 또는 문법 외적인 요인에 의하여 '-더라' 표현이 불투명 맥락 안으로 들어가게 되면 동일지시에 대한 해석이 달라질 수 있으므로 이러한 문장들이 해석가능한 것이 되는 것으로 보인다.

원래 '-더라'의 문법이 동일지시성을 기반으로 하여 존재하는 것이므로, 이처럼 동일지시 자체를 문제삼는 불투명 맥락을 만나게 되면 이 문법의 적용은 불분명한 것으로 나타나기도 한다. 그렇다고 해서 그 문법적 제약의 존재를 부정할 수는 없을 것이다.

제6장 통제동사와 서술화 규칙

6.0. 도입

어휘의미구조에서의 논항 결속을 특징으로 하는 예로 재귀동사 말고도 통제동사(control verbs)들을 더 들 수 있다. 통제동사가 갖는 통제성은 통사구조에서 나타나는 하위절의 구성성분 즉 주어에 대하여 동일지시성의 제약을 가하는 특징이라고 할 수 있다. 이러한 특징은 과거에 순전히 통사구조적인 성격을 갖는 행태로 인식되어 왔으나, 이 역시 앞에서의 여러 동사들처럼 어휘의미구조를 바탕으로 하고, 부가어 의미해석 규칙과 최소한의 통사론적 규칙, 즉 서술화 규칙을 동원하여 처리할 수 있다고 본다.

통사구조적인 차이를 제외한다면 통제동사는 재귀동사와 유사한 어휘의미적 구조를 갖는다고 할 수 있다. 그러나 재귀동사와 달리 통제동사는 복합문을 이루므로 상위절과 하위절의 논항 사이에 동일지시와 관련한 제약이 있다. 특히, 그 최종적인 의미해석을 얻기 위해서는 통사론적인 서술화 규칙이 가정되어야 하는 경우가 있다.[1] 그러므로 동사의 어휘의미구조의 기술과, 이를 바탕으로 한 통사구조의 해석, 의미구조를 해석하기 위해 필요한 서술화 규칙의 기술 등이 이 장에서 논의할 내용이 된다.

6.1.절에서 논의되는 동사들은 하위절에 대해서 행위자성의 제약을 부여하는 것들이지만, 6.3.절의 동사들, 즉 '만들다'와 '되다'는 그러한 제약을 갖지 않는다. '만들다'와 '되다'의 일부 용법은 6.2.절에서 논의하는 서술화 규칙을 요구한다는 점에서도 문제성이 두드러진다. 6.4.-6.7.절에서는 서술화 규칙이 적용되는 확장된 예를 찾아 본다.

---

1) 6.1.절의 통제동사 구문들에는 서술화 규칙이 적용되지 않는 것으로 본다.

6.1. '시도하다'와 '약속하다', '요구하다'와 '시키다'

하위절의 주어가 상위절의 어느 성분과 결속되느냐에 따라 통제동사들을 다음 두 가지로 가를 수 있다. '시도하다, 노력하다, 결심하다, 약속하다' 등은 주어 논항이 하위절의 주어와 결속하는 특징을 갖는 동사들이고, '시키다, 요구하다, 명령하다, 허용하다, 돕다, 만들다, 생각하다, 보다, 여기다' 등은 주어 아닌 논항이 하위절의 주어를 결속하는 특징을 보여주는 동사들이다. 후자 중에서도 '만들다'와 '생각하다, 보다, 여기다'는 각각 미묘한 특징들을 가지고 있다. 이들 통제동사들은 모두 사동성을 가지는 동사들로 기술될 수 있다. 제2장에서 들었던, 사동성과 관련되는 다양한 매개적 인자들이 이 통제동사들의 개별적 의미를 결정하는 것으로 보인다.

'시도하다'와 같은 통제동사의 어휘의미구조는 대체로 다음 (1가)의 형식을 갖는다.

(1) 가. 시도하:
〔〔AFF/+help(x,)〕,
〔CS/+u(x , 〔GO/+circ(x, 〔TOWARD/+circ(
〔REP(〔〔AFF(x , ...)〕 ... 〕^{y})〕)〕)〕)〕〕
나. 철수는 일찍 떠나려고 시도했다.

'시도'의 상황에서도 으뜸힘(agonist)과 맞설힘(antagonist)이 찾아질 수 있다.[2] '자아(ego)'의 개념이 둘로 나누질 수 있다고 한다면, 두 개의 자아를 맞설힘과 으뜸힘으로 간주할 수 있고, 이 두 힘이 동일한 잠재적 효과를 추구하는 것이 시도의 상황이라고 할 수 있다. 이것이 작용의미층에 매개변수적 특질로 '+help'를 부여한 이유이다. 사동성 함수 'CS'에는 성공성 매개변수로서

---

2) 으뜸힘과 맞설힘의 개념에 대해서는 2.2.3.절을 참고할 것.

'중립(+u)'의 특질이 표시된다. (1나)의 예문에서 그가 일찍 떠나려고 시도했지만 떠나는 일이 이루어졌는지는 이 문장 자체에 함의되지 않는다. 본질적으로 '시도'의 대상이 되는 상황은 지금 현실로서 존재하지 않는 어떤 것이다. 현실로서 있지 않다는 것은 현실로 투사되지 않고, 하나의 #표상#으로만 투사된다는 뜻이 된다.[3] 이것이 연산자 'REP'가 설치된 이유이다. 그리고 상황적 의미영역의 특질 '+circ'가 표시된 'GO/+circ' 및 경로의 'TOWARD/+circ'가 '시도'의 상황적인 또는 시상적인 국면을 특징적으로 표현해 준다.[4]

(1가)에서 논항 'y'는 하위절 자체가 된다. 이 하위절의 주어는 상위절의 주어 '철수'와 동일지시되어야 한다. 이 점은 사동성 'CS'의 첫째 논항, 즉 상위절의 주어와 'y' 논항 내부의 작용의미층 함수 'AFF'의 첫째 논항이 동일한 변수 'x'로 표시됨으로써 보장된다. 또, '시도하다'와 같은 동사가 보어로 취하는 하위절의 동사는 항상 행위자성을 보임이 'y' 논항 내부에 설정된 작용의미층의 존재로 말미암아 표시된다.

(1나)와 같은 문장이 (1가)의 어휘의미구조를 바탕으로 전체 문장의 의미를 얻어가는 과정은 다음과 같이 설명된다. 먼저 세 개의 논항 변수에 논항 융합이 행해짐으로써 다음 (2)와 같은 의미구조가 생겨난다. (1나)의 하위절은 PRO를 갖는 것으로 설정되었고, 이것에 대응되는 의미 성분이 조응사적 변수 ξ로 표시되었다. (1나)의 어휘의미구조에 설정된 〔AFF(x , ...)〕 부분은 논항 융합 과정에서 하위절의 의미구조에 대해 가해지는 제약으로 간주할 수 있다.

---

3) 앞의 5.6.2.절에서 말한 #실제-X#와 #영상-X#의 구별을 참조할 것. #실제-X#와 #영상-X#는 모두 투사된 세계의 실체이다. Jackendoff(1983: 91 ff.)에서 징표(token)의 대립 개념으로서 말한 유형(type) 개념('속성(property)'이 그 대표적인 것)은 투사되지 않는 의미적 범주이다.

4) Jackendoff(1978)에서는 '+circ'로 표시되는 의미영역을 상황적 처소(circumstantial location)라고 하여, 일반적인 위치, 소유, 동일시(identification) 등과 함께, 처소 개념이 기초가 되어 표현되는 의미영역의 한 가지로 설정했다. 이러한 의미영역들 모두에서 특정한 의미역 관계가 나타남을 관찰하고 이를 영역교차적 일반화라고 불렀다. 경로의 함수 'TOWARD/+circ'의 논항으로는 의도된 상황(situation)이 나타나는 것으로 본다.

(2) 〔〔AFF/+help(〔철수〕,)〕,
〔CS/+u(〔철수〕, 〔GO/+circ(〔철수〕, 〔TOWARD/+circ(
〔REP(〔〔AFF(〔ξ〕,)〕,〔일찍 떠나(〔ξ〕)〕〕)〕)〕)〕)〕〕

다음으로 조응사 변수 ξ는 (3)과 같은 해석의 원리에 따라 (4)와 같은 의미구조로 해석된다.

(3) 동사의 어휘의미구조가 〔〔AFF(x , ...)〕 ... 〕^{y} 를 포함하고 있을 때 y에 융합되는 의미 성분에서 ξ는 x에 융합되는 의미 성분과 동일지시된다.

(4) 〔〔AFF/+help(〔철수〕,)〕,
〔CS/+u(〔철수〕, 〔GO/+circ(x, 〔TOWARD/+circ(
〔REP(〔〔AFF(〔철수〕,)〕,〔일찍 떠나(〔철수〕)〕〕)〕)〕)〕)〕〕

이밖에 상위절의 주어와 하위절의 주어가 동일지시되는 특징을 갖는 동사들 '노력하다, 결심하다, 약속하다' 등도 (1가)의 어휘의미구조와 같은 방식으로 설정해 줄 수 있다.

이들 각각의 동사가 가지는 개별적인 의미 차이를 부정할 수는 없을 것이다. 특히 이 중에서 '약속하다'는 그 통사적 형식이 여타의 것들과 달리 나타난다.

(5) 가. 철수는 일찍 떠나려고 노력했다.
나. 철수는 일찍 떠나려고 결심했다.

(6) 철수는 일찍 떠나겠다고 나에게 약속했다.

'약속하다'의 어휘의미구조만을 들어 보이면 대체로 다음과 같이 표시할 수 있다. '약속하다'가 갖는 개별적인 의미는 'BY'에 이어지는 부분에 표상하는 것이 효과적이다. 이 부분은 '주다'의 어휘의미구조를 바탕으로 하여 표상한 것이다.5)

---

5) 양정석(1992: 183)에는 '주다'가 보이는 두 가지 통사적 분포에 따라 '주다'를 두 가지로 나누어 그 어휘의미구조를 제시한 바 있다.

가. 〔〔AFF^{u}(x, z)〕 AND

(7) 약속하- :
〔〔AFF/+help(x ,)〕,
〔CS/+u(x, 〔GO/+circ(x, 〔TOWARD/+circ(
〔REP(〔〔AFF(x , ...)〕 ...〕^{y})〕)〕)〕)〕)〕,
〔BY(〔CS(x, 〔INCH(〔BE/+poss(〔약속〕, 〔AT(z)〕)〕)〕)〕)〕)〕

(1나)의 예문에서 하위절의 보문자는 '-으려고'로 나타나나, 이와는 달리 다음과 같은 형식도 가능하다.

〔〔CAUSE(x, 〔INCH〔BE(z, IN STATE/+poss)〕〕
BY〔CAUSE(x, 〔INCH〔BE(y, 〔AT(z)〕〕〕〕〕〕〕
찬수가 경애에게 책 한 권을 주었다.
나. 〔〔AFF$^+$(x, z)〕 AND
〔〔CAUSE(x, 〔INCH〔BE(z, IN STATE/+poss)〕〕
BY〔CAUSE(x, 〔INCH〔BE(y, 〔AT(z)〕〕〕〕〕〕〕
찬수가 경애를 책 한 권을 주었다.
그러나 (가)는 처소 함수 'AT'의 논항이 목적어로 실현되므로 이 점을 반영해 주기 위하여 다음(다)와 같이 수정하기로 한다. (나)도 (라)로 바뀐다. 이밖에 관련되는 부분도 이 글의 앞부분에서 수정된 표기법들을 따른다.
다. 〔〔AFF/+caus(x, y)〕,
〔CS/+s,+laun(x, 〔INCH(〔BE/+poss(y, 〔AT(z)〕)〕)〕)〕〕
라. 〔〔AFF/+caus(x, z)〕,
〔〔CS/+s,+laun(x, 〔INCH(〔BE(z, 〔IN STATE〕)〕)〕)〕〕
〔BY〔CS(x, 〔INCH(〔BE/+poss(y, 〔AT(z)〕)〕)〕)〕〕〕〕
하지만, '주다'의 어휘의미구조에 관해서 아직까지 판단을 내리지 못한 점이 있다. 위에서는 '〔INCH(〔BE/+poss(...)〕)〕'를 사용하여 이 동사의 의미를 표상했으나, Jackendoff(1990)에서는 영어의 동사 'give'의 표상에 'GOposs'를 사용한다. 전자의 표기 방식을 택한 것은 소유의 의미를 갖는 '〔NP이 NP이 V〕'와 '〔NP에게 NP이 V〕' 형식의 '있다' 구문과 대응하여 '주다'도 '〔NP이 NP를 NP를 V〕'와 '〔NP이 NP에게 NP를 V〕' 형식을 가짐으로써 평행을 이룬다는 점을 중시한 것이다. 그런데 국어의 '주다'나 영어의 'give'를 분석하는 많은 학자들이 이를 소유 상태의 변화로보다는 소유 이동의 표현으로 처리하는 것을 보면 'GOpo ss'로 하는 것이 더 편리하다는 생각도 든다. 또 다음과 같이 '-고 있다'와의 결합에서 결과 상태 계속의 의미를 보이지 않는 것으로 미루어 'GOposs'로의 표상이 더 타당하리라는 견해도 가능하다.
마. 철수가 아이에게 책을 주고 있다.
바. 아이가 꽃밭에 물을 주고 있다.
그러나 현재로서 두 가지 표기 가능성 중 어느 하나를 선택해야만 하는 필연성이 있는 것 같지는 않다. 이 점은 뒷날의 숙제로 남기기로 한다.

(8) 그는 일찍 떠나기를 시도했다.

필자는 양정석(1992: 218)에서 (1나)와 같은 통사구조로의 실현을 설명해 주기 위하여 다음과 같은 어휘통사구조를 설정한 바 있다.

(9) x〈 y^려고 〉

그러나 만약, (1나) 문장에서 '-으려고'의 실현이 상위절 동사의 요구에 따른 것이 아니라면, (9)와 같은 형식은 잘못 설정된 것이다. 다음 예는 이러한 의구심을 더해 준다.

(10) 가. 그가 적을 따돌리려고 혼자 남았다.
나. 그가 혼자 남았다.

우리가 앞서 '-에', '-에게'나 '-으로'에 대해서 어휘통사적인 형식 'LOC', 'PAT'를 설정해 준 것은 이들이 설정되지 않았을 경우 통사구조에서 이러한 형식이 실현됨을 정확히 예측해 주기 어렵다는 판단에 의한 것이다. (9)는 (8)와 같은 형식을 예측해 주지 못하며, 또한 (10가)에서 다른 경로에 의하여 나타난 '-으려고'의 예를 설명해 주지 못한다. 이러한 사실은 '-으려고'가 상위절 동사와는 독립적인 부가어 의미해석 규칙에 의하여 처리되어야 함을 말해 주는 것으로 생각된다. 이제 이러한 방향에서 (1나)의 예문 "철수는 일찍 떠나려고 시도했다."에 나타나는 연결어미 '-으려고'에 대한 통사적, 의미적 해석의 문제를 살펴 보기로 하자.

홍재성(1982)에 의하면 연결어미 '-으러'와 '-으려고'의 주된 차이는 그 상위절 동사와의 공존 제약에서 나타난다고 한다. '-으러'는 이동동사와만 나타나는 것이 특징임에 비해, '-으려고'는 이동동사와 공존하기도 하지만 이 외의 동사와도 공존한다.[6] (10)과 같은 예는 '-으려고'의 실현이 특정의 동사 부류로

6) 특히 '생각하다, 작정하다, 결심하다'처럼 '의도' 또는 '즉발상'의 의미를 갖는 동사와 공존할 경우 부가어절이 아닌 보문으로 볼 가능성이 있다고 지적하였다.(269쪽) 우리는 곧 이 점에 주목할 것이다.

국한되지 않음을 보여주는 단적인 예이다. 그러나 '-으러'에 의한 하위절이나 '-으려고'에 의한 하위절은 공통적으로 그 주어가 상위절의 주어와 동일지시되어야 한다는 제약을 가지며, 그 의미상의 유사성도 관찰할 수 있다. 이 책 제2장에서는 연결어미 '-으러'를 위한 의미해석 규칙을 설정한 바 있는데, 이를 다시 옮겨 놓으면 다음과 같다.

(11) '-으러'를 위한 의미해석 규칙
동사 V1이 〔...〔GO(x, 〔TO(y)〕)〕...〕에 대응되고 동사 V2가
〔F(x, ...)〕에 대응되면, 이 문장의 통사구조 〔...〔...V2〕s으러 ... V1〕s는
다음과 대응된다.
〔〔...〔GO(x, 〔TO(y)〕)〕...〕, 〔FOR(〔F(x, ...)〕)〕〕

'-으러'에 본질적으로 대응하는 의미 요소는 'FOR'이다. 종래의 전통문법적 연구에서는 '-으러'는 '목적', '-으려고'는 '의도'를 나타낸다고 하여 구별하여 왔는데,[7] 이는 이 두 연결어미의 의미가 공통되는 부분을 갖고 있음을 말해 준다. '의도'라는 것은 '목적'을 포함하는 것으로, 주관적인 또는 양태적인 의미 국면이 더 드러나는 것으로 보여지기 때문이다. 이 두 연결어미의 구체적인 의미에 대해서는 더 깊이 고찰하지 않기로 하고, '-으려고'의 의미는 '-으러'의 의미에 의미특질 '+int'이 첨가된 것으로 표시하기로 한다. 그리하여 '-으러'를 위한 (11)의 규칙과 유사한 꼴로 기술하게 된다.

(12) '-으려고'를 위한 의미해석 규칙
동사 V1이 〔F1(x, ...)〕에 대응되고 동사 V2가 〔F2(x, ...)〕에 대응하면,
이 문장의 통사구조 '〔...〔...V2〕s으려고 ... V1〕s'는 다음과 대응된다.
〔〔F1(x, ...)〕, 〔FOR/+int(〔F2(x, ...)〕)〕〕

이 규칙은 (11)과 마찬가지로 상위절과 하위절의 주어의 동일지시 제약 및 '-으러'와 '-으려고'의 의미상의 유사성도 잘 표현하고 있다고 생각된다.

그러나 문제는 과연 이 규칙이 (1가)의 어휘의미구조를 바탕으로 (1나) 문

7) 최현배(1971〔1937〕) 참조.

장의 의미구조를 도출해 낼 수 있는가에 있다. 실상 (10가)와 같은 문장에 대해서는 (12)의 규칙이 충분히 효과를 볼 수 있다. 그것은 (10가)에서 상위절과 하위절이 주어의 동일지시성에 관한 것 말고는 의미에 있어서 독립적이기 때문이다. 즉, '-으려고' 절은 부가어이다. 그러나 (1나)의 예문에서 '-으려고' 절은 부가어 절 아닌 보문이다.8) 이러한 점은 (8)에서도 마찬가지이다. (8)에서 하위절은 역시 부가어 아닌 보문이며, 명사절로 나타났다.

그러므로 '-으려고'가 이끄는 하위절이 부가어로 쓰이느냐 보문으로 쓰이느냐에 따라 '-으려고'의 의미적 기능은 두 가지로 나뉜다고 하겠다. 부가어로 쓰일 경우 (12)가 의미구조로의 대응을 설명한다. 보문으로 쓰일 경우를 위해서는 '-으려고'의 어휘의미구조로서 다음과 같은 형식을 설정해 놓아야 한다. 이는 '-으려고' 자체에 '의도'의 의미가 있음을 포착해 준다. 이 점은 보어의 자격을 갖는 성분에서 '-에'나 '-으로'가 각각 처소나 경로의 의미를 가지면서 동사 자체의 처소나 경로의 의미 성분에 연결되는 것과 유사한 것이다.

(13) 〔FOR/+int(x)〕

보문인 하위절의 '-으려고'에 선행하는 S 구성성분의 의미는 x에 융합된다. 그러므로 (1나)와 (8)은 하위절이 보문이라는 점에서 공통되지만, (1나)에는 (13)과 같은 의미 성분이 개재된다는 점에서 차이가 있다.

이에 따라 (9)와 같은 어휘통사구조는 다음과 같이 수정되어 유지된다.

(9)′ x〈 (y) 〉

'(y)'는 간접 논항으로서, 하위절 'S으려고'에 대응되는 것이다.

'요구하다'와 같은 동사는 하위절의 주어와 동일지시하는 상위절의 요소로서 'NP에게'만을 갖는다.

---

8) 홍재성(1982)에서는 '의도'나 '즉발상'을 나타내는 동사들과 공존할 경우 '-으려고' 절은 보문으로 볼 수 있으리라고 지적한 바 있다.

(14) 가. 범인들은 김양의 부모에게 돈을 더 내라고 요구하였다.
나. *범인들은 김양의 부모를 돈을 더 내라고 요구하였다.

이 경우의 '-에게'의 출현은 '요구하다' 동사가 갖는 어휘의미에서 비롯된 것이라고 보는 것이 타당할 것이다. '요구하다'는, 통제동사라고는 할 수 없는 '말하다, 고백하다, 설명하다' 등과 같이 어떤 의사의 전달을 내포하는 것으로 판단된다.

(15) 가. 찬수는 경애에게/*를 이 도시에는 사람이 살지 않는다고 말했다.
나. 찬수는 경애에게/*를 사랑한다고 고백했다.
다. 찬수는 경애에게/*를 그것은 사실이 아니라고 설명했다.

이 세 문장에서 '경애에게'를 '경애를'로 바꾸면 비문이 된다. '-에게'의 기능이 '처소'를 표현하는 데에 있다는 점은 일반적으로 받아들여지고 있는 사실이라고 하겠다. 양정석(1992)에서는 유사한 근거에서 '주다' 동사도 처소의 함수 'AT'를 포함하는 구조로 표상되어야 한다고 주장한 바 있다. 이러한 사정을 반영해 주기 위해서 다음과 같은 어휘의미구조를 설정한다. '약속하다'에서처럼, 'BY'에 이어지는 의미 성분절이 '주다'의 의미구조와 일치한다. 앞서 '시도하다'의 경우와 마찬가지로 표상화 함수 'REP'를 표시하고, 상황적 의미영역의 함수들 'GO/+circ', 'TOWARD/+circ'을 이용한다. 단 '시도하다'의 경우와는 달리 'NP에게' 논항이 'GO/+circ'의 첫째 논항과 동일지시된다.

(16) 가. 요구하- :
〔〔AFF/+help(x ,)〕,
〔〔CS/+u(x, 〔GO/+circ(y, 〔TOWARD/+circ(
〔REP(〔〔AFF(y , ...)〕 ... 〕^{z})〕〕〕〕〕〕〕〕
〔BY(〔CS(x, 〔INCH(〔BE/+poss(〔요구〕, 〔AT(y)〕〕〕〕〕〕〕〕〕
나. 범인들은 김양의 부모에게 돈을 더 내라고 요구하였다.

이 경우도 앞서 '약속하다'의 어휘의미구조와 같이, 'BY'에 이끌리는 의미 성분절에 '주다'와 대응하는 의미 성분이 포함되어 표상되었다.

상위절의 목적어나 'NP에게' 성분이 하위절의 주어와 동일지시되는 또 하나의 예를 '시키다'와 같은 동사에서 볼 수 있다. 이는 하위절 주어에대한 통제자로서 'NP에게' 성분 뿐만 아니라 목적어를 취하기도 한다. 그러나 (17다)에서 보는 것처럼, 상위절 주어의 통제는 불가능하다는 특징을 갖는다.

(17) 가. 나는 그 아이에게 심부름을 다녀 오게 시켰다.
나. 나는 그 아이를 심부름을 다녀 오게 시켰다.
다. *나는 그 아이가 심부름을 다녀 오게 시켰다.

다음은 'NP에게'를 취하는 '시키다' 동사가 갖는 어휘의미구조이다.

(18) 가. 시키1 :
〔〔AFF/+caus(x ,)〕,
〔CS/+u(x, 〔AFF(y , ...)...〕^{z})〕,
〔BY(〔CS(x, 〔INCH(〔BE/+poss(〔LING〕, 〔AT(y)〕)〕)〕)〕)〕〕
나. 나는 그 아이에게 심부름을 다녀오게 시켰다.

이 역시 앞서의 '약속하다'나 '요구하다'의 경우처럼 'AT' 함수의 존재가 조사 '-에게' 형태의 실현을 허가해 준다. 이에 대응하는 논항이 목적어로 나타나는 경우를 위해서는 다음과 같이 나타내기로 한다.

(19) 가. 시키2 :
〔〔AFF/+caus(x, y)〕,
〔CS/+s(x, 〔〔AFF(y , ...)〕...〕^{z})〕.
〔BY(〔CS(x, 〔INCH(〔BE/+poss(〔LING〕, 〔AT(y)〕)〕)〕)〕)〕〕
나. 나는 그 아이를 심부름을 다녀오게 시켰다.

여기서 하위절의 주어는 상위절의 목적어인 '아이'와 동일지시된다. 이 경우에도 역시 하위절의 작용의미층에 대한 정보를 표시해 줌으로써 그 첫째 논항, 즉 하위절의 주어가 행위자성을 가짐을 표시하게 된다. 성공성의 특질 '+s'가 주어진 것은 다음과 같은 문장에 대한 판단으로부터 말미암는다.

(20) ??나는 그 아이를 심부름을 다녀오게 시켰지만, 그 아이는 심부름을 다녀 오지 않았다.

'시도하다, 요구하다, 시키다'와 함께 '노력하다, 명령하다' 등의 동사들은 하위절 동사의 의미 요소의 하나로서 작용자를 필요로 하는 동사들이다. 이들이 행위자성의 확인을 위한 검사에 이용될 수 있는 근거는 각 어휘의미구조에 설정되는 '〔〔AFF(x , ...)〕 ...〕^{y} '와 같은 의미 성분에 있었던 것이라고 하겠다.

이상으로, 네 개의 동사가 갖는 하위절 주어와의 동일지시에 대한 제약, 즉 통제성을 모두 동사의 어휘의미구조에 표시하였다. 주어나 목적어, 'NP에게' 목적어에 대한 논항 융합과 동시에 하위절의 의미구조가 그에 해당하는 논항 변수에 융합되고, 하위절의 PRO에 대응하는 의미 성분(ξ)이 상위절의 통제자와 동일지시되어 완성된 의미구조를 얻는 것으로 설명할 수 있다.

6.2. 서술화 규칙

다음과 같은 예에서는 선행 명사구와 의미상의 주술관계를 맺고 있는 'NP으로' 성분이 부가어의 역할을 하고 있다. 이와 같은 구문을 동일지정 서술화 구문이라 부르기로 하자.

(1) 가. 철수는 밥을 된밥으로 먹는다.
나. 그것이 사실로 밝혀졌다.
다. 진이는 영수와 내 앞에 아니꼬운 꼴로 나타났다.
라. 서해 소설의 당대적 성공에는 프로문학과의 관계가 중요한 변수로 놓여 있다.

이들에서 의미상의 주어와 서술어들은 다음과 같은 관계로 환원될 수 있다.

(1)′가. 밥이 된밥이다.

나. 그것이 사실이다.
다. 진이는 아니꼬운 꼴이었다.
라. 프로문학과의 관계가 중요한 변수이다.

이동동사 구문의 보어로 쓰인 'NP으로' 성분은 동사의 어휘구조에 의하여 허가된다. 그러나 이렇게 부가어 'NP으로'가 앞선 명사구를 주어로 수식하는 현상은 별도의 통사적 절차에 의해 허가해 주지 않으면 안된다.

다음 예는 다소 성격을 달리하지만, 여기에서도 '대학입시에 합격하'는 의미상의 주어는 '철수'이다. '돕다'의 어휘의미구조에 이러한 부가어 절에 대한 내용이 기재된다고 보기는 어렵다. 이 문장에서도 '철수'와 부가어 절이 서로 주술관계를 이룬다고 할 수 있다. 이 사실을 표시해 주는 일은 통사구조, 또는 연결 과정의 어느 단계에서 해 줄 수밖에 없다.

(2) 가. 영희는 철수를 대학입시에 합격하도록 도왔다.
나. 영희는 철수를 도왔다.

다음 문장들에서도 주술관계가 관찰된다. 다만, (4가)는 '치한으로'가 단순한 부가어가 아니라는 것을 보여 준다.

(3) 그 여자는 너를 치한으로 여기고 있더라.
(4) 가. *그 여자는 너를 여기고 있더라.
나. 그 여자의 판단/생각으로는, 네가 치한이다.

다음과 같이 '만들다'나 '되다'를 취하는 구문에서 주어, 목적어, 그리고 'NP으로' 성분은 동사의 어휘적 특질에 따라 허가되는 것으로 봄이 타당하다.

(5) 가. 국민들이 김씨를 대통령으로 만들었다.
나. 구름이 비로 되었다.

(5)의 'NP으로' 성분은 보어로서, 부가어인 앞서의 'NP으로'와 같지 않다. 또, (1)은 (1)'와 같은 '이다' 문장들을 함의하나, (5가)는 '되다' 문장인 (5

가)'를 함의한다. 또 (5나)도 '이다' 문장을 함의하지 않는다.

(5)' 가. 김씨가 대통령이 되었다.

보문을 취하는 '만들다' 구문이나 '되다' 구문의 경우에도 유사한 관계가 발견된다. 그러나, 다음과 같은 예들에서 상위절의 목적어와 하위절의 생략된 주어가 동일지시되는 점을 상위절 동사의 어휘의미구조에서 표시해 주기는 어렵다.

(6) 가. 신민당 김동영 총무의 돌연한 퇴진은 제1야당의 원내 지휘체계와 원내외 전략 수정을 불가피하게 만들었다.
나. 그의 도착 소식은 지연을 더욱 조바심나도록 만들었다.
(7) 가. 그 사람이 점점 가난하게 되었다.
나. 그는 너무 취해서 일어설 수조차 없도록 되었다.

보통의 기본 문장에서 나타나는 주술관계 뿐만 아니라, 부가어들, 그리고 보어들이 선행하는 명사구와 의미상의 주술관계를 맺는다는 사실은 이들을 지배하는 일반적인 규칙의 존재를 시사하는 것이다. 이 일반성을 통하여 문법 전체의 조직이 더 간결하게 재정비될 수 있다면 바람직할 것이다. 생성언어학에서 이와 같은 동기로 나타난 것이 서술화 이론이다.

서술화를 독립적인 통사론적 규칙으로 정립시킨 것은 Williams(1980)이며, Rothstein(1983)에서 색다른 방법으로 발전되었다. Williams(1980)에 의하면 다음 (8)로 표현될 수 있는 '서술화 규칙'이 S구조로부터 '서술구조(Predicate Structure)'로의 사상을 허가해 준다. 이 때, 각 명사구에 이미 할당되어 있는 지시적 지표를 이용할 수 있다. 서술어를 X로 표시할 경우, (8)의 서술화 규칙은 (9)와 같은 작용을 수행한다.[9)]

(8) NP와 X에 동일한 지표를 부여하라.
(9) 가. ... NPi ... X ... --> ... NPi... Xi ...

---

9) Williams(1980) 참조.

나. ... NP ... Xi ... --> ... NPi... Xi ...
다. ... NP ... X ... --> ... NPi... Xi ...

그러므로 왼편이 S구조이며 오른편이 서술구조가 된다. 서술구조에 대한 일반화된 제약은 다음과 같이 설정된다.

(10) 서술구조에서 NP는 서술어나 서술어와 동일한 지표를 갖는 흔적을 성분통어해야 한다.[10)]

이 제약은 나중에 "NP와 X에 동지표가 부여되어 있으면, NP는 X나 X에 결속된 변수(variable)를 성분통어해야 한다."로 수정 표현되고 있다.

이것이 Rothstein(1983)의 '서술어 연결 규칙(predicate linking rule)'에서는 서술어와 논항이 상호 성분통어해야 한다는 조건으로 바뀐다.[11)] Rothstein(1983: 21)의 서술어 연결 규칙은 다음과 같다.[12)]

(11) (잠재적인) 의미역 위치에 있지 않은 X, 또는 이것과 동지표가 부여된 흔적(trace)은 S구조에서 상호 성분통어하는 논항과 연결되어야 한다.

이 서술어 연결 규칙은 S구조에 대한 제약조건이라고 한다. 이것은 주어 논항을 갖지 못한(열린) 서술어 XP(최대투사)가 주어 논항을 취하여 포화되어야(닫혀야) 한다는 내용을 갖고 있다. NP와 S′는 기본적으로 논항이 되며, 그밖의 최대투사 VP, AP, PP 등은 하나의 열린 논항 자리를 가진 통사적 서술어(syntactic predicate)이 된다. 통사적 서술어인 XP는 S구조에서 다른 포화된 논항(NP와 S′)과 연결되어야만 적격한 구조로 허가되며, 또 다른 통

---

10) 성분통어의 개념은 다음과 같이 정의되고 있다. "A를 관할하는 모든 분지 교점이 B를 관할하면, 또 그래야만 A는 B를 성분통어한다."
11) Rothstein(1983)에서의 성분통어에 대한 정의는 Williams(1980)에서 사용한 것과는 차이가 있다. "A를 관할하는 모든 최대 투사가 역시 B를 관할하면, 또 그래야만 A는 B를 성분통어한다."
12) 여기서 '연결'은 통합 관계에 놓인 두 요소의 결합을 허가하는 절차로서, 이 책에서 말하는 연결 과정(통사구조와 의미구조의 대응)과는 다른 것이다.

사구조 층위로 상정된 논리형태(LF)에서는 의미역 기준이 역시 적격성 조건(well-formedness condition)으로 기능한다. 논리형태의 형식적 골격은 그대로 의미구조('의미표상 semantic representation'이라고 함)로 사상된다.13)

서술화 규칙의 기술을 위하여 Williams(1980)에서처럼 서술구조와 같은 새로운 표상 층위를 설정할 필요는 없다고 본다. 이렇게 서술화의 제약을 S구조에 설치해 놓음으로써 능격동사 구문과 같은 경우에 D구조에서 주어 없이 나타난 구조가 S구조에서 주어를 취하게 됨을 자연스럽게 설명할 수 있게 된다.14)

본 연구의 제3장에서 '매김관계 구문'의 수량사와 관련하여 상호 성분통어 조건을 설정하였는데, 그 경우도 이 '서술화'가 적용되는 한 가지 경우임을 이로써 알 수 있다. 또한 이 장의 뒷부분에서는 국어의 일부 외치 구문을 의미해석해 주기 위하여 통사적으로 서술화가 이루어진 것으로 가정하게 되는데, 이를 위해서도 (11)과 같은 규칙이 적용될 수 있다고 생각된다.

우리가 이 책에서 서술화 규칙이라 지칭하는 것은 (11)과 같은 내용을 갖는 것이다. 다만, 이 규칙에 의하여 확인된 주어와 서술어는 Williams(1980)의 이론에서처럼 동지표(coindex)를 얻게 된다고 가정한다.15) 이것은 부가어 서

---

13) 이런 의미에서 논리형태와 의미구조는 동형적(isomorphic)이라고 한다. 논리형태 층위의 존재 이유 중 하나가 이처럼 의미구조로의 사상을 용이하게 하는 데에 있다고 한다.
Rothstein(1983)에서의 의미 표상의 방식은 Davidson의 사건 변수(event variable)를 도입한 형식의미론의 방식으로서 이 책의 방식과 같지 않다. 그러나 대개의 경우 상응하는 표상이 고안될 수 있으므로 Rothstein의 S구조-논리형태-의미표상의 연결과 관련한 설명은 이 책의 논의에서 활용될 수 있다.

14) 그러나 주의할 점은, Rothstein(1983)의 D구조는 Chomsky(1981)에서처럼 주어 위치에 빈 논항 e가 설치된 구조가 아니고, 아예 VP만으로, 또는 INFL이 이끄는 S의 구조로 표상될 수 있다는 것이다. 능격동사 문장이나 비인칭 주어 구문, 'there' 존재 구문 등에서는 D구조에 없던 주어 위치가 S구조에 새로 생겨난다. 최근 Chomsky(1995)의 '일반화 변형(generalized transformation)' 이론에 의하면 구조가 새로 만들어지는 것이 문법의 기본적 연산으로 인정되지만, 당시로서 Rothstein(1983)의 구절구조에 대한 관점은 매우 혁신적인 것이었다고 하겠다. 필자는 구절구조에 관하여 전통적인 관점을 준수하고자 한다. 이에 따라, 어휘적으로 허가되는 구조가 서술화 규칙에 의해서도 허가되는 등, 잉여적인 처리가 있을 수 있다.

술어들의 의미 해석을 위해 긴요하게 이용된다.

서술화 규칙은 우선 앞서 (1) 문장들의 부가어와 관련된 주술관계를 허가해 줌으로써 이들 문장의 통사적 적격성을 확인해 주는 효과가 있다. 적격한 통사구조가 의미구조로 연결되는 과정에서는 몇 가지 규칙의 적용을 받아야 한다.[16] (1가) 문장에서 'NP으로'가 가지는 의미는 동사 '먹다'로부터 예측되는 것이 아니다. 그러므로 이와 같은 'NP으로' 부가어를 위해서 또 한 가지의 부가어 의미해석 규칙이 필요하다. 이 부가어를 '동일지정 부가어'라고 부르겠다. 이 부가어 규칙은 서술화 규칙에 의하여 표시된 주술관계의 지표를 이용하게 된다.

(12) 동일지정의 부가어 'NP으로'를 위한 의미해석 규칙
NP가 〔A〕에 대응하고, 'NP으로'가 〔B〕에 대응하면,
〔... NP^{1} ... NP으로^{1} ...〕는 다음 의미구조에 대응한다.
〔〔F(... 〔A〕^{x} ...)〕, 〔WITH(〔BE/+ident(x , 〔AT(〔B〕)〕)〕)〕〕

서술화에 의한 위첨자 지표 '1'이 'NP으로' 전체에 표시된 것이 주목된다. 서술어의 의미 〔B〕는 '-으로'를 포함한 'NP으로' 전체의 의미가 되기 때문이다. 또 이렇게 서술화에 의한 지표는 의미구조에서 변수(variable)이면서 동일지시 지표의 역할을 하는 'x'로 대응되었다. 여기서 처음 도입한 종속화 연산자 'WITH'는 주절의 사건이나 상태와 동시적인 상황을 표시한다.[17] 또, 'BE/+ident' 함수가 동일지시 지표를 부여받은 두 항 사이의 의미적 주술관계를 포착해 준다. 제5장에서는 '이다'의 의미를 기술하기 위하여 이 함수를 사용한

---

15) 지표로는 앞서의 아래첨자 지표 'i', 'j' 대신 위첨자 지표 '1', '2'를 이용한다.

16) Rothstein(1983)은 일차 서술어의 경우, 주어와 일차 서술어의 결합체가 굴곡 요소를 갖거나 다른 어휘적 머리성분으로부터 의미역을 받아야 한다는 조건, 이차 서술어의 경우 연결될 주어가 의미역을 받아야 한다는 조건 등이 논리형태 층위에서 별도로 준비된다고 상정한다. 우리는 통사적 층위로서의 논리형태가 없는 연결이론을 추구하므로, 이와 같은 조건들은 의미해석 규칙의 성격을 가지면서, 연결을 적격하게 수행하기 위한 통사구조상의 조건을 포함하는 '부가어 규칙'을 통하여 기술하려고 하는 것이다.

17) 'WITH' 함수는 Jackendoff(1990)에서 영어의 동시상황(accompaniment)을 나타내는 부가어와 동일지정 서술화(묘사 서술화:depictive predication)의 부가어를 위한 의미해석 규칙의 기술에서 도입된 바 있다.

바 있다.

(1)과 같은 문장 말고도 서술화의 절차를 거치는 것으로 설명해야 할 부가어의 예는 다양하다. 다음과 같이 'NP으로' 형식이 아닌 경우에도 부가어인 서술어가 발견된다. 이 경우 서술화의 주어는 전체 문장의 주어와 일치한다.

(13) 서울은 '옛 모습을 찾을 수 없을 정도로 복잡하게' 변모했다.

이렇게 서술어가 '-게' 보문자를 갖고 나타난 경우뿐만 아니라, 다음과 같이 부사구가 서술어의 역할을 보이는 경우도 있다. 여기서는 동사로부터 파생된 부사가 부가어 구인 서술어를 이끌고 있다.

(14) 가. 나뭇잎이 소리도 없이 떨어진다.
나. 그 아이가 형과는 달리 사교에 능하다.
다. 그가 바람 같이 나타났다.

(14가)는 최현배(1971: 829)에서 '어찌마디(부사절)'를 갖는 복합문으로 들었던 예문이다. 앞 장에서 우리는 '없다'를 '있다'와 함께 보어를 취하는 동사로 간주했는데, 동사인 '없다'가 보어를 갖는 것처럼 그로부터 파생한 부사 '없이'가 보어를 갖는다고 보는 것은 보다 일반성 있는 구절구조 이론을 수립하기 위해서도 바람직하다.[18] 또, 부사가 보어를 취하는 것은 다른 언어에서도 널리 발견되는 보편성 있는 현상이다. 남기심・고영근(1985: 380)에서 역시 '부사절'을 안은 문장으로 들었던 (14나)도 마찬가지로 설명된다. '다르다'는 'NP와' 성분을 보어로서 요구하는데, 이의 부사 파생형 '달리'도 똑같은 성분을 보어로 가질 수 있다고 보는 것은 자연스러운 일이다. 이런 점에서 (14다)도 다른 것이라 보기는 어렵다.

(1)은 물론 (13), (14) 모두를 포괄하기 위하여, (12)는 보다 일반적인

---

18) 핵계층 이론(X′ theory)에서는 동사, 명사뿐만 아니라 모든 통사 범주가 보어를 취하여 X′ 범주로, 그리고 여기에 명시어(specifier)를 취하여 X″ 범주로 확대될 수 있다고 한다. 이런 성격을 범주중립적(category-neutral)이라고 한다.

형식인 (15)로 바뀌어져야 한다.

(15) 동일지정의 부가어 'X'를 위한 의미해석 규칙
NP가 〔A〕에 대응하고, X가 〔B〕에 대응하면,
〔... NP^{1} ... X^{1} ...〕는 다음 의미구조에 대응한다.
〔〔F(...〔A〕^{x}...)〕, 〔WITH〔BE/+ident(x , 〔AT(〔B〕)〕)〕〕〕

그러므로, 서술화 규칙 (11)을 받아들임으로써 이상에서 본 다양한 구문에서 서술어로 쓰이는 성분들의 통사구조적 지위를 체계적으로 설명할 수 있음은 물론, (15)을 통하여 이들의 의미 해석을 완전하게 해 줄 수 있는 이득을 얻게 된다.

서술화 규칙이 유용하게 쓰이는 또 하나의 사례는 상위절의 성분과 하위절의 주어 성분 사이의 동일지시성이 유지되는 '만들다, 되다' 등의 통제 구문이다. '시도하다, 요구하다' 등의 동사 구문에서는 하위절의 동사가 항상 작용의 미층의 작용자를 갖는 특징을 갖게 되므로, 상위절 동사의 어휘의미구조에 이러한 정보를 기재해 주는 것만으로 충분하다고 할 수 있다. 그러나 '만들다, 되다'처럼 통제 구문을 이루면서도 하위절 동사의 의미에 대한 요구를 갖지 않는 동사들의 경우에는 상위절과 하위절 사이의 동일지시 관계를 통사구조상의 규칙으로써 허가해 주는 것이 필요하다.

Williams(1980)에서는 통제 구문을 의무적 통제와 비의무적 통제로 나누고, 의무적 통제 구문에 대해서 서술화가 일어나는 것으로 설명하였다. 의무적 통제는 상위절의 명사구가 하위절의 주어와 통사적으로 동일지시되는 경우이다. 의무적 통제의 구문에서 PRO를 포함하는 하위절은 상위절에 있는 PRO의 선행사(주어 또는 목적어)와 동일한 지표가 부여되는데, 이것이 (10)의 제약을 위배하지 않으므로 적격성을 인정받게 된다. 앞서의 예문 (6가)와 (7가)의 구조를 표시한 다음은 이 점을 보여준다.

(6)′가. 〔신민당 김동영 총무의 돌연한 퇴진은〕^{1} 〔〔제1야당의 원내 지휘체계와 원내외 전략 수정을〕^{2} 〔PRO 불가피하게〕^{2} 만들〕^{1} 었다.
(7)′가. 〔그 사람이〕^{1} 〔〔PRO 점점 가난하게〕 되〕^{1} 었다.

(6가)′에서의 통제 현상이란 'PRO'가 상위절의 목적어 '제1야당의 원내 지휘 체계와 원내외 전략 수정'과 동일지시되는 과정이라고 할 수 있다. 여기서 하위절(보문) '〔PRO 불가피하게〕'는 주어가 비어 있는 절인데, Williams(1980)의 용어로는 이와 같은 것은 복합 서술어(complex predicate)가 된다. 하위절(S) 자체가 '서술어 X'가 되어 가능한 주어 명사구와 연결될 조건을 갖추고 있는 것이다. 따라서 주어를 만나 둘이 동지표를 부여받아야만 서술구조에서 제거되지 않고 적격한 구조로 판정된다고 할 수 있다.

통제 구문에 대한 이러한 설명은 Rothstein(1983)의 서술화 규칙 (11)을 통해서도 가능할 듯하다. 통제 구문의 하위절은 PRO를 주어로 가지고 있으나, PRO라는 것이 기실 변수의 속성을 지니고 있으므로 하위절 자체는 개방된 함수(open function) XP로 해석될 수 있다. 또, '만들다'가 일관되게 두 개의 논항에만 의미역을 부여한다고 가정하면 개방된 함수인 하위절은 의미역을 받을 수 없는 위치에 있다고 할 수 있다.[19] 그렇다면 (11)을 만족하게 되어 주어와 연결될 수 있다.[20]

(6가)′는 한 가지 문제를 제기한다. '〔PRO 점점 가난하게〕i'는 주어인 '그 사람'을 성분통어하지 않기 때문이다. 그런데 만약 이 경우 '되다'를 능격동사로 볼 수 있다면, 능격동사의 주어는 D구조에서 동사구의 내부에 있던 것이므로 '〔PRO 점점 가난하게〕'와 상호 성분통어할 수 있게 된다. 실지로 통제

---

19) 앞에서는 '만들다'를 여러 개의 어휘항목으로 갈랐지만, 이 경우의 '만들다'는 어휘통사구조에 두 개의 논항만을 가지며 그 어휘의미구조에는 결과 상황에 대응하는 논항을 암시 논항으로서 포함한다고 고칠 수 있다. (이와 같은 내용은 초판에서는 언급하지 않은 것이다.)

20) Rothstein(1983: 86 ff.)에서는 다음과 같이 원형부정사를 갖는 사동문과 지각동사 문장을 이차 서술화 아닌 일차 서술화의 예로 다루고 있다. 두 문장에서 'John'은 동사에 의하여 지배(govern)되어 격 표시(예외적 격 표시)를 받게 된다. 그러나 보통의 경우와는 달리 'John'에게 의미역이 할당되지 않고, 소절인 '〔John leave〕' 전체가 의미역을 받는 것으로 보고 있다.

I made 〔John leave〕.

I saw 〔John leave〕.

(6가)′와 같은 경우 이러한 설명법을 도입할 수도 있겠으나, 필자는 예외적 격표시와 소절 구조를 가정하지 않고, PRO를 설정하여 (6가)′, (7가)′의 예들을 설명하려는 것이다.

구문에 쓰이는 '되다'는 이렇게 능격동사의 특징을 갖는 것 같다.

(16) 가. *가난하게 되어라.
　　나. *그는 가난하게 되려고 노력했다.
　　다. *나는 그에게 가난하게 되라고 명령했다.

(7가)'를 다음과 같이 고쳐 표시해 보면, 서술어인 '〔PRO 점점 가난하게〕'가 S구조에서 흔적 'ti'와 상호 성분통어할 수 있게 되어 주술관계를 이루게 된다. 이 경우에 변형이 일어났는데, 이 변형의 동기는 이렇게 모든 서술어가 주어를 찾아 주술관계를 이루어야 S구조에서 허가될 수 있다는 서술화 규칙의 제약 때문이다.

(7)'' 가. 〔그 사람i이〕〔 ti 〔PRO 점점 가난하게〕 되〕었다.

다음으로, 6.1.절에서 보았던 것처럼, 통제 구문의 의미 해석을 위하여 한 가지 규정을 첨가하기로 하자. 서술화 규칙에 의해 주술관계가 확인된 하위절에서 PRO는 서술화에 따른 지표 'i'를 갖는 조응사(anaphor)적 변수 'ξi'를 부여받는다고 가정하는 것이다.[21] 그렇게 되면 의미 해석을 얻어 가는 과정에서 하위절의 주어에 해당하는 의미구조의 성분을 확인하여 그에 대해서 서술어에 해당하는 의미를 연결해 주는 일이 가능하게 된다.

6.3. '만들다'와 '되다'

'만들다'나 '되다' 동사는 6.1.절에서의 '시도하다, 요구하다, 시키다'류와 완전히 동일한 차원에서 설명할 수 없다. 그 주된 차이는 하위절 동사의 행위자

21) 이와 같은 PRO의 해석은 6.1절에서 보인 바 있다. 또, 5.4.절에서는 재귀대명사 '자기'를 'ξ'로 해석하는 다른 실례를 보인 바 있다.

성(또는 작용성)을 요구하지 않는다는 점에 있다. 이 점은 오히려 6.2.절에서 도입한 서술화 규칙을 적용하기에 좋은 조건이 된다.

'만들다'는 (1가, 나)에서처럼 두 가지의 구별되는 쓰임을 갖는다.[22)]

(1) 가. 농부가 포도로 술을 만들었다.
 나. 농부가 포도를 술로 만들었다.

여기서 (1가)의 어순으로는 '재료'의 의미를, 그리고 (1나)의 어순으로는 '결과'의 의미를 갖는다. 재료의 의미로는 (2)처럼 두번째 성분과 세번째 성분의 순서를 바꾸는 것이 가능하지만, 결과의 의미로는 (3)처럼 그것이 불가능하다. 그러므로 (1나)와 같은 형식은 '재료'의 의미로도 해독될 수 있다.

(2) 가. 농부가 포도로 술을 만들었다.
 나. 농부가 술을 포도로 만들었다.(재료의 의미)
(3) 가. 농부가 포도를 술로 만들었다.
 나. ?*농부가 술로 포도를 만들었다.(결과의 의미)

'만들다'는 또한 이중목적어 구문을 이루기도 한다. 그런데 이중목적어를 이루는 경우는 결과의 의미로만 해석되는 것으로 보인다.

(4) 가. 농부가 포도를 술을 만들었다.
 나. ?*농부가 술을 포도를 만들었다.

(3나) 문장은 요술이나 어떤 기괴한 조작을 써서 술을 포도로 다시 만들었다는 뜻으로는 가능하나 그밖의 뜻으로는 비문으로 볼 수밖에 없다. 이 점 (4나) 문장도 마찬가지여서 그 연관이 주목된다. 이 둘에서 찾아볼수 있는 평행성은 어순과 관계 있다. 이 점은 다음 예를 통해서 확인할 수 있다.

(5) 가. 국민들이 김씨를 대통령으로 만들었다.
 나. ?*국민들이 대통령으로 김씨를 만들었다.

---

22) '만들다'의 두 가지 쓰임에 대한 필자의 이해는 남기심(1992)으로부터 힘입은 바 크다.

(5가)는 '결과'의 의미해석밖에 가지고 있지 않다. (5나)가 비문이 되는 것은 '결과'의 구문이 국어의 여느 문장들과는 달리 자유로운 어순을 가지지 못하기 때문이라고 할 수 있다.

같은 설명이 (4가)에도 적용된다. (4가)는 한 가지 의미밖에는 없는데, 그것은 '결과'로 해석되는 것이다. 그렇다면 이와 같은 이중목적어 구문은 '-으로'를 갖는 '결과' 구문으로부터 파생되어 나온 것이라고 설명할 가능성이 있다.

그러면 이 두 구문은 어떠한 문법적 과정으로써 연관되는가? 이 물음에 대하여 비교적 쉽게 떠올릴 수 있는 대답은 '변형'적인 처리 방식이다. 그러나 두 구문을 변형으로 연관짓기에는 이와 같은 구문의 동사들은 매우 협소한 외연을 가지고 있는 것처럼 보인다. 또한 다음과 같이 두 구조가 구조적으로 달리 기술되어야 할 근거를 제시해 주는 예도 찾아볼 수 있는 것이다.

(6) 가. ?*농부가 포도를 술로 두 병을 만들었다.
  나. 농부가 포도를 술을 두 병을 만들었다.
(7) 가. 농부가 포도를 두 관을 술로 만들었다.
  나. 농부가 포도를 두 관을 술을 만들었다.
(8) 가. ?*농부가 포도를 술로 두 관을 만들었다.
  나. 농부가 포도를 술을 두 관을 만들었다.

(6가)가 부적격한 것은 격조사 '-으로'의 구조적 작용 때문인 것으로 보인다. 즉 '두 병'이 수량사로서 수식을 하는 대상은 '술'일 수밖에 없는데, 이를 위해서는 피수식어가 수식어인 수량사를 성분통어해야 한다.[23] 그런데 PP의 머리성분으로 가정되는 '-으로'가 개재하여 성분통어 조건을 만족시키지 못하게 한다. (7가, 나)에서는 '포도'에 대한 수식어로서의 의미가 잘 어울리는 '두 관을'이 '포도를'과 인접하여 어느 경우나 적격성을 얻고 있는 듯하고, (8가)의 경우는 '두 관을'이 그 피수식로부터 떨어져 있어 어색해진 것 같다.

---

23) 이는 뒤에서 말할 서술화에 대한 조건으로서의 의미가 있다. 앞서 제3장에서는 이와 같은 '매김관계 구문'의 수량어에 대해 상호 성분통어 조건을 설정했다.

(8나)는 '두 관을'이 '술을'에 대한 수식어로 해석될 수 있다면 가능한 문장이며, 그렇지 않으면 부자연스럽다. 더군다나 다음과 같이 '포도'에 대해서도 '술'에 대해서도 수량사 수식이 가능한 가상의 상황을 설정해 보면, (9나)에서는 '두 바가지'의 피수식어가 '술'인데 비해, (9가)는 성립 가능한 문장일 경우라도 그 피수식어가 '포도'일 수밖에 없다.

(9) 가. ?농부가 포도를 술로 두 바가지 만들었다.
　　나. 농부가 포도를 술을 두 바가지 만들었다.

우리는 이제까지 (1가, 나) 문장들의 의미를 문제삼으면서도 정작 이들 각각의 의미를 명시적인 형태로 제시하지 못했다. 이런 종류의 논의를 위해서는 더욱이 구체적인 어휘의미구조를 제시하는 것이 효과적일 것이다.

먼저 '재료'의 의미를 이루는 (1가)부터 살펴 보자. 여기에서 '만들다'는 두 자리의 논항을 취하는 것으로 판단된다. 이는 다음을 비교해 보면 안다. 결과의 'NP으로'는 삭제될 수 없다.

(10) 가. 농부가 술을 만들었다.
　　나. *농부가 포도를 만들었다.

(1가)의 'NP으로'는 제3장에서 이미 설정한 재료의 'NP으로' 부가어를 위한 의미해석 규칙에 의하여 허가된다고 보는 것이 합당하다. 이 동사 어휘를 위한 어휘통사구조는 (11가)와 같고, 그 어휘의미구조는 (11나)와 같이 설정될 것이다.[24)]

(11) 가. x⟨ y ⟩
　　나. 〔〔AFF(x, y)〕,
　　　〔CS(x , 〔INCH〔BE/-comp(〔　〕, 〔AT(y)〕)〕〕)〕〕
　　다. 농부가 포도로 술을 만들었다.(= 1가)

---

24) 이것은 이미 제3장의 말미에서 보인 바 있다.

(11나)에서 '〔BE/-comp(〔 〕, 〔AT(y)〕)〕' 부분은 대략 '암시 논항으로 표시되는 불특정의 사물이 'y'를 구성한다'는 의미를 표현한다.[25] 따라서 (11나)의 어휘의미구조 전체가 표현하고자 하는 바는 'x'가 어떤 불특정의 사물로 하여금 'y'를 구성하게 한다는 정도가 될 것이다. '만들다'는 보통 '창조'의 의미를 갖는다고 말해진다. 그러나 '창조'가 어떤 전연 새로운 사물을 이루는 것이라면 '만들다' 동사의 의미는 그것과는 다르며, 불특정 사물로써 새로운 사물을 구성해 내는 것일 뿐이다.

'결과'의 의미인 (1나)의 동사는 다음과 같이 기술되는데, 여기에서도 'NP으로'가 보어로 간주된다. 이 'NP으로' 보어는 변화의 결과를 표현한다. 두 자리 서술어인 (11)의 경우에 비해서 여기의 '만들다'는 세 자리 서술어인 것으로 판단된다. 이를 다음과 같이 제시하기로 한다.[26]

(12) 가. x〈 y , (z) 〉
나. 〔〔AFF(x, y)〕,
〔CS(x, 〔GO/+ident(y , 〔TO(z)〕)〕)〕〕
다. 농부가 포도를 술로 만들었다.(= 1나)

이것은 (11)과는 달리 'GO/+ident' 함수를 이용하였다는 점에서 특이성을 찾아볼 수 있다. 또, 부속적인 의미특질이 '-comp'와 '+ident'의 차이를 보이며, 논항의 수에 있어서도 다르다.

다음으로 (4가), 즉 이중목적어 구문의 '만들다'는 '결과'의 (1나)와 의미상 공통되나 두 개의 논항이 모두 'NP를' 형식을 갖고 나타난다는 점이 다르다. 두 구문에서의 '만들다'가 갖는 의미 차이는 관계의미층의 차이라기보다는 작용의미층의 차이라고 보는 것이 좋을 것 같다. 즉 두 경우 관계의미층을 동일

25) '-comp' 역시 Jackendoff(1990)에서 도입한 의미특질이다.

26) 이 책의 초판에서는 (12나) 및 (13나)의 어휘의미구조에 'GO/+ident' 함수 아닌 'INCH BE/+ident' 함수를 이용하여 형식화하였으나 이와 같이 수정한다. 어휘통사구조의 형식도 'x〈 y, z^PAT 〉'와 같이 설정하였으나, 이는 'NP으로' 구조만을 예상한 것이다. (12)와 같은 어휘통사구조 및 어휘의미구조가 '술로'와 같은 PP나 '볼품없이'와 같은 AdvP의 실현을 위해 이용되는 것으로 본다.

한 형태로 설정한다. 다음은 이중목적어 구문의 '만들다'에 대한 어휘통사구조와 어휘의미구조이다.

(13) 가. x⟨ y , z ⟩
나. 〔〔AFF(x, z)〕,
〔CS(x, 〔GO/+ident(y , 〔TO(z)〕)〕)〕〕
다. 농부가 포도를 술을 만들었다.(= 4가)

어휘의미구조 (13나)에서 'z'가 목적어로 되는 것은 작용의미층의 피작용자이기 때문이다. 또, 'y'가 목적어로 되는 것은 관계의미층에서 대상의 의미역을 갖기 때문이다.

'만들다' 동사는 다음과 같이 보문자 '-게'나 '-도록'을 취하는 문장에도 나타난다. 특히 (14가)의 '만들다'는 최현배(1971: 399)에서 보조동사의 하나로 처리되기도 하였으나, (14나) 경우의 '만들다'는 이와는 달리 본동사로서 간주되었다. 그러나 우리는 두 경우 모두 본동사로 간주하겠다. 문제는 이 둘을 서로 다른 어휘적 가능성을 갖는 것으로 처리할 것인지 여부이다.

(14) 가. 신민당 김동영 총무의 돌연한 퇴진은 제1야당의 원내 지휘체계와 원내외 전략 수정을 불가피하게 만들었다.
나. 그의 도착 소식은 지연을 더욱 조바심나도록 만들었다.

이들 복합문에서도 하위절은 필수 성분임이 분명하다. 다음과 같이 하위절을 삭제하면 비문이 되는 것이다.

(15) 가. *신민당 김동영 총무의 돌연한 퇴진은 제1야당의 원내 지휘체계와 원내외 전략 수정을 만들었다.
나. *그의 도착 소식은 지연을 만들었다.

(14가, 나)에서 목적어가 의미상 하위절의 주어로 해석되는 것을 보면, 이들 문장의 동사 '만들다'도 통제동사라고 할 수 있다. 이와 같은 경우에도 각각의 '만들다'가 갖는 어휘의미구조를 새로이 설정해 주어야 할 것으로 보인다.

그런데 이러한 통제 구문의 '만들다'는 (11나), (12나), (13나)가 갖는 어휘의미구조의 모습과는 다소 멀어졌다. 상황적 의미영역의 특질을 갖는 'GO/+circ'를 이용하는 것이 그 특징이다.[27] 그리고 하위절에 대응하는 논항 'z'가 사건이나 상태, 곧 상황의 특질을 갖는다는 점이 명기되었다.

(16) 〔〔AFF(x, y)〕,
〔CS(x, 〔GO/+circ(y, 〔TO/+circ(z/+sit)〕)〕)〕〕

상황적 의미영역을 표현하는 함수들의 두번째 논항은 사건이나 상태, 즉 상황이 되는 점이 특징이다. 앞서 '시도하다'나 '요구하다'의 경우에도 이 함수를 이용한 바 있다. 그러나 '만들다' 구문의 하위절에 서는 동사는 행위자성 또는 작용성을 가져야 한다는 조건이 없다는 점에서 '시도하다, 요구하다'의 경우와는 다르다.[28]

(17) 가. 그는 방안을 지저분하게 만들었다.
나. 우리는 마침내 막혔던 물을 흐르도록 만들었다.

그러므로 (16)에 논항 융합이 이루어져서 'z'에 하위절의 의미 성분이 대치된다면, 상위절의 목적어 'y'와 하위절의 주어가 갖는 동일지시성의 관계를 표

---

27) 양정석(1992: 233)에서는 통제동사적 용법의 '만들다'를 둘로 나누어 다음과 같이 기술한 바 있는데, 둘의 차이는 단지 '성공성' 특질의 여부에 있었다.
가. 〔〔AFF(x, y)〕,
〔$CAUSE^{u}$(〔 x 〕, 〔AFF(〔 y 〕,)〕^{z})〕/만들
나. 〔〔AFF(x, y)〕,
〔$CAUSE^{+}$(〔 x 〕, 〔AFF(〔 y 〕,)〕^{z})〕/만들
그러나, 설령 다음 두 문장 사이에 의미 차이가 뚜렷하다 할지라도 그 차이는 보문자 '-게'와 '-도록'에 의한 것으로 판단되므로 두 경우의 '만들다'는 한 어휘항목으로 간주하는 것이 나을 것 같다.
다. 아버지는 아들을 잔디밭의 잡초를 뽑게 만들었으나 아들은 말을 안들었다.
라. ?*아버지는 아들을 잔디밭의 잡초를 뽑도록 만들었으나 아들은 말을 안들었다.

28) (17나)와 같이 '-도록'을 취하는 '만들다' 구문에서 하위절의 동사가 작용자(Actor)는 아닐지라도, 사건성의 동사이어야 한다는 제약은 있는 것 같다. (17가)에서 보는 것처럼, '-게' 내포절의 경우에는 그러한 제약이 없다.

시해 줄 방도가 없다. 통제동사로서의 '만들다'가 갖는 문제는 여기에 있다고 하겠다.[29] 문제의 성격을 좀더 분명히 하기 위하여 이 어휘의미구조를 다음과 같이 제시해 보기로 한다.

(18) 〔〔AFF(x, y)〕,
〔CS(x, 〔GO/+circ(y, 〔TO/+circ(〔... y ...)〕^{z}/+sit)〕)〕)〕〕

사건이나 상태의 의미 성분이 되는 'z' 논항에 주어 논항으로 나타나는 'y'의 위치를 적절히 표시해 주기는 어려워 보인다. 하위절에서 주어로 나타난다는 것은 동사의 관계의미층에서는 언제나 첫번째 함수의 첫번째 논항이 되므로 이 사실만을 표시해 주는 것이 한 가지 방법이 될 듯 싶다.

(19) 〔〔AFF(x, y)〕,
〔CS(x, 〔GO/+circ(y, 〔TO/+circ(〔F(y, ...)〕^{z}/+sit)〕)〕)〕〕

하지만, 이 경우라도 '〔F(y, ...)〕'에서 'y'는 하위절 동사의 어휘의미구조에 첫번째로 나타나는 논항이라는 약정이 필요하다.

이상과 같은 문제를 해결하기 위해서는 (17가, 나)의 하위절의 주어로서 공범주 대명사 PRO를 설정해 주는 것이 효과적이다. 이는 앞서 '시도하다'류 동사들의 구문을 해석해 주기 위하여 활용한 바 있다.

(17)′가. 그는 방안을 〔PRO 지저분하게〕 만들었다.
나. 우리는 마침내 막혔던 물을 〔PRO 흐르도록〕 만들었다.

(17가)′ 문장의 의미구조를 얻어내기 위해서는 (19)의 z 논항 위치에 〔PRO 지저분하게〕에 대응하는 의미구조를 융합해야 한다. 이 경우에도 주어인 PRO는 통사구조에서 목적어 '방안'과 동일지시된다는 정보를 부여받아야 하

---

29) '시도하다, 약속하다, 요구하다, 시키다'의 경우에는 이런 문제가 생기지 않는다. 하위절의 동사가 행위자성을 가질 것을 요구하기 때문이다.

며,[30] 의미구조에서 조응사 변수 ξ와 대응되어야 한다.

그러나 이상과 같은 설명에도 문제를 제기하는 현상이 있다. 다음 예문에서 '형편없이'는 표면적으로 보문의 형식을 취하지는 않았지만, 그 의미구조에 있어서는 (17가, 나)의 보문들처럼 선행하는 목적어를 의미상의 주어로 하는 명제적 형식을 취한다. 문제는 (17가, 나)의 예문들과는 달리, 의미상의 주어가 통사구조에서 주어로 간주되기 어렵다는 것이다.

(20) 금융 공황이 화폐 가치를 형편없이 만들었다.

(20)의 경우 부사인 '형편없이'에 공범주 주어 PRO를 설정한다면 앞서의 예 (21가, 나)는 물론, (22)에도 그 필요가 생겨난다. 그렇다면 이와 같은 PRO의 설정은 무제약적으로 확대될 염려가 있다.

(21) 가. 농부가 포도를 술로 만들었다.
　　나. 농부가 포도를 술을 만들었다.
(22) 그가 멀쩡한 사람을 거짓말장이처럼 만들었다.

또, 의미구조의 해석을 위해서도 PRO의 설정이 별 이득을 주지 못한다. 가령 (21가)에서 '술로'가 의미상의 서술어가 되는 것은 동사 '만들다'의 의미와 관련됨으로써만 가능한 것이다. (21가)는 (23가)라기보다는 (23나)의 의미를 함의한다.

(23) 가. 포도가 술이다.
　　나. 포도가 술이 되었다.

따라서, PRO의 설정은 (17가, 나)처럼 표면적으로 하위절을 이루는 경우에만 한정하기로 한다. 단문의 경우, 즉 (20), (21가), (22)의 '만들다'는 모두 (12나)와 같은 어휘의미구조를 갖는 것으로 본다.

---

30) 이러한 정보는 서술화 규칙의 적용 결과로 부여받는 것으로 본다.

이상의 '만들다'에 대한 어휘의미구조 기술을 모두 모아 놓으면 다음과 같다.

(24) 가. 만들1 :
[[AFF(x, y)] ,
[CS(x , [INCH[BE/-comp([ ], [AT(y)])])])]
나. 농부가 술을 만들었다.
다. 농부가 포도로 술을 만들었다.
(25) 가. 만들2 :
[[AFF(x,)] ,
[CS(x, [GO/+ident(y , [TO(z)])])]]
나. 농부가 포도를 술로 만들었다.
(26) 가. 만들3 :
[[AFF(x, y)] ,
[CS(x, [GO/+ident(y , [TO(z)])])]]
나. 농부가 포도를 술을 만들었다.
(27) 가. 만들4 :
[[AFF(x, y)],
[CS(x, [GO/+circ(y, [TO/+circ([F(y, ...)]^{z}/+sit)])])]]
나. 그는 방안을 지저분하게 만들었다.
다. 우리는 마침내 막혔던 물을 흐르도록 만들었다.

흥미로운 것은 '되다' 동사의 경우에도 '만들다'의 네 가지 용법에 대응하는 용법을 찾을 수 있다는 것이다.

(28) 벽이 시멘트로 되었다.
(29) 포도가 술로 되었다.
(30) 포도가 술이 되었다.
(31) 가. 방이 지저분하게 되었다.
나. 막혔던 물이 흐르도록 되었다.

심지어 (20), (22)에 대응하는 용법도 가능하다.

(32) 화폐 가치가 형편없이 되었다.

(33) 멀쩡한 사람이 거짓말장이처럼 되었다.

그러므로 '되다'의 어휘의미구조는 이러한 '만들다'와의 평행성을 고려하여 기술하는 것이 바람직할 것이다. 다음과 같이 제시해 놓기로 한다. 여기서도 '결과'의 구문을 기본적으로 'GO' 함수를 이용하여 기술하되, '되다3'만은 'INCH BE'를 이용한다.

(34) 가. 되다1
〔〔AFF(, y)〕, 〔INCH(〔BE/+comp(y, 〔AT(z)〕)〕)〕〕
나. 벽이 시멘트로 되었다.
(35) 가. 되2 : 〔〔AFF(, x)〕. 〔GO/+ident(x, 〔TO(y)〕)〕〕
나. 포도가 술로 되었다.
(36) 가. 되3 : 〔〔AFF(x ,)〕. 〔INCH〔BE/+ident(x, 〔AT(y)〕)〕〕〕[31]
나. 포도가 술이 되었다.
(37) 가. 되4 : 〔〔AFF(, x)〕, 〔GO/+circ(x, 〔TO(〔x, . . .〕$^{y}/_{+Sit}$)〕)〕〕
나. 방이 지저분하게 되었다.
다. 막혔던 물이 흐르도록 되었다.

결국 '만들다'의 여러 용법과 '되다'의 여러 용법은 사동성의 유무에 의하여 구별되지만 대체적으로 서로 평행되는 모습을 보인다는 것을 알 수 있다.

그러나, '만들다'와 평행되지 않는 '되다'의 용법이 더 발견된다.

(38) 첫 월급날이 되었다.

(38)은 다른 성분, 즉 주어나 보어가 단순히 생략된 것으로 보기 어려운 면이 있다. 이 경우의 '되다'의 어휘의미구조를 잠정적으로 (40)과 같이 설정한다.[32]

---

31) "그의 둘째 아들이 가수가 되었다."와 같은 예의 '되다'도 이와 동일한 것으로 보아야 하는데, "가수가 되어라.", "그의 둘째 아들은 가수가 되려고 노력했다.", "그는 자기 아들을 가수가 되라고 명령했다."와 같이 행위자성을 가질 수 있으므로 이처럼 작용자를 갖는 어휘의미구조로 설정하였다. 또, 이 경우만은 GO 함수 아닌 INCH〔BE 함수로 기술하였다.

32) 초판에는 다음과 같이 행위자성을 갖지 못하는 '되다'의 경우도 또 한 가지 어휘적 가능성으로

(39) 가. *날이 첫 월급날이 되었다.
나. *첫 월급날이 이 날이 되었다.
(40) 가. 되5 : 〔〔AFF(, x)〕, 〔GO/+ident(〔 〕, 〔TO(x)〕)〕〕
나. 첫 월급날이 되었다.

'만들다'와 '되다'가 공통적으로 보이는 특징은 둘 다 다음과 같은 문장 형식을 취한다는 점이다.

(41) 가. 농부가 포도를 술로 만들었다. (NP으로)
나. 그는 나를 눈치도 없이 그 일을 한 것처럼 만들었다. (NP처럼)
다. 금융 공황이 화폐 가치를 형편없이 만들었다. (AdvP)
(42) 가. 포도가 술로 되었다. (NP으로)
나. 내가 눈치도 없이 그 일을 한 것처럼 되었다. (NP처럼)
다. 화폐 가치가 형편없이 되었다. (AdvP)

(41)은 모두 '만들다2'의 어휘의미구조에, (42)는 모두 '되다2'의 어휘의미구조에 논항 융합이 적용되어 의미 해석이 된다. 'NP으로'나 'NP처럼'이나 'AdvP'이나 어느 것이든, 이들과 대응되는 의미 성분이 동사 어휘의미구조의 '〔TO(x)〕' 부분에서 'x' 논항으로 융합되는 데에 아무런 문제가 없다.

하위절을 취하는 '만들다' 구문과 '되다' 구문들도 공통된 형식을 다 가지고 있다. 이들 문장의 의미 해석에 있어서는 단순한 논항 융합 이외에도 더 고려해야 할 규칙들이 있다. 이들 문장에는 '만들다4'와 '되다4'의 어휘의미구조가 이용된다.

설정해 두었으나, 이는 (30)의 '되다3'과 작용의미층의 내용에서만 차이를 보이는 것으로서, 따로 분리하기 어렵다. 이런 경우 작용의미층의 내용은 당연값(default value)로 주어지는 것으로 보고, 논항 융합에 의하여 얻어진 주어 명사구의 의미에 따라 이것이 부정될 수도 있는 것으로 해석하기로 한다.
가. 되6 : 〔〔AFF(, x)〕, 〔INCH(〔BE/+ident(x , 〔AT(y)〕)〕)〕〕
나. 그가 돌아온 것이 화젯거리가 되었다.

(43) 가. 어려운 국가 경제가 국민들을 점점 가난하게 만들었다. (S게)
　　 나. 뜻밖의 소식이 영수를 일찍 귀가하도록 만들었다. (S도록)
(44) 가. 국민들이 점점 가난하게 되었다. (S게)
　　 나. 그는 너무 취해서 일어설 수조차 없도록 되었다. (S도록)

(41), (42)의 경우는 논항 융합만으로 완성된 의미구조를 얻을 수 있지만, (43), (44)의 경우에는 특히 하위절과 관련한 해석을 위해서 서술화 규칙의 도움을 받아야 한다. 이들의 해석을 위해서는 또한 하위절의 주어로 PRO가 설정되어야 하며, 하위절은 PRO에 대응하는 의미 성분 ξ을 가진 채로 '[TO (x)]'의 'x'에 융합된다. 이 ξ가 상위절의 성분과 동일지시되는 것은 서술화 규칙의 적용 결과로 생긴 동지표를 이용함으로써 가능하게 된다.

6.4. '생각하다'와 '여기다'

목적어에 대한 서술어를 포함하는 '생각하다, 여기다' 동사의 구문은 다음과 같이 '이다' 문장과 관계된다는 점에서 '동일 지정 서술화'의 한 예로 볼 수 있다. 하지만 (2가)에서 보는 바와 같이, 이 구문에서 'NP으로'는 부가어가 아니다.

(1) 그 여자는 너를 치한으로 여기고 있더라.
(2) 가. *그 여자는 너를 여기고 있더라.
　　나. 그 여자의 판단/생각으로는, 네가 치한이다.

이 점에서 이 구문을 '만들다'와 유사한 맥락에서 처리해 주는 것이 가능할 것이지만, 여타 통제동사들과는 다른 의미적 국면을 한 가지 더 포함한다. 문제는 이들이 표상적 동사에 속한다는 데에 있다. (2나)에서 나타나는 것처럼, '네가 치한이다'라는 서술은 '그 여자'의 판단 또는 생각 속에서 이루어지는 서술일 뿐이며, 실제 사실 그대로는 아니다.

(3) 가. 찬수는 여태까지 경애가 바보라고 생각해 왔다.
　　나. 찬수는 여태까지 경애를 바보로 생각해 왔다.
　　다. 찬수는 여태까지 경애를 바보라고 생각해 왔다.

(3나)는 단문이나, (3가)와 (3다)는 절을 가지는 복합문이다. 다시 (3가)가 '생각하다'의 보어로서 간접인용절을 갖는데 비해서 (3다)는 목적어에 대한 의미상의 서술어가 무형의 주어 성분을 포함하는 절로서 나타난다.

먼저 (3가) 문장과 같은 경우의 동사 '생각하다'는 다음 문장에서의 두 자리 서술어 '생각하다'와 비교된다.

(4) 찬수는 경애를 생각한다.

(4)의 동사 '생각하다'는 제5장의 논의에 따라 다음과 같은 어휘의미구조를 갖는다.

(5) 생각하1: 〔〔AFF(x, y)〕,
　　　　〔CS(x, 〔STAY(y, 〔IN(〔〔MIND〕-OF(x)〕)〕)〕)〕〕

(4)에서 '경애'가 표상 속의 경애, 즉 #영상-경애#로도 해석될 수 있는 것은 앞 장에서 제시한 '표상화 규칙'에 따른 것이라 하겠다. (5)의 어휘의미구조에서 '〔MIND〕'는 표상적 명사이기 때문에 'y'가 '〔REP(y)〕'로 표상화될 수 있는 것이다. (3가)에서 '경애가 바보이다'에 대응하는 하위절의 의미도 마찬가지 방법에 의하여 불투명 구조 속에 들어가게 된다. 이러한 점을 고려해 보면 (3가)의 경우 '생각하다'가 갖는 의미는 (5)와 크게 다르지 않다고 할 수 있다. 그 하위범주화적 형식에 있어서는 차이가 있으므로 이를 표시하면 다음과 같다.

(6) 가. 생각하2: 〔〔AFF(x, 　)〕,
　　　　〔CS(x, 〔STAY(y, 〔IN(〔〔MIND〕-OF(x)〕)〕)〕)〕〕
　　　찬수는 여태까지 경애가 바보라고 생각해 왔다.
　　나. x〈 y^QUO 〉

다음으로 (3나)의 문장을 살펴 보자. (3나)에서의 '생각하다'는 (4)의 '생각하다'와 동일한 어휘의미구조를 갖는다고 말하기 곤란하다. 전자의 '생각하다'는 세 자리 서술어로 보아 다음과 같은 어휘의미구조를 부여해 주기로 한다.

(7) 가. 생각하3: [[AFF(x, y)],
[[CS(x, [STAY(y, [IN([[MIND]-OF(x)])])])],
[WITH([BE/+ident(y, [AT(z)])])]]]
찬수는 여태까지 경애를 바보로 생각해 왔다.
나. x⟨ y, z^PAT ⟩

(3나) 문장의 의미구조에는 '동일함'을 뜻하는 'BE/+ident' 의미 성분이 포함된 것으로 볼 수 있는데, 이것이 목적어 '경애를'과 이에 대한 서술어 역할을 하는 보어 '바보로'의 주술관계를 어휘의미적 차원에서 설명해 준다. '동일함'의 'BE/+ident' 의미 성분을 (3가)와 같은 구문에서는 안긴 문장의 '-이다'로써 확인할 수 있다 할지라도, (3나)에서는 '-이다'를 포함하는 안긴 문장을 갖지 않으므로 그것이 불가능하다. 그러므로 단문 구조인 '동일 지정 구문'에 실현되는 '생각하다'에 대해서는 그 어휘의미구조에 이와 같은 의미 성분을 포함시키는 것이 필요한 것이다.

이와 같은 예에서는 동시상황의 종속화 연산자 'WITH'와 동일성의 함수 'BE/+ident'가 한 동사의 어휘의미구조에 포함되어 있지만, 다음과 같은 문장들에서는 부가어들에 대해서 동일한 의미 성분이 부가어 의미해석 규칙을 통해서 도입되어야 한다.

(8) 가. 그것이 '사실로' 밝혀진 것은 내가 파출소로 연행을 당해 가던 길에서였다.
나. 서울은 '옛 모습을 찾을 수 없을 정도로 복잡하게' 변모했다.

여기서 한 가지 생각해 보아야 할 점은, (7가)의 어휘의미구조 형식에서 동시상황의 종속화 연산자에 이끌리어 따로 표시된 '[WITH([BE/+ident(y, [AT (z)])])]' 부분은 앞 장에서 설정한 '표상화 규칙'의 적용 범위에 들게 되는 것이 아닐까 하는 것이다. 다음과 같은 예를 살펴 보면 동일 구문에서

'NP으로'에 대응하는 의미가 불투명 맥락에 들어갈 수 있다는 것을 알 수 있다.

(9) 나는 경애를 영희로 생각했다.

말할 것도 없이, '영희'는 마음 표상 속의 #영상-영희#로 해석될 수 있다. 그런데, (7가)의 어휘의미구조 표상에서는 'NP으로'에 해당하는 'z'가 따로 고립됨으로써 표상화 규칙이 적용된 후에도 'REP'의 범위에 들기 어렵게 되어 있다. 그러므로 이와 같은 문제점을 해소하기 위해서는 역시 앞에서(5.5절) 도입하였던 추론규칙을 적용하는 것이 필요하다. 즉, (10가)는 추론규칙에 의하여 (10나)와 동일시되므로, 표상화 규칙이 요구하는 분포적 조건을 만족하게 되어 'z'의 의미까지 불투명 맥락의 범위에 속할 수 있게 된다.

(10) 가. 〔BE/+ident(y, 〔AT(z)〕)〕
나. $\begin{bmatrix} y \\ z \end{bmatrix}$

'생각하다'의 또 하나의 용법으로는 (3다)와 같은 통제 구문의 예가 있다. 이 문장의 동사를 '생각하다4'라 부르겠다.

(11) 가. 생각하4 :
〔〔AFF(x, y)〕,
〔CS(x, 〔STAY(〔 〕^{z}/+state, 〔IN(〔〔MIND〕-OF(x)〕)〕)〕)〕〕
찬수는 여태까지 경애를 바보라고 생각해 왔다.
나. x〈 y, z^QUO 〉

이 문장이 통사적, 의미적으로 해석되어 가는 과정은 다음과 같다. 먼저 (10가)의 어휘의미구조의 논항들이 (10나)의 어휘통사구조의 논항들로 연결되는데에 문제되는 것은 없으므로 연결규칙1이 만족된다. 다음으로 어휘통사구조의 논항들은 통사구조에 주어와 목적어, 그리고 'S고' 보문의 형식으로 연결되는데, 역시 이 과정에 문제는 없다. 따라서 연결규칙2도 만족된다. 보문 'S'는 주어로 'PRO'를 갖게 된다. 'PRO'를 갖는 절은 서술화 규칙의 적용을 받게 된다고 한다면, 서술화 규칙의 결과로 부여받게 되는 동지표는 '경애'와 보문 전체에 표시되게 된다. 의미구조로의 실현 과정에서는 주어 논항이 변수로 나타나는 보문의 의미구조가 상위절 동사의 의미구조 (10가)의 'z'에 융합되고, 서술화 규칙의 적용 결과로 얻어진 동일지시 지표를 이용하여 '경애'의 의미와 '[y 바보이다]'의 의미가 주술관계를 맺어 완성된 전체 문장의 의미구조를 이루게 된다.

6.5. 통제 구문으로서의 '긴 사동문'

제4장에서 우리는 긴 사동문이 복합문 구조로 되어 있다고 말한 바 있다. 이는 긴 사동문이 '하다'를 상위 서술어로 하는 구문 구조를 이루고 있음을 의미한다. 이른바 긴 사동문으로서 알려져 온 '하다'문장의 구조는 PRO를 포함하는 통제 구문의 하나이다.

(1) 가. 경애는 찬수가 미음을 먹게 하였다.
    나. *찬수가 경애는 미음을 먹게 하였다.
(2) 가. 경애는 찬수를 미음을 먹게 하였다.
    나. 찬수를 경애는 미음을 먹게 하였다.
(3) 가. 경애는 찬수에게 미음을 먹게 하였다.
    나. 찬수에게 경애는 미음을 먹게 하였다.

(1)의 두 문장이 보이는 대비는 이 경우 '먹게 하다'를 하나의 복합 동사로 처리할 수 없음을 말해 준다. (1나)의 비문법성은 국어의 보통 복합문에서 상위절의 주어가 하위절의 주어 다음에 서기 곤란한 현상과 맥을 같이 하는 것이다. 이를 통하여 긴 사동문의 구문 구조가 복합문으로 되어 있다는 믿음을 갖게 된다. 반면 (2)와 (3)에서는 앞선 두 명사구(또는, 후치사구: PP)의 자리 바꿈이 가능하므로 (1)과는 달리 단문의 구조로 설정할 가능성이 있지만, 그렇게 본다면 이들 세 문장이 구조적으로 유사함을 설명하기는 어려워진

다. 또한 (2가)의 '찬수를'이 목적어임은 다음을 통해서 확인할 수 있으며,

(4) 경애는 누구를 미음을 먹게 하였니?

다음에서 주격 표지를 갖는 '자기가'가 출현하는 것은 이 '자기가'를 하위절의 주어로 보지 않고서는 설명할 수 없는 것이다.

(2)′ 가. 경애는 찬수를 자기가 (스스로) 미음을 먹게 하였다.
(3)′ 가. 경애는 찬수에게 자기가 (스스로) 미음을 먹게 하였다.

따라서 이들 세 문장은 모두 복합문의 구성을 이루고 있다고 볼 수 있다.

그러나 더 깊이 들여다 보면, (1)과 (2)와 (3)은 서로 조금씩 다른 구조로 되어 있다. (1)의 구조는 '하-'를 상위절의 동사로 갖는 두 자리 구조이며, (2)와 (3)은 역시 '하-'를 상위절의 동사로 갖되, 둘 다 세 자리 구조이되, (2)와 (3)은 'NP에게'를 포함하느냐 'NP를'을 포함하느냐에 따라 서로 구별된다.

이상의 문장들을 복합문으로 바라보는 데에서는 다름이 없으나, (2)에서 '찬수를'의 격 할당과 관련하여 '예외적 격표시 현상(ECM)'으로 간주하는 견해가 있다. 김영주(1990)는 그 한 예이다. 김영주(1990: 165)에서는 (2)와 같은 구문에서 목적격 표지 '-를'의 실현은 하위절 외부의 격할당자가 명사구 '찬수'를 지배하여 목적격을 할당한 것으로 설명된다고 하였다.[33] 수의적인 S′ 삭제가 일어나면 외부의 지배자, 즉 상위절의 동사 '하-'에 의해서 목적격의 할당이 '의무적으로' 일어나며, 그렇지 않은 경우에는 수의적인 주격 표시의 절차에 의하여 주격이 당연값(default)으로 할당된다고 한다.

이와 같이 (2)의 경우를 예외적 격표시로 처리하는 것이 나름대로의 근거를

---

33) 더 구체적으로는, 이렇게 외부의 지배자에 의해서 예외적으로 격표시되기 위해서는 보문자를 갖는 S′ 삭제가 미리 일어나야 하는데, S′ 삭제는 보문자 범주가 비어 있을 경우에만 적용된다. 따라서 홍성심(1985)의 제안을 받아들여, 국어의 보문자가 항상 의존사화(cliticization)하여 동사에 가 붙게 되므로 수의적인 S′ 삭제가 일어날 수 있다고 설명한다.

갖는 하나의 방법은 된다. 그런데 이 견해에서는 (1)과 (2)의 구조를 동일한 것으로 보고 있다는 문제를 애초에 지니고 있었다고 보아야 한다. 필자가 판단하기로는 (1)과 (2)의 유사함보다는 (2)와 (3)의 유사함이 더 긴밀한 것으로 보인다.34)

이상의 문장들을 역시 복합문으로 다루는 김남길(1982)에서도 (2)와 같은 문장은 문젯거리가 된다. 그는 (2)나 (3)의 문장에서 하위절을 아예 주어를 갖지 않은 동사구 범주의 보문(VP complement)으로 보자고 제안하였다. 하지만, 주어를 갖지 않은 보문이라는 개념이 기존 문법의 성과와 쉽게 화합하기 어렵다는 난점은 차치하고라도, 위에서 (2가)′, (3가)′ 문장들에 나타나는 주어 명사구 '자기가'의 자리를 일반화해 주기 위해서도 하위절의 주어는 상정되어야 하리라고 본다. 이 두 문장이 해석가능한 문장이라고 한다면, 일단 이들과 (2가), (3가)의 문장이 각각 동일한 구조를 가지고 있음을 부정하기는 어려워 보이고, 따라서 주어 없는 보문의 설정은 잘못된 것이었음이 드러난다.35)

'자기'의 해석과 관련한 이제까지의 일반적 관찰에 의하면 '자기'의 선행사는 주어이거나 이것을 성분통어하는 (3인칭의 사람)명사구이어야 한다.36) 그런데 통제 구문이라고 할 수 있는 다음과 같은 예들에서 주어나 다른 성분에 통

---

34) 김영주(1990: 164)에서는 (가), (나)와는 달리 (다)가 문법적이라고 보고, 이를 근거로 하여 '메리를/메리가'로 교체되는 (가)/(나)의 경우는 예외적 격표시 현상으로 설명하고, '메리에게'를 갖는 (다)의 경우는 이들과는 별개의 (라)의 구조를 부여하였다.

가.*존이 메리를 그녀가 가게 하였다.

나.*존이 메리가 그녀가 가게 하였다.

다. 존이 메리에게 그녀가 가게 하였다.

라. 존이 메리에게 〔s′〔sPRO 가〕-게〕하였다.

그러나 필자에게는 (가), (나)가 비문인 것처럼 (다)도 똑같이 비문이라고 판단된다. 오히려 위에서의 예 (2)′, (3)′가 아주 자연스러운 반면, 이들과 비교되는 다음 (마)는 부자연스러운 것이다.

마.?경애는 찬수가 자기가 (스스로) 미음을 먹게 하였다.

35) 그러나 다시 김남길(1986, 1988)에서는 이와 같은 구문에서 'PRO'를 설정하고 있다.

36) 그러나 양동휘(1983)에서는 대원칙으로서의 '성분통어 조건' 말고도 다음과 같은 '예외적 원칙'이 필요하다고 하였다. "한국어의 대용어 '자기'는 경험자의 의미역을 가진 명사(구)를 선행사로 선택할 수 있다."

제되는 명사구 자리는 빈 자리로 남아 있게 마련이지만, 경우에 따라 이 자리에 '자기'가 나타날 수도 있는 것이다.

(5) 가. 찬수는 이번 중간고사에서 일등을 하려고 노력하였다.
　　나. 찬수는 이번 중간고사에서 자기가 일등을 하려고 노력하였다.
(6) 가. 경애는 찬수에게 청소를 하라고 설득했다.
　　나. ?경애는 찬수에게 자기가 청소를 하라고 설득했다.

(6나)가 비문이라고 할 수는 없다. '통제'되는 하위절의 주어 자리에 나타난 '자기'는 유표적인, 또는 강조의 의미를 띠게 된다. 이 점에 있어서도 (2가)', (3가)'가 동일하다는 점은 어렵지 않게 관찰할 수 있다.

이러한 사실은 '긴 사동문'을 복합문의 구조로 기술해야 함을 말해줄 뿐더러 하위절에 빈 주어 자리를 설정해야 할 필요성을 제공하는 것이다. 그렇다면 이 자리는 통제 구문의 일반적 특성에 따라 'PRO'로 보는 것이 적절하다.

6.6. 재구조화 구문에서의 서술화 현상

'되다' 동사는 앞에서 거론한 예 말고도, 다음과 같은 구문에도 나타난다.

(1) 김씨가 검찰에 구속이 되었다.

(1)문장에서 둘째 논항 '검찰에'의 출현을 결정해주는 요인은 동사인 '되다'라기보다는 오히려 명사인 '구속'이다. 그러므로 이 경우는 '구속이 되-'가 하나의 어휘 단위를 이루어 전체 문장 구조를 형성한다고 설명할 수 있다. 즉 (1)은 (2)와 같은 문장 구조를 갖는 것으로 간주할 수 있다는 것인데, 두 문장은 공히 동사 '구속되다'의 어휘구조가 투사하는 통사구조와 의미구조를 갖는다고 보는 것이 설명에 편리하다.[37]

---

37) (1)과 같은 문장을 (2)류의 문장과 같은 구조로 간주하여 처리해야 한다는 점에 대해서는 양

(2) 김씨가 검찰에 구속되었다.

필자는 양정석(1991)에서 (1)과 같은 경우를 '숙어 동사 형성의 재구조화'라 부르고, 다음 (3) 문장들도 재구조화의 또 한 가지 경우로서 논의하였다.

(3) 가. 남한이 북한과 교류를 했다.
    나. 월맹이 사이공으로 진격을 시작했다.

(3)의 두 문장은 서술성의 명사 '교류'와 '진격'의 이중적 성격으로 말미암아 복합 명사구 구문을 이루기도 하고 또 한편으로 복합 서술어 구문을 이루기도 하는 것으로 보인다.[38] 이 두 가지 구조적 가능성을 대략 다음과 같이 표시할 수 있다.

(4) 가. 〔남한이〕〔〔북한과 교류를〕〔했다.〕〕
    나. 〔월맹이〕〔〔사이공으로〕〔진격을〕〕〔시작했다.〕
(5) 가. 〔남한이〕〔〔북한과〕〔교류를 했다.〕〕
    나. 〔월맹이〕〔〔사이공으로〕〔진격을 시작했다.〕〕

그러나 홍재성(1986)에서 지적된 (6)의 가능성에 대해서는 구체적으로 해명하지를 못하고, 다만 이 경우도 복합 명사구 구문을 기초로 하여 '변형'이나 다른 가능한 방식으로 설명해야 한다는 방향만을 지적하는 데 그쳤다.[39] 그러나 여기에 변형이 작용하는 것 같지는 않다.

(6) 가. 철수는 교제를 영희와만 계속했다.
    나. 영희와{# ,는} 철수도 교제를 계속했다.
    다. 교제를 철수는 영희와만 계속했다.
    라. 철수가 오랫동안 영희와 유지한 것은 아주 은밀한 관계였다.

정석(1991가, 1997)에서 논의한 바 있다.
38) 이러한 관찰은 양정석(1991가)에서 보인 바 있다.
39) 양정석(1991가: 295쪽, 주14) 참조.

그런데, (6)과 같은 예들의 가능성은 복합 명사구로부터 재구조화에 의해 복합 서술어를 이룬다는 설명과 어떤 점에서 부조화를 보여 주는 것 같다. 앞의 (3나)도 (6)과 같은 가능성을 나타내 주나 좀 제약적이다.

(7) 가. 월맹이 진격을 사이공으로 시작했다.
  나. 사이공으로{#, 는} 월맹이 진격을 시작했다.
  다. ?진격을 월맹은 사이공으로 시작했다.
  라. ?월맹이 사이공으로 시작한 것은 매우 갑작스런 진격이었다.

(6가)와 (7가)에서 다음과 같은 의미가 유지됨을 관찰할 수 있다.

(8) 가. 알고 보니, 교제는 영희와(하고)였다.
  나. 알고 보니, 교류는 북한과(하고)이다.
(9) 진격은 사이공으로였다.

이러한 사실은 '교제'와 '영희와(하고)', '교류'와 '북한과(하고)'가 의미상으로 주술관계에 놓임을 말해주는 것으로 해석된다.

다음 예에서는 '서술성 명사'가 관형어의 수식을 받아 나타나기도 한다.

(10) 가. 남한이 대단위의 물자 교류를 북한과 계속하였다./하였다./시작하였다.
  나. 월맹은 잇따른 진격을 사이공으로 했다.

그런데, 이러한 구조가 가능한 것은 다음과 같은 의미 관계가 맺어질 때에 한하는 것으로 보인다.

(11) 가. 알고 보니 교류는 북한과였다.
  나. 이번 진격은 사이공으로다.

즉 서술성 명사와 후행하는 'NP와' 및 'NP으로' 성분은 주술관계로 맺어지는 것이다. 주목할 만한 사실은 서술성 명사가 동사의 보어이면서 동시에 부가적 서술화의 주어로 쓰인다는 점이다. (6가)-(6다)나 (7가)-(7다)의 예들이 가능하다면, 그것은 서술성 명사가 논항으로 쓰여 후행하는 'NP와' 및 'NP으로' 성분들에 대한 주어로서 해석될 때에 한하는 것 같다. (6라)나 (7라)의 경우도 이에서 멀지는 않은 듯하다. 보통의 '결과/동일 지정 구문'에서도 (7가)-(7라)와 흡사한 양상이 보인다.

(12) 가. 찬수는 영자를 바보로 간주했다.
　　 나. 김여사는 둘째 아들을 의사로 만들었다.
(13) 가. *바보로(#, 는) 찬수가 영자를 간주했다.
　　 나. *의사로(#, 는) 김여사가 둘째 아들을 만들었다.
(14) 가. 영자를 찬수는 바보로 간주했다.
　　 나. 둘째 아들을 김여사는 의사로 만들었다.
(15) 가. 찬수가 바보로 간주한 것은 철수의 짝인 영자이다.
　　 나. 김여사가 의사로 만든 것은 얼굴이 창백한 둘째 아들이다.

단, (13)의 두 문장이 불가능한 것은 이 경우 'NP으로'가 '간주하다, 만들다'에 의해 취해지는 보어인 것과 관계 있다고 할 수 있다.

그러므로, (6가)와 (7가) 문장의 경우, 재구조화가 적용되지 않고 두 자리 동사 '계속하다', '시작하다'에 의한 구문으로 보되, '교제'와 '영희와만' 사이의 주술관계는 서술화 규칙이 허가해 주는 것으로 해석하면 된다. 즉 다음과 같다.

(6)′가. [철수는]^{1} [[교제를]^{2} [영희와만]^{2} 계속하]^{1}였다.
(7)′가. [월맹이]^{1} [[진격을]^{2} [사이공으로]^{2} 시작하]^{1} 였다.

나머지 (6나, 다, 라)는 이를 기초로 설명될 수 있으며, (7나, 다, 라)의 예들도 동일한 설명이 가능하다.

6.7. 외치 구문과 서술화 규칙

남기심(1973: 70-74)에서는 다음 (1) 문장이 (2가)와 같은 심층구조로부터 외치 변형에 의하여 도출되는 것으로 기술한 바 있다. 외치 변형을 거친 결과는 (2나)와 같다.40)

(1) 복희가 결혼했다고 소문이 떠돈다.

(2) 가.

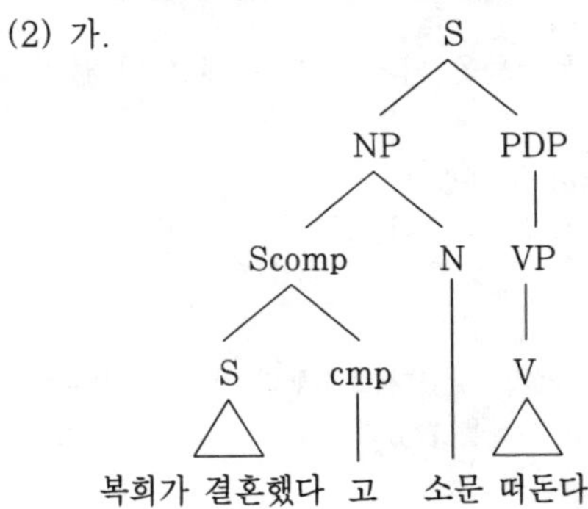

---

40) (2가)는 또한 "복희가 결혼했다는 소문이 떠돈다."와 같은 문장의 심층구조이기도 하다. 이 경우 (2가)에서 '완형보문의 관형수식구화' 변형(필수적)이 수행되어 "복희가 결혼했다고 하는 소문이 떠돈다."와 같은 구조가 이루어지고, 다시 '완형보문 명사구 축약' 변형(수의적)이 일어나 도출되는 것이다. 이러한 문장들 사이의 관계를 변형적 관계로 보지 않는다면 이들의 연관성은 이들이 동질적인 의미구조를 갖는다고 함으로써 설명할 수 있을 것이다. 관형 수식어구와 수식받는 명사구의 의미 관계는 두 의미 성분을 두 층으로 ','에 의해서 이어지는 것으로 표상할 수 있다. 관형 수식어구의 의미 표시 방법에 대해서는 Jackendoff(1990: 55-58)을 참조할 수 있다. 이 절에서는 외치 구문의 의미가 서술화 규칙을 통하여 이러한 의미구조로 형성되는 과정을 보이려고 하는 것이다.

(2가, 나)와 (6)의 구절표지는 남기심(1973)에서 제시한 것을 그대로 옮겨 놓은 것이다.

나.

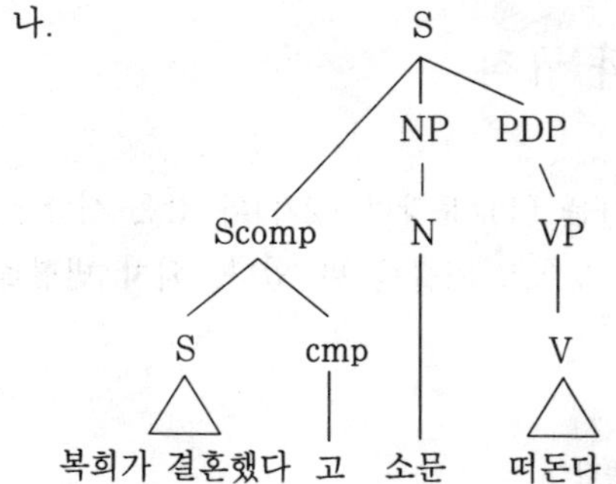

남기심(1973)에서는 이밖에도 다음 문장들을 외치 변형의 예로 더 들었다.

(3) 가. 나는 그 회의에 꼭 나가겠다고 결정을 내렸다.
　 나. 그는 열시까지 일을 끝내겠다고 계획을 세웠다.
(4) 가. 그가 곧 떠나겠다고 말을 했다.
　 나. 나는 집에 있는 것이 좋겠다고 생각을 했다.
(5) 가. 그는 범인이 국외로 탈출했다고 사실을 말했다(보고했다,적었다...)
　 나. 나는 범인이 검문소를 통과했다고 사실을 밝혔다.

(2가)와 같은 심층구조에 대해서는 더 논급하지 않도록 하고, 이것이 외치 변형을 거친 뒤 생겨난 (2나)와 같은 구조를 그대로 이들의 통사구조로 간주하기로 하자. 필자는 이러한 구조가 서술화 규칙이 적용될 조건을 충족시켜 준다고 본다. 즉 (2나)에서 부가어 절인 Scomp "복희가 결혼했다고"는 주어 NP '소문'과 상호 성분통어 조건을 만족시킨다. 둘 다 최대투사 S에 의하여 관할되고 있기 때문이다.[41] 또, 이 절은 6.2.절의 서술화 규칙 (11)에서 말한 '잠재적인 의미역 위치에 있지 않은 X'가 된다. '소문'은 의미역 위치에 있는 것으로 간주된다. (3)-(5)의 문장들에서도 '-고'에 이끌리는 Scomp 성분과 '결정, 계획, 말, 생각, 사실' 등의 NP 성분은 역시 상호 성분통어 조건을 만족시킨다.[42] 이번에는 두 성분을 관할하는 최대투사 범주가 S가 아니라 V

41) 이 책에서는 NP와 VP, S를 최대투사라고 가정한다.
42) 이 책에서는 이런 경우의 '-고'를 '-에', '-으로' 등과 마찬가지의 후치사로서 간주한다. 따라서

P일 뿐이다. (3가)에 대해서 VP 부분만을 나무그림으로 보이겠다.

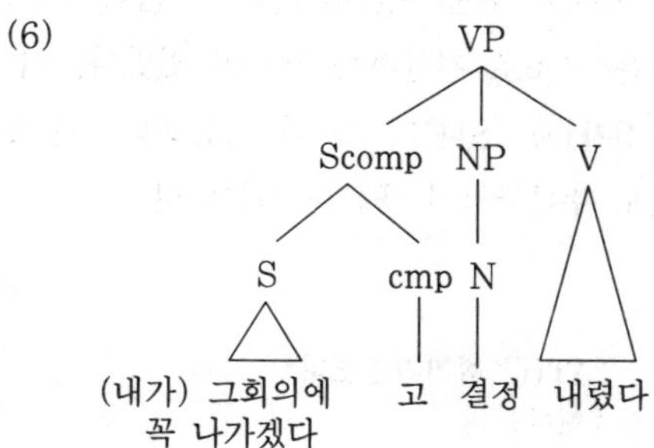

본래 서술화 규칙을 설정하는 취지 중 하나는 통사구조와 의미구조 사이의 사상을 간결하게 해 주기 위한 것이다. (1)의 '소문'과 같은 주어 명사구, (3가)의 '결정'과 같은 목적어 명사구에 대해서 해당 서술어구와 동일지시적 지표를 붙여 맺어 준다면, 이 지표는 의미해석 규칙에 의해 의미구조를 얻어가는 데에 유용하게 쓰일 수 있다. 앞서 6.2.절의 다음 규칙이 동지표를 부여받은 (2나)와 (6)의 구조에 적용된다.

(7) 동일 지정의 부가어 'X'를 위한 의미해석 규칙
NP가 〔A〕에 대응하고, X가 〔B〕에 대응하면,
〔 ... NP^1 ... X^1 ... 〕는 다음 의미구조에 대응한다.
〔〔F(... $〔A〕^x$ ...)〕, 〔WITH(〔BE/+ident(〔x〕, 〔AT(〔B〕)〕)〕)〕〕

이들의 전체적 의미구조를 얻는 절차를 생각해 보면, 일단 동사의 어휘의미구조에 논항 융합이 이루어지고, 부가어인 Scomp 성분이 동지표화된 명사구에 대해서 서술어로서 작용하는 (7)의 과정이 수행되는 것이다.

(7)의 규칙에 등장하는 'x'는 지표가 변수로서 설정된 것인데, 이를 '변수 지표(variable index)'라 부를 수 있다. 통사구조에서 '1'로 맺어지는 성분들이 결정됨에 따라 의미구조에서의 이것의 내용이 정해지는 것으로 본다. 또 이것은

국어에서 서술화 규칙에 따른 이차 서술어들은 이러한 후치사를 갖는 성분들과 부사절 및 부사구로 한정할 수 있으리라 본다.

해석된 문장의 완성된 의미구조의 단계에까지 나타나는 것으로 간주한다. 앞서 '-이다' 구문과 관련한 추론규칙들 중에는 '〔BE/+ident(〔x〕, 〔AT(〔B〕)〕)〕'와 같은 의미구조를 '〔〔x〕, 〔B〕〕'와 같은 구조로 전환하는 규칙이 있었다. (1) 문장에 대한 대략적인 의미구조로는 (8가)와 (8나)가 둘 다 가능하다. 이 두 의미구조 사이의 관련을 맺어 주는 것도 추론규칙이 행하는 기능이다.

(8) 가. 〔〔떠돈다(〔소문〕^{x})〕,
〔WITH(〔BE/+ident(x , 〔AT(〔복희가결혼했다〕)〕)〕)〕〕
나. 〔떠돈다(〔〔소문〕, 〔복희가 결혼했다〕〕)〕

제7장 대칭동사

7.0. 도입

다음의 (1)-(2) 두 문장은 모두 조사 '-와'를 포함하며, 의미상으로도 공통점을 가지고 있다. 따라서 국어 구문에 대한 연구에서 이 둘을 어떤 단일한 원리에 의해 설명해 주려고 하는 노력이 일찍부터 있어 왔다.

(1) 철수와 영호가 싸웠다.
(2) 철수가 영호와 싸웠다.
(3) 〔〔철수i가 영호j와 싸웠다〕〔고〕〔영호j가 철수i와 싸웠다〕〕

국어의 이와 같은 '-와'를 갖는 구문에 대한 연구자들의 지배적인 설명 방식은 '변형'에 의한 것이라고 하겠는데, 이는 다시 두 가지 방향으로 요약할 수 있다. 즉, (1)과 (2)가 접속항 이동 변형을 통하여 연관되는 것으로 설명하거나(김완진(1970), 김영희(1974)), 또는 (1)이 (3)과 같은 구조로부터 접속문 축약에 의하여 이루어진 것으로(최재희(1985)) 보는 것이다. 그러나 똑같이 동사 '싸우다'를 갖는 (4)나 (5) 문장들과의 연관성에 대해서는 정당한 해명을 해 주지 못할 것으로 보며, 이것이 변형설이 갖는 주요한 약점이라 생각한다. 또한, (6)이 성립 가능한 문장일 수는 있지만, 그것은 (1)이나 (4), (5)와는 다른 요인으로 말미암은 것이므로, 그 차이를 설명할 수 있어야 한다.

(4) 가. 철수와 영호와 순기가 싸웠다.
　　나. 아이들이 싸웠다.
(5) 가. 아군이 싸웠다.
　　나. 야당이 싸운다.

다. 모두가 싸웠다.
(6) 철수가 싸웠다.

홍재성(1985, 1986)에서는 Harris적 '변형'의 관계로 두 종류의 문장을 연관짓고 있으나, 대칭구문 외에 '상호구문, 경쟁구문, 동반구문' 등을 더 나누어 분석한다. 이 글에서 사용하는 용어 '대칭구문'과 '상호구문'도 여기에 근거한다. 동사를 중심으로 한 문장 구조의 특징을 밝히는 이러한 분석을 어휘론적 연구의 범주에 포함시켜 무방할 것이다. 생성문법적 틀에서 어휘론적 입장을 보여주는 논의로, 남기심(1990)에서는 (1)과 (2)의 관계가 접속항 이동변형으로 기술될 수 없음을 증명하고 있다. 필자는 어휘론적 견해를 지지하면서, (1)과 (4), (5)의 관계는 명사구의 접속과 복수성의 명사구가 동일 특질을 가짐으로 해서 동일한 교호성(reciprocity) 연산자의 작용을 받는 것으로, 또 (1)과 (2) 사이의 의미적 연관은 서로 다른 경로로 도출된 의미구조가 공통된 구조를 갖는 것으로 설명할 수 있음을 보이려고 한다.

한편, (1)-(2)에서 보이는 구조적 대비가 다음 문장 (7가), (7나)에서도 나타남을 관찰할 수 있다.

(7) 가. 철수와 영호가 서로 {도왔다, 믿었다, 속였다, 의지했다, 몰랐다}.
나. 철수가 영호와 서로 {도왔다, 믿었다, 속였다, 의지했다, 몰랐다}.
다. *철수와 영호가 {도왔다, 믿었다, 속였다, 의지했다, 몰랐다}.
라. *철수가 영호와 {도왔다, 믿었다, 속였다, 의지했다, 몰랐다}.

여기서 '서로'는 '교호성' 특질을 지니고, 일반 동사가 대칭동사와 같은 특징을 갖도록 만들어 주는 역할을 한다. 이와 같이 '서로'의 필수적 출현으로 특징지어지는 구문을 홍재성(1985, 1986)에 따라 '상호구문'이라 부르는데, 이 경우에도 대칭구문과 상호구문이 그 의미구조의 도출 경로의 다름에도 불구하고 공통된 의미해석을 받게 되는 과정을 밝히려고 한다. 근래 생성문법적 연구에서 '서로'는 대명사로서만 다루어져 왔다고 해도 과언은 아닐 것이다. 그러나 대칭구문과 상호구문에 실현되는 '서로'는 대명사적인 용법만으로는 설명하지 못할 특징을 보이고 있음이 주목된다. 이러한 문제는 '서로'가 어휘적으로 갖는

'교호성'의 특질을 천착함으로써 더 바른 이해에 도달할 수 있다고 판단한다. 이 연구는 영어의 관련 접속 구문에 대해서 어휘론적인 접근을 보여 준 Dougherty(1970, 1971)의 관점과, Jackendoff(1990, 1991)에서 발전된 동사, 명사에 대한 의미 특질(semantic feature) 표시 및 연산 장치들을 이용하여 이러한 점들을 살펴 보려고 한다.

7.1. 접속항 이동변형설의 난점

(2)의 문장에 대해서, (1)과 같은 기저구조로부터 접속된 명사구 중 하나를 이동시킴으로써 얻어내려는 설명 방식을 접속항 이동변형설이라 부를 수 있다. 국어의 '-와'를 갖는 구문에 대해서 이러한 설명을 최초로 보인 논문은 김완진(1970)이며, 김영희(1974)에서 동사들의 차이를 고려한 좀더 소상한 논의를 찾아볼 수 있다.

김완진(1970)에 의하면 'NP와 NP'꼴의 명사구는 두 가지 근원을 갖는다. 하나는 (8가)와 같은 경우로서, (8나), (8다)의 두 문장과 같은 구조가 접속된 것을 기저구조로 하여 얻어진다. 이 과정에서 접속문 축약이 일어난다. 따라서 이러한 경우의 조사 '-와'는 '문접속의 '-와''라고 불린다.

(8) 가. 눈과 솜은 희다.
나. 눈이 희다.
다. 솜이 희다. (이상 김완진(1970)에서 따옴)

그러나 (2)와 같은 문장이 도출되기 위해서는 기저에 (9)와 같은 구조가 설정된다고 한다. 이밖에 (10)과 같은 경우에 명사구의 접속이 '공동'의 의미로 해독될 때에는 역시 마찬가지 설명이 적용된다. 이 때의 조사 '-와'는 이른바 '구접속의 '-와' '이다.

(9) [철수와 영호와]$_{NP}$ 싸웠다.
(10) 아들과 며느리에게 편지를 썼다. (김완진(1970)에서 따옴)

(10)은 문접속과 구접속의 중의적인 해석이 가능하다. 이 경우 아들과 며느리에게 각각, 모두 2장의 편지를 썼다는 해독과, 공동으로 1장의 편지를 썼다는 해독이 다 가능한 것이다.

그러나 (1)과 같은 구문이 대칭성을 보이는 데에 착안하고 동사들의 성격을 고려하여 고찰한 것은 김영희(1974)이다. 김영희(1974)에서는 '다투다, 화목하다, 팽팽하다' 등과 같은 대칭 서술어(symmetric predicates)와 '비슷하다, 어긋나다, 어울리다' 등의 무대칭 서술어(non-symmetric predicates), 그리고 '먹다, 묻다, 가다'처럼 대칭적 속성을 갖지 않는 동사들을 비대칭 서술어(anti-symmetric predicates)로 가르고, 무대칭 서술어와 비대칭 서술어의 문장은 접속문 축약의 방식으로 도출하되, 대칭 서술어의 문장만은 (1)-(2), (9)에서 보는 것과 같은 접속항 이동변형의 방식으로 도출하였다.

이러한 접속항 이동변형설에 대한 본격적인 반론은 이미 남기심(1990)에서 제기된 바 있다. (11)-(15)는 남기심(1990)에서 따온 반례이다. 대칭적 성격을 띠는 동사들의 구문에 한정하더라도, 'NP가 NP와'꼴에 대응하여 'NP와 NP'꼴이 꼭 가능한 것이 아니며, 반대로 그 역도 참이 아니다.

(11) 가. 나는 오늘 하루 종일 콤퓨터와 씨름을 하느라고 시간을 다 보냈다.
나.*콤퓨터와 내가 씨름을 했다.
(12) 가. 우리는 거센 파도와 싸우면서 항해를 계속했다.
나. *거센 파도와 우리가 싸웠다.
(13) 가. 내가 당신과 결혼하고 싶소.
나. *나와 당신이 결혼하고 싶소.
다. *당신과 내가 결혼하고 싶소.
(14) 가. 너는 늘 그와 단교하려고 하지만 그는 너와 단교하려고 하지 않는다.
나. *너와 그는 늘 단교하려고 하지만 그는 너와 단교하려고 하지 않는다.
(15) 가. 내가 꾸물거리느라고 김씨와 헤어지게 되었다.
나. 그가 밤중에 뛰어 가다가 가로수하고 부딪쳤다.

주어 편향의 부사어가 개재될 때에도 두 가지 구조의 차이가 분명히 드러난다. (16가)에서 '불순한 목적으로'의 수식은 명사구 접속 '남한과 북한'에 대해서 가해지고, (16나)에서는 '남한'에 대해서만 수식된다. 만약에 이 둘을 변형으로써 연결지어주려고 한다면 변형이 의미를 변화시키지 못한다는 원칙을 수정해야 할 것이나, 이는 변형론적인 입장에서 결코 바람직스러운 것이 아니다.

(16) 가. 남한과 북한이 불순한 목적으로 교류한다.
나. 남한이 북한과 불순한 목적으로 교류한다.

접속항 이동변형설이 갖는 주요한 결함 중 또 한 가지는 (1), (4), (5) 문장들의 구조적 동질성을 해명해 주기 어렵다는 데에 있다. 두 개의 접속항을 가진 (1)과 세 개의 접속항을 갖는 (4가)의 구조가 동일하다고 보는 것이 온당한 해석이 아니겠는가? 나아가 (4나)도 (1), (4가)와 의미적으로 일정한 연관을 보이는 것이다. 이들 문장에서 주어는 모두 복수성 명사구로 되어 있다. 무엇보다도 이들 문장에서 나타나는 동사는 동일한 것이다. 다른 성분의 도움 없이도 자족적인 문장구조를 이루는 것을 보면, 이들 문장의 동사가 1자리 서술어임이 분명하다. 이런 점에서 복수성의 주어를 갖지 않는 (6)은 이들과 성격을 달리한다.

(5가-다)의 문장들은 다소 문제를 제기하지만, 이들에 대해서도 교호적 해석이 가능하므로 이도 동일한 원리에 의하여 설명해 주는 것이 바람직하다. (1), (2), (4), (5) 나아가 (7가,나)의 문장들이 공통적으로 갖는 특징은 서술되고 있는 주체의 복수성과 관계된다고 할 수 있다. 이러한 복수성은 교호적 해석을 위해 필수적이다. 그러나 접속항 이동변형의 기제로써 이와 같은 문장들의 구조적 동질성을 기술하기 어려움은 명백하다.

7.2. 접속문 축약 변형설의 문제

앞에 말한 바와 같이, 김영희(1974)에서는 '대칭 서술어' 구문과 '무대칭 서술어' 구문을 구별하고, 전자의 경우에는 접속항 이동변형을 통하여 설명하되, 후자의 경우는 접속문 축약 변형의 기제를 사용하여 도출해 낸다. 즉 무대칭 서술어 구문인 (17가)는 (17다)와 (17라)가 접속된 구조를 기저구조로 하여 접속문 축약변형으로 도출해 내며, (17나)는 (17가)에 다시 접속항 이동변형이 적용되는 것으로 보는 것이다.

(17) 가. 신랑과 신부가 어울린다.
나. 신랑이 신부와 어울린다.
다. 신랑이 신부에게 어울린다.
라. 신부가 신랑에게 어울린다. (이상 김영희(1974)에서 따옴)

(17가, 나)는 '대칭 서술어'의 경우와 똑같은 구조적 가능성과 의미적 양상을 보여준다. (17가)와 (17나)는 모두 (17다) 또는 (17라)를 함의(entail)한다. 다시 말하면 (17다)와 (17라)는 (17가)나 (17나)의 의미의 일부분이 된다.[1] 또 한 가지 중요한 국면은 (17가)의 의미가 논항들의 순서가 바뀐 (17다)와 (17라)의 의미적 측면을 다 가지고 있다는 점이다.[2] 그런 점에서 (17가)를 (17다)와 (17라)의 접속으로부터 이끌어 내는 것은 논리적인 타당성을 갖는다. 변형 이외의 방법으로 처리하더라도 이 점을 포착하는 것은 필수적으로 요구된다고 하겠다. 문제는 무대칭 서술어의 경우와 대칭 서술어의 경우를 구별하는 일의 타당성이다. 대칭 서술어의 구문인 앞서 (1)의 문장은 현실적으로 (17다, 라)에 대응하는 문장을 가지고 있지 않으나, 의미적인 차원에서는 동일한 교호적 의미 국면을 찾아볼 수 있다. 만약 술어해체분석과 같은 방법을 이용하여 '싸우다' 등 대칭동사의 의미를 표상할 수 있다면 무대칭 서술어와의 평행성을 설명해 줄 수 있을 것이다. 그러나 무대칭 서술어의 문장과 대칭 서술어의 문장을 본질적으로 다른 것으로 구별하는 김영희(1974)에서의 방법으로는 대칭 서술어가 보이는 '교호적' 의미 국면을 드러내주기 어렵다.

이와 관련하여 자세히 살펴보아야 할 점은 '서로'의 처리와 관련한 것이다.

---

1) 이 점은 뒤에서 교호적 의미구조를 다음과 같은 꼴로 기술하는 데에 중요한 근거가 된다. 논리적으로 'P & Q --> P'나 'P & Q --> Q'는 항상 참이므로, 'AND'를 논리적인 연접 연결사(conjunction connective) '&'와 같은 것으로 가정하면 다음 의미구조는 '〔F(x, y)〕'나 '〔F(y, x)〕'를 함의하게 된다.
〔〔F(x, y)〕 AND 〔F(y, x)〕〕

2) 이 점이 교호성의 의미구조이며, 필자는 이 점을 앞으로 말할 모든 교호적 표현의 핵심적 특징으로 파악하고 있다.

'서로'의 출현을 김영희(1974)에서는 '재귀적 교호대명사화'라는 대치 변형으로 설명한다.[3] 관련되는 과정을 구체적으로 살펴 보기로 한다. 먼저 '비슷하다'는 무대칭 서술어로서 '+〔O G__〕'와 같은 격틀(case frame)을 갖는다고 한다. 'O'와 'G'는 각각 '대상(Object 곧 Theme)'과 '도달(또는 목표: Goal)'의 의미역 관계를 표시한다.

(18) 가. 기저구조:

〔〔〔노새〕$_{O1}$ 〔나귀에〕$_{G1}$ 비슷하다〕$_{S1}$ 〔고〕conj
〔〔나귀〕$_{O2}$ 〔노새에〕$_{G2}$ 비슷하다〕$_{S2}$〕$_{S}$

나.접속문 축약:

〔〔〔노새〕$_{O1}$와 〔나귀〕$_{O2}$와〕$_{O}$ 〔〔나귀에〕$_{G1}$와 〔노새에〕$_{G2}$와〕$_{G}$ 비슷하다〕$_{S}$

다.재귀적 교호대명사화:

〔〔〔노새〕$_{O1}$와 〔나귀〕$_{O2}$와〕$_{O}$ 〔서로에〕$_{G}$ 비슷하다〕$_{S}$

라.도달격 조사 '에' 삭제:

〔〔〔노새〕$_{O1}$와 〔나귀〕$_{O2}$와〕$_{O}$ 〔서로〕$_{G}$ 비슷하다〕$_{S}$

마.재귀적 교호대명사 삭제(수의적):

〔〔〔노새〕$_{O1}$와 〔나귀〕$_{O2}$와〕$_{O}$ 비슷하다〕$_{S}$

바.주어화:

a. 노새와 나귀가 비슷하다

또는 재귀적 교호대명사 '서로'에 주어화 적용:

b. 노새와 나귀(와)가 서로가 비슷하다.

c. 노새와 나귀(와)가 서로{가, 를} 닮았다.

(서술어에 따라 주어화와 목적어화가 수의적으로 적용)

즉, '무대칭 서술어' 구문에서는 재귀적 교호대명사화가 수의적으로 적용된다. 그런데, 대칭 서술어의 구문에서도 '서로'의 실현은 수의적인 것이다. 김영희(1974)에서는 이 점의 문제성을 스스로 지적하고 있는 듯하다. 재귀적 교호대명사는 대칭 서술어 문장에서도 나타난다고 지적하고, 이 경우 교호대명사가 기저구조에서 생성되는 것으로 보아야 하리라고 언급하였다.(59쪽 주 11) 그러나 '교호적' 의미 양상에 있어서 무대칭 서술어와 대칭 서술어 사이의

---

3) 필자는 이 경우 '서로'가 대명사 아닌 부사라고 본다.

차이는 없는 것으로 보인다.

(19) 무대칭 서술어: 가. 철수와 영호가 (서로) 어울린다.
나. 철수가 영호와 (서로) 어울린다.
(20) 대칭 서술어: 가. 철수와 영호가 (서로) 싸웠다.
나. 철수가 영호와 (서로) 싸웠다.

두 경우 다 '서로'의 출현은 수의적이다. 무대칭 서술어의 경우에 'NP에'와 같은 성분을 취하는 것은 그러한 동사가 갖는 어휘개별적인 성격 이외에 아무것도 아니다. 그러므로 대칭 서술어와 무대칭 서술어를 나누어서 각각의 경우에 서로 다른 방식의 변형이 작용하는 것으로 보아서는 안될 것이다.

접속문 축약의 방법은 홍재성(1985, 1986)에서 구별한 대칭구문과 상호구문의 연관성을 설명해 주는 데에 있어서도 문제를 제기한다. 홍재성(1985)에 의하면 (1), (2)의 대칭구문과 (7)의 상호구문은 많은 공통점을 보여준다. 우선 대칭구문이나 상호구문의 동사는 한자리 구문에서 쓰일 때 명사구 접속 뿐만 아니라 복수인 주어를 허용하며, 두 자리 구문에서 단수 주어가 가능하다. 또한 단수 주어의 구문에서 'NP와'가 생략될 수는 없다.

(21) 가. {그들은, 철수 친구들은}는 서로 도왔다.
-- {그들은, 철수 친구들은} 싸웠다.
나. 철수는 영호와 서로 도왔다.
-- 철수는 영호와 (서로) 싸웠다.
다. *철수는 서로 도왔다. -- *철수는 서로 싸웠다.

이들의 다른 점이란 오직 '서로'의 출현이 필수적이냐 아니냐에 있는 것이라 할 수 있다. 이 점을 염두에 두고, 다시 한번 변형론적 방법으로써 이러한 점을 어떻게 설명할 것인지 따져보기로 한다.

김영희(1974)의 (18)과 같은 설명방법을 확대 적용하여, 상호구문도 이와 같은 접속문 축약으로써 도출해 낼 수 있을 것이다.[4] '돕다' 등에 의한 상호구

4) 물론 김영희(1974)에는 이러한 예에 대한 직접적인 언급이 없으므로, 여기서의 논증은 순전히

문에서 '서로'의 출현을 보장해 주기 위해서는 '돕다'류의 상호구문 동사들에 대해서도 (18가)-(18라)와 같은 변형적 절차를 가정해야 할 것이다. 김영희(1974)에서는 '만나다'와 같이, 'NP와'와 'NP를'을 다 취하는 동사를 무대칭 서술어로 봄으로써 기저구조에 (18가)와 같은 'NP에' 뿐만 아니라 'NP를'에 대응하는 형식이 설치될 경우도 예상한 것으로 해석된다. 다만 '돕다'류 동사를 갖는 상호구문에서는 재귀적 교호대명사화가 필수적으로 적용된다고 해야 할 것이다. 그래야만 (18마)의 단계에서 재귀적 교호대명사 삭제의 과정을 배제하여 '서로'의 필수적 실현을 보장해 줄 수 있게 된다.

상호구문에서 (18가-라)와 같은 구조를 가정하는 것이 가능한 일이기는 하지만, 그것은 오로지 '서로'의 출현을 설명하기 위한 것일 뿐, 다른 독립적인 근거가 있는 것은 아니다. 그러나 더 심각한 문제는, 상호구문에 나타나는 '서로'가 무대칭 서술어나 대칭 서술어 문장에서와 똑같은 행태를 보이지 않는다는 점에 있다. 다음 예가 이 점을 명백하게 보여준다.

(22) 가. 철수와 영호가 서로 도왔다.
나. 철수가 영호와 서로 도왔다.
다. *철수와 영호가 도왔다.
라. *철수가 영호와 도왔다.
(23) 가. ?철수와 영호가 서로를 도왔다.[5)]
나. *철수가 영호와 서로를 도왔다.

(23가)가 성립가능한 문장이라 하더라도, (23나)를 용인할 수는 없을 것이다. 이 현상은 일단 상호구문에 있어서 '서로'의 필수성을 의미하는 것이라고 해석

한 가지 유력한 가능성을 가정하여 변형적인 방법의 불가함을 보이려는 것일 뿐이다. 만약 이 경우의 '서로'도 기저에서 도출해 내는 것으로 설명한다면 변형적인 방법으로는 앞서의 (7가, 나)의 두 문장을 접속항 이동 변형으로써 설명해 주는 가능성이 남아 있겠는데, 그 가능성은 7.1.절의 논의에 따라 거부된다.

5) 뒤에서 보겠지만, 이 문장의 주어에 '가' 대신 '는'이 쓰이면 훨씬 자연스러워진다.
가. 철수와 영호는 서로를 도왔다.
그러나 (23나)에 대응하는 다음 문장은 여전히 성립불가능하다.
나. *철수는 영호와 서로를 도왔다.

할 수 있다. 그러나 더 중요한 점은, (22가)와 (22나)는 대칭구문의 두 가지 구조처럼 동질적인 의미구조를 갖는다는 것, 그리고 대칭구문의 두 구조를 이어주는 것이 대칭동사가 갖는 교호성임과 같이 상호구문의 두 구조를 이어주는 것은 '서로'가 갖는 교호성이라는 것이다. 또한, (18)의 설명 방식은 '서로'를 재귀대명사로서 간주하고 있다. 그러나 (22)와 (23)의 사실은 이 경우 '서로'가 대명사로 간주되어서는 아니됨을 증명해 주는 것으로 보인다.[6] '서로'가 대명사이고, (18라)에 대응되는 구조가 변형 과정에 나타나는 것으로 본다면 '서로'에 '목적어화'가 적용된 (23나)와 같은 예는 왜 나타날 수 없는 것일까? 상호구문을 무대칭 서술어 구문에서와 같이 (18)의 절차로써 설명하려고 한다면 그 대답은 궁색해질 수밖에 없을 것이다.[7]

최재희(1985)에서는 무대칭 서술어 뿐만 아니라 대칭 서술어까지도 접속문 축약 변형으로 설명하는 실례를 보여주었다. 이에 따르면 이 장 서두의 (1) 문장("철수와 영호가 싸웠다.")은 역시 서두에서 제시한 다음과 같은 기저구조로부터 도출된다.

(3) 〔〔철수i가 영호j와 싸운다〕〔고〕〔영호j가 철수i와 싸운다.〕〕

김영희(1974)에서와 다른 점은, 이른바 무대칭 서술어는 물론 '대칭 서술어'까지도 접속문 축약을 통하여 도출하려는 것이다. 이러한 처리의 전제는 '-와'를 두 가지 경우로 나누는 것이다. 즉 '-와'는 접속의 '-와'와 '여동성'을 갖는 비접속의 '-와'로 나뉘어진다. 비접속의 '-와'에 대한 처리는 최현배(1971〔1937〕)의 방식으로 다시 돌아온 것이라고 할 수 있다.[8] 단, 최재희(1985)는 비

6) '서로'가 대명사로 나타나는 구문도 있다. 이러한 구문에 대해서는 7.3.6.절에서 간단히 살펴볼 것이다.

7) 필자는 (18바)의 c.문장 "노새와 나귀(와)가 서로{가, 를} 닮았다."의 문법성의 정도도 (23가)와 같은 것이라고 판단한다. 이와 관련되는 "*노새가 나귀와 서로를 닮았다."도 (23나)와 대응하는 현상인 것이다. 이 경우는 아마도 '서로'가 수의적이기 때문에 거부되는 것이라고 설명할 수 있을는지 모른다.

8) 조사 '와'에 대해서 최현배(1971)의 627-630쪽에서는 어찌자리토씨의 하위범주인 견줌자리토(비교격 조사)와 함께자리토(여동격 조사)로, 그리고 같은 책 647-650쪽에서는 이음토씨(접속

교격과 여동격을 하나로 묶어, 모두 '여동성'을 갖는다고 설명하는 것이다. 이에 따르면 다음 문장들에서 'NP와' 성분은 모두 '여동성'을 갖는다.

(24) 가. 한국은 중공과 조 1위를 다투었다.
나. 한국인은 중국인과 비슷하다.
다. 허생원은 동이와 달밤을 걸었다.(이상 최재희(1985)에서 따옴)

최재희(1985)에 따르면, (24가, 나)의 'NP와'는 물론 (24다)의 'NP와'도 기저에서 생성된다. 문제는 (24가, 나)에 나타나는 'NP와'와 (24다)의 'NP와'는 성격이 다르다는 데에 있다. 전자는 대칭성을 갖는 동사 '다투다'와 '비슷하다'의 어휘적 특질에 따라 나타나는 것이며, 후자는 동사의 어휘적 특질과는 관계 없다. 말하자면, 이 경우의 '-와'는 필수적 성분이나 수의적 성분에 공통적으로 실현되어 '여동성'이라는 의미 특질을 스스로 가지고 있을 뿐이라는 것이다. 그런데 이 '여동성'의 주요 내용은 다시 '+공통 지위'라는 특질이 된다.[9] 그러나 이 '공통의 지위'라는 것이 정확히 어떤 것인지 확인하기는 쉽지 않다. 이러한 처리는 (24다)와 다음 문장 사이의 연관을 설명하지 못함으로써 애초의 변형론적 연구가 가졌던 장점을 잃어버리게 되는 셈이다.

(24)'다. 허생원과 동이는 달밤을 걸었다.

그러나 이보다 더 큰 문제는 (3)과 같은 기저구조 자체에 있다고 생각된다. 한 마디로, (3)의 일부로 들어 있는 (2)에도 교호성의 의미가 내포된다는 것이다. 최재희(1985)는 김영희(1974)의 이른바 '무대칭 서술어'의 명사구 접속 주어 뿐만 아니라 '대칭 서술어'의 경우까지도 접속문 축약 변형에 의하여 도출한다. 이는 어떤 동사가 'NP와'를 필수적 성분으로 취하느냐 아니 취하느냐가 관련 기저구조의 설정에 결정적 요인이 된다는 말과 같다. 그렇다면,

---

조사)로 갈라 서술하고 있다.

9) 최재희(1985: 110)에서는 '여동성'의 '와'가 갖는 의미특성이 '-연결성, +공통 지위, ±동일 시간, ±동일 장소'라고 나열하였다.

'NP와'를 필수성분으로서 취하는 동사의 성질이란 무엇일까? 우리는 이에 대해서 '교호성' 이외의 대답을 얻어낼 수 없다. 그런데 '교호성'이란 최재희(1985)에서 (3)과 같은 구조를 제시함으로써 기술하려고 했던 그 의미적 국면에 다름아니다. 그렇다면 한 자리 서술어로서의 '싸우다'는 교호성을 갖는데, 두 자리 서술어로서의 '싸우다'는 그것을 갖지 못한다는 것일까? 그렇게 볼 수 없을 것이다. 위 (24나)의 '비슷하다'는 'NP에'를 필수성분으로 가질 수 있는데, 이 경우 교호성은 드러나지 않는 것으로 보인다.(다음 각각의 (가)) 하지만 'NP와'를 취한 다음 각각의 (다)는 다시 교호성을 갖게 되는 것이다.

(25) 가. 이 작품이 로댕의 작품에 비슷하다.
=/= 로댕의 작품이 이 작품에 비슷하다.
나. *이 작품이 로댕의 작품에 서로 비슷하다.
/ *로댕의 작품이 이 작품에 서로 비슷하다.
다. 이 작품이 로댕의 작품과 비슷하다.
== 로댕의 작품이 이 작품과 비슷하다.
라. 이 작품이 로댕의 작품과 서로 비슷하다.
== 로댕의 작품이 이 작품과 서로 비슷하다.
(26) 가. 이 옷이 너에게 어울린다. =/= ?*네가 이 옷에 어울린다.
나. *이 옷이 너에게 서로 어울린다. / *네가 이 옷에 서로 어울린다.
다. 철수가 영자와 어울린다. == 영자가 철수와 어울린다.
라. 철수가 영자와 서로 어울린다.
== 영자가 철수와 서로 어울린다.
(27) *이 옷이 너와 어울린다. / *네가 이 옷과 어울린다.

(25다), (26다)의 두 짝은 적어도 논리적으로는 동일한 의미를 갖는다고 할 수 있으나, (25가), (26가)의 경우에는 그렇게 보기 어렵다. 각각의 (나)와 (라)처럼 '서로'를 개재시켜 보아 '교호성' 유무를 알 수 있다. (27)의 경우에 아예 성립이 불가능한 것을 보면 'NP에'를 취하는 경우와 'NP와'를 취하는 경우 두 동사가 서로 다른 어휘의미적 가능성을 갖는다는 판단이 성립한다. 이렇게, 필수적 성분에서 나타나는 각각의 격조사 형태는 그 동사의 어휘적 의미와 밀접히 결합되어 있어 서로 분리하기 힘들다. 이 점을 우리는 동사가 어

휘부에서 갖는 어휘의미의 표상인 어휘의미구조에 반영할 수 있다. 즉, '비슷하다'를 둘로 나누고, '-에' 구조의 '비슷하다'를 다음 (28가)와 같이 표시하며, 이 구조를 이용하여 '-와' 구조의 '비슷하다'를 (28나)로 표시하는 것이다.

(28) 가. 비슷하1: 〔BE/+$_{similar}$(x, 〔AT(y)〕)〕
cf. 이 작품이 로댕의 작품에 비슷하다.
나. 비슷하2: 〔〔BE/+$_{similar}$(x, 〔AT(y)〕)〕 AND
〔BE/+$_{similar}$(y, 〔AT(x)〕)〕〕[10)]
cf. 이 작품이 로댕의 작품과 비슷하다.

(26)의 '어울리다'에 대해서도 이와 유사한 어휘의미구조를 부여해 줄 수 있을 것이다. 어휘의미구조를 이와 같이 형식화해 놓음으로써, '-와' 구조가 '-에' 구조를 함의(entail)한다는 사실이 명시적으로 포착된다. (28나)의 어휘의미구조는 (28가)의 어휘의미구조를 함의하기 때문이다.

'NP와'가 필수적 성분으로 나타날 때 동사의 어휘의미는 내재적으로 교호성을 띠게 된다는 우리의 관찰이 그르지 않다면, 이 장 서두의 (1) 문장("철수와 영호가 싸운다.")의 교호성을 설명하기 위하여 교호성을 갖는 두 문장(이 각각은 〔NP이 NP와 V〕의 구조를 갖는다.)이 접속된 이 장 서두의 (3)과 같은 기저구조를 설정하는 것은 합리적이라 보기 어렵다.

7.3. 대칭구문과 상호구문의 어휘론적 처리

7.3.1. 어휘론적 대안과 그 과제

영어에서 명사구 접속을 주어로 갖는 구문을 변형적 방법으로 처리해 주는 일이 불가하다는 점에 대해서는 Dougherty(1970, 1971)에서 매우 상세하

10) 'AND'로 이어진 두 의미 성분 중 앞선 것이 우선 순위에 놓인다. 보통의 상태성 동사는 작용의미층을 갖지 않는 것으로 보기 때문에 이와 같은 약정이 필요하다.

게 논의하고 있다. 국어에서도 홍재성(1985, 1986)과 남기심(1990)에서 'NP와 NP'를 주어로 갖는 구문에 대해서 동사의 성질을 살펴가며 기술한 선례가 있다. 특히 홍재성(1985, 1986)에서는 'NP와 NP'를 주어로 갖는 구문을 '대칭구문, 상호구문, 동반구문, 경쟁구문' 등으로 나누었다. 동반구문과 경쟁구문은 그 구문을 이루는 데에 동사의 역할이 주된 것은 아니나, 대칭구문, 상호구문과 관련해서는 '대칭동사'와 '상호구문 동사'를 구별해 내기에 이른다. 본 연구에서 사용하는 용어 '대칭구문'과 '상호구문'도 이로부터 유래하는 것이다. 그러나 대칭구문과 상호구문이 동일하게 교호적 의미구조를 갖는 점을 포착하지 못한 점은 아쉬움으로 남는다. 그곳에서 근거로 하는 방법론이 통사적인 면과 의미적인 면을 통합하는 데에는 나아가지 못하고 있기 때문이 아닌가 생각된다. 남기심(1990)은 접속항 이동변형설에 대한 반론에 주력함으로써, 'NP가 NP와'나 'NP를 NP와' 꼴이 'NP와 NP'로부터 도출된 것이 아니라는 점, '-와'가 접속의 기능, '대칭격'의 표시, 동반의 부사어의 형성 등의 기능을 갖는다는 점을 밝히고 있는데, 여기에도 유사한 아쉬움을 발견한다. 대칭구문과 상호구문에서 'NP와 NP' 꼴의 구조와 'NP가 NP와' 꼴의 구조가 접속항 이동변형에 의하여 연결될 수 없음은 우리가 다시금 살펴본 바이지만, 그 둘 사이에 의미적 연관이 맺어지고 있음을 설명하는 것도 이들 구문에 대한 연구가 해결해야 할 주요 과제라고 할 수 있다. 과거 변형론적 연구가 지녔던 의의가 바로 이 점에 집중되었음을 간과할 수는 없는 것이다. 따라서 어휘론적인 대안이 해결해야 할 과제는 다음과 같이 정리될 수 있다.

(29) 가. (1)의 구조와 (2)의 구조를 연관지어 주는 일
나. (1), (4), (5)의 연관을 설명해 주는 일
다. '서로'의 통사적, 의미적 행태에 대해서 해명해 줌으로써 대칭구문과 상호구문의 공통성을 설명해 주는 일[11)]

11) 참고적으로, '각각'의 의미적 행태에 대해서는 김영희(1984, 1991), 최재웅(1987)에서 분석된 바 있다. '서로'의 의미에 대한 필자의 이해는 이들 연구로부터 시사받은 바가 크다. '함께'의 의미적, 통사적 행태에 대해서는 홍재성(1985)과 남기심(1990)에서 깊이 있는 분석이 행해졌다.

다음 7.3.2.절에서는 동사들의 어휘개별적인 양상을 살펴 그 의미를 형식화할 가능성을 모색해 보겠으며, 7.3.3.절에서는 명사나 명사구가 가진 특정의 양상이 대칭구문과 상호구문의 의미 분석에 필요함을 살펴 보려고 한다. 이와 같은 바탕에서 7.3.4.절에서는 대칭동사들의 어휘의미구조가 원천이 되어 대칭구문의 교호적 의미구조를 도출해 감을 밝히고, 7.3.5.절에서는 부사로 쓰인 '서로'의 교호성이 원천이 되어 상호구문이 갖는 교호성 의미구조를 이루어 감을 보이게 된다.

7.3.2. 동사의 어휘개별적 양상과 대칭동사

필수성분에 나타나는 '-에', '-으로', '-와' 등 격조사의 의미는 동사의 어휘의미와 밀접하게 결합하여 상호작용하므로 서로 분리하기 어렵다. 가령 자동사 '닿다'와 '대다'의 의미를 살펴보면, 신체부분인 '대상(Theme)'이 '처소(Location)'로서의 어떤 사물에 접촉하게 되는 과정을 표현한다. '닿다'에 비해서 '대다'는 '행위자(Agent)'의 작용이 더 가해짐을 포착할 수 있다. 즉 어원적인 형태의 관련을 생각하지 않고라도, 두 동사의 의미 차이가 '사동성'을 사이에 둔 것임을 알아내기는 어렵지 않다. 여기서 강조하고자 하는 바는, 두 동사가 처소와 관련되는 격조사 형태 '-에'를 필수적으로 요구한다는 사실이다. '-에'가 표현하는 '처소'의 의미를 함수 'AT'로써 나타내기로 하고, 위의 사실을 다음과 같이 표시할 수 있다.

(30) 가. 닿- : 〔INCH(〔BE/+cntc(y, 〔AT(z)〕)〕)〕
　　 나. 대- : 〔CS(x, 〔INCH(〔BE/+cntc(y, 〔AT(z)〕)〕)〕)〕

특정의 격조사 형태와 공존할 가능성에 있어서 동사들의 행태는 불규칙적인 양상을 보여준다. 그런데 그 동사가 갖는 의미적인 양상까지를 관찰해 보면 동사들 사이에 상당히 일관된 연관성을 찾아볼 수 있고, 특정의 동사들끼리 뚜렷한 부류를 이루는 특징을 발견할 수도 있다. 대칭동사가 갖는 통사적, 의미적 특징도 이러한 견지에서 이해할 수 있다. 앞서 논의했던 '무대칭 서술어'

중 '비슷하다'나 '어울리다'를 다시 음미해 보면, 이들은 '-와'와 함께 '-에'나 '-에게'를 취할 수 있다는 점에서 특징을 보인다. 이와는 대조적으로 '대칭 서술어'인 '싸우다'는 '-에'와 공존하지 못하고 '-와'만을 취한다. 이 두 가지 부류의 동사를 관찰해 보면, '-와'를 취하는 구문에서 이 두 동사 부류를 구별하는 것이 무의미함을 발견하게 된다. 그런데, '-와'를 취하는 구문의 특징을 살펴 보면, 이들이 언제나 '서로'의 실현을 용인한다는 것이다. 이 점은 필수성분으로서 'NP와'를 취하는 구문이 언제나 교호성을 갖는다는 사실과 직접적으로 관계되는 것이다. '무대칭 서술어'인 '비슷하다'의 경우에, '-와'를 필수적으로 취하는 동사의 어휘의미구조를 '교호적'인 구조로 설정하였고, 이 구조가 '-에'를 취하는 동사의 어휘의미구조를 함의하게 됨을 설명한 바 있다.(앞서의 (28))

그러면 '대칭 서술어'인 '싸우다'는 어떠한가? '싸우다'는 '-에'를 취하지 못하고 '-와'만을 취하므로 '-와'를 취하는 동사 구문의 교호적 의미구조를 반영하여 '싸우다'의 어휘의미구조로 기술해 주면 될 것이다. 이러한 방침이 정해진다면, 다음 단계에서 고려해야 할 점은 동일한 대칭 서술어 부류에 속하는 다른 동사들, 예컨대 '충돌하다, 다투다, 결혼하다' 등과의 의미 차이를 세밀히 살피는 일이다.

'싸우다'와 특정 국면에서 공통되는 의미를 갖는 동사들을 몇 개 들어 격조사 형태와의 공존관계를 관찰해 보자. 이러한 동사들로 '치다, 부딪치다, 만나다' 등을 비교해 볼 수 있다. 먼저 '치다' 동사를 살펴 보자.

(31) 가. *철수가 책상에 쳤다./*책상이 철수에게 쳤다.
나. *철수가 책상과 쳤다./*책상이 철수와 쳤다.
다. 철수가 책상을 쳤다./철수가 영호를 쳤다.
라. *철수와 책상이 쳤다./*철수와 영호가 쳤다. (교호적 의미로)

이 동사는 '-와'는 물론이고 '-에' 형태도 용인하지 않는다. (31라)의 경우 명사구 접속 '철수와 영호'가 주어로 설 수는 있으나, 그것은 비교호적인 의미일 경우에 한한다. 공통된 의미적 국면을 가지면서 이와 거의 같은 분포적 행태를 보여주는 동사로서 '때리다, (이마로) 받다, 차다' 등이 있어 흥미롭다. 이들은 모두 신체부분을 이용하여 어떤 '처소'에 충격적인 접촉(부딪침)을 가한다는 공통점을 갖는다. '치다'와 '때리다'는 손으로써, '받다'는 이마로써, '차다'는 발로써 등등. '치다'와 '때리다'의 의미차이는 무엇일까? 그것은 기본적으로 '때리다'의 대상이 되는 처소가 신체부분이어야 한다는 점일 것이다.

위에서 든 '대다'의 경우는 '-에'를 필수적으로 요구하는 동사로 비교할 만하다. 반면 '-와'는 취하지 않는다. '부딪치다'는 '-에'뿐만 아니라 '-와' 형태를 필수적으로 취하기도 하나, 목적어는 취하지 않는다. 이 동사는 '싸우다'와 의미적으로도 상당히 근접한다고 볼 수 있다.

(32) 가. 철수가 책상에 부딪쳤다./?책상이 철수에게 부딪쳤다.
나. 철수가 영호와 부딪쳤다./?철수가 책상과 부딪쳤다.
다. *철수가 책상을 부딪쳤다./*책상이 철수를 부딪쳤다.
라. 철수와 영호가 부딪쳤다./?*철수와 책상이 부딪쳤다.

'부딪치다'의 경우는 표기상으로 구별되는 '부딪히다' 형태를 가지고 있다. 격조사와의 공존에 있어서 서로 본질적인 차이를 보이지는 않는 듯하나, 전자는 후자에 비해서 행위자성이 두드러지는 듯하다. 이 경우의 행위자성은 사동성으로서보다는 작용성으로서 해석하고자 한다.12)

이미 말한 바와 같이 '싸우다'는 필수성분으로서 오로지 'NP와'만을 취한다. 이 점에서 '-와'와 '-에'를 다 취하되 목적어는 취하지 않는 '부딪치다'와 차이를 보이며, '-와'와 목적어를 다 취하되 '-에'만은 취하지 않는 '만나다'와도 구별된다.

(33) 가. *철수가 책상에 싸웠다./*책상이 철수에게 싸웠다.
/*철수가 영호에게 싸웠다.

12) 사동성을 갖지 않는 경우에 작용의미층을 설정하는 예로는 이밖에 '가다, 뛰다'와 같은 것이 있다. 행위자성 여부를 검사하는 "A에게 부딪쳐라!"와 같은 가능성이 배제되지 않는데, 이를 사동성으로 해석하느냐 작용성으로 해석하느냐는 물론 간단한 문제가 아니다. 그러나 "A가 B와 부딪쳤다."와 "A가 B와 싸웠다."가 의미상으로 많은 공통점을 가지면서 서로 구별되는 것은 '싸우다'가 '부딪치다'와는 달리 사동성을 더 갖는 것으로 봄으로써 설명할 수 있다고 생각한다.

다. 철수가 영호와 싸웠다./영호가 철수와 싸웠다.
라. *철수가 영호를 싸웠다./*영호가 철수를 싸웠다.
마. 철수와 영호가 싸웠다./*철수와 책상이 싸웠다.
(34) 가. *철수가 아내에게 만났다./*아내가 철수에게 만났다.
나. 철수가 아내와 만났다./아내가 철수와 만났다.
다. 철수가 아내를 만났다./아내가 철수를 만났다.
라. 철수와 아내가 만났다./아내와 철수가 만났다.

이상과 같은 관찰을 반영하기 위하여, 동사들의 어휘의미를 형식화해 보기로 한다. 다음 어휘의미의 표기하는데 있어서 이제까지의 여러 장에서 도입되지 않은 의미 요소들은 'AND'와 '+cols'이다. 'AND'는 종래의 변형론적인 설명에서 기저구조의 한 형식으로 설정하던 문장 접속의 요소와 대응된다고 할 수 있다. 7.2.절에서 이미 대칭동사 '비슷하다'의 교호적인 어휘의미를 명시하기 위하여 두 논항이 위치가 서로 뒤바뀐 의미 성분들을 이것으로 연결한 바 있다. 의미구조에서 'AND'의 기능은 두 의미 성분절을 이어주는 다른 접속 기능의 함수들, 즉 FOR, BY, WITH 등과 다를 바가 없다. 다만 다른 것들이 ',' 다음에 한 자리 함수로서 표시되나, 이것은 둘 이상의 병렬항을 허용하기 위하여 가운데에 위치시킨 것이다. '+cols'과 같은 의미특질은 '치다, 때리다, 부딪치다, 싸우다' 등이 공통적으로 갖는 강한 접촉, 또는 '부딪침'의 의미 국면을 표상해 주기 위해 필요하다고 생각한다. '닿다, 대다' 그리고 '만나다' 따위는 이와는 달리 단순한 접촉만을 특징으로 한다고 보겠다.[13]

(35) 가. 치- : 〔〔AFF/+caus(x, y)〕,
〔CS(x , 〔$GO_{/+cntc,+cols}$(〔HAND〕-OF(x),
〔TO(〔AT(y)〕)〕)〕)〕〕
cf. 철수가 책상을 쳤다.

---

13) 접촉성 '+cntc'는 Jackendoff(1990)에서는 'c'로 표시한 바 있다. '대다'와 '치다/때리다/받다/차다', '싸우다'와 '만나다'의 차이를 설명해 주기 위해서 이것 외에 '+cols'를 더 설정하는 것이다.
Jackendoff(1990: 106-112)에서는 'touch', 'hit', 'stroke'에 모두 접촉성의 'c' 특질만을 부여하고 있다. 또, 'touch', 'hit' 등의 동사는 '〔INCH(〔BE(〔 ... 〕)〕)〕'로써 표시하며, 'stroke'와 같이 접촉된 상태를 유지한 움직임을 표현하는 동사에만 'GO' 함수를 사용하고 있다.

나. 때리- : 〔〔AFF/+caus(x, y)〕,
〔CS(x, 〔$GO_{/+cntc,+cols}$(〔HAND〕-OF(x),
〔TO(〔AT(〔BP〕-OF(y))〕)〕)〕)〕〕
cf. 철수가 아이를 때렸다.

다. 받- : 〔〔AFF/+caus(x, y)〕,
〔CS(x , 〔$GO_{/+cntc,+cols}$(〔FOREHEAD〕-OF(x),
〔TO(〔AT(y)〕)〕)〕)〕〕
cf. 철수가 (이마로) 축구공을 받았다.

라. 차- : 〔〔AFF/+caus(x, y)〕,
〔CS(x , 〔$GO_{/+cntc,+cols}$(〔FOOT〕-OF(x),
〔TO(〔AT(y)〕)〕)〕)〕〕
cf. 철수가 공을 찼다.

다음으로 '부딪히다'와 '부딪치다'를 구별하는 것은 작용의미층 함수 'AFF'의 논항들의 배치에서이다.

(36) 가. 부딪히- : 〔〔AFF/+caus(, x)〕,
〔$GO_{/+cntc,+cols}$(x , 〔TO(〔AT(y)〕)〕)〕〕
cf. 철수가 (모르고) 책상에 부딪혔다.

나. 부딪치1: 〔〔AFF/+caus(x,   )〕,
〔$GO_{/+cntc,+cols}$(x , 〔TO(〔AT(y)〕)〕)〕〕
cf. 철수가 (일부러) 나에게 부딪쳤다.

다. 부딪치2: 〔〔AFF/+caus(x,   )〕,
〔〔$GO_{/+cntc,+cols}$(x , 〔TO(〔AT(y)〕)〕)〕 AND
〔$GO_{/+cntc,+cols}$(y , 〔TO(〔AT(x)〕)〕)〕〕〕
cf. 철수가 영호와 부딪쳤다.

이제 앞 절에서 살펴 본 대칭동사의 교호성을 반영해야 할 것이므로 '싸우다'의 어휘의미구조는 다음과 같이 기술한다. '만나다'의 두 가지 어휘의미구조와 비교해 보면 흥미로울 것이다. 목적어를 갖는 '만나다'의 의미는 '-와'를 취하는 '만나다'의 의미를 기초로 하되, 작용의미층에서 'AFF'의 두번째 논항을 갖는 점이 특징이다.

(37) 싸우- : [[AFF/+caus(x,)],
[[CS(x , [GO$_{/+cntc,+cols}$(x , [TO([AT(y)])])])] AND
[CS(y , [GO$_{/+cntc,+cols}$(y , [TO([AT(x)])])])]]]
cf. 철수가 영호와 싸웠다.

(38) 가. 만나1: [[AFF/+let(x,)],
[[CS(x , [GO/+cntc(x , [TO([AT(y)])])])] AND
[CS(y , [GO/+cntc(y , [TO([AT(x)])])])]]]
cf. 철수가 그 여자와 만났다.

나. 만나2: [[AFF/+let(x, y)],
[[CS(x , [GO/+cntc(x , [TO([AT(y)])])])] AND
[CS(y , [GO/+cntc(y , [TO([AT(x)])])])]]]
cf. 철수가 그 여자를 만났다.

7.3.3. 명사구의 집합 의미와 개체 의미

국어에 '수(number)'가 문법범주로서 존재하느냐 여부는 국어문법의 연구에서 상당히 오랫동안 관심의 대상이 되어 왔다. 특히 '-들'에 대해서, 이것이 복수를 표현하는 복수표지라는 견해와 그렇게 볼 수 없다는 견해가 나뉘어지기도 한다.[14] 그러나 분명한 사실은, '-들'이라는 어휘 요소가 존재하고 있고, 이것의 유무가 문장의 성립 가능성 여부에 관여하고 있는 예를 찾아 볼 수 있다는 점이다. 이 점에서 대칭구문이나 상호구문에 나타나는 이러한 '-들'의 용법은 주목할 만하다. 다음은 그 단적인 예로서, 대칭구문에서 '-들'의 출현이 문법성의 차이를 만들어 주는 보기가 된다.

(39) 가. 철수와 영호가 싸웠다.(=(1))
나. 아이들이 싸웠다.(=(4나))
다. *{철수, 아이}가 싸웠다. (교호적 의미로)

상호구문에서도 마찬가지 대비가 가능하다.

---

14) '들'을 중심으로 하는 '복수성' 표현에 대해서 송석중(1975), 김영희(1976), 임홍빈(1979), 이남순(1982) 등의 연구가 있어 왔다.

(40) 가. 철수와 영호가 서로 때렸다.
나. 아이들이 서로 때렸다.
다. *{철수, 아이}가 서로 때렸다. (교호적 의미로)

따라서 '아이'와 '아이들'은 서로 다른 문법적 정보를 가진 것으로 기술되어야 하는데, 이 둘 사이의 의미 차이는 '들'에 의해서 생겨난다고 보아야 한다.

Jackendoff(1991)에서는 명사가 갖는 전체-부분, 구성체-재료, 집합-구성원 등의 의미를 형식화하고 있는데, 특히 명사가 갖는 의미적 국면이 동사나 문장이 갖는 의미적 국면과 평행되는 점도 보여줄 가능성을 제시하고 있다. 그의 명사나 명사구에 대한 의미특질 체계는 집합적 의미를 갖는 명사구와 그 개체요소 사이의 관계를 기술할 수 있어, (1), (4), (5)의 연관을 맺어주는 데에 유용하다.[15] (1), (4), (5)의 연관에는 복수성 명사구와 명사구 접속이 갖는 의미적 동질성과, 이를 바탕으로 한 교호성의 해석이 문제가 되기 때문이다. 한계성(boundedness)을 갖느냐와 내적구조(internal structure)의 존재에 대한 전제를 가지느냐 여부에 따라 각각 '±b'와 '±i'의 특질을 가른다면, 다음과 같은 분류가 가능하다. 이 밖에 '물, 사랑'과 같은 명사들에서 보이는 '재료성(substance: 〔-b,-i〕)'이 첨가되어야 한다.

(41) 가.개체성(〔+b,-i〕) *{철수, 아이}가 싸웠다. (교호적 의미로)
나.군집성(〔-b,+i〕) 철수와 영호가 싸웠다.
/철수와 영호와 순기가 싸웠다. (명사구 접속)
아이들이 싸웠다./학생들이 싸웠다. (명사의 복수)
다.집단성(〔+b,+i〕) {아군이, 야당이, 모두가} 싸운다. (집단 명사)

위에 보인 것처럼 '철수, 아이'가 대칭구문이나 상호구문의 주어로 설 수 없는 것은 이들 명사가 개체성을 특징으로 하고 있기 때문이라고 설명할 수 있다. (41나)에서는 명사에 '들'이 부착된 형태나 명사구 접속이 모두 군집성을

---

15) 최재웅(1987, 1991)에서는 G. Link의 '개체요소(i-part)' 개념을 이용하여 '개체요소 추출 연산(i-part operation)'이라는 장치를 고안해 냈다. 이 글에서 이용하는 Jackendoff(1991)의 'ELT' 연산자는 개념의미론적 견지에서 이에 대응하는 것이라고 할 수 있다.

가짐을 보이고 있다. (41다)와의 구별은 더 문제성을 내포하고 있다. '아군', '야당', '모두'가 자체로서 복수성을 띨 수 있으며, 그러면서도 군집성의 명사(구)들과는 달리 어떤 한계성을 보이는 것으로 인식된다. 이에 비하면 '철수와 영호', '철수와 영호와 순기', '아이들', '학생들'은 수량에 있어 특정한 한계성을 요구하지 않는다고 하겠다.

Jackendoff(1991)에서는 군집성을 갖는 명사의 의미와 그 개체적 의미와의 관계를 'ELT'라는 연산자를 통해서 연결해 주고 있다.[16] 이 연산자의 효과는 '아이들'과 같은 명사구의 의미를 그 논항으로 하여 그 개체로서의 '아이'의 의미를 추출해 주는 것이다. 명사구 접속 '철수와 영호'의 경우에 이 연산자가 적용되면 그 개체로서의 '철수'나 '영호'의 의미를 내놓게 된다.

(42) $\begin{bmatrix} +b,\ -i \\ \text{ELT}(\begin{bmatrix} -b,\ +i \\ \text{〔아이들〕} \end{bmatrix}) \end{bmatrix}$: '아이들 중 하나'

(43) $\begin{bmatrix} +b,\ -i \\ \text{ELT}(\begin{bmatrix} -b,\ +i \\ \text{〔철수와 영호〕} \end{bmatrix}) \end{bmatrix}$: '철수' 또는 '영호'

'철수와 영호'처럼 두 개체의 집합일 경우 이에 대한 'ELT'의 적용 결과는 개체로서 '철수'나 '영호'일 수밖에 없다. 그런데, 군집성(〔-b,+i〕)의 명사에 대한 ELT의 적용은 개체성(〔+b, -i〕)은 물론이고 집단성(〔+b,+i〕)을 결과할 수 있다. 즉, 다음 예에서 '1학년생 모두와 2학년생 일부'는 명사구의 접속으

16) Jackendoff(1991: 22-23)에서는 영어의 'rice'가 군집성을 갖는데 'a grain of rice'는 개체성을 갖는다고 하고 이렇게 군집(〔-b, +i〕)으로부터 개체(〔+b,-i〕)로 사상되는 관계를 표시하기 위하여 함수 'ELT'를 도입하였다. 이 기호는 'element of'로부터 딴 것이다. 그런데 Jackendoff는 재료성의 명사 'water'에 대한 'a drop of water'의 의미를 이끌어내주기 위하여 이 'ELT'의 정의를 확대할 가능성을 제기하고 있다. 즉 'ELT'의 작용은 군집으로부터 개체를 사상해 갈 뿐만 아니라 재료(〔-b,-i〕)로부터 개체를 직접 사상해 갈 수도 있다는 것이다. 그러나 필자의 판단으로는 '재료'의 경우, Jackendoff(1991: 23-26)에서 도입한 또 다른 연산자인 '구성'의 'COMP'가 적용되어 개체를 만들어 줄 수 있으므로 이와 같은 확대는 불필요하리라고 본다. 다만 '집단성(〔+b,+i〕)'과 관련해서는 다소 수정이 필요할 것으로 판단한다. 이 점은 곧 언급하게 된다.

로서 군집성(〔-b,+i〕)을 갖지만, 교호적 의미로 해석될 때 싸우는 상대는 '1학년생 모두'와 '2학년생 일부'가 되는데, 이 두 명사구는 다 집단성(〔+b,+i〕)을 가질 수 있는 것이다.[17]

(44) 1학년생 모두와 2학년생 일부가 싸웠다.

또한 명사가 주어로 사용된 앞서의 (5) 문장들을 살펴 보면, 집단성에 대한 'ELT'의 작용이 개체성 뿐만 아니라 다시 집단성을 결과할 수 있는 것을 알 수 있다. 즉, (5가)는 아군의 한 일부로서의 집단과 또 다른 일부로서의 집단이 싸웠다는 해독이 가능하며, (5나)에서도 집단으로서의 서로 다른 야당이 싸운다는 해독이 가능하다. (5다)도 이러한 해석에서 벗어나는 것 같지는 않다. '모두'가 집단성을 갖는다면 그 일부도 집단성을 갖는데, 이 문장은 한 '일부'와 다른 '일부'가 싸우는 상황으로도 사용될 수 있는 것이다.

(5) 가. 아군이 싸웠다.
나. 야당이 싸운다.
다. 모두가 싸웠다.

그러므로 명사구의 의미를 '〔X〕'라 하고, 여기에 적용되는 'ELT' 연산자의 작용을 다음 (45)와 같이 일반화할 것을 제안한다. 'ELT' 연산자는 단지 내적 구조성(〔+i〕)의 의미를 한계성(〔+b〕)의 의미로 사상해 주는 작용만을 한다고 보는 것이다.

(45)
$$\begin{bmatrix} +b \\ \text{ELT}\left(\begin{bmatrix} +i \\ [X] \end{bmatrix}\right) \end{bmatrix}$$

---

17) '모두'나 '일부'와 같은 수량사를 포함하는 명사구는 집단성(〔+b,+i〕)을 갖는다고 본다. '모두'나 '일부' 자체가 명사구를 이룰 때에도 마찬가지의 성질을 갖는다고 해석한다.

7.3.4. 대칭동사와 교호성 연산자 '〔+reciprocal〕'

우리의 이제까지의 논의에 따르면, '대칭 서술어'든 '무대칭 서술어'든, 대칭 동사는 스스로 교호적 의미를 갖는 '교호성 동사'였다. 그러므로 이 장 서두의 (2)와 같은 문장의 교호적 해석은 동사 '싸우다'가 갖는 어휘의미로부터 생겨나는 것으로 봄이 타당할 것이다. 앞서 (37)에서 기술한 두 자리 동사 '싸우다'의 어휘의미구조를 '싸우1'이라 하여 다시 제시한다.

(2) 철수가 영호와 싸웠다.
(46) 싸우1: 〔〔AFF/+caus(x,)〕,
〔〔CS(x , 〔GO$_{/+cntc,+cols}$(x , 〔TO(〔AT(y)〕)〕)〕)〕〕 AND
〔CS(y , 〔GO$_{/+cntc,+cols}$(y , 〔TO(〔AT(x)〕)〕)〕)〕〕〕

(2)의 두 자리 대칭동사 '싸우'는 이처럼 그 어휘의미구조의 형식 자체가 교호성을 드러내 준다. 여기에 논항의 대치(융합)가 적용되면 다음과 같은 의미구조를 얻는다. '철수'와 '영호'의 의미를 각각 〔A〕, 〔B〕라고 가정하면, (2)의 문장의 의미구조는 (47)로 표상된다.

(47) "철수가 영호와 싸웠다."(=(2))의 의미구조:
〔〔AFF/+caus(〔A〕,)〕,
〔〔CS(〔A〕 , 〔GO$_{/+cntc,+cols}$(〔A〕), 〔TO(〔AT(〔B〕)〕)〕)〕)〕〕 AND
〔CS(〔B〕 , 〔GO$_{/+cntc,+cols}$(〔B〕) , 〔TO(〔AT(〔A〕)〕)〕)〕)〕〕〕

이 두 자리 동사 '싸우다'의 주어로는 복수성의 명사구나 단수성의 명사구가 다 가능하다. 그러나 우리는 한편으로 주어가 복수성을 가지는 (1), (4), (5)와 같은 구문의 존재를 보아왔던 터이다.

(1) 철수와 영호가 싸웠다.
(4) 가. 철수와 영호와 순기가 싸웠다.
나. 아이들이 싸웠다.
(5) 가. 아군이 싸웠다.
나. 야당이 싸운다.
다. 모두가 싸웠다.

(1), (4), (5)의 문장들은 모두 중의적이다. 그 한가지 의미는 이들 문장에 나타나지 않은 상대와 대항하여 싸운다는 의미이다. 이도 다시 두 가지 경우로 나누어 생각할 수 있는데, 한 가지는 주어 명사구의 개체들이 공동으로 하는 행위이며, 다른 하나는 이들이 각각 행하는 행위이다. 그러나 동사 자체의 의미로서 이러한 세부적인 구별까지가 포함된다고 보기는 어렵다. 두번째 의미는 주어 명사구의 개체들이 교호적으로 벌이는 행위로서의 의미이다.

전자의 의미는 (46)의 동사가 갖는 어휘의미구조와 밀접한 관련을 갖고 있는데, 다만 'NP와'에 대응하는 논항이 문장에 실현되지 않은 것이다. 이 점을 다음과 같이 '암시 논항(implicit argument)'을 포함하는 어휘의미구조를 설정하여 기술한다. 이는 (6)("철수가 싸웠다.")과 같이 'NP와'가 생략된 단수 주어의 문장을 해석해 주기 위한 것이기도 하다. 즉, 주어가 단수이든 복수이든, 암시 논항을 갖는 의미로는 다 문장이 성립가능하다.[18]

(48) 싸우2: 〔〔+reciprocal〕,
〔AFF/+caus(x ,　)〕,
〔〔CS(x , 〔GO$_{/+cntc,+cols}$(x , 〔TO(〔AT(〔　〕)〕)〕)〕)〕〕 AND
〔CS(〔　〕, 〔GO$_{/+cntc,+cols}$(〔　〕, 〔TO(〔AT(x)〕)〕)〕)〕〕〕

주어가 단수 명사구일 경우, 즉 이 장 서두의 (6)과 같은 문장의 의미구조는 대략 다음과 같다. '철수'의 의미를 '〔A〕'로 표시한다.

(49) "철수가 싸웠다."(=(6))의 의미구조:
〔〔AFF/+caus(〔A〕,　)〕,
〔〔CS(〔A〕, 〔GO$_{/+cntc,+cols}$(〔A〕), 〔TO(〔AT(〔　〕)〕)〕)〕)〕〕 AND
〔CS(〔　〕, 〔GO$_{/+cntc,+cols}$(〔　〕), 〔TO(〔AT(〔A〕)〕)〕)〕)〕〕〕

'NP와'가 생략된 문장이 복수 주어를 가질 때의 의미구조는 다음과 같다. 잠정적으로 '철수와 영호'의 의미를 '〔AB〕'로 표시한다.

---

18) (48)에서처럼 한 어휘의미구조에 암시적 논항 '〔　〕'이 둘 이상 나타날 때 이들은 모두 동일한 것이라고 약속한다.

(50) "철수와 영호가 싸웠다."(=(1))의 의미구조(비교호적 해독):
〔〔AFF/+caus(〔AB〕,)〕,
〔〔CS(〔AB〕, 〔GO/+cntc,+cols(〔AB〕), 〔TO(〔AT(〔 〕)〕)〕)〕)〕 AND
〔CS(〔 〕, 〔GO/+cntc,+cols(〔 〕), 〔TO(〔AT(〔AB〕)〕)〕)〕)〕〕〕

이렇게, 비교호적 해독은 (48)의 x 논항에 단순히 주어 명사구의 의미가 대치(융합)되어 얻어진다. 그러나, 교호적 해독을 위해서는 특질 '〔+reciprocal〕'로 표시된 교호성 연산자가 적용되어야 한다. 이 연산자는 수의적으로 적용된다. 이러한 교호적 해독은 한 자리 동사 '싸우다'의 어휘의미구조 (48)을 기초로 하여 얻어진다. 역시 '철수와 영호'의 의미를 '〔AB〕'로 표시하고 개체로서의 '철수'와 '영호'의 의미를 '〔A〕', '〔B〕'라고 할 때, 내재된 교호성 연산자가 작용하면 다음과 같은 의미구조가 얻어진다.

(51) "철수와 영호가 싸웠다."(=(1))의 의미구조(교호적 해독):
〔〔AFF/+caus(〔+i / AB〕,)〕,
〔〔CS(〔ELT(〔AB〕)〕i, 〔GO/+cntc,+cols(〔ELT(〔AB〕)〕i),
〔TO(〔AT(〔ELT(〔AB〕)〕j)〕)〕)〕)〕 AND
〔CS(〔ELT(〔AB〕)〕j, 〔GO/+cntc,+cols(〔ELT(〔AB〕)〕j),
〔TO(〔AT(〔ELT(〔AB〕)〕i)〕)〕)〕)〕〕〕
단, i =/= j

논항 자리에 채워진 내용은 다르지만, 결과적으로 (47)과 공통된 구조를 얻게 되었다. 그러므로 앞서 (29)에서 제기했던 과제 중의 하나, 즉 (1)과 (2)의 의미적 공통성을 설명해 주는 일은 이로부터 해결책을 얻은 것이라고 할 만하다. 둘은 각각 1자리와 2자리 구조로서 서로 다른 문장구조를 가지지만, 그 관계의미층의 내용은 동일한 것이 된다. '〔ELT(〔AB〕)〕'는 '〔A〕'나 '〔B〕'가 되기 때문이다. 그러면서 이와 같이 도출된 의미구조들은 복수 주어로서의 (1), 즉 (51)과, 단수 주어를 갖는 2자리 서술어 구문 (2), 즉 (47)의 차이점을 명시적으로 드러내 준다. 작용의미층(action tier)의 논항의 의미는 그대로 단수 주어, 복수 주어의 의미를 각각 그대로 유지하고 있는 것이다.

그러면 교호성을 갖는 (1), (4), (5)의 문장들이 동질적임은 어떻게 해서 포착하는가? 이들이 모두 중의성을 갖는 문장이라는 것도 이들의 동질성에 대한 증거가 된다. 이들 문장은 모두 한 자리 동사 '싸우다'를 기초로 하여 생겨난 문장이라는 점에서 공통된다. 그러므로 (48)의 어휘의미구조는 이들의 통사구조와 의미구조에 대한 해석의 근거로서 충분하다고 하겠다. 비교호적 해독일 때는 (48)의 어휘의미구조에서 〔+reciprocal〕이 작동하지 않고 논항 융합만 행해지며, 교호적 해독일 경우에는 그것이 작동하는 것으로, 이 점에서 (1), (4), (5)는 똑같다.

교호성 연산자에 의한 의미구조의 도출 절차는 다음으로 요약할 수 있다. '관계의미층(thematic tier)'의 의미 성분을 복사하여 'AND'로 결합하고, 첫째 논항 x를 〔ELT(x)〕i로, 둘째 논항 y를 〔ELT(x)〕j로 대치한 다음, 'AND'에 후행하는 의미 성분에서는 논항들의 순서를 서로 바꾼다. 그런데, (48)에서는 이미 교호적인 의미구조의 골격이 이루어져 있으므로 'ELT' 연산자의 작용이 주된 절차가 된다.

7.3.5. '서로'와 교호성 연산자의 필수적 적용

이제, 앞서 (29)에서 제기하였던 과제 중 마지막 항목, 즉 상호구문에서의 '서로'의 행태를 밝힘으로써 대칭구문과의 연관을 지어주는 문제를 살펴 보기로 한다. 특히 '서로'를 대명사로서만 규정하는 것은 관련된 구문의 성격을 근본적으로 잘못 이해할 위험이 있음을 먼저 지적해 두고자 한다.

(1)과 (4)의 문장들은 각각 두 개의 해독을 갖지만, '서로'가 개재되면 '교호성' 해독만 갖게 된다.

(1)′ 철수와 영호가 서로 싸웠다.
(4)′ 가. 철수와 영호와 순기가 서로 싸웠다.
나. 아이들이 서로 싸웠다.

이러한 국면은 오로지 '서로'의 작용에서 말미암는 것으로 볼 수밖에 없다. 대칭동사들 뿐만 아니라 이러한 '서로'도 어휘부에서 〔+reciprocal〕의 특질을 갖는다고 가정하는 것은 무리 없는 일이다. 단, 대칭동사의 교호성 특질은 수의적으로 적용되는데 비해서 '서로'의 교호성 특질은 필수적으로 적용되는 것으로 본다. 이 점이 위 예들이 '교호성' 해석만을 갖는데 대한 이유가 된다.

(2)의 단수 주어 2자리 서술어 구문에도 '서로'가 개재될 수 있다.

(2)′ 철수가 영호와 서로 싸웠다.

이 경우 '서로'가 갖는 〔+reciprocal〕 연산자는 필수성을 띠지만 (2)에 대한 (47)처럼 동사에 의해서 이미 교호적인 의미구조가 이루어지고 있으므로 무위적으로 적용되는 것으로 볼 수 있다.

문제는 다음 같은 경우로서, 대칭동사 아닌 동사의 문장이 '서로'가 갖는 〔+reciprocal〕의 작용으로 말미암아 교호성을 갖게 된다. 이러한 문장이 홍재성(1985, 1986)의 상호구문이다.

(52) 가. *철수와 영호는 {때렸다, 의지했다, 믿었다}.
　　나. *철수는 영호와 {때렸다, 의지했다, 믿었다}.
(53) 가. 철수와 영호는 서로 {때렸다, 의지했다, 믿었다}.
　　나. 철수는 영호와 서로 {때렸다, 의지했다, 믿었다}.

'서로'는 부사로서의 쓰임과 대명사로서의 쓰임을 다 가지므로 둘로 나누어야 한다. (53)의 두 문장에 나타나는 '서로'는 부사로서 쓰인 것이다. 문제는, 앞에서 2자리 서술어로 처리하였던 '때리다'가 (53가)에서는 1자리로 나타나며, (53나)에서는 2자리인 점에서는 같으나 목적어 아닌 'NP와'를 필수성분으로 갖고 있다는 것이다.

(53)의 두 문장에서 '서로'가 관계될 때의 통사적 특징은 다음 (54) 문장들의 경우와 평행되는 것으로 보인다. (54가)에서 '교류를'을 동사 '시작하다'가 타동성을 갖는 것으로부터 설명할 수는 있으나 (54나)의 '북한과'까지 '시작하

다'가 요구하는 것으로 볼 수는 없다. 이 경우 'NP와'의 출현은 서술성 명사 '교류'를 통하여 설명하는 것이 가장 합리적이다.

(54) 가. 남한과 북한이 교류를 시작했다.
나. 남한이 북한과 교류를 시작했다.

(54가,나)의 구문이 보이는 통사적 특징은 다음과 같다.

(54)′가. *남한이 북한과 시작했다.
나. *남한이 교류를 시작했다.
(55) 가. ?남한이 교류를 북한과 시작했다.
나. ?교류를 남한과 북한이 시작했다.
다. ?*남한과 북한이 시작한 것은 교류였다.

(54나)에서 'NP와'의 존재는 서술성 명사 '교류'가 없이는 생각하기 어렵다. 마찬가지로 (53나)의 'NP와'의 존재도 '서로'를 통하여 설명하는 것이 온당할 것이다. 홍재성(1985)의 다음과 같은 관찰은 '서로'에 의해서 이루어지는 상호구문의 독특한 행태가 '서술성 명사'에 의해 생겨나는 이러한 구문의 행태와 동궤의 것임을 말해 주는 것으로 보인다.

(56) 가. *철수는 서로 영희와 의지했다.
나. *서로 철수와 영희는 의지했다.
다. *철수와 영희가 믿은 것은 서로였다.
(이상 홍재성(1985)에서 따옴)

필자는 양정석(1991가)에서 (54나) 구문의 경우 서술성을 갖는 명사가 후행하는 동사와 결합하는 '재구조화'의 과정이 개재한다고 관찰한 바 있다.

(54)′′나. 남한이 〔북한과 교류를〕 〔시작했다.〕
--〉 남한이 〔북한과〕 〔교류를 시작했다.〕

이 재구조화가 적용되기 위한 조건으로는 두 요소가 서로 인접해야 하고, 두 요소가 결합한 형식이 하나의 의미 단위로서 기능할 수 있어야 한다고 서술하였다. '하나의 의미 단위'라는 개념이 그렇게 명확한 것은 아니나, 현재 논의되는 '서로'와 관련한 사실들은 이 점에 대해서 좀더 구체적인 자료를 제공해 주는 것 같다. (54가)나 (54나) 문장들의 의미 해석을 위해서는 대칭동사 '교류하다'의 어휘의미구조가 먼저 얻어져야 한다.[19] 여기서 '시작하다'의 의미는 시상적인 것으로, 다른 어휘 단위의 어휘의미구조에 의미 특질로 부착되는 보조적인 성격을 갖는다고 할 수 있다.

'때리다' 등의 동사를 갖는 구문에 '서로'가 출현하여 벌이는 의미적 기능도 이러한 '의미 단위'의 형성과 관계있는 것이라고 할 수 있다. 즉 (53)의 두 가지 문장에서 '서로'는 '때리다'와 결합하여 한 어휘적 단위가 된다. 그리하여 '서로'가 내재적으로 갖는 〔+reciprocal〕의 작용으로, 국어의 대칭동사들에 전형적으로 존재하는 교호적인 어휘의미구조를 형성해 가는 것이다.

(53가, 나)에서 '서로'와 '때리'가 결합하여 하나의 어휘적 단위로서 기능하는 특징을 설명하기 위하여 다음과 같은 어휘 규칙을 설정할 수 있을 것이다. (57)은 2자리의 동사가 '서로'와 결합함으로써 1자리 동사로서의 구조를 가지게 됨을 나타내는데, 그 어휘의미구조는 2자리 동사의 어휘의미구조를 이용하게 된다. 교호성 연산자 〔+reciprocal〕의 작용은 'ELT' 연산자의 작용을 전제하므로 이 경우 논항 변수 'z'가 〔+i〕의 특질을 가질 것이 요구된다.(앞서 (45) 참조) 이에 비해 (58)은 곧바로 필수성분 'NP와'를 갖는 2자리의 어휘의미구조로 기술되는 점이 다르다.[20]

```
(57) ┌V              ┐       ┌  서로 ... V            ┐
     │x〈  y  〉      │  -->  │z〈  〉                 │
     │〔AFF(x, y)〕   │       │  ┌〔+reciprocal〕  ┐   │
     └〔F(x, y)〕     ┘       │  │〔AFF( z ,   )〕 │   │
                              └  └〔F( x , y )〕   ┘   ┘
```

19) 엄밀히 말하면, (54나)가 의미 해석을 얻는 과정은 두 가지인 것으로 판단된다. 지금 말한 방법 외에, 서술성 명사 '교류'가 갖는 어휘의미구조를 통하여 의미를 얻어가는 가능성이 더 있다.
20) (58)의 어휘통사구조에서 'COM'은 '와'나 '하고' 등의 조사와 대응한다.

```
(58) ┌V              ┐       ┌ 서로 ... V               ┐
     │x〈 y 〉       │  -->  │ x〈 y^COM 〉             │
     │〔AFF(x, y)〕  │       │ ┌〔AFF( x ,  )〕       ┐ │
     │               │       │ │〔〔F( x , y )〕AND   │ │
     └ 〔F(x, y)〕   ┘       └ └  〔F( y , x )〕〕    ┘ ┘
```

이 규칙의 적용 결과로 얻어지는 (53가)와 (53나)의 의미구조는 각각 대칭구문의 두 가지 의미구조인 (51), (47)와 구조적으로 동질적인 것이 된다. 따라서 대칭구문과 상호구문의 공통성의 해명이라는 앞서 (29다)의 과제가 이로써 달성된 것이라고 하겠다.

(57), (58)의 규칙이 갖는 의미를 성찰해 보자. 이 규칙의 특징은 동사 어휘가 '서로'라는 부사 어휘를 취하여 어휘적 단위를 넘어선 구성을 이룬다는 것이다. 언뜻 보기에 이는 과도한 기술적 부담인 것으로 생각될 수도 있다. 그러나 이렇게 통사적으로 분리되어 있는 요소들이 한 단위의 어휘처럼 하위범주화하거나 어휘의미 단위를 갖는 현상은 다른 여러 언어에서도 발견되는 것이다.[21] 더욱이 앞서 말한 '재구조화' 현상은 동일한 원리에 지배되는 언어적 현상이 국어에도 광범위하게 존재함을 말해 준다. 무엇보다도 중요한 사실로서, 지금 문제되고 있는 '서로'와 관련한 현상은 상호구문을 이루는 동사들이 '서로'와 결합함으로써 새로운 하위범주화 및 새로운 어휘의미적 특징을 구현하고 있다는 것이다.

7.3.6. 남은 문제: 대명사로서의 '서로'

다음과 같은 용법에서 '서로'는 대명사로서 나타난다. '서로'가 대명사로서 쓰이는 것은 논항 위치에 설 때에 한하는 것으로 보인다.

---

21) Grimshaw(1982)에서는 Romance 언어들에서 나타나는 재귀대명사적 쓰임의 의존사화(cliticization) 현상을 설명하기 위하여 (57), (58)과 유사한 취지의 어휘 규칙을 설정한 바 있다.

(59) 가. {철수와 영호는, 철수와 영호와 순기는, 학생들은, 그들은, 모두는, 야당은, 아군은, 경찰은} 서로를 도왔다.
나. {철수와 영호는, 그들은} 서로에게 기댔다.

얼핏 보기에 (59가)의 구조는 상호구문의 예로 들었던 문장들의 구조와 다름이 없어 보인다. 그러나 앞서 3절에서 제기하였던 다음 문장들의 문제를 간과할 수는 없을 것이다.

(23) 가. ?철수와 영호가 서로를 도왔다.
나. *철수가 영호와 서로를 도왔다.

이들 예는 상호구문에 나타나는 '서로'가 대명사 아닌 부사임을 단적으로 보여준다고 하겠다. 이와 관련하여 다음과 같은 대비가 의미를 지닌다.

(60) 가. 철수와 영호는 서로가 서로를 도왔다.
나. ?철수와 영호가 서로가 서로를 도왔다.

(23가)의 부자연스러움은 (60나)문장의 부자연스러움과 동궤의 것이라는 것이 필자의 판단이다. 그런데 (23나), 그리고 이것과 비교되는 다음 (59)'는 공히 성립 불가능하다. 이들에 비하면 (59가)의 성립가능성은 의심할 수 없는 것으로 보인다.

(59)'*철수는 영호와 서로를 도왔다.

이들의 구조적 특징은 주어나 주어에 앞서는 성분[22]이 복수 명사나 명사구의 접속으로 나타난다는 점이다. 다음과 같은 해결의 방향을 제시하는 것으로 우

---

22) 이 성분을 주제어라고 할 수 있다. 그렇다면, (60)과 같은 예는 주제어라는 성분의 존재에 대한 한 가지 증거로 간주될 수 있다. 남기심(1986가)에서는 다음 (가)와 같은 문장을 주제어의 존재에 대한 증거로 든 적이 있다. 재귀대명사를 갖는 (나) 문장도 같은 맥락에서 이해된다. 사실상 재귀대명사로서의 '자기'는 대명사로서의 '서로'와 많은 공통점을 가지고 있다.
가.너도 네가 직접 차를 운전하니?
나.김사장은 자기가 직접 차를 몬다.

리의 논의를 마무리짓기로 하자. Jackendoff(1990: 64-68)에서 제시한 재귀대명사에 대한 처리를 본따서, 이 경우 '서로'의 대명사적 기능을 조응사(anaphor)적 변수 'ξ'로 나타내기로 한다. 복수성을 띠는 명사구, 명사구 접속의 성분은 주어로 나타날 때 〔+i, ξ〕로,[23] 교호대명사적 쓰임을 갖는 '서로', '상대방', '상대'는 '〔+reciprocal, ξ〕'로 표시한다.[24] 통사구조에서 논항의 자리에 나타나는 '서로'가 의미구조에서 이와 같은 표시로 대치된다고 하면, (61가)와 같은 문장은 일단 다음 (61나)와 같은 구조를 얻게 된다. 여전히 동사의 어휘의미구조를 '〔F(x, y)〕'로 가정한다.

(61) 가. 철수와 영호는 서로를 도왔다.
     나. 〔F(〔철수와 영호, 〔+i, ξ〕〕, 〔+reciprocal, ξ〕)〕

여기에 〔+reciprocal〕 연산자가 작용하는 것으로 볼 수 있다. 예상되는 결과는 다음과 같은 의미구조이다.

(62) 〔F(〔ELT(〔철수와 영호〕)〕i)〕, 〔ELT(〔철수와 영호〕)〕j)〕)〕 AND
     〔F(〔ELT(〔철수와 영호〕)〕j)〕, 〔ELT(〔철수와 영호〕)〕i)〕)〕

그러므로, 이 경우 교호성 연산자의 효과는 논항 융합이 완료된 의미구조를 복사하여 'AND'로 연결하고, 복수성 명사구 의미에 대한 개체요소의 추출(앞서의 (45))과 함께, 논항들의 순서를 바꿔 놓는 것이다. 이러한 과정에서 중추적인 역할을 하는 것은 동사의 어휘의미구조임이 다시금 드러난다. 교호성 연산자의 작용은 동사의 어휘의미구조와 그 논항들에 대해서 행해지는 것이다.

(63)의 경우는 단순히 이상과 같은 절차만으로는 설명하지 못할 측면을 가지는 듯하다. '철수와 영호는', '그들은'이 논항의 자리를 벗어나 있는 것으로

---

23) '〔+i〕'는 복수성의 명사구가 내재적으로 갖는 특질이므로 전혀 새로울 것이 없다. (60가)의 경우에, '철수와 영호'는 'ξ'를 갖지 않고 '〔+i〕'의 특질만을 갖는 것으로 볼 수 있다.

24) '상대', '상대방' 처럼 '서로'와 같은 용법을 갖는 어휘들이 실제 자료를 조사해 보면 쉽게 발견된다. 이들에 대해서도 일관된 설명을 부여하기 위하여 이와 같은 방법이 효과적이라 믿는다.

보이기 때문이다. 그런데, 만약 이들 명사구의 의미와 주어로 나타나는 '서로'의 의미를 합쳐주는 절차가 가정될 수 있다면 이도 역시 일단 (61)과 같은 의미구조를 형성한 다음 (62)의 교호적 의미구조를 이끌어 낼 수 있을 것이다.[25]

(63) 가. {철수와 영호는, 그들은} 서로가 서로를 돕는다.
　　 나. {철수와 영호는, 그들은} 서로가 {상대방을, 상대를} 돕는다.

양동휘(1986)에서 따온 다음 예들은 더욱 문제를 제기한다. 그러나 잘 관찰해 보면 이 경우도 교호성의 대명사로서 쓰일 경우 '서로'는 역시 위와 같은 해석을 크게 벗어나지 않음을 말해 주는 것 같다. (64가)의 경우 '서로'가 '그 두 여학생'과 동지표를 갖기는 어렵다.(양동휘, 1986: 54) 주어인 '그 두 남학생'과 동지표를 가질 수는 있는데, 이 경우 두 가지 의미해석이 가능하다. 하나는 두 남학생 중의 하나가 다른 하나의 성적을 두 여학생에게 보여준다는 해독으로, 교호적인 의미가 된다. 다른 하나는 비교호적 해독으로서, 그 두 남학생이 각각의 성적을 두 여학생에게 보여준다는 의미이다. 이 후자의 의미를 더 나눌 가능성도 없는 것은 아니나 지금의 논의에서 중요하지는 않다. (64나)도 마찬가지로 두 가지 해독이 구별될 수 있다.

(64) 가. 그 두 남학생i이 그 두 여학생j에게 서로i,?j의 성적을 보여주었다.
　　 나. 그 두 사람i은 서로i의 아이를 사랑한다.

교호적 의미일 경우, 교호성 연산자가 역시 적용될 수 있으리라 본다. 문제는 비교호적 의미일 경우 이제까지의 방식과 충돌하지 않는 설명을 제공해 줄 수 있는가가 될 것이다. 역시 양동휘(1986)에서 따온 다음 예들을 더 살펴보기로 하자.

---

25) 또는 반대로 (61가)와 같은 경우에 복수성의 주어 명사구가 문장 경계 밖으로 이동하고 대신 그 자리에 조응사적 변수 'ξ'만을 남겨 놓는 것으로 설명할 가능성이 있다.

(65) 가. 그 두 사람i은 〔내가 서로i의 아이를 사랑한다고〕 생각한다.
나. 그 두 사람i은 〔내가 자기들i의 아이를 사랑한다고〕 생각한다.

(65가)에서 '서로'는 교호적인 의미로 해석되지 않고, (65나)의 '자기들'과 동일한 의미를 보일 뿐이다. 이에 대한 이유를 '서로'가 선행사 '그 두 사람'과 서로 다른 절에 놓여 있는 것으로부터 찾을 수 있겠다. '서로'에 내재된 교호성 연산자의 작용은 절의 경계를 넘어서 행해지지 못한다는 제약이 있는 것으로 보아야 한다. 그러면, 비교호적 의미로 나타나는 경우의 '서로'는 '교호성' 특질〔+reciprocal〕을 갖지 않고 다른 특질을 갖는다고 해야 할까? 그것도 하나의 가능성일 것이다. 그러나 그보다는 교호성 특질을 여전히 가지면서, 의미 해석에 있어서의 특정 조건이 지켜지지 않을 경우 교호성 특질의 작용이 제약받아 보통의 조응적 대명사로서만 해석되는 것으로 보는 것이 더 타당하리라 생각한다.

이상에서 교호적인 의미구조를 갖는다는 점에서 공통적인 대칭구문과 상호구문을 살펴 보았다. 대칭구문은 대칭동사가 갖는 교호적 특질이 어휘의미구조에 내재됨으로써 그 문장의 의미구조가 교호적인 의미구조로 형성되는 경우요, 상호구문은 부사로서의 '서로'가 갖는 교호적 특질이 역시 문장의 의미구조를 교호적인 의미구조로 형성하는 경우이다. 그 도출의 경로는 같지 않으나, 동사 또는 부사 '서로'가 가지는 어휘적 특질이 동질적인 교호성의 의미구조를 이루어낸다는 점에서 두 가지 구문의 공통성이 설명된다고 보았다. 접속항 이동변형이나 접속문 축약변형을 통하여 이들 구문의 부분적인 규칙성을 설명할 수는 있지만, 설명되지 않는 많은 부분을 남겨 놓는다는 점을 밝혔고, 이러한 논의의 결과로 어휘론적 처리의 필요성이 드러남을 보였다.

이 장에서 대칭구문이나 상호구문의 의미구조를 도출하기 위하여 설정한 규칙들은 앞선 여러 장에서 설정했던 규칙들과는 또 다른 특징을 보인다. 대칭구문의 교호성은 대칭동사가 갖는 어휘적 특질 중의 하나인데, 이 교호성 특질은 논항 융합이 행해진 다음에 작동하도록 되어 있다. 또 이 교호성의 특질은 동사 이외의 요소, 즉 부사로서의 '서로', 대명사로서의 '서로'가 공유하는 특질이기도 하다. 이 점을 고려할 때, 어휘부에서 동사가 갖는 정보는 단순한 어휘적인 차원을 뛰어넘는 것이라고 할 수 있다. 그러므로 과거 변형론적 연구들은 이러한 구문들을 중시해 왔던 것이다. 그러나 비록 의미구조의 도출 과정이 복잡성을 띨지라도 이 모든 도출 과정은 어휘부에 기재된 정보들 하나하나로부터 일반성 있는 원리에 따라 도출되는 것이므로, 어휘부의 기재항들에 대해 개별적인 분석을 해 주는 일은 무엇보다도 필요한 일이라고 하겠다.

제8장 결 론

8.1. 우선 이제까지의 논의를 순서에 따라 요약하면 다음과 같다.

제2장에서는 국어 동사 어휘의 의미를 분석하는 데 있어서 요구되는 형식화의 장치들을 소개하고, 어휘의미구조로부터 어휘통사구조, 문장의 통사구조, 의미구조로의 연결의 양상을 간략히 설명하였다. 특히 종래의 국어문법에서 많이 논의된 어휘의미적 특질인 사동성을 중심으로 상태성, 의지성, 그리고 작용성 등을 도입하였다. 특히 작용성 개념이 Jackendoff(1990)의 의미 표상에 있어서 차지하는 중요성을 강조하고, 이를 형식화하는 데에 따른 문제들을 논의하였다. 또한 부분적으로 Jackendoff(1990)에서의 표기방식과의 차이점을 설명하였다.

제3장에서는 처소교차 구문의 논의를 통하여 어휘부에 설정해야 할 두 가지 어휘구조로서 어휘통사구조와 어휘의미구조의 필요성을 논하였으며, 이들이 통사구조와 의미구조로 연결되는 과정을 연결규칙1과 연결규칙2로 기술하였다. 처소교차 구문의 자동사 구조는 능격성을 특징으로 한다. 비대격성(unaccusativity)이라고도 일컬어지는 능격성은 김영주(1990)의 선례를 따라 행위자성의 결여로부터 말미암는 것으로 해석되었다. 이 능격성은 제4장의 피동사, 제5장의 존재/소유 동사와 느낌동사도 공통으로 가지는 어휘적 특질인데, 어휘통사구조에서 외부 논항을 갖지 않는 형식으로 표상된다. 처소교차 구문의 '-으로' 구조는 '전체적 관여'나 시상적 속성 '완성성(accomplishment)'을 가진다는 점에서 '-에' 구조와 구별됨을 보였으며, 이를 어휘의미구조에 반영하였다. 그리고 몇몇 부가어를 위한 부가어 의미해석 규칙을 설정하였다.

제4장은 접미사계 사동사와 접미사계 피동사를 중심으로, 이들의 외연과 어휘의미구조적 내용을 살폈다. 사동사에 있어서 '사동성'을 중심으로 '기동성', '재귀성' 등이 여러 가지 통사구조의 실현을 위한 근원이 됨을 보았고 이들을

단일한, 혹은 몇 가지의 복합적인 의미요소들로써 표상하였다. 특히 재귀성은 논항 결속과 특정 의미 성분의 병합, 사동성 함수의 존재를 내용으로 가지는 복합적 특질임을 밝혔다. 또, 어휘의미구조의 골격을 형성하는 개념 함수들 이외에 접촉성(+cntc), 부착성(+atch), 부딪침성(+cols), 음식성(+food), 신체부분성(+bp), 느낌성(+feel) 등의 의미 특질들을 도입하고 이들과의 관계를 설명했다.

제5장은 '있다'를 중심으로 한 존재/소유 표현의 동사들을 통사적 특징에 따라 어휘항목을 세분하고, 각각의 어휘의미구조를 기술하여 보았다. 특히 '소유' 의미의 '있다' 구문은 작용의미층을 갖지 않으며, 의미 성분으로서 'STATE/+poss'을 포함하는 구조로 그려졌다. 느낌동사도 작용의미층을 갖지 않는 어휘의미구조로 기술되었다. 느낌동사의 통사적 특징, 즉 동일지시와 관련한 측면은 이들이 실현되는 문장들을 하나의 통사적 자연군으로 묶을 수 있는 근거로 해석되었는데, 그 어휘의미적 근원은 'STATE/+feel'이라는 의미 성분으로 표시되었다. 그러므로 소유동사와 느낌동사는 'STATE'에 병기된 의미특질에서만 구별되나 그 외에 기본적인 어휘의미구조적 골격은 동일하다고 하겠다. 또 '이다' 문장의 의미와 관련한 추론규칙을 소개하였고, 느낌동사와는 거리가 있는 심리동사들의 다른 부류들을 논의하였다. 특히 '믿다, 생각하다' 등 믿음 맥락을 이루는 동사들이 '말하다'나 '그리다' 등의 어휘의미분석으로부터 유추적으로 분석될 수 있음을 Jackendoff(1983)의 '표상' 개념을 이용하여 설명하였다. 이러한 장치들이 '-더라'의 통사·의미적 행태를 분석하는 데에도 유용함을 보이려고 하였다.

제6장에서 다루어진 통제동사는 그 하위절의 주어에 대한 동일지시적 정보를 내포하고 있는 동사이다. 이 점에서 통제 현상은 역시 어휘적인 근원을 갖는다. 통제 구문을 이루는 동사들을 몇 가지로 나누어 가능한 한 동사의 어휘의미구조 안에 이들의 통사의미적인 사실들을 기재해 주려고 시도하였다. 하위절의 동사가 행위자성을 갖기를 요구하는 통제동사로 '시도하다, 요구하다, 시키다' 등이 먼저 분석되었는데, '시도하다, 요구하다'는 특히 표상적 동사임이 밝혀졌다. '만들다, 되다' 등을 위해서는 어휘의미 차원을 벗어나는 통사적

규칙, 즉 '서술화 규칙'의 도움을 받는 것이 불가피하다는 점이 드러나게 되었다. 이 서술화 규칙을 이용하여 의미해석을 할 수 있는 사례로서 이밖에도 '재구조화 구문'과 외치 구문을 더 들어 논하였다.

제7장에서는 교호성을 특징으로 하는 대칭동사 구문과 상호구문을 논의하였다. 대칭동사는 두 가지 어휘의미적 가능성을 갖는데, 그 중 하나는 '교호성' 연산자를 가지고 통사구조에 나타난 주어 명사구의 의미특질을 참조하여 작동하는 특이한 면모를 보이고 있다. 대칭동사 구문이나 상호구문이나 그 도출 경로는 같지 않을지라도 공통의 의미구조로 대응된다는 점에서 동질적이다. 이들 구문은 공통적으로 두 개의 의미 성분이 논항의 순서를 바꾸어 'AND'와 같은 의미 요소로써 이어지는 의미구조를 갖는다는 특징이 있다.

8.2. 우리는 각 장에서 동사 어휘들을 여러 부류로 나누어 이들의 어휘의미구조와 어휘통사구조를 개별적으로 분석해 왔다. 특히 동사 어휘가 갖는 통사적인 특질인 어휘통사구조는 과거에 하위범주화틀이라 불리던 것과 대체로 상통하는 개념이 된다. 모든 동사에 대해서 그 어휘의미구조와 어휘통사구조가 낱낱이 기술된다면 실질적으로 통사구조나 의미구조로의 연결 과정에서 비문법적인 문장, 부적격한 의미구조를 제약하는 통사론적 규칙, 의미론적 규칙들은 상당히 불필요해질 것이므로 연결이론은 그리 복잡해지지 않으리라 예상할 수 있다. 이 경우 어휘부의 내용이 매우 복잡해진다는 문제가 제기될 수 있다. 또한, 만약 어휘의미구조를 통하여 하위범주화적 사실을 예측할 수 있는 것이라면 일일이 어휘통사구조와 같은 층위를 따로 설정하지 않고도 통사적인 사실을 예측할 수 있으리라는 기대가 성립한다.

우리가 이 책에서 취한 방향은 동사 하나하나에 대해서 문법적인 사실과 관련되는 의미적 특질, 문장구조적 특질을 최대한도로 기술한다는 것이었다. 이것은 국어문법의 내부적인 특징이 어휘부에서의 어휘항목이나 어휘 규칙의 수준에서 해결되어야 할 경우가 압도적이라는 판단에서 말미암는다. 이러한 방향으로 검토해 오는 과정에서 가장 난점을 제공하는 예는 통제동사나 동일지정 구문, 결과지정 구문, 대칭구문이나 상호구문들이 통사론적 규칙과 상호작용하는 측면이었다. 그러나 이들에게 있어서도 일차적으로 동사의 어휘의미구조나 어휘통사구조를 설정하는 일이 필수적임을 확인하게 되었다.

동사의 어휘의미구조를 기본으로 해서 어휘통사구조 또는 문장의 통사구조로의 연결 과정에 존재하는 일반성을 포착하려는 것이 연결규칙이라고 한다면, 논항 융합과 부가어 의미해석 규칙은 직접적으로 의미구조를 형성해 가는 규칙이다. 연결규칙에는 두 가지 종류가 있었다. ‘연결규칙1’은 다음과 같이 기술되었다.

(1) 연결규칙1 :
다음과 같은 우선순위를 고려하여 어휘의미구조와 어휘통사구조 각각에서 논항들의 순서쌍을 형성한 다음, 어휘의미구조 논항들의 순서쌍을 어휘통사구조 논항들의 순서쌍과 일치시키라.
a) 어휘의미구조:
-- 각 의미 성분절 사이의 우선순위 : ‘ , ’와 ‘AND’로 이어진 두 의미 성분들은 선행하는 것이 우선한다.
-- 각 의미역 논항들의 우선순위 :
작용자 〉 피작용자
행위자 〉 대상 〉 처소, 경로의 의미역 논항
b) 어휘통사구조 논항들의 우선순위:
-- 외부 논항 〉 내부 직접 논항 〉 내부 간접 논항
-- 내부 직접 논항이 둘일 경우 선행하는 것이 우선한다.

간접 논항이란 ‘〈 〉’ 안에서 LOC(-에, -에게), PAT(-으로), COM(-와/과), QUO(-고) 등과 결합된 논항, 그리고 ‘〈 ... (x) 〉’와 같은 구조의 ‘x’와 같은 논항을 의미한다.

이 ‘연결규칙1’은 어휘의미구조로부터 어휘통사구조로의 연결 과정에서 발견되는 규칙성을 포착하려는 것이지만, 이것은 또 어휘의미구조의 표상 내용을 제약하는 기능도 갖는다. 즉, ‘연결규칙1’은 어휘의미구조를 제약하여 체계적이고 일관성 있는 어휘의미구조 표상을 가능하게 하며, 한편으로 어휘의미구조 표상들 사이에 존재하는 규칙성은 ‘연결규칙1’을 형식화하는 데에 반영되게 되어 있다. 이 책에서 우리는 개별 동사 어휘들에 대한 어휘통사구조를 일일이 기술해 왔으므로, 어휘통사구조로부터 통사구조로의 사상인 ‘연결규칙2’는 규

정(stipulation)으로서 설정된 여러 가지 어휘통사구조 형식들에 크게 의존하게 된다. 제3장에서 설정된 '연결규칙2'를 바탕으로 하고, 제4장 및 이후로 발견된 사례를 고려하여 종합하면 다음과 같다.

(2) 연결규칙2 :
- 어휘통사구조의 '〈 〉' 경계 외부에 있는 외부 논항은 D구조에서 동사구 밖의 주어로 연결되고, 내부의 논항들은 D구조에서 동사구 내부의 성분들로 연결하라.
- 내부 논항들 중에서 직접 논항이 간접 논항보다 D구조상의 우선적인 구조적 위치로 연결하라.
- 내부 직접 논항이 둘일 경우, 순서상 앞서는 것이 D구조상의 우선적인 구조적 위치로 연결하라.

이 책에서 설정한 어휘통사구조 형식은 다음과 같은 것들이 있었다.

(3) 가. x〈 y 〉, x〈 y^LOC 〉, x〈 y, z^LOC 〉, x〈 y^PAT 〉,
x〈 y, z^PAT 〉, x〈 y^COM 〉, x〈 y, z^COM 〉, x〈 y^SOC 〉,
x〈 y, z^SOC 〉, x〈 y^QUO 〉, x〈 y, z^QUO 〉, x〈 (y) 〉,
x〈y^LOC, (z)〉, x〈 y^SOC, z^PAT〉, x〈y^LOC, z^QUO〉,
x〈 〉, 〈y, z^COM〉, 〈y, z^LOC〉, 〈y, z^PAT〉, 〈y, z^QUO〉,
〈y, z^SOC〉
나. x〈 y, z 〉
다. x〈 y, (z) 〉
라. 〈 y, (z) 〉
마. 〈 y, z 〉

이 중 특이한 것으로, (3나)는 이중목적어 구문으로 실현되는 것이며, (3다)는 통제 구문에 전형적인 구조이다. (3라)는 이중주어 구문이나 '되다'류의 통제 구문에서 볼 수 있는 구조이다. (3마)는 더욱 특이한 것으로서, '빼앗기다'와 같은 타동 피동사의 경우에 설정된 바 있다.

어휘통사구조로부터 통사구조로의 연결 과정을 제약하는 통사구조상의 제약으로 '의미역 기준'도 필요하다. 이 제약은 D구조에서 적용되는 것으로 보았다.

(4) 의미역 기준:
모든 명사구는 어떤 서술어의 논항으로 취해져야 하며, 더욱이 한 번만 취해져야 한다.

다음으로, 통사구조상의 규칙인 서술화 규칙은 논항 위치에 있지 않은 성분이 주어를 취하도록 요구하므로 D구조에서 주어가 없이 나타나는 능격동사 구문에서 동사구의 내부에 있던 가장 적절한 명사구가 주어 위치로 이동하게 된다. 이 밖에, 부가어 의미해석 규칙은 의미 해석을 얻어 가는 목적 외에도 통사구조의 적격성을 판정하기 위한 근거가 되기도 한다. '주술관계'에 놓이는 부가어 이외의 부가어, 그리고 수식어들은 각각의 부가어 의미해석 규칙이나 수식어 해석 규칙에 따라 허가된다.1)

의미구조를 형성하는 과정에는 동사의 어휘의미구조의 논항 자리에 명사구를 비롯한 논항의 의미를 융합하는 논항 융합, 그리고 부가어의 의미가 형성되어 가는 절차가 개재하게 된다. 다음으로 실례를 들어 한 문장이 의미구조를 얻어 가는 과정을 살펴 보자. (5가) 문장에는 동사 '치다'를 중심으로 하여, 주어 논항인 '철수', 목적어 논항인 '책상'이 동사에 이끌리고 있고, 부가어로 '막대기로'가 주어와 목적어 사이에 자리잡고 있다. 다소 복잡하지만 이 문장의 결과적인 의미구조는 (5나)와 같다. 시상의 요소 '-었-'이나 종결어미 '-다'는 무시한다.

(5) 가. 철수가 막대기로 책상을 쳤다.
나. 〔〔AFF(〔철수〕, 〔책상〕)〕,
〔CS(〔철수〕, 〔GO/+cntc,+cols(〔HAND〕-OF(〔철수〕),
〔TO(〔AT(〔책상〕)〕)〕)〕)〕,
〔BY(〔〔AFF(〔철수〕, 〔막대기〕)〕,
〔CS(〔철수〕, 〔AFF(〔막대기〕, 〔책상〕)〕)〕)〕)〕〕

'치다'가 갖는 어휘의미구조는 다음과 같다.

---

1) 이 책에서 수식어에 대해서는 논의하지 않았다. 수식어에 대한 처리의 실례는 Jackendoff(1990: 55-58)에서 볼 수 있다.

(6) 치- : 〔〔AFF(x , y)〕,
〔CS(x , 〔GO/+cntc,+cols(〔HAND〕-OF(x),
〔TO(〔AT(y)〕)〕)〕)〕〕,

먼저 동사의 어휘의미구조에 있는 논항에 대응하는 명사구의 의미가 융합하는 논항 융합이 적용된다. 즉 '치다'의 어휘의미구조의 논항 x, y가 명사구의 의미 '〔철수〕', '〔책상〕'으로 채워지게 되면 다음과 같은 의미구조가 생겨난다.

(7) 가. 〔〔AFF(〔철수〕, 〔책상〕)〕,
〔CS(〔철수〕, 〔GO/+cntc,+cols(〔HAND〕-OF(〔철수〕),
〔TO(〔AT(〔책상〕)〕)〕)〕)〕〕
나. 철수가 책상을 쳤다.

부가어 '막대기로'까지 포함한 완성된 의미구조 (5나)를 얻으려면 여기에 다음 부가어 의미해석 규칙이 적용되어야 한다.

(8) 도구/방편의 부가어 'NP으로'를 위한 의미해석 규칙 :
V가 〔〔AFF(x, y)〕, 〔....〕〕에 대응하고 NP가 〔 C 〕에 대응하면,
〔...〔...〔 NP으로〕$_{PP}$...V〕$_{VP}$〕$_S$는 다음 의미구조에 대응한다.
〔〔AFF(x, y)〕,
〔 ..... 〕,
〔BY(〔〔AFF(x, 〔 C 〕)〕, 〔CS(x, 〔AFF(〔 C 〕, y)〕)〕〕)〕〕

따라서 (5가)와 같은 문장의 의미가 얻어지기 위해서 다음 단계를 거친 것이다.

1. 논항 융합
2. 부가어 의미해석 규칙

국어에서 논항 융합과 부가어 규칙의 적용에 있어서 가장 일반적인 순서는 이와 같은 것이라 하겠다.

Jackendoff(1990)에 의하면 영어의 부가어 규칙 중에는 논항 융합에 앞서서 적용되어야 하는 것들이 상당수에 이른다고 한다. 국어의 경우 이에 대한

필연성을 제기하는 예들이 그리 많지는 않은 것 같다. 이 점이 국어와 영어의 연결 과정에서의 큰 차이점이 아닌가 한다. 영어의 결과 구문의 한 가지인 다음 (9가)와 국어의 번역된 문장 (9나)를 비교해 보자.

(9) 가. The gardener watered the tulips flat.
    나. 정원사가 튤립에 물을 주어서 납작하게 만들었다.

세부적인 것을 무시한다면 이들의 의미구조는 대강 다음 같이 나타낼 수 있을 것이다.

(10) [[AFF([GARDENER]^x , [TULIPS]^y)],
       [CS(x, [INCH[BE(y, [AT([FLAT])])])])],
       [BY([[AFF([x]^a, [y]^b)], [CS([a], [INCH[BE([WATER],
                                               [ON/+dist([b])])])])]]]

(10)과 같은 의미구조를 얻기 위하여 Jackendoff(1990: 211-243)에서는 논항 융합 이전에 적용되는 '결과 부가어 규칙'을 설정하여 설명하거나, 또는 이런 경우 결과 부가어의 연결 과정을 하나의 숙어(구문적 숙어: constructional idiom)로 간주하여 설정할 수도 있음을 보였다. (9가)와 같은 영어 문장의 통사구조와 그 대응된 의미 (10)을 비교해 보면 두 자리 동사 'water'의 어휘 의미구조에 단순하게 논항 융합을 적용하는 것조차가 용이치 않음을 알게 된다. (10)에서 'water'의 의미는 'BY'에 이끌리는 종속적 의미 성분의 일부로 표시되는 것이다.

그러나 이에 대응하는 국어 문장 (9나)를 살펴 보면 사정은 달라진다. 통사구조의 주절이 의미구조에서도 그대로 주절에 대응되며, 통사구조의 종속절이 의미구조에서 역시 종속적인 위치에 놓이게 되는 것이다. 이 경우 접속어미 '-어서'가 종속화 연산자 'BY'에 직접 대응한다고 말할 수 있다. 이런 면에서 볼 때 국어에서 통사구조와 의미구조가 대응하는 방식은 대체로 직접적이라고 하겠다. 어휘들이 갖는 의미를 직접 합성하여 문장의 의미를 얻어 간다는 것이다. 이러한 사실에 의의를 부여한다면 이를 국어에서 연결 과정에 관한 이론을 수립함에 있어서 한 가지 준거로 삼을 수 있다. 문장의 의미구조를 형성함에 있어 될 수 있는 한 어휘기재항의 내용에 충실히 의존하는 것이 바람직하리라는 것이다. 우리가 이제까지 각 장에서 문장의 의미를 논의하면서 우선적으로 동사의 어휘의미를 하나하나 분석하는 일을 수행해 온 것은 국어의 연결과정에 대한 이러한 판단에 입각한 것이었다. 그러므로 각 장 말미에 한 두 개씩 설정된 부가어 의미해석 규칙들은 최소한의 것들이라고 할 수 있다. 대부분의 경우 동사의 어휘의미구조에 끌어들여 기술할 수 있는 것이면 그 방향을 택했으므로, 비교적 동사의 의미와 독립적인 의미구조를 이루어 내는 것을 부가어 의미해석 규칙에서 처리하였다. 이러한 견지에서, 비교적 복잡성이 덜한 부가어 의미해석 규칙의 예가 제3장의 처소의 'NP에' 규칙, 도구/방편의 'NP으로' 규칙 그리고 재료의 'NP으로' 규칙 들이다.

그런데 제7장에서 살펴 본 규칙 중에는 논항 융합에 앞서서 적용되어야만 하는 것이 있었다. 즉 두 자리 동사에 '서로'가 어울려서 새로운 어휘적 단위를 이루는 경우가 그것이다. (11)의 우변에서 〔+reciprocal〕의 작용은 논항 융합이 행해진 다음에 행해지게 되나, (11)의 규칙 자체는 논항 융합 이전의 작용이다.

```
(11) ┌V              ┐      ┌  서로 ... V                  ┐
     │x〈 y 〉        │ -->  │z〈 〉                        │
     │〔AFF(x, y)〕   │      │ ┌ +reciprocal          ┐    │
     └〔F(x, y)〕     ┘      │ │〔AFF( z ,  )〕        │    │
                             └ └〔F( x , y )〕        ┘    ┘

(12) ┌V              ┐       ┌ 서로 ... V                        ┐
     │x〈 y 〉        │  -->  │ x〈 y^COM 〉                       │
     │〔AFF(x, y)〕   │       │ ┌〔AFF( x ,   )〕              ┐  │
     │               │       │ │〔〔F( x , y )〕 AND          │  │
     └〔F(x, y)〕     ┘       └ └     〔F( y , x )〕〕         ┘  ┘
```

(11)의 경우나 (12)의 경우나 '서로'와 어울리게 됨으로써 동사의 어휘의미구조, 심지어 어휘통사구조가 변화를 입게 된다. (11)과 (12)에서는 이러한 구조의 변화를 단지 어휘 규칙의 수준에서 기술해 주었으나, 이 규칙의 효과는

어휘적인 범위를 뛰어넘는 면이 있다. 이 규칙을 정당화하면서 국어의 일부 재구조화 현상과의 관계를 언급하였는데, 이러한 예들까지를 참작한다면 국어에도 부가어 규칙에 준하는 것으로서 논항 융합 이전에 작용하는 것이 존재한다고 할 수 있을 것이다.

논항 융합 뿐만 아니라 통사론적 규칙이나 통사구조에 대한 제약도 부가어의 의미해석을 위해 필요한 경우가 있다. 제5장과 제6장에서는 의미구조를 형성해 가는 과정에서 통사론적 규칙이 필요한 예를 보았다. '-더라'의 의미를 해석하기 위해서는 '-더라'가 이끄는 절의 상위 요소들과의 관계에서 동일지시성의 제약이 고려되어야 함을 보았다. 또 동일 지정의 부가어는 서술화 규칙에 의해 부여된 동일지시 지표를 이용하여 의미론적 주술관계, 즉 범주 판단의 의미구조를 형성한다.

이 책에서 여태까지 설정한 부가어 의미해석 규칙들을 다시 드는 것으로 이들에 대한 논의를 마무리짓기로 한다.

(13) 도구/방편의 부가어 'NP으로'를 위한 의미해석 규칙 :
V가 〔〔AFF(x, y)〕, 〔....〕〕에 대응하고 NP가 〔 C 〕에 대응하면,
〔...〔...〔 NP으로〕$_{PP}$...V〕$_{VP}$〕$_{S}$는 다음 의미구조에 대응한다.
〔〔〔AFF(x, y)〕, 〔....〕〕,
〔BY(〔AFF(x, 〔 C 〕^{z})〕, 〔CS(x, 〔AFF(z , y)〕〕)〕〕

(14) 재료의 부가어 'NP으로'를 위한 의미해석 규칙 :
V가 어휘의미구조가 〔...〔BE(〔 (A) 〕, 〔AT(...)〕)〕...〕
에 대응하고, NP가 의미 성분 〔 B 〕에 대응하면,
〔...〔...〔NP으로〕$_{PP}$...V〕$_{VP}$〕$_{S}$는 다음 의미구조에 대응한다.
〔...〔BE($\begin{bmatrix}(A)\\B\end{bmatrix}$, 〔AT(...)〕)〕...〕
단, '$\begin{bmatrix}(A)\\B\end{bmatrix}$'는 암시 논항 〔 〕 또는
〔 A 〕와 〔 B 〕의 융합(fusion).

(15) 처소의 부가어 'NP에/에게'를 위한 의미해석 규칙
V가 〔...BE(..., 〔 (A) 〕)...〕에 대응되고, 'NP에/에게'가 '〔 B 〕'에 대응되면, 〔...〔...〔NP에/에게〕$_{PP}$...V〕〕$_{S}$는 다음 의미구조에 대응된다.

〔...BE(...., $\begin{bmatrix}(A)\\B\end{bmatrix}$)...〕

단, '$\begin{bmatrix}(A)\\B\end{bmatrix}$'는 암시 논항 〔 〕 또는 〔 A 〕와 〔 B 〕의 융합.

(16) 피동문의 'NP에게' 부가어 의미해석 규칙:

V가 〔CS(〔 〕i, 〔 ... 〔AT(...〔 〕i)〕...〕)〕에 대응하고 NP가 〔 A 〕에 대응하면, 〔...〔〔NP에게〕...V〕$_{VP}$〕$_S$는 다음 의미구조에 대응된다.

〔CS($\begin{bmatrix}\\A\end{bmatrix}_i$, 〔 ..... 〔AT($\begin{bmatrix}\\A\end{bmatrix}_i$)〕...〕)〕

단, $\begin{bmatrix}\\A\end{bmatrix}$은 암시 논항과 의미 성분 A의 융합.

(17) 수혜 대상 'NP에/에게' 부가어 의미해석 규칙:

V가 〔BE/+ident(x, ...)〕에, NP_1이 〔A〕에, NP_2가 〔B〕에 대응하면,

〔NP_1 ... 〔NP_2에/에게 ... V〕$_{VP}$〕$_S$는 다음과 대응된다.

〔〔BE/+ident(〔A〕, ...)〕, 〔FOR(〔AFF/+help(〔A〕 , 〔B〕)〕)〕〕

(18) '-더라' 구문의 대응 규칙 :

V가 〔F(x, ...)〕에 대응되고, C가 〔〔GO/+ling(z , 〔〔FROM(〔 +I 〕^{x})〕, 〔TO(〔+YOU〕^{y})〕〕〕)〕, 〔PAST(〔PERCEIVE(x, 〔REP(〔TR(z)〕)〕)〕)〕〕에 대응되며, NP_1이 〔A〕에 대응되면, 통사구조 〔〔NP_1 ... V〕$_S$ C〕$_S$는 다음 의미구조에 대응된다.

〔〔GO/+ling(〔F(〔A〕,...)〕, 〔〔FROM(〔 +I 〕^{x})〕, 〔TO(〔+YOU〕^{y})〕〕〕)〕,
〔PAST(〔PERCEIVE(x, 〔REP(〔TR(〔F(〔A〕 , ...)〕)〕)〕)〕)〕〕

단, 다음 조건을 만족해야 한다:

i) V가 〔〔BE(x, 〔IN STATE/+feel〕)〕, ...〕에 대응될 경우:
〔A〕 = x

ii) V가 그밖의 동사일 경우: 〔A〕 =/= x

(19) 느낌동사 구문의 대응 규칙 :

V가 〔〔BE(x, 〔IN STATE/+feel〕)〕, ...〕에 대응되고, NP_1이 〔A〕에 대응되며, C가 〔〔GO/+ling(z , 〔〔FROM(〔 +I 〕^{x})〕, 〔TO(〔+YOU〕^{y})〕〕〕)〕, ...〕에 대응되면, 통사구조 〔〔NP_1 ... V〕$_S$ C〕$_S$는 다음 의미구조에 대응된다.

〔〔GO/+ling(〔〔BE(〔A〕 , 〔IN STATE/+feel〕)〕, ...〕 ,

〔〔FROM(〔 +I 〕^{x})〕, 〔TO(〔+YOU〕^{y})〕〕)〕, ...〕

단, 다음 조건을 만족해야 한다: 〔A〕 = x

(20) 동일지정의 부가어 'X'를 위한 의미해석 규칙

NP가 〔A〕에 대응하고, X가 〔B〕에 대응하면,

〔... NPi ... Xi ...〕는 다음 의미구조에 대응한다.

〔〔F(...〔A〕^{x}...)〕, 〔WITH〔BE/+ident(x , 〔AT(〔B〕)〕)〕〕〕

참고문헌

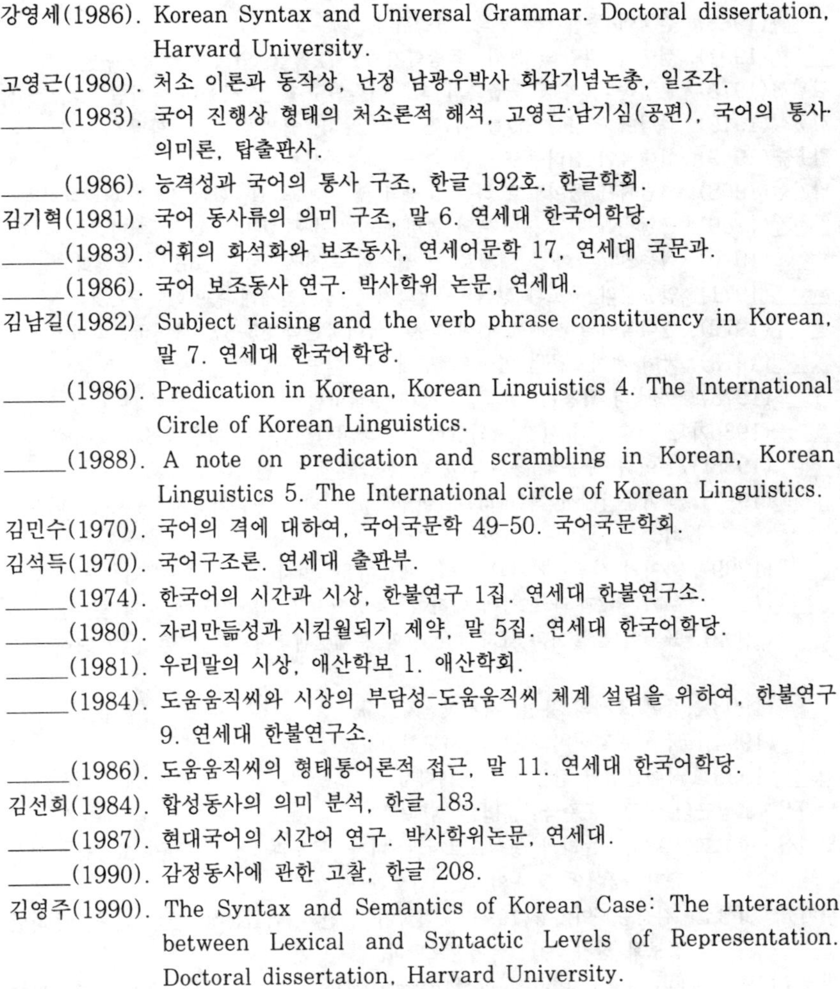

강영세(1986). Korean Syntax and Universal Grammar. Doctoral dissertation, Harvard University.

고영근(1980). 처소 이론과 동작상, 난정 남광우박사 화갑기념논총, 일조각.

_____(1983). 국어 진행상 형태의 처소론적 해석, 고영근·남기심(공편), 국어의 통사·의미론, 탑출판사.

_____(1986). 능격성과 국어의 통사 구조, 한글 192호. 한글학회.

김기혁(1981). 국어 동사류의 의미 구조, 말 6. 연세대 한국어학당.

_____(1983). 어휘의 화석화와 보조동사, 연세어문학 17, 연세대 국문과.

_____(1986). 국어 보조동사 연구. 박사학위 논문, 연세대.

김남길(1982). Subject raising and the verb phrase constituency in Korean, 말 7. 연세대 한국어학당.

_____(1986). Predication in Korean, Korean Linguistics 4. The International Circle of Korean Linguistics.

_____(1988). A note on predication and scrambling in Korean, Korean Linguistics 5. The International circle of Korean Linguistics.

김민수(1970). 국어의 격에 대하여, 국어국문학 49-50. 국어국문학회.

김석득(1970). 국어구조론. 연세대 출판부.

_____(1974). 한국어의 시간과 시상, 한불연구 1집. 연세대 한불연구소.

_____(1980). 자리만듦성과 시킴월되기 제약, 말 5집. 연세대 한국어학당.

_____(1981). 우리말의 시상, 애산학보 1. 애산학회.

_____(1984). 도움움직씨와 시상의 부담성-도움움직씨 체계 설립을 위하여, 한불연구 9. 연세대 한불연구소.

_____(1986). 도움움직씨의 형태통어론적 접근, 말 11. 연세대 한국어학당.

김선희(1984). 합성동사의 의미 분석, 한글 183.

_____(1987). 현대국어의 시간어 연구. 박사학위논문, 연세대.

_____(1990). 감정동사에 관한 고찰, 한글 208.

김영주(1990). The Syntax and Semantics of Korean Case: The Interaction between Lexical and Syntactic Levels of Representation. Doctoral dissertation, Harvard University.

김영희(1973). 한국어의 격문법 연구. 석사 학위 논문, 연세대 대학원.
_____(1974가). 한국어 조사류어의 연구, 문법연구 1.
_____(1974나). '와'의 양상, 국어국문학 65-66합병호. 국어국문학회.
_____(1976). 복수 표지 '들'의 문법, 문법연구 3. 문법연구회.
_____(1981). 회상문의 인칭제약과 책임성, 국어학 10.
_____(1984). 한국어 셈숱화 구문의 통사론. 탑출판사.
_____(1988). 한국어 통사론의 모색. 탑출판사.
_____(1991). 셈숱말 '각각'의 문법, 동방학지 71-72합집. 연세대 국학연구원.
김완진(1970). 문접속의 '와'와 구접속의 '와', 어학연구 6-2. 서울대 어학연구소.
김용석(1979). 목적어 조사 '-을/를'에 관하여, 말 4. 연세대 한국어학당.
김흥수(1989). 현대국어 심리동사 구문 연구. 탑출판사.
남기심(1968). 그림씨를 풀이말로 하는 문장의 몇 가지 특질, 한글 142. 한글학회.
_____(1969). 문형 'N1-이 N2-이다'의 변형분석적 연구, 계명논총 5. 계명대.
_____(1970). 이음씨끝 '-아'를 매개로 한 겹씨의 움직씨, 한글 146. 한글학회.
_____(1971). 인용문의 구조와 성격, 동방학지 12집. 연세대 동방학연구소.
_____(1972). 현대국어의 시제에 관한 문제, 국어국문학 55-57. 국어국문학회.
_____(1973). 국어 완형보문법 연구. 계명대 한국학연구소.
_____(1978). '아서'의 화용론, 말 3. 연세대 한국어학당.
_____(1986가). '서술절'의 설정은 타당한가?, 국어학신연구I. 탑출판사.
_____(1986나). '이다' 구문의 통사적 분석, 한불연구 7. 연세대.
_____(1987). 국어문법에서 격(자리)는 어떻게 정의되어 왔는가, 애산학보 5. 애산학회.
_____(1989). 화자의 시점옮기기와 문법, 제효이용주박사 회갑기념논문집.
_____(1990). 토씨 '와/과'의 쓰임에 대하여, 동방학지 66집. 연세대 국학연구원.
_____(1992). 표제어의 풀이와 표제어 설정의 문제, 새국어생활, 2권 1호, 국어연구소
_____(1993). 국어 조사의 용법. 서광학술자료사.
_____(1994). 국어 연결어미의 쓰임. 서광학술자료사.
_____(1996). 국어문법의 탐구 I, II. 태학사.
남기심 · 고영근(1985). 표준국어문법론. 탑출판사.
남기심 · 루코프(1983). 논리적 형식으로서의 '니까' 구문과 '어서' 구문, 고영근·남기심 공편, 국어의 통사·의미론. 탑출판사.
남기심 · 이상섭 · 김슬옹 · 이기황(1991). 한국어 사전의 어휘론적 분석 연구, 우리말 정보화 잔치 '91. 국어정보학회.
박병수(1981). On the double object constructions in Korean, 언어 6-1. 한국

언어학회.
박승윤(1984). '시작하다' 동사의 타동성 예외, 언어 9-2. 한국언어학회.
박양규(1972). 국어 처격에 대한 연구-통합상의 특징을 중심으로-, 국어연구27. 국어연구회.
_____(1975). 소유와 소재, 국어학 3. 국어학회.
_____(1978). 사동과 피동, 국어학 7. 국어학회.
_____(1985). 국어의 재귀동사에 대하여, 국어학 14. 국어학회.
서정수(1968). 변형생성문법의 이론과 국어 V류어의 하위 분류. 석사 학위논문, 연세대 대학원.
_____(1975). 국어 부사류어의 구문론적 연구, 남기심 고영근 이익섭(공편), 현대국어문법. 계명대 출판부.
_____(1975). 동사 '하'의 문법. 형설출판사.
_____(1977). '더'는 회상의 기능을 지니는가?, 언어 2-1. 한국언어학회.
_____(1991). 동사 '되'에 관하여, 동방학지 71-72 합집. 연세대 국학연구원.
_____(1994). 국어문법. 뿌리깊은나무.
성광수(1974). 국어 보어 설정에 대한 재고, 국어국문학 64. 국어국문학회.
_____(1976). 국어의 간접피동에 대하여: 피동접미사 '지(다)'를 중심으로, 문법연구 3.
_____(1979). 국어 조사의 연구. 형설출판사.
성낙수(1975). 한국어의 회상문 연구, 문법연구 2. 문법연구회.
_____(1987). 이른바 도움움직씨 '싶다'의 연구, 한글 196. 한글학회.
손호민(1975). Retrospection in Korean, 어학연구 11-1. 서울대 어학연구소.
_____(1976). Semantics of compound verbs in Korean, 언어 1-1. 한국언어학회.
_____(1978). 긴 형과 짧은 형, 어학연구 14-2. 서울대 어학연구소.
송병학(1976). 한국어의 도구격, 언어문학연구. 충남대.
_____(1979). 한국어의 수동태, 언어 4-2. 한국언어학회.
송석중(1967). Some Transformational Rules in Korean. Doctoral dissertation, Indiana University.
_____(1974). 동의성, 국어학 2집. 국어학회.
_____(1975). Rare plural marking and ubiquitous plural marker in Korean, Language Research 11-1. Seoul: Language Research Institute, Seoul National University.
_____(1978). 사동문의 두 형식, 언어 3-2. 한국언어학회.
_____(1980). Perception or reality?, Korean causatives reexamined, Korean Linguistics 2.

_____(1982). 조사 '과', '를', '에'의 의미분석, 말 7. 연세대 한국어학당.
신기철·신용철(편)(1985〔1974〕). 새우리말큰사전. 삼성출판사.
신현숙(1980). '더라'의 쓰임과 의미, 논문집11. 건국대대학원.
안명철(1982). 처격 '에'의 의미, 관악어문연구 7. 서울대 국문학과.
안성호(1990). Korean Quantification and Universal Grammar. Doctoral dissertation, University of Connecticut.
안희돈(1991). Light Verbs,VP-Movement, Negation and Clausal Architecture in Korean and English. Doctoral dissertation, University of Wisconsin-Madison.
양동휘(1973). Inner and outer locatives in Korean, 어학연구 9-1. 서울대 어학연구소.
_____(1979). 국어의 피사동, 한글 166. 한글학회.
_____(1983). Extended binding theory of anaphora, 어학연구 19-2. 서울대 어학연구소.
_____(1986). 한국어의 대용사론, 국어학 15. 국어학회.
양인석(1972). Korean Syntax, 백합사.
_____(1974). Two causative forms in Korean, 어학연구 10-1. 서울대 어학연구소.
양정석(1986). '이다'의 의미와 통사, 연세어문학 19. 연세대 국문학과.
_____(1987). '이중주어문'과 '이중목적어문'에 대하여, 연세어문학 20. 연세대 국문학과.
_____(1991가). 재구조화를 특징으로 하는 문장들, 동방학지 71·72 합집. 연세대 국학연구원.
_____(1991나). 동사의 두 가지 어휘구조-처소교차동사의 경우-, 국어의 이해와 인식(갈음 김석득 교수 회갑기념 논문집). 한국문화사.
_____(1992). 한국어 동사의 어휘구조 연구. 박사학위논문, 연세대 대학원.
_____(1996가). 대칭구문과 상호구문의 의미 해석, 언어 22-1/2 합병호. 한국언어학회.(한국언어학회 주최 '95 국제언어학학술대회 발표논문선)
_____(1996나). '이다' 구문과 재구조화, 한글 232. 한글학회.
_____(1996다). '이다' 구문의 의미 해석, 동방학지 91집. 연세대 국학연구원.
_____(1997). 재구조화 재고, 국어국문학 118호. 국어국문학회.
엄정호(1989). 소위 지정사 구문의 통사구조, 국어학 18.
연재훈(1989). 국어 중립 동사 구문에 대한 연구, 한글 203.
우형식(1990). 국어 타동구문에 관한 연구. 박사학위 논문, 연세대.
유동석(1984). {로}의 이질성 극복을 위하여, 국어학 13집. 국어학회.

유현경(1994). 논항과 부가어, 우리말글연구 1. 우리말학회.
이광호(1988). 국어 격조사 '을/를'의 연구. 탑출판사.
이기동(1975). Lexical causatives in Korean, 어학연구 11-2. 서울대 어학연구소.
_____(1976가). 조동사의 의미 분석, 문법연구 3집. 문법연구회.
_____(1976나). Arguments against lexicalization: with reference to deajectival causatives in Korean, 언어 1-1. 한국언어학회.
_____(1978가). 조동사 '있다'의 의미 연구, 눈뫼 허웅 박사 회갑기념 논문집.
_____(1978나). 한국어 피동형 분석의 검토, 인문과학논총 9. 건국대.
_____(1978다). 조동사 '지다'의 의미 연구, 한글 161호. 한글학회.
_____(1979). 조동사 '놓다'의 의미 연구, 한글 163호. 한글학회.
_____(1981). 조사 '에'와 '에서'의 기본 의미, 한글 173·174호 어우름. 한글학회.
이기용(1975). 시상에 관한 의미공준의 설정, 어학연구 11-2. 서울대 어학연구소.
이남순(1982). 단수와 복수, 국어학 11. 국어학회.
_____(1983가). '에'와 '로'의 통사와 의미, 언어 8-2. 한국언어학회.
_____(1983나). 양식의 '에'와 소재의 '에서', 관악어문연구 8집. 서울대 국문학과.
이맹성(1968). Nominalization in Korean, 어학연구 4-1(별권). 서울대어학연구소.
이상복(1983). 한국어의 인용문 연구, 고영근·남기심(공편), 국어의 통사 의미론. 탑출판사.
이익섭(1978). 피동성 형용사문의 통사 구조, 국어학 6집. 국어학회.
_____(1973). 국어 수량사구의 통사 기능에 대하여, 어학연구 9-1. 서울대어학연구소.
이익환(1980). Korean Particles, Complements, and Questions: A Montague Grammar Approach. Hanshin Publishing Co.
_____(1983). 현대의미론. 민음사.
_____(1985). 의미론개론. 한신문화사.
_____(1989). 언어와 논리: 믿음문장, 이정모 외, 인지과학. 민음사.
이정민(1973가). Abstract Syntax and Korean with Reference to English. Doctoral dissertation, Indiana University.
_____(1973나). Presupposition of existence of theme for verbs of change, Foundations of Language 9.
_____(1976). Cases for psychological verbs in Korean, 언어 1-1. 한국언어학회.
이창덕(1988). '더'에 관한 문제, 말 13. 연세대 한국어학당.
이홍배(1970). A Study of Korean Syntax. Pan Korea Publishing Co.
_____(1971). 이행소와 국어 변형 문법, 한글 147. 한글학회.
이희승(1956). 존재사 '있다'에 대하여, 서울대학교논문집 3.

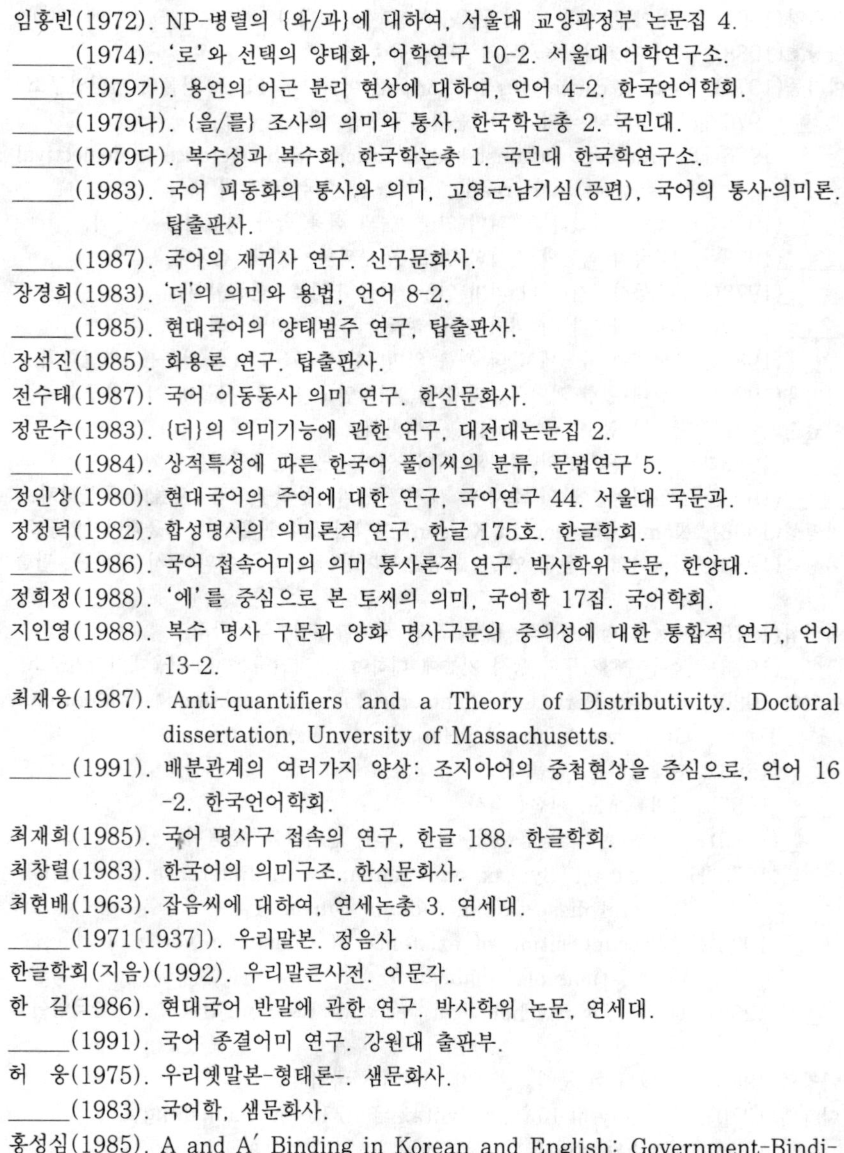

임홍빈(1972). NP-병렬의 {와/과}에 대하여, 서울대 교양과정부 논문집 4.
_____(1974). '로'와 선택의 양태화, 어학연구 10-2. 서울대 어학연구소.
_____(1979가). 용언의 어근 분리 현상에 대하여, 언어 4-2. 한국언어학회.
_____(1979나). {을/를} 조사의 의미와 통사, 한국학논총 2. 국민대.
_____(1979다). 복수성과 복수화, 한국학논총 1. 국민대 한국학연구소.
_____(1983). 국어 피동화의 통사와 의미, 고영근·남기심(공편), 국어의 통사·의미론. 탑출판사.
_____(1987). 국어의 재귀사 연구. 신구문화사.
장경희(1983). '더'의 의미와 용법, 언어 8-2.
_____(1985). 현대국어의 양태범주 연구, 탑출판사.
장석진(1985). 화용론 연구. 탑출판사.
전수태(1987). 국어 이동동사 의미 연구. 한신문화사.
정문수(1983). {더}의 의미기능에 관한 연구, 대전대논문집 2.
_____(1984). 상적특성에 따른 한국어 풀이씨의 분류, 문법연구 5.
정인상(1980). 현대국어의 주어에 대한 연구, 국어연구 44. 서울대 국문과.
정정덕(1982). 합성명사의 의미론적 연구, 한글 175호. 한글학회.
_____(1986). 국어 접속어미의 의미 통사론적 연구. 박사학위 논문, 한양대.
정희정(1988). '에'를 중심으로 본 토씨의 의미, 국어학 17집. 국어학회.
지인영(1988). 복수 명사 구문과 양화 명사구문의 중의성에 대한 통합적 연구, 언어 13-2.
최재웅(1987). Anti-quantifiers and a Theory of Distributivity. Doctoral dissertation, Unversity of Massachusetts.
_____(1991). 배분관계의 여러가지 양상: 조지아어의 중첩현상을 중심으로, 언어 16-2. 한국언어학회.
최재희(1985). 국어 명사구 접속의 연구, 한글 188. 한글학회.
최창렬(1983). 한국어의 의미구조. 한신문화사.
최현배(1963). 잡음씨에 대하여, 연세논총 3. 연세대.
_____(1971〔1937〕). 우리말본. 정음사 .
한글학회(지음)(1992). 우리말큰사전. 어문각.
한 길(1986). 현대국어 반말에 관한 연구. 박사학위 논문, 연세대.
_____(1991). 국어 종결어미 연구. 강원대 출판부.
허 웅(1975). 우리옛말본-형태론-. 샘문화사.
_____(1983). 국어학, 샘문화사.
홍성심(1985). A and A′ Binding in Korean and English: Government-Binding Parameters. Doctoral dissertation, University of Connecti-

cut.
홍윤표(1978). 방향성 표시의 격, 국어학 6집. 국어학회.
홍재성(1982). '-러' 연결어미문과 이동동사, 어학연구 18-2. 서울대 어학연구소.
_____(1983). 이동동사와 행로의 보어, 말8. 연세대 한국어학당.
_____(1985가). 한국어 자동사적 대칭동사의 통사론적 정의, 인문과학 53. 연세대 인문과학연구소.
_____(1985나). 한국어 경쟁구문에 대한 몇 가지 지적, 한글 187호. 한글학회.
_____(1986가). 교차장소보어 구문 연구, 한글 191호. 한글학회.
_____(1986나). 현대 한국어 대칭구문 분석의 한 국면, 동방학지 50. 연세대 국학연구원.
_____(1987). 이동동사 구문과 직접목적의 보어, 한불연구 7집. 연세대 한불연구소.
_____(1989). 한국어 자동사/타동사 구문의 구별과 사전-이른바 동족목적보어 구문의 경우-, 동방학지 63. 연세대 국학연구원.
Ahn, S., K. Kim & C. Lee(1992). Pragmatic constraints on presupposition accommodation, SICOL '92 Proceedings. The Linguistic Society of Korea.
Allerton, D.J.(1982). Valency and the English verb, Academic Press.
Anderson, S.R.(1971). On the role of deep structure in semantic interpretation, Foundations of Language 6.
_____(1977). Comments on the paper by Wasow, Cullicover et als eds., Formal Syntax, Academic Press.
Aronoff, M.(1976). Word formation in Generative grammar. MIT Press.
Atkins, B.T., J. Kegle & B. Levin(1986). Explicit and implicit information in dictionaries, CSL Report 5, Cognitive Science Laboratory, Princeton University.
Chomsky, N.(1964[1957]). Syntactic Structures. Mouton & Co.
_____(1965). Aspects of the Theory of Syntax. MIT.
_____(1970). Remarks on nominalization, Jacobs, R.A. and Rosenbaum, P.S.(eds.), English Transformational Grammar, Ginn, Waltham.
_____(1981). Lectures on Government and Binding, Foris publications.
_____(1986a). Knowledge of Language : Its Nature, Origin, and Use, MIT Press.
_____(1986b). Barriers. MIT.
_____(1995). Minimalist Program. MIT.
Culicover, P.W.(1987). On Thematic Relations, MIT Working Papers in

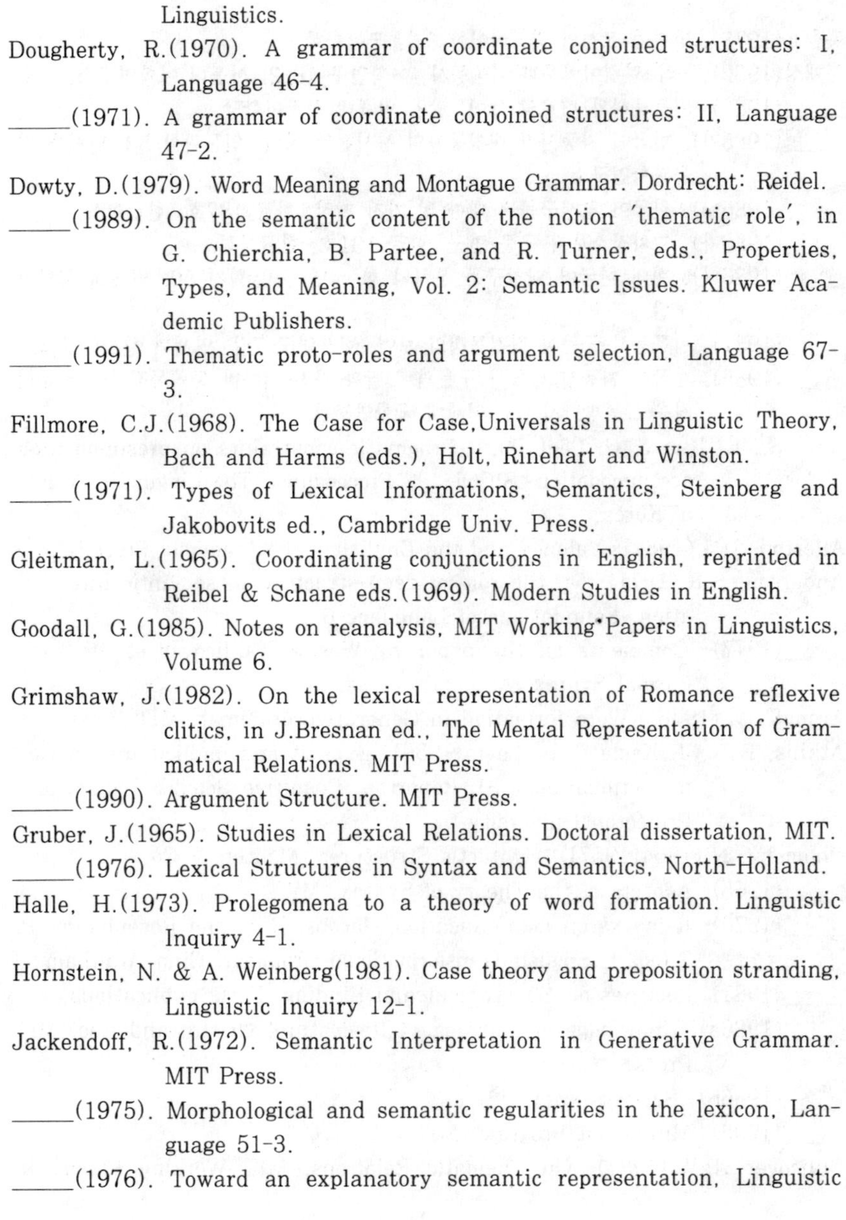

Linguistics.

Dougherty, R.(1970). A grammar of coordinate conjoined structures: I, Language 46-4.

_____(1971). A grammar of coordinate conjoined structures: II, Language 47-2.

Dowty, D.(1979). Word Meaning and Montague Grammar. Dordrecht: Reidel.

_____(1989). On the semantic content of the notion 'thematic role', in G. Chierchia, B. Partee, and R. Turner, eds., Properties, Types, and Meaning, Vol. 2: Semantic Issues. Kluwer Academic Publishers.

_____(1991). Thematic proto-roles and argument selection, Language 67-3.

Fillmore, C.J.(1968). The Case for Case,Universals in Linguistic Theory, Bach and Harms (eds.), Holt, Rinehart and Winston.

_____(1971). Types of Lexical Informations, Semantics, Steinberg and Jakobovits ed., Cambridge Univ. Press.

Gleitman, L.(1965). Coordinating conjunctions in English, reprinted in Reibel & Schane eds.(1969). Modern Studies in English.

Goodall, G.(1985). Notes on reanalysis, MIT Working Papers in Linguistics, Volume 6.

Grimshaw, J.(1982). On the lexical representation of Romance reflexive clitics, in J.Bresnan ed., The Mental Representation of Grammatical Relations. MIT Press.

_____(1990). Argument Structure. MIT Press.

Gruber, J.(1965). Studies in Lexical Relations. Doctoral dissertation, MIT.

_____(1976). Lexical Structures in Syntax and Semantics, North-Holland.

Halle, H.(1973). Prolegomena to a theory of word formation. Linguistic Inquiry 4-1.

Hornstein, N. & A. Weinberg(1981). Case theory and preposition stranding, Linguistic Inquiry 12-1.

Jackendoff, R.(1972). Semantic Interpretation in Generative Grammar. MIT Press.

_____(1975). Morphological and semantic regularities in the lexicon, Language 51-3.

_____(1976). Toward an explanatory semantic representation, Linguistic

Inquiry 7-1. MIT.
_____(1977). X′ Syntax: A Study of Phrase Structure. MIT.
_____(1978). Grammmar as evidence for conceptual structure, M. Halle et als eds., Linguistic Theory and Psychological Reality. MIT.
_____(1983). Semantics and Cognition. MIT.
_____(1985a). Multiple subcategorizations and the θ-criterion: The case o f climb, Natural Language and Linguistic Theory 3.
_____(1985b). Believing and intending: Two sides of the same coin, Linguistic Inquiry 16-3.
_____(1990). Semantic Structures. MIT.
_____(1991). Parts and boundaries, Cognition 41.
_____(1993). On the role of conceptual structure in argument selection, Natural Language and Linguistic Theory 11.
_____(1994). Lexical insertion in a post-minimalist theory of grammar, ms.
Jeffries, L. & P. Willis(1984). A return to the spray paint issue, Journal of Pragmatics 8.
Katz, J.J.(1981). Language and Other Abstract Objects. Rowman and Littlefield, Totowa, NJ.
____(1985). The Philosophy of Linguistics. Oxford University Press.
Katz, J.J. & P. M. Postal(1991). Realism vs. conceptualism in linguistics, Linguistics and Philosophy 14-5.
Keenan, E.(1974). The functional principle: generalizing the notion of 'SU BJECT OF', CLS 10.
Kegle, J. & C. Fellbaum(1988). Non-canonical argument identification, CSL Report 25, Cognitive Science Laboratory, Princeton University.
Lakoff, G. & S. Peters(1966). Phrasal conjunction and symmetric predicates, reprinted in Reibel & Schane eds.(1969). Modern Studies in English.
Laughren(1988). Toward a lexical representation of Warlpiri verbs, W. Wilkins ed., Syntax & Semantics 21, Academic Press.
Levin, B. and T. Rapoport(1988). Lexical subordination, CLS 24.
Levin, B. & M. Rappaport(1986). The formation of adjectival passives, Linguistic Inquiry 17-4, MIT.
Link, G.(1983). The logical analysis of plurals and mass terms, Bauerle

et als. eds., Meaning, Use, and Interpretation of Language. Berlin: Walter de Gruyter.

_____(1984). Hydras. On the logic of relative constructions with multiple heads, in Landman, F. & F. Veltman eds. Varieties of Formal Semantics.

Lyons, J.(1977). Semantics I-II, Cambridge University Press.

McCawley, J.(1968). Lexical insertion in a Transformational Grammar without deep structure, in B. Darden, C. Bailey, & A. Davison eds., Papers from the Fourth Meeting of the Chicago Linguistic Society. Department of Linguistics, University of Chicago.

Miyagawa, S.(1989). Structure and Case Marking in Japanese, Syntax and Semantics 22. Academic Press.

Rappaport, M. and B. Levin(1988). What to do with θ-roles, W.Wilkins ed., Syntax & Semantics 21. Academic Press.

Reinhart, T.(1981). Definite NP anaphora and c-command domains, Lingu-istic Inquiry 12.

_____(1983). Coreference and bound anaphora: A restatement of the anaphora questions, Linguistics and Philosophy 6.

Riemsdijk, H. van & E. Williams(1986). Introduction to the Theory of Grammar, MIT Press.

Rizzi, L.(1978). A restructuring rule in Italian syntax, Keyser, S.J., ed., Recent Transformational Studies in European Languages, Linguistic Inquiry Monograph no.3.

Rothstein, A.(1983). The Syntactic Forms of Predication, Doctoral dissertation, MIT.

Salkoff, M.(1983). Bees are swarming in the garden, Language 59-2.

Schwartz-Norman, L.(1976). The grammar of 'content' and 'container', Journal of Linguistics 12.

Sells, P.(1985). Lectures on Contemporary Syntactic Structures. CSLI, Stanford University.

Shibatani, M.(1973). Lexical versus periphrastic causatives in Korean, Journal of Liguistics 9.

Shieber, S.(1986). An Introduction to Unification-based Approaches to Gra-mmar. CSLI, Stanford University.

Stowell, T.(1981). Origins of Phrase Structure, Doctoral dissertation, MIT.
_____(1982)Conditions on reanalysis, MIT Working Papers in Linguistics in Linguistics, Volume 4.
Talmy, L.(1975). Semantics and syntax of motion, Syntax and Semantics 4, Academic Press.
_____(1976). Semantic causative types, M.Shibatani (ed.), Syntax and Semantics 6, Academic Press.
_____(1985a). Lexicalization patterns: semantic structure in lexical forms, in T. Shopen ed., Language Typology and Syntactic Description, vol 3., Cambridge University Press.
_____(1985b). Force dynamics in language and thought, in Papers from the Twenty-first Regional Meeting of the Chicago Linguistic Society, Department of Linguistics, University of Chicago.
Tenny, C.(1987). Grammat icalizing Aspect and Affectedness. Doctoral dissertation, MIT.
Vendler, Z.(1957). Verbs and times, Philosophical Review 56. Reprinted in Z. Vendler(1967). Linguistics in Philosophy. Cornell University Press.
_____(1967). Linguistics in Philosophy, Cornell University Press.
Voorst, J.V.(1988). Event Structure,John Benjamins Publishing Company.
Wasow, T.(1977). Transformations and the lexicon, Cullicover et als. eds., Formal Syntax,Academic Press.
Wilkins, W. ed.(1988). Syntax and Semantics 21 -Thematic Relations-, Academic Press.
Williams, E.(1980). Predication, Linguistic Inquiry 11-1, MIT Press.
_____(1981). Argument Structure and Morphology, The Linguistic Review 1.
_____(1983). Against small clauses, Linguistic Inquiry 14-2, MIT.
Wittgenstein, L.(1953). Philosophical Investigations. Basil Blackwell.
Zubizarreta, M.L.(1982). On the Relationship of the Lexicon to Syntax, Doctoral dissertation, MIT.
_____(1992). The lexical encoding of scope relations among arguments, Syntax an Semantics 26: Syntax and the Lexicon. Academic Press.

〈부록1: 어휘의미구조와 어휘통사구조의 본보기〉

어휘항목, 국어 동사들 중의 빈도순(연세대학교 한국어사전편찬실에서 1991년 '연세말뭉치' 300만 말마디를 바탕으로 빈도 조사한 결과임), 어휘통사구조, 어휘의미구조, 예문 순

가꾸다1 00508 x〈 y, z^LOC 〉
[[AFF(x , y)] , [CS(x , [INCH[BE(y , [AT(z)])]])]]/가꾸
문제는 그 비싼 땅에다가 강노인은 한사코 푸성귀 따위나 가꾸겠다고 고집을 부리는 데 있었다./아버님은 정원에 꽃을 가꾸셨다.

가꾸다2 00508 x〈 z, y^PAT 〉
[[AFF(x , z)] ,
[[CS(x , [INCH[BE/+circ(z , [IN([+accomplishment])])]])],
[BY([CS(x , [INCH[BE(y , [AT(z)])]])])]]]/가꾸
아버님이 정원을 꽃으로 가꾸셨다.

가꾸다3 00508 x〈 y 〉
[[AFF(x , y)] , [CS(x , [INCH[BE(y , [AT([ ])])]])]]/가꾸
그런데 뭘 그리 열심히 가꾸십니까./큰 구멍을 파려면 자리를 넓게 잡아야 하고 그 나무를 가꾸자면 북을 높게 돋우어야 한다./불광동을 지나 박석 고개를 넘게 되면 몇 십 년이 지나도록 매화 분재만을 자식 아끼듯 애지중지하며 가꾸어 온 할아버지 한 분이 계셨다.

가꾸다4 00508 x〈 z 〉
[[AFF(x , z)] ,
[[CS(x , [INCH[BE/+circ(z , [IN([+accomplishment])])]])],
[BY([CS(x , [INCH[BE([ ] , [AT(z)])]])])]]]/가꾸
화단을 가꾸는 아내의 그 모습은 환각이었다./주부들도 움직여 군살을 빼고, 아름다운 몸매를 가꾸기 위하여서도 에어로빅이나 허슬은 건전한 운동이 된다./그래, 나의 삶은 이왕에 빗나가버렸으니 너라도 네 삶을 멋지고 훌륭하게 가꾸어봐라.

가꾸어지다 〈 z, y^PAT 〉
[[AFF(, z)] ,
[[CS([ ], [INCH[BE/+circ(z, [IN([+accomplishment])])]])],
[BY([CS([ ], [INCH[BE(y, [AT([z])])]])])]]]/가꾸어지

양지바른 삶, 교양과 예의와 우아한 아름다움으로 가꾸어진 삶으로 돌아가는 길은 결국 막혀 버렸다.

가능하다 00084 〈 y 〉
〔BE/+ident(y, 〔AT(〔가능〕)〕〕
누구나 스위치 온하면 즉시 촬영이 가능하다./따라서 그 것은 용기 있는 사람에게만 가능한 일이다.

가다1 00057 x〈 y^PAT 〉
〔〔AFF(x,)〕, 〔GO(x, 〔TO(y)〕)〕〕
지난 44 년 북쪽으로 갔으며 고향이 전라도라고 하는 점 등으로 혹시 동생일지도...

가다2 00057 x〈 y^LOC 〉
〔〔AFF(x,)〕, 〔GO(x, 〔TO〔AT(y)〕〕)〕〕
아니, 당신이 그 배 밭에를 갔었단 말야?/그 후 플라톤은 디오니시오스 2 세의 초청으로 또 그 곳에 갔다.

가다3 00057 x〈 y 〉
〔〔AFF(x, y)〕, 〔GO(x, 〔VIA(y)〕)〕〕/가
세 사람이 길을 간다.

가다4 00057 x〈 y 〉
〔〔AFF(x, y)〕, 〔GO(x, 〔TO(y)〕)〕〕/가
내가 서울을 간다.

가다5 00057 x〈 y^SOC, z^PAT 〉
〔〔AFF(x,)〕, 〔GO(x, 〔〔FROM(y)〕, 〔TO(z)〕〕)〕〕
철수는 순이와 학교에서 집으로 갔다.

가다6 00057 x〈 y^PAT 〉
〔〔AFF/-vol(x,)〕, 〔GO(x, 〔TO(y)〕)〕〕
눈이 테이블 위의 손금고로 갔다.

가다7 00057 x〈 〉
〔〔AFF(x,)〕, 〔GO(x, 〔TO(〔 〕)〕)〕〕
오늘은 그럴 일이 있어 그냥 갔어.

가리키다 00535 x⟨ y ⟩
[[AFF/-vol(x, y)] , [INCH[ORIENT(x, [TO(y)])]]]
시계가 네 시 반을 가리키고 있었다.

강조하다 00088 x⟨ y ⟩
[[AFF(x , y)] , [CS(x, [INCH[BE([강조], [AT(y)])]])]]
그리하여 그는 아의 관념을 강조한다.

같다1 00006 ⟨ y, z^COM ⟩
[[BE/+ident(y, [AT(z)])] AND [BE/+ident(z, [AT(y)])]]
마음이 죽은 자는 돌 덩어리와 같다.

같다2 00006 ⟨ x ⟩
[[+reciprocal],
[[BE/+ident(y, [AT([ ])])] AND [BE/+ident([ ], [AT(y)])]]]
그러나 반드시 고뇨산혈증과 통풍이 같다는 것은 아니다.

같다3 00006 ⟨y, (z) ⟩
[[BE/+ident(y, [AT(z)])] AND [BE/+ident(z, [AT(y)])]]
그런데 눈에 보이는 사람은 모두 알몸 같았어요./나에게는 모든 것이 다 꿈만 같다.

거두다 00192 x⟨ y ⟩
[[AFF(x, y)] , [CS(x, [GO/+poss(y, [FROM([ ]/-b,+i, [TO([x])])])])]]
선생님은 아이들에게 나눠 주었던 백지들을 도로 거두어 말 없이 교실을 나갔다.

걸다 00090 x⟨ y, z^LOC ⟩
[[AFF(x, y)] , [CS(x, [INCH[BE(y, [ON(z)])]])]]/걸
허생은 말뚝에다 넓은 휘장을 걸었다./순이는 치마와 저고리를 나뭇가지에 걸었다./줄기의 끝 부분 (에이줄기)과 양쪽 가지 (비이씨이가지)에 철사를 건다.

걸치다1 00120 x⟨y, z^LOC⟩
[[AFF(x, y)] , [CS(x, [INCH[BE(y, [ON(z)]])]])]]/걸치
그 운전수는 이쪽의 대답 같은 건 아예 생각하지도 않은 물음이라는 듯 벌써 숙직실 문지방에 두 발을 덜렁 걸친 채 요란한 하품과 기지개를 하고 있었다.

걸치다2 00120 x⟨z, y^PAT⟩
[[AFF(x, y)] ,
[[CS(x, [INCH[BE/+circ(z, [IN([+accomplishment])])]])]],

〔BY(〔CS(x, 〔INCH〔BE(y, 〔ON(z)〕)〕〕)〕)〕〕〕
나는 그 드러난 부분을 재빨리 신문지로 걸쳐 놓았다.

걸치다3　　00120　　x〈 y 〉
〔〔AFF(x, y)〕, 〔CS(x, 〔INCH〔BE(y/+clth, 〔ON(〔 x 〕)〕)〕〕)〕〕/걸치
국방복 반코트를 걸치자 그는 사무실을 나섰다.

겪다　　00121　　x〈 y 〉
〔〔REACT/+nega(x, y)〕, 〔CS/+u(y, 〔GO(y, 〔AGAINST(〔 x 〕)〕)〕)〕〕
경찰의 무차별한 최루탄 발사로 시민들이 최루탄 가스에 큰 고통을 겪는다.

견디다　　00251　　x〈 y 〉
〔〔REACT/+neut(x, y)〕, 〔CS/-s(y, 〔GO(y, 〔TO(x)〕)〕)〕〕
댐이 강물의 힘을 견딘다./극기와 수신의 아픔을 견디지 못하면서 어떻게 글로써 조국을 사랑하고 인류를 사랑할 수 있단 말인가.

괴롭다　　00761　　〈 x 〉
〔BE(x, 〔IN STATE/+feel,+괴로움〕)〕,
〔BY(〔INCH〔BE(〔 〕, 〔AT(〔 x 〕)〕)〕〕)〕〕
나는 괴롭다.

괴롭히다　　01607　　x〈 y 〉
〔〔AFF(x, y)〕,
〔CS(x, 〔〔REACT(y, x)〕, 〔〔BE(y, 〔IN STATE/+feel,+괴로움〕)〕,
〔BY(〔INCH〔BE(x, 〔AT(〔 y 〕)〕)〕〕)〕〕〕)〕〕
경애의 쌀쌀한 태도가 나를 괴롭힌다.

굳다1　　01634　　〈 x 〉
〔BE/+ident(x, 〔AT(〔HARD〕)〕)〕
땅이 굳다.

굳다2　　01634　　〈 x 〉
〔〔AFF(, x)〕,
〔INCH(〔BE/+ident(x, 〔AT(〔HARD〕)〕)〕)〕〕
땅이 굳는다.

굶다　　01324　　y〈 z 〉
〔〔AFF(y, z)〕,

〔CS(y, 〔NOT〔GO(〔FOOD〕^{z} ,〔TO(〔IN(〔MOUTH-OF(〔 y 〕)〕)〕)〕)〕)〕
그 소년은 사흘 동안 밥을 굶었다.

굶기다 x〈 y, z 〉
〔〔AFF(x, y)〕,
〔CS(x, 〔CS(y, 〔NOT〔GO(〔FOOD〕^{z},
〔TO (〔 IN (〔MOUTH〕-OF(〔 y 〕)〕)〕)〕)〕)〕)〕
김씨는 아이들을 사흘 동안 밥을 굶겼다.

깊다 00093 〈 y 〉
〔BE/+ident(y, 〔AT(〔깊〕)〕)〕
물은 과히 깊지가 않아 나의 가슴패기 정도였다.

끝나다 00059 〈 y 〉
〔〔AFF(, y)〕, 〔INCH〔BE(y, 〔AT(〔끝〕)〕)〕)〕
거기다가 나폴레옹의 왕국은 옛날에 끝났지만 보들레르의 왕국은 지금도 의연히...

끼얹다1 01540 x〈 y, z^LOC 〉
〔〔AFF(x , y)〕,
〔CS(x , 〔INCH〔BE(y/+b,-i, 〔ON/+dist(z)〕)〕)〕)〕〕/끼얹
드디어 그는 몸을 굽혀 상처 투성이의 발등에다 물을 끼얹었다./나는 어느 사이엔가 그런 고상한 단어들 위에다 현실이라는 이름의 때와 누를 잔뜩 끼얹고 있었다.

끼얹다2 01540 x〈 y, z^PAT 〉
〔〔AFF(x , z)〕,
〔〔CS(x , 〔INCH〔BE/+circ(z , 〔IN(〔+accomplishment〕)〕)〕)〕)〕,
〔BY(〔CS(x , 〔INCH〔BE(y /-b,-i, 〔ON/+dist(z)〕)〕)〕)〕)〕〕/끼얹
어머니가 마당을 물로 끼얹었다.

끼얹다3 01540 x〈 y, z^PAT 〉
〔〔AFF(x, y)〕, 〔CS(x, 〔GO(y/-b, -i, 〔TO(〔ON/+dist(〔 z 〕)〕)〕)〕)〕〕
뒤란의 우물에서 물을 퍼 가지고 지붕위로 끼얹어대는 사람이 있었다.

나서다 00109 x〈 y 〉
〔〔AFF(x, y)〕,
〔〔CS(x , 〔INCH〔CONFIG(x)〕〕)〕〕,
〔BY(〔GO(x , 〔FROM〔IN(y)〕〕)〕)〕)〕〕
도망쳐 나오는 듯한 걸음 걸이로 여관을 나서서 골목을 빠지자 차들의 행렬이 물결처럼 흐르고 있었다.

나오다 00032 x〈 y 〉
〔〔AFF(x, y)〕, 〔GO(x, 〔FROM〔IN(y)〕〕〕〕〕
...싶은 사람은 그토록 많은데, 그렇담 교도솔 나오는 사람들은 어째서 전혀 볼 수가 없지요?

나타내다 00128 x〈 y 〉
〔〔AFF/-vol(x, y)〕, 〔INCH〔ORIENT(x , 〔TO〔AT(y)〕〕〕〕〕〕
최소 유량과 최대 유량의 비율을 나타내는 하상 계수가 한강은 1대 394이고 섬진강의 경우는 1대 715나 된다.

내려오다 00358 x〈 y 〉
〔〔AFF(x, y)〕, 〔〔GO(x, 〔VIA(y)〕〕〕, 〔BY(〔GO(x, 〔DOWNWARD〕〕〕)〕〕〕
그들이 참나무 숲에서 마지막으로 곡식을 실은 네 필의 조랑말을 끌고 비탈 길을 내려왔을 때 아녀자들은 울음을 그치고 나자빠져 있는 말갈의 사내들에게 송장 벌레들처럼 엉켜 붙어 있었다.

내리다1 00106 x〈 y^SOC 〉
〔〔AFF(x,)〕, 〔〔GO(x, 〔DOWNWARD〕)〕, 〔BY(〔GO(x, 〔FROM(y)〕〕〕)〕〕〕
그녀가 자동 차에서 내리며 불쑥 말했다./교장은 미리 대기라도 하고 있었던 것처럼 최 국장이 차에서 내리기도 전에 벌써 자동 차 앞...

내리다2 00106 〈 y 〉
〔〔AFF(, x)〕, 〔GO(x, 〔DOWNWARD〕)〕〕
첫 눈이 내리려나 봅니다.

내리다3 00106 x〈 y 〉
〔〔AFF(x, y)〕, 〔CS(x, 〔GO(y, 〔DOWNWARD〕)〕〕〕〕
그가 얼굴을 붉히며 깃발을 내렸다.

내리다4 00106 x〈 y, z^LOC 〉
〔〔AFF(x, y)〕,
〔〔CS(x, 〔GO(y/+ling, 〔TO(〔AT(z)〕〕〕〕〕〕〕,
〔BY(〔CS(x, 〔GO(y, 〔DOWNWARD〕)〕〕〕)〕〕〕
내무부 장관은 수배중인 용공 좌경분자에 대한 전원 검거령을 전국 경찰국장에게 내렸다.

내리다5 00106 x〈 y^LOC 〉
〔〔AFF(x,)〕,
〔〔CS(x, 〔GO(x, 〔TO(〔AT(y)〕〕〕〕〕〕〕,
〔BY(〔CS(x, 〔GO(x, 〔DOWNWARD〕)〕〕〕)〕〕〕

하오 5시 15분 김포 공항 7 번 출구에 모습을 나타낸 도서기관의 모습은 석방 직후 제네바 공항에 내릴 때의 초췌한 모습과는 달리 밝은 표정이었다.

넣다 00077 x〈y, z^LOC〉
[[AFF/+caus,+vol(x, y)], [CS/+s(x, [INCH([BE(y, [IN(z)])])])]]
요즈음 애주가들이 소주 주전자에 오이 썬 것을 넣고 마시는 것을 흔히 볼 수 있는데 오이 생즙이 술을 깨게 한다면, 그렇게 오이 썬 것을 넣었다가 마시는 것도 이치가 있다고 할 수 있다.

놓다1 00019 x〈y, z^LOC〉
[[AFF/+caus,+vol(x, y)], [CS/+s(x, [INCH([BE(y, [AT(z)])])])]]
김사장이 탁자에 골프채를 놓았다./촬영시에는 비디오를 먼저 녹화 모드에 놓는다.

놓다2 00019 x〈 y 〉
[[AFF(x, y)], [CS(x, [INCH[BE(y, AT([ ])))])]]
그는 다시 젓가락을 놓았다.

놓다3 00019 x〈y, z^SOC〉
[[AFF(x, y)],
[CS(x, [INCH[BE(y,
[AT-END-OF([FROM([AT/+cntc,+atch(z)])])])])])]]
그는 손에서 편지를 놓아 버렸습니다.

느끼다 00036 x〈 y 〉
[[REACT(x, y)], [GO(y, [TO([감각-OF([x])])])]]
나는 더욱 대자연의 위대한 능력 앞에 두려움을 갖게 되었고 한편으로는 신뢰의 감정을 느끼게 되었다./홍 경래는 현기증을 느꼈다./나는 으시시 한기를 느꼈다.

늘다 00020 〈 y 〉
[[AFF(, y)],
[INCH[BE/+ident(y, [AT([LONG])])]]]
지속적인 단속 활동을 필요로 하는 쪽이 급격히 늘고 있는 추세다.

늘리다 00261 x〈 y, z^PAT 〉
[[AFF(x, y)],
[[CS(x, [INCH[BE/+ident(y, [AT(z)])]])],
[BY([CS(x, [INCH[BE/+ident(y, [AT([LONG])])]])])]]]
이 밖에 자활 보호자 중 장기 훈련자를 5만 5천 명으로 1만 명 늘리고 훈련 수당을 월 11

만 5천 원으로 올리며 취로 사업비는 양곡과 함께 현금으로도...

늘어나다1　00061　〈 y 〉
[[AFF(, y)], [INCH[BE/+ident(y, [AT([LONG])])]]]
시위 횟수는 무려 43 %나 늘어난 셈이다./신문을 그냥 잘 만들면 독자가 늘어날 것을, 우선 독자 확보부터 하고 보자고 나온다.

늘어나다2　00061　〈x, y^PAT〉
[[AFF(, x)],
[[INCH[BE/+ident(x, [AT(y)])]],
[BY([INCH[BE/+ident(x, [AT([LONG])])]])]]]
현장의 시위와 관련 구속또는 영장이 신청된 근로자는 1백 33 명으로 늘어났다.

다르다1　00011　y〈 z^COM 〉
[[NOT[BE/+ident(y, [AT(z)])]] AND [NOT[BE/+ident(z, [AT(y)])]]]
그런데 그 포스터가 우리의 것과는 전혀 다르다.

다르다2　00011　〈 x 〉
[[+reciprocal],
[[NOT[BE/+ident(x, [AT([ ])])]] AND
[NOT[BE/+ident([ ], [AT(x)])]]]]
그래서 빈자의 입장과 부자의 입장이 서로 다르다./확실히 독일의 개와 한국의 개는 다르다는 사실을...

다르다3　00011　〈 x 〉
[[NOT[BE/+ident(x, [AT([ ])])]] AND
[NOT[BE/+ident([ ], [AT(x)])]]]
이들 지방산의 생리 작용은 다르다./그러나 일본은 다르다.

달리다　00180　x〈 y^PAT 〉
[[AFF(x,)], [GO/+run(x, [TO(y)])]]
아이는 교실로 달렸다.

달하다　00201　〈 y, z^LOC 〉
[[AFF(, y)],
[[INCH[BE(y, [AT(z)])], [BY(INCH([EXT(y, [TO(z)])])])]]]
매력과 유혹은 절정에 달했다./이것이 1985년말 현재 저축율이 28.4%로부터 갑자기 증대하여 1986년의 예상 저축율이 34 %에 달하게 된 이유이다.

닿다　　　00361　　　〈 y, z^LOC 〉
〔〔AFF(, y)〕, 〔INCH(〔BE/+cntc(y, 〔AT(z)〕)〕)〕〕
손이 전화기에 닿았다.

대다　　　00740　　　x〈 y, z^LOC 〉
〔〔AFF(x, y)〕,
〔CS(x, 〔INCH(〔BE/+cntc(y, 〔AT(z)〕)〕)〕)〕〕
아이가 그림에 손을 대었다.

던지다1　　　00162　　　x〈 y, z^LOC 〉
〔〔AFF(x, y)〕, 〔CS/+laun(x, 〔GO(y, 〔TO〔AT(z)〕〕)〕)〕〕/던지
경찰은 또 행사 당일 대학생들이 대회 참가 차량에 화염병을 던지거나 행사장 주변 고층 건물을 점거, 농성을 벌일 것에 대비, 경계 경비를 철저히 하기로 했다./때로는 아이들이나 지각없는 어른들도 개에게 돌을 던진다./그는 밥 상을 내려다 보며 묘림에게 넌즈시 말 한 마디를 던졌다.

던지다2　　　00162　　　x〈 y 〉
〔〔AFF(x, y)〕, 〔CS/+laun(x, 〔GO(y, 〔TO〔AT(〔 〕)〕〕)〕)〕〕/던지
개와 고양이의 천국인 파리 하늘 아래서 그런 질문을 던져 보는 것이 필요하지 않을까 생각한다.

던지다3　　　00162　　　x〈 y, z^PAT 〉
〔〔AFF(x, y)〕, 〔CS/+laun(x, 〔GO(y, 〔TO(z)〕)〕)〕〕
그가 구덩이로 몸을 던졌다.

되다1　　　00002　　　x〈 (y) 〉
〔〔AFF(x ,)〕, 〔INCH〔BE/+ident(x , 〔TO(y)〕)〕〕〕
철수가 장학생이 되었다./...불로 태운 음식 등이 위암의 원인이 된다는 것과, 배탈이 나면 악화되기 전에 치료를 하는 일, 음식을 절제하는 일 등의 계몽이 철저히 되어 있다./그가 술을 마신 것이 문제가 되었다./이원제는 최규하 과도정권 당시에 이미 비판의 대상이 된 바 있다./그가 정말로 그곳에 갔었는지가 문제가 되었다.

되다2　　　00002　　　〈 x , (y) 〉
〔〔AFF(, x)〕,
〔GO/+ident(x, 〔TO(y)〕)〕〕
구름이 비로 되었다./포도가 술로 되었다./찬수가 장학생으로 되었다./우리네 생명의 값이 형편없이 되는 게 무서워진다./그러나 이미 마을 청년들은 어른들의 통제력으로는 어찌할 수 없이 되어 가고 있었다./그는 이 나라 민주화 투쟁의 상징처럼 되어 있다.

되다3 00002 〈 x , (y) 〉
[[AFF(, x)], [GO/+circ(x, [TO(y/+sit)])]
상주는 전방을 담당하게 되었다./이 방법은 다음과 같은 문제점을 안게 되었다./회색분자는 시내 어느 곳에서도 찾아볼 수 없게 되었다./그는 너무 취해서 일어설 수조차 없도록 되었다.

되다4 00002 〈 y 〉
[[AFF(, y)] , [GO/+ident([ ], [TO(y)])]]
어느덧 세월을 흘러 86 년 5 월 15 일 첫 월급날이 되었다./공명 선거만 되면 누가 국민의 지지를 받는지 금방 나타난다.

되다5 00002 〈 x , y^PAT 〉
[[AFF(, x)] ,
[INCH([BE/+comp(x, [AT(y)])])]]
벽이 시멘트로 되었다.

두다 00194 x〈 y, z^LOC 〉
[[AFF/+caus,+vol(x, y)] , [CS/+s(x, [STAY(y, [AT(z)])])]]
어머니가 찬장에 먹을것을 두었다.

듣다1 00083 x〈 y 〉
[[REACT(x, y)] , [GO(y, [TO([귀-OF([x])])])]]
그는 이층집에서 흘러나오는 피아노 소리를 들었다./그들로서는 처음 듣는 우리 나라 고유의 민요들이 아니었던가./나는 그가 피아노를 치는 것을 들었다.

듣다2 00083 x〈 y, z^SOC 〉
[[REACT(x, y)] ,
[GO(y, [[FROM(z)], [TO([[귀]-OF([x])])]])]]
종해는 명우에게서 그 사정을 들었다.

들다1 00043 x〈 y 〉
[[AFF(x, y)] , [CS(x, [INCH[BE(y, [AT([[손]-OF([x])])])]])]]
김 순경은 수류탄 한 발을 들고 있었다./노상 밖으로 싸다니기만 하고 집에 있을 때도 기타를 들고 골방에 처박히기가 일쑤였다.

들다2 00043 〈 y, z^LOC 〉
[[AFF(, y)] , [INCH[BE(y, [IN(z)])]]]

무지개 카드 속에는 이해인의 시가 한 편 들어 있었다./자정이 가까와서야 사람들은 잠자리에 들었다.

들다3　　00043　　〈 y, (z) 〉
〔〔AFF(　, y)〕, 〔INCH〔BE(z, 〔IN(〔〔MIND〕-OF(y)〕〕)〕)〕〕
그는 문득 수상쩍은 느낌이 들었다./이런 것을 텔레비견에서 보면서, 오래 살고 볼 일이라는 생각이 저절로 들었던 적이 있다.

들어가다1　　00047　　〈 y, z^PAT 〉
〔〔AFF(　, y)〕, 〔GO(y, 〔TO(〔IN(z)〕)〕)〕〕
그 것만으로는 중이염이 생기지 않고 코나 입을 통해서 중이로 세균이 들어가서 생기는 것이니...

들어가다2　　00047　　x〈 y^PAT 〉
〔〔AFF(x,　)〕, 〔GO(x , 〔TO〔IN(y)〕〕)〕〕
이럴 때 지혜는 영민이 화실로 쓰던 방으로 들어갔다./바라던 굴복을 받아 내자 담임 선생님은 석대에게 거의 생각할 틈을 주지 않고 다음 단계로 들어갔다./소년이 앞장서서 움집 안으로 들어갔다.

들어가다3　　00047　　〈 y, z^LOC 〉
〔〔AFF(, y)〕, 〔GO(y, 〔TO〔IN(z)〕〕)〕〕
...귀 속에 물이 들어갔다 해서 그 것을 닦아 준다고 함부로 귀 속을 후비면 도리어 상처가 나서 외청도염이 생겨 고생하니 주의를 요한다./그 이야기가 이우딧의 귀에 들어갔다./이 때 근평 땅 역시 고구려의 손에 들어갔으나...

들어가다4　　00047　　x〈 y^LOC 〉
〔〔AFF(x,　)〕, 〔GO(x, 〔TO〔IN(y)〕〕)〕〕
경찰은 이날 부터 지역별로 본격적인 경비 업무에 들어 갔다.

따르다1　　00024　　x〈 y 〉
〔〔AFF(x, y)〕, 〔GO(x, 〔AFTER(y)〕)〕〕
나는 어머님 손수레 뒤를 따라야 했다./민호는 천천히 그녀의 뒤를 따랐다.

따르다2　　00024　　x〈y, z^LOC〉
〔〔AFF(x, y)〕, 〔CS(x, 〔GO(y/+liqd, 〔TO〔AT(z)〕〕)〕)〕〕
그가 자기 잔에 천천히 맥주를 따랐다.

때리다　　00469　　x〈 y 〉

〔〔AFF/+caus(x, y)〕,
〔CS(x, 〔GO/+cntc,+cols(〔HAND〕-OF(x),
〔TO(〔AT(〔BP〕-OF(y))〕)〕)〕)〕〕
철수가 아이를 때렸다.

떠나다1 00082 x〈 y^SOC 〉
〔〔AFF(x ,)〕, 〔GO(x, 〔AWAY-FROM(y)〕)〕〕
그는 그 때 서울에서 떠났다.

떠나다2 00082 x〈 y 〉
〔〔AFF(x , y)〕, 〔GO(x, 〔AWAY-FROM(y)〕)〕〕
그가 서울을 떠났다.

떼다 00664 x〈 y , z^SOC 〉
〔〔AFF(x, y)〕,
〔CS(x , 〔INCH 〔BE(y ,
〔AT-END-OF(〔FROM(〔AT/+cntc,+atch(z)〕)〕)〕)〕)〕)〕〕
직원들이 게시판에서 오래된 벽보를 떼었다.

뛰다1 00117 x〈 〉
〔〔AFF(x,)〕, 〔MOVE/+run(x)〕〕
40대 후반인 지금까지도 생활 전선에서 열심으로 뛰고 있는 직장 여성이다./춘애는 뛰고 또 뛰었다./제4지구가 펄쩍 뛰었다. 자네 어쩔려구 그러나.

뛰다2 00117 x〈 y^PAT 〉
〔〔AFF(x,)〕, 〔〔GO(x, 〔TO(y)〕)〕, 〔BY(〔MOVE/+run(x)〕)〕〕〕
아이는 교실로 뛰었다.

마시다 x〈 y 〉
〔〔AFF(x, y)〕,
〔CS(x, 〔GO(y/+ligd ,〔TO(〔IN(〔MOUTH-OF(〔 x 〕)〕)〕)〕)〕)〕〕
국문과 학생들이 잔디밭에서 술을 마신다.

막다 00164 x〈 y 〉
〔〔AFF/+caus(x, y)〕,
〔CS/+s(x, 〔NOT(〔GO(y, 〔TO(〔 〕)〕)〕)〕)〕〕
댐이 강물(의 흐름)을 막고 있다.

만나다1 00080 x〈 y^COM 〉
〔〔AFF/+let(x,)〕,
〔〔CS(x , 〔GO/+cntc(x , 〔TO(〔AT(y)〕)〕)〕)〕 AND
〔CS(y , 〔GO/+cntc(y , 〔TO(〔AT(x)〕)〕)〕)〕〕〕
그는 어떻게 해서라도 꼭 버들아이와 다시 만나고 싶었다.

만나다2 00080 x〈 y 〉
〔〔AFF/+let(x, y)〕,
〔〔CS(x , 〔GO/+cntc(x , 〔TO(〔AT(y)〕)〕)〕)〕 AND
〔CS(y , 〔GO/+cntc(y , 〔TO(〔AT(x)〕)〕)〕)〕〕〕
철수가 그 여자를 만났다./모처럼 너를 만나게 된 약속 장소가 데모현장이라니.

만나다3 00080 x〈 〉
〔〔+reciprocal〕,
〔AFF/+let(x,)〕,
〔〔CS(x , 〔GO/+cntc(x , 〔TO(〔AT(〔 〕)〕)〕)〕)〕 AND
〔CS(〔 〕, 〔GO/+cntc(〔 〕, 〔TO(〔AT(x)〕)〕)〕)〕〕〕
에이란 남자와 비란 여자가 만나 호감을 가지게 되었다./무수한 개성들이 만난다는 홍대 미대에 가서, 진짜 화가가 되고 싶었다.

만들다1 00021 x〈 y 〉
〔〔AFF(x, y)〕,
〔CS(〔 x 〕, 〔INCH〔BE/-comp(〔 〕, 〔AT(〔 y 〕)〕)〕)〕〕〕
농부가 포도로 술을 만들었다.

만들다2 00021 x〈 y , (z) 〉
〔〔AFF(x,)〕,
〔CS(x, 〔GO/+ident(y, 〔TO(z)〕)〕)〕〕
농부가 포도를 술로 만들었다.

만들다3 00021 x〈 y , z 〉
〔〔AFF(x, z)〕,
〔CS(x, 〔〔GO/+ident(y, 〔TO(z)〕)〕)〕〕
농부가 포도를 술을 만들었다.

만들다4 00021 x〈 y , (z) 〉
〔〔AFF(x, y)〕,
〔CS(x, 〔GO/+circ(y, 〔TO/+circ(z/+sit)〕)〕)〕〕
그는 방안을 지저분하게 만들었다./우리는 마침내 막혔던 물을 흐르도록 만들었다.

많다1 00008 〈 x, y^LOC〉
〔〔BE/+ident(x, 〔AT(〔많〕)〕)〕 , 〔BY(〔INCH〔BE(y, 〔AT(〔 x 〕)〕)〕〕)〕〕
책이 아저씨에게 많다

많다2 00008 〈 x, (y) 〉
〔〔BE(x, 〔IN STATE/+poss〕)〕 ,
〔BE/+ident(x, 〔AT(〔많〕)〕)〕,
〔BY(〔INCH〔BE(y, 〔AT(〔 x 〕)〕)〕〕)〕〕
열매는 작으면서 향기가 많아야 한다.

말하다1 00010 x〈 〉
〔〔AFF(x,)〕 , 〔CS(x, 〔GO(〔말〕, 〔TO(〔AT(〔 〕)〕)〕)〕)〕〕
그는 한숨을 쉬며 말했다.

말하다2 00010 x〈 y 〉
〔〔AFF(x,)〕 , 〔CS(x, 〔GO(〔말〕^{y}, 〔TO(〔AT(〔 〕)〕)〕)〕)〕〕
어찌하여 소떼의 반란이 일어났느냐를 말하기 위해 출발한 작가는.../아홀라는 설법의 비관론을 말하고 있는 것이다.

말하다3 00010 x〈y, z^LOC〉
〔〔AFF(x,)〕 , 〔CS(x, 〔GO(〔말〕^{y}, 〔TO(〔AT(z)〕)〕)〕)〕〕
김씨가 그 사실을 박씨에게 말하였다./그리고 그 의사가 사업체의 최고 책임자에게 의견을 말할 수 있도록...

말하다4 00010 x〈 y^LOC 〉
〔〔AFF(x,)〕 , 〔CS(x, 〔GO(〔말〕, 〔TO(〔AT(y)〕)〕)〕)〕〕
어느 날 인선이가 모 부인 이 씨에게 말하였다.

말하다5 00010 x〈 y^QUO 〉
〔〔AFF(x,)〕 , 〔CS(x, 〔GO(〔말〕^{y}, 〔TO(〔AT(〔 〕)〕)〕)〕)〕〕
지난 7 월 1 일 중요 문화재 27 호인 승무 인간 문화재로 지정된 이 매방(60세)씨는 50 여년을 오직 춤과 함께 살아 왔기에 더욱 감회가 깊다고 말한다./ 준호가 "제가 그 책을 오백원에 샀습니다."라고 말했다.(남기심, 1973)

말하다6 00010 x〈 z, y^QUO 〉
[[AFF(x, z)] ,
[[CS(x, [GO([말]^{y}, [TO([AT([ ])])])])],
[WITH([BE/+ident(z , [AT(y)])])]
우리 말에서는 동트는 것을 날이 샌다고 말한다.

맡다1 00163 x〈 y 〉
[[AFF(x, y)] ,
[CS(x, [INCH[BE/+poss(y, [AT([[CTRL]-OF(x)])])])])]
그 여자가 내 시계를 잠시 맡아 두었다는군.

맡다2 00163 x〈 y 〉
[[REACT(x, y)] , [GO(y, [TO([코-OF([x])])])]]
거인이 사람 냄새를 맡았다.

맡기다 00299 x〈 y, z^LOC 〉
[[AFF(x, y)] ,
[CS(x, [INCH[BE/+poss(y, [AT([[CTRL]-OF(z)])])])])]
그는 김씨 형제에게 36억 원을 맡겼었다.

먹다 00054 x〈 y 〉
[[AFF(x, y)],
[CS(x, [GO([FOOD]^{y}, [TO([IN([MOUTH-OF([x])])])])]]
이렇게 맛있는 냉면을 먹어 보긴 생전 처음이야.

먹이다 00929 x〈 z, y^LOC 〉
[[AFF(x, z)],
[CS(x, [CS(y, [GO([FOOD]^{z}, [TO([IN([MOUTH-OF([y])])])])])]]
어머니가 아이에게 대젓가락으로 불고기를 먹이고 있다.

메다 x〈 y 〉
[[AFF(x, y)],
[CS(x , [INCH(BE(y , [AT([어깨-OF([x])])])])]]
군인들이 엠16을 메었다.

묻히다 00517 x〈 y, z^LOC 〉
[[AFF(x, y)] , [CS(x, [INCH[BE/+cntc(y/+dist, [ON(z)])])])]
비록 쉰내가 나는 옷이긴 했지만 단정하게 먼지를 떨고 머리칼엔 물을 묻혀서 손가락으로 빗어 내렸다.

미치다 00119 〈y, z^LOC〉
〔〔AFF(, y)〕 , 〔〔INCH〔EXT(y, 〔TO(〔AT(z)〕)〕)〕)〕〕
망국과 운명과 여자.... 생각이 이에 미치자, 갑자기 그의 명상과 거대한 우주의 기동이 한 순간 정지하여 버린 것 같았다.

바꾸다1 00113 x〈 y 〉
〔〔AFF(x, y)〕 , 〔CS(x, 〔GO/+ident(y, 〔TO(〔AT(〔DIFFERENT〕)〕)〕)〕)〕〕
물가 안정을 위해서는 월급 인상을 억제한다는 방침을 바꾸지 않을 것이다.

바꾸다2 00113 x〈y, z^PAT〉
〔〔AFF(x, y)〕 ,
〔〔CS(x, 〔GO/+ident(y, 〔TO(〔AT(〔DIFFERENT〕)〕)〕)〕)〕〕 ,
〔BY(〔CS(x, 〔GO/+ident(y, 〔TO(z)〕)〕)〕)〕〕〕
동일 레나운은 기족 학생복 스타일인 레나운 브랜드를 영국 정통파 숙녀복인 브리티쉬 트래디셔널로 바꿔 올 가을부터...

바꾸다3 00113 x〈y, z^COM〉
〔〔AFF(x, y)〕 ,
〔〔CS(x, 〔GO/+ident(y, 〔TO(〔AT(〔DIFFERENT〕)〕)〕)〕)〕〕 ,
〔BY(〔〔CS(x, 〔GO/+poss(y_i, 〔TO(z)〕)〕)〕 AND
〔CS(z, 〔GO/+poss(y_j, 〔TO(x)〕)〕)〕〕)〕〕〕
철수는 영희와 자리를 바꾸었다.

반짝이다1 01966 〈 y , z^LOC 〉
〔〔AFF(, y)〕,
〔〔STAY(y , 〔AT(z)〕)〕,
〔WITH(〔STAY(y, 〔IN(〔반짝임〕)〕)〕)〕〕〕
별들이 밤하늘에 반짝인다.

반짝이다2 01966 〈 y , z^PAT 〉
〔〔AFF(, y)〕,
〔〔STAY(y , 〔IN(〔+accomplishment〕)〕)〕,
〔BY(〔〔STAY(y , 〔AT(z)〕)〕)〕,
〔WITH(〔STAY(y, 〔IN(〔반짝임〕)〕)〕)〕〕〕〕
밤하늘이 별들로 반짝인다.

받다1 00013 x〈 y, z^SOC 〉
〔〔REACT(x, y)〕 , 〔GO/+poss(y, 〔〔FROM(z)〕, 〔TO(x)〕〕)〕〕
신랑측은 4 월 21 일, 신부측으로부터 사주를 미리 받았다고 설명, 장내가 폭소했다.

받다2 00013 x⟨ y ⟩
[[REACT(x, y)], [GO/+poss(y, [TO(x)])]]
글라이더는 뉴톤의 작용 및 반작용 법칙에 의해 양 날개가 바람을 받으면 처음에는.../그러나 순전히 암 환자만 받는 곳은 이 오사카 성인병 센터 하나뿐.

받다3 00013 x⟨ y ⟩
[[AFF/+caus(x, y)],
[CS(x , [GO/+cntc, +cols([이마]-OF(x), [TO([AT(y)])])])]]
철수가 (이마로) 축구공을 받았다.

밝히다1 00025 x⟨ y ⟩
[[AFF(x, y)],
[CS(x, [INCH[BE/+ident(y, [AT([밝])])]])]]
부엌의 백열등 불빛이 뒤곁을 어슴푸레하게 밝혀주고 있었다./가십시다. 임씨는 백열구로 밝혀놓은 형제슈퍼의 노천의자를 가리키고 있었다./천장에서 비추는 어둠침침한 알전구 불빛만이 창고와 같은 실내를 간신히 밝히고 있을 뿐이었다./자동차들이 헤드라이트를 밝히고 출근하고 있었다./부지런히 나온 새벽차들이 불을 밝히고 달리고 있었고,...

밝히다2 00025 x⟨ y, z^LOC ⟩
[[AFF(x, y)],
[[CS(x, [INCH[BE/+ident(y, [AT([밝])])]])],
[BY([CS(x, [INCH[BE(y, [AT(z)])]])])]]]
동시에 안방에서도 등잔에 불을 밝혔는지 장지문이 환해졌다./그때 아버지가 일어나 어두워진 방에 불을 밝혔듯 박종대 경사는 현관 외등에 불을 넣었다./그 즈음부터 홍세호는 사상적 전향의 뜻을 친구들에게 밝혔고, 심 찬수에게도 그런 내용을 담은 편지질을 시작했던 것이다.

밝히다3 00025 x⟨ y ⟩
[[AFF(x, y)],
[[CS(x, [INCH[BE/+ident(y, [AT([밝])])]])],
[BY([CS(x, [INCH[BE/+poss(y/+ling, [AT([ ])])]])])]]]
그는 앞으로 좌경 분자들을 사회로부터 격리시킬 수밖에 없다고 방침을 밝혔다.

벗다 00423 x⟨ y ⟩
[[AFF(x, y)], [CS(x, [GO([x],[FROM[IN/+cntc(y/+clth)]])])]]
김씨가 외투를 벗었다.

벗기다 00784 x〈 z, y 〉
〔〔AFF(x, z)〕,
〔CS(x, 〔CS(y, 〔GO(〔 y 〕, 〔FROM〔IN〔CLTH〕^z〕〕)〕)〕)〕〕
어머니가 아이를 옷을 벗겼다.

보내다1 00094 x〈 y, z^PAT 〉
〔〔AFF/+caus,+vol(x, y)〕, 〔CS/+s,+laun(x, 〔GO(y , 〔TO(z)〕)〕)〕〕
아이가 공을 이리로 보냈다./나는 아이들을 외갓집으로 보냈다.

보내다2 00094 x〈 y, z^LOC 〉
〔〔AFF/+caus,+vol (x, y)〕, 〔CS/+s, +laun(x, 〔GO(y, 〔TO〔AT(z)〕〕)〕)〕〕
김선생이 철수를 박선생에게 보냈다./그는 며칠 후 경성으로 가서 내게 장찰을 보내었습니다./선생님이 철수를 교무실에 보냈다.

보내다3 00094 x〈 y 〉
〔〔AFF/+caus,+vol(x, y)〕, 〔CS/+s, +laun(x, 〔GO(y, 〔TO〔 〕〕)〕)〕〕
우리학교에서는 삼학년 일반을 대표로 보냈다./10대와 20 대를 병상에서 보냈고 그 시련의 투병 기간 동안 세계 문학을 독파한 것이 기반이 되어 1946 년부터 창작 생활을 시작하였다.

보다 00018 x〈 y 〉
〔〔REACT(x, y)〕, 〔GO(y, 〔TO(〔눈-OF(〔 x 〕)〕)〕)〕〕
현식이는 농부의 목소리에 그 쪽을 보았다.

부딪히다 02028 〈 x , y^LOC 〉
〔〔AFF/+caus(, x)〕,
〔GO/+cntc,+cols(x , 〔TO(〔AT(y)〕)〕)〕〕
철수가 (모르고) 책상에 부딪혔다.

부딪치다1 00574 x〈 y^LOC 〉
〔〔AFF/+caus(x,)〕,
〔GO/+cntc,+cols(x , 〔TO(〔AT(y)〕)〕)〕〕
철수가 (일부러) 나에게 부딪쳤다.

부딪치다2 00574 x〈 y 〉
〔〔AFF/+caus(x, y)〕,
〔GO/+cntc,+cols(x , 〔TO(〔AT(y)〕)〕)〕〕
그는 철문을 머리로 세게 부딪쳤다.

부딪치다3 00574 x〈 y^COM 〉
〔〔AFF/+caus(x,   )〕,
〔〔GO/+cntc,+cols(x , 〔TO(〔AT(y)〕)〕)〕 AND
〔GO/+cntc,+cols(y , 〔TO(〔AT(x)〕)〕)〕〕〕
철수가 영호와 부딪쳤다.

분명하다 00202 〈 y, (z) 〉
〔〔BE/+ident(y, 〔AT(〔분명하〕)〕)〕, 〔WITH(〔BE/+ident(y, 〔AT(z)〕)〕)〕〕
그들은 군인 가족임이 분명했다./붉은 루즈를 칠하고 회색 상의를 걸친 성장한 모습이었으나 짧은 머리의 여자는 소양이 분명했다.

붙이다1 00118 x〈y, z^LOC〉
〔〔AFF(x , y)〕,
〔CS(x , 〔INCH〔BE/+cntc,+atch(y , 〔AT/+cntc,+atch(z)〕)〕〕)〕〕
경애는 크리스마스 카드에 씨일을 붙였다./본디 여성들이 액세사리를 이것 저것 몸에 붙이는 이유는 자신을 보다 아름답게 치장해서 드러내...

붙이다2 00118 x〈 z, y^PAT 〉
〔〔AFF(x, y)〕,
〔〔CS(x, 〔INCH〔BE/+circ(y, 〔IN(〔+accomplishment〕)〕)〕〕)〕,
〔BY(〔CS(x, 〔INCH〔BE/+cntc,+atch(y, 〔AT/+cntc, +atch(z)〕)〕〕)〕)〕〕〕
그들이 온 벽을 타일로 붙였다.

비슷하다1 00186 〈 x, y^LOC 〉
〔BE/$+_{\text{similar}}$(x, 〔AT(y)〕)〕
이 작품이 로댕의 작품에 비슷하다.

비슷하다2 00186 〈 x, y^COM 〉
〔〔BE/$+_{\text{similar}}$(x, 〔AT(y)〕)〕 AND 〔BE/$+_{\text{similar}}$(y, 〔AT(x)〕)〕〕
이 작품이 로댕의 작품과 비슷하다.

비슷하다3 00186 〈 x 〉
〔〔+reciprocal〕,
〔〔BE/$+_{\text{similar}}$(x, 〔AT(〔   〕)〕)〕 AND 〔BE/$+_{\text{similar}}$(〔   〕, 〔AT(x)〕)〕〕〕
두 전설은 너무나 비슷하다.

빠지다1 00068 〈 y, z^SOC 〉
〔〔AFF(, y)〕,
〔INCH〔BE(y, 〔AT-END-OF(〔FROM(〔AT/+cntc,+atch(〔 z 〕)〕)〕)〕)〕〕
못이 판자에서 빠졌다.

빠지다2 00068 x〈 y^PAT 〉
〔〔AFF(x,   )〕,
〔〔GO(x, 〔TO(y)〕)〕,
〔BY(〔INCH〔BE(x, 〔AT-END-OF(〔FROM(〔AT/+cntc,+atch(〔   〕)〕)〕)〕)〕〕)〕〕〕
약삭빠르기 이를 데 없는 장 치수도 뒤로 빠지고 어쩌고 할 틈조차도 없는 싸움이었으므로 상주의 곁에서.../주력부대는 구미 왜관으로 빠졌다.

빠지다3 00068 〈 x, y^LOC 〉
〔〔AFF(, x)〕,
〔〔GO(x, 〔TO(〔AT(y)〕)〕)〕,
〔BY(〔INCH〔BE(x, 〔AT-END-OF(〔FROM(〔AT/+cntc,+atch(〔   〕)〕)〕)〕)〕〕)〕〕〕
지난 10월 16일 미국텍사스주의 자그만 도시에서는 두살짜리 어린아이가 깊은 우물 속에 빠졌다가 58시간만에 극적으로 구출되는 사건이 있었다.

빠지다4 00068 x〈 y 〉
〔〔AFF(x, y)〕,
〔INCH〔BE(x, 〔AT-END-OF(〔FROM(〔AT/+cntc,+atch(〔 y 〕)〕)〕)〕)〕〕
우선 단 한 번 재호네 그룹지도를 빠지고 어머니와의 협상을 시작하자.

빠지다5 00068 x〈 y^SOC, z^PAT 〉
〔〔AFF(x,   )〕,
〔〔GO(x, 〔TO(z)〕)〕,
〔BY(〔INCH〔BE(x, 〔AT-END-OF(〔FROM(〔AT/+cntc,+atch(y)〕)〕)〕)〕〕)〕〕〕
부대가 하원에서 강곡으로 빠졌다.

빠지다6 00068 x〈 〉
〔〔AFF(x,   )〕,
〔INCH〔BE(y, 〔AT-END-OF(〔FROM(〔AT/+cntc,+atch(〔   〕)〕)〕)〕)〕〕
장 치수는 이번만은 어떻게든 빠지고자 했으나 그는 영양 일월산으로 배치 명령을 받고 말았다.

빼다 00949 x⟨ y, z^SOC ⟩
[[AFF(x, y)] ,
[CS(x, [INCH[BE(y, [AT-END-OF([FROM([AT/+cntc,+atch(z)])])])])])]]
찬수가 나무에서/로부터 못을 뺀다.

빼어지다 ⟨ y , z^SOC ⟩
[[AFF(, y)] ,
[CS([ ], [INCH[BE(y, [AT-END-OF([FROM([AT/+cntc,+atch([z])])])])]
)]]
못이 판자에서 빼어졌다.

빼앗다 00702 x⟨ y, z^SOC ⟩
[[AFF(x, y)] ,
[CS(x, [GO/+poss(y, [[FROM(z)] , [TO([AT/+ctrl(x)])]])])]]
불량배가 아이로부터/에게서/한테서 시계를 빼앗았다.

빼앗기다 00505 ⟨ z, y ⟩
[[AFF(, z)] ,
[CS([ ], [GO/+poss(y, [[FROM(z)] , [TO[AT/+ctrl([ ])]])])])]]
아이가 불량배에게 시계를 빼앗겼다.

사랑하다 00108 x⟨ y ⟩
[[REACT(x, y)] ,
[[BE(x, [IN STATE/+feel,+사랑)], [BY([INCH[BE(y, [AT(x)])]])]]]
무엇인가를 사랑하고 있는 노인들의 얼굴은 어린 애처럼 아름답다.

새롭다 00034 ⟨ y ⟩
[BE/+ident(y, [AT([새롭])])]
문화는 새로운 것을 찾는 역사가 된다.

생각하다1 00016 x⟨ y ⟩
[[AFF(x, y)] ,
[CS(x, [STAY(y, [IN([MIND-OF([x])])])])]]
나는 음악을 들을 때마다 그 음악을 창조해 낸 작곡가를 생각하곤 한다./그는 아직도 그 문제를 생각하고 있다.

생각하다2　　00016　　x〈y, z^PAT〉
〔〔AFF(x, y)〕,
〔〔CS(x, 〔STAY(y, 〔IN(〔MIND-OF(〔 x 〕)〕)〕)〕)〕,
〔WITH(〔BE/+ident(y, 〔AT(z)〕)〕)〕〕〕
아동 문학의 문제점은 아동 문학 자체에 있는 것이 아니라 아동 문학을 변두리 문학으로 생각하는 일반적 풍조에 있다.

시도하다　　00431　　x〈 (y) 〉
〔〔AFF/+help(x,)〕,
〔CS/+u(x, 〔GO/+circ(x,
〔TOWARD/+circ(〔REP(〔〔AFF(〔 x 〕, ...)〕 ... 〕^{y})〕)〕)〕)〕〕
철수는 일찍 떠나려고 시도했다.

시키다1　　00431　　x〈 y^LOC, (z) 〉
〔〔AFF/+caus(x,)〕,
〔CS/+u(x, 〔AFF(y , ...)...〕^{z})〕,
〔BY(〔CS(x, 〔INCH(〔BE/+poss(〔LING〕, 〔AT(y)〕)〕)〕)〕)〕〕
나는 그 아이에게 심부름을 다녀오게 시켰다.

시키다2　　00431　　x〈 y, (z) 〉
〔〔AFF/+caus(x, y)〕,
〔CS/+s(x, 〔〔AFF(y , ...)〕...〕^{z})〕,
〔BY(〔CS(x, 〔INCH(〔BE/+poss(〔LING〕, 〔AT(y)〕)〕)〕)〕)〕〕
나는 그 아이를 심부름을 다녀오게 시켰다.

싣다　　00654　　x〈 y 〉
〔〔AFF/-vol(x, y)〕,
〔CS(x/+vhcl, 〔INCH(〔BE(y, 〔AT(x)〕)〕)〕)〕〕
트럭이 모래를 싣고 있다.

싫다1　　00428　　〈 x, (y) 〉
〔〔BE(x, 〔IN STATE/+feel,+싫음〕)〕,
〔BY(〔INCH〔BE(y, 〔AT(〔 x 〕)〕)〕)〕)〕〕
나는 영자가 싫다.

싫다2　　00428　　〈 x 〉
〔〔BE(〔 〕, 〔IN STATE/+feel,+싫음〕)〕,
〔BY(〔INCH〔BE(x , 〔AT(〔 〕)〕)〕)〕)〕〕
철수는 싫다

싫어하다 00808 x⟨ y ⟩
[[REACT(x, y)] ,
[[BE(x, [IN STATE/+feel, +싫음])],
[BY([INCH[BE(y, [AT([x])])])])]]]]
나는 영자를 싫어한다.

싸우다1 00545 x⟨ y^COM ⟩
[[AFF/+caus(x,)] ,
[[CS(x , [GO/+cntc, +cols(x , [TO([AT(y)])])])] AND
[CS(y , [GO/+cntc, +cols(y , [TO([AT(x)])])])]]]
철수가 영호와 싸웠다.

싸우다2 00545 x⟨ y^COM ⟩
[[+reciprocal],
[AFF/+caus(x,)] ,
[[CS(x , [GO/+cntc, +cols(x , [TO([AT([ ])])])])] AND
[CS([ ], [GO/+cntc, +cols([ ], [TO([AT(x)])])])]]]]
철수가 영호와 싸웠다./철수와 영호와 순기가 싸웠다./아이들이 싸웠다.

씹다 01563 x⟨ y ⟩
[[AFF(x , y)],
[CS(x , [GO/+cntc, +cols(y /+food, [VIA([TEETH-OF([x])])])])]]
내가 돌을 씹었다.

씹히다 ⟨ y ⟩
[[AFF(, y)],
[CS([ ], [GO/+cntc, +cols(y /+food, [VIA([TEETH-OF([ ])])])])]]]
돌이 씹힌다.

아니다 00015 ⟨ y, (z) ⟩
[NOT[BE/+ident(y, [AT(z)])]]
그러기에 몇 만원 정도 하는 유니폼도 자신의 소유가 아니다.

아름답다 00104 ⟨ y ⟩
[BE/+ident(y, [AT([아름답])])]
그렇다고 별이 다 아름다운 건 아닌가 보다.

알다1　　　00023　　　x〈 y 〉
[[REACT(x, y)],
[INCH[BE(y, [AT([AWARENESS-OF([x])])])]]
그는 자기가 비만해진 원인을 알고 있다./그는 그 순간에야 비로소 그것을 알았다./나는 그가 영어를 잘하는 것을 안다./이미 여선생 동무의 이야긴 금지가 된 세상이란 걸 여인은 잘 알고 있었다./우리 아버지의 자서전이 얼마나 허위에 찬 속임수며 얼마나 지능적인 속임수인지를 아저씨는 알 줄 알았죠./나는 지구가 회전함을 안다.

알다2　　　00023　　　x〈 y, z^PAT 〉
[[REACT(x, y)],
[[INCH[BE(y, [AT([AWARENESS-OF([x])])])]],
[WITH([BE/+ident(y, [AT(z)])])]]]
그는 그 아래를 깊은 절벽으로 알았다.

알다3　　　00023　　　x〈 y^PAT 〉
[[REACT(x,)],
[[INCH[BE(y, [AT([AWARENESS-OF([x])])])]]
어머니는 소양이가 성적이 떨어진 것을 자기에게 숨기는 것으로 알았다.

약속하다　　00542　　　x〈 y^LOC, z^QUO 〉
[[AFF/+help(x,)],
[CS/+u(x, [GO/+circ(x,
[TOWARD/+circ([REP([[AFF([x],...)] ...]^{y})])])])],
[BY([CS(x, [INCH([BE/+poss([약속], [AT(z)])])])])]]
철수는 아내에게 7시까지 돌아오겠다고 약속했다.

어렵다1　　00031　　　〈 y 〉
[[BE([ ], [IN([STATE/+feel,+어려움])])],
[BY([INCH[BE(y , [AT([ ])])])])]]
한학은 참 어렵습니다.

어렵다2　　00031　　　〈 y, (z)〉
[[BE(y, [IN([STATE/+feel,+어려움])])],
[BY([INCH[BE(z , [AT([y])])])])]]
나는 일찍 일어나는 것이 어렵다.

업다　　　01312　　　x〈 y 〉
〔〔AFF(x , y)〕 ,
〔CS(x , 〔INCH(〔BE(y , 〔AT(〔등〕-OF(〔 x 〕)))〕)〕)〕)〕〕
어머니가 아이를 업었다.

업히다1　　　　　　x〈 z, y^LOC 〉
〔〔AFF(x , z)〕 ,
〔CS(x , 〔CS(y , 〔INCH(〔BE(z, 〔AT(〔등〕-OF(〔 y 〕)))〕)〕)〕)〕)〕〕
할머니가 어머니에게 아이를 업혔다.('어머니'가 행위자일 때)

업히다2　　　　　　x〈 y, z^LOC 〉
〔〔AFF(x, y)〕 ,
〔CS(x , 〔INCH(〔BE(y , 〔AT(〔등〕-OF(z))〕)〕)〕)〕〕
할머니가 아이를 어머니에게 업혔다.('어머니'가 행위자가 아닐 때)

업히다3　　　　　　〈 y, z^LOC 〉
〔CS(〔　〕, 〔INCH(〔BE(y , 〔AT(〔등〕-OF(〔 z 〕)))〕)〕)〕
아이가 할머니에 의해서 어머니에게 업혔다.

업히다4　　　　　　y〈 z^LOC 〉
〔〔AFF(y ,　)〕 ,
〔CS(〔　〕, 〔INCH(〔BE(y , 〔AT(〔등〕-OF(z))〕)〕)〕)〕〕
아이가 스스로 어머니에게 업혔다.

없다1　　　00003　　　〈 y 〉
〔NOT(〔BE(y , 〔AT(〔　〕)〕)〕)〕
신은 없다./중풍의 근본적인 치료 방법은 현재로서는 없다고 해도 과언은 아니다.

없다2　　　00003　　　〈 y, z^LOC 〉
〔NOT(〔BE(y, 〔AT(〔 z 〕)〕)〕)〕
그 노새가 오늘은 우리 집에 없다./한국의 산에는 나무가 없다./그는 서울에 없다./당신 몸에는 아무런 이상이 없고.../그는 요즘 집에 거의 없다.

없다3　　　00003　　　〈 y, (z) 〉
〔NOT(〔〔BE(y, 〔IN STATE/+poss〕)〕,
〔BY(〔INCH〔BE(z, 〔AT(〔 y 〕)〕)〕〕)〕〕)〕
나에게는 불평이 없다./그는 차가 없다./나는 그러한 재능은 없다./미스 윤은 더 이상 할 말이 없었다./애초에 그에게는 호적이 없었습니다.

열다 00102 x〈 y 〉
[[AFF(x, y)], [CS(x, [INCH[BE/+ident(y, [AT([OPEN])])]])]]
마침내 시인은 입을 열었고 예전의 팔팔하던 기가 되살아 났다./한편 문교부는 이 날 종합대 교무처장 간담회를 열고 입시 창구에서의 지원자 점수대에 대한 기밀 유지.../거 누구요 소리만 하다가 한참만에야 문을 빠끔히 열고 내다 본 마나님은 얼굴이 새침하니 웃지도 않고, 왜 오셨수?

열리다1 00091 〈 y 〉
[[AFF(, y)], [CS([ ], [INCH[BE/+ident(y, [AT([OPEN])])]])]]
방문이 우당탕 열리면서 악의를 그득 담은 할머니의 얼굴이 불쑥 나타났다.

오르다1 00065 〈 y 〉
[[AFF(, y)], [GO(y, [UPWARD])]]
또 다른 사람들은 주식시장 주위의 모든 여건이 주가가 계속 오를 수밖에 없다고 생각하기도 한다.

오르다2 00065 x〈 y^LOC 〉
[[AFF(x,)], [[GO(x, [TO([AT(y)])])], [BY([GO(y, [UPWARD])])]]]
신 채호도 이 결의에 따라 1910 년 4 월 (31 세) 육로로 망명길에 올랐다./지난 주일부터는 거의 하루에 두 번씩 산에 오른 셈이었다.

오르다3 00065 〈 y, z^PAT 〉
[[AFF(, y)],
[[INCH[BE/+ident(y, [AT(z)])]], [BY([GO(y, [UPWARD])])]]]
나중에는 급료가 3원으로 올랐습니다.

올려놓다 x〈 y, z^LOC 〉
[[AFF(x, y)], [[CS(x, [INCH[BE(y, [AT(z)])]])], [BY([CS(x, [GO(y, [UPWARD])])])]]]
그런데 그 사람은 제 어깨에 팔을 올려 놓는 거예요.

올리다 00060 x〈 y, z^LOC 〉
[[AFF(x, y)],
[[CS(x, [INCH[BE(y, AT(z))]])],
[BY([CS(x, [GO(y, [UPWARD])])])]]]
채 시라 씨는 그 당시 연극 '품바'를 무대에 올려 갈채를 받고 있었다.

요구하다 00096 x⟨ y ⟩
[[AFF/+help(x,)],
[[CS/+u(x, [GO/+circ(y,
[TOWARD/+circ([REP([[AFF([y], ...)] ...]^z)])])])]]
[BY([CS(x, [INCH([BE/+poss([요구], [AT(y)])])])])]]
범인들은 김양의 부모에게 돈을 더 내라고 요구하였다.

울창하다 02144 ⟨ x, (y) ⟩
[[BE(x, [IN STATE/+poss,])],
[BE/+ident(x, [AT([울창하])])],
[BY([INCH[BE(y, [AT([x])])]])]]
도봉산은 숲이 울창하다.

움직이다1 00175 ⟨ y ⟩
[[AFF(, y)], [MOVE(y)]]
테입을 감으면 움직이면서 아름다운 음악 소리를 내며 움직이는 장난감은 시각과 청각../주가는 왜 움직이나?/자동차가 움직이자 그녀는 손을 흔들었다./그녀는 마음이 조금 움직이는 것 같았다.

움직이다2 00175 x⟨ ⟩
[[AFF(x,)], [MOVE(x)]]
주부들도 이제 자신을 위하여, 아니 젊음과 날씬한 몸매를 유지하기 위하여 움직이고 땀 흘려 뛰는 생활을 가져야 되겠다./그들은 어둠 속에서 박쥐처럼 움직이고 있었다.

움직이다3 00175 x⟨ y ⟩
[[AFF(x , y)], [CS(x, [MOVE(y/+bp)])]]
...쓸쓸해서 고개를 전 후 좌 우로 까딱까딱 움직여도 보았다./언어 장애가 있는 이들은 손가락을 움직여 뜻을 드러 내는데 이를 수화라고 한다.

움직이다4 00175 x⟨ y ⟩
[[AFF(x, y)], [CS(x, [MOVE(y)])]]
그는 여전히 선 채로 기록지에다 연필을 움직이고만 있었다./네가 움직이고 있는 배의 기름도 혹시 우리 공장의 기름인지도 모르지.

-이다 ⟨ y, (z) ⟩
[BE/+ident(y, [AT(z)])]
철수는 학생이다./두루미가 학이다.

이루다　　00045　　x〈 y 〉
〔〔AFF/-vol(x, y)〕, 〔INCH〔BE/-comp(x , 〔AT(y)〕)〕〕〕
평일에는 주로 지방에서 온 단체 유람객들이 주류를 이루고, 주말에는 가족 단위 또는 쌍쌍인 경우가 많다는 것./벽돌과 목재가 집을 이룬다.

입다　　00215　　x〈 y 〉
〔〔AFF(x, y)〕,
〔CS(x, 〔GO(〔 x 〕, 〔TO〔IN/+cntc,+dist(〔CLTH〕^{y})〕〕〕)〕)〕〕
아이가 옷을 입는다.

입히다1　　00832　　x〈 y, z^LOC 〉
〔〔AFF(x, y)〕,
〔CS(x, 〔CS(y, 〔GO(〔 y 〕, 〔TO〔IN/+cntc,+dist(〔CLTH〕^{z})〕〕〕)〕)〕)〕〕
어머니가 아이에게 새 옷을 입힌다.('아이'가 행위자로 해석될 때)

입히다2　　00832　　x〈 y, z^LOC 〉
〔〔AFF(x, y)〕,
〔CS(x, 〔GO(〔 y 〕, 〔TO〔IN/+cntc,+dist(〔CLTH〕^{z})〕〕〕)〕)〕〕
어머니가 새 옷을 아이에게 입힌다.('아이'가 행위자가 아닐 때)

있다1　　00001　　x〈 y^LOC 〉
〔〔AFF(x,)〕, 〔STAY(〔 x 〕, 〔AT(y)〕)〕〕
그는 여기에 3시까지 있는다.

있다2　　00001　　〈y, z^LOC〉
〔BE(y, 〔AT(z)〕)〕
탁자에 책이 있다./친구들이 얼굴에 웃음기가 있다.

있다3　　00001　　〈 y, (z) 〉
〔〔BE(x, 〔IN STATE/+poss〕)〕,
〔BY(〔INCH〔BE(y, 〔AT(〔 x 〕)〕)〕〕)〕〕
할아버지가 집이 한 채 있으시다./그 사람에게 자동차가 있다./나에겐 죽은 여자의 눈동자와 비슷한 호마노가 있다./그리고 그 나무에게는 사랑하는 소년이 하나 있었습니다.

있다4　　00001　　〈 y 〉
〔BE(y, AT(〔 〕))〕
힘든 운동을 하면서도 밥조차 제대로 못 먹고 라면으로 끼니를 때우는 가난한 친구들이 얼마든지 있다.

잡다 00155 x〈 y 〉
〔〔AFF(x, y)〕,
〔CS(x, 〔INCH(〔BE(y,
〔AT/+cntc, +ctrl(〔HAND〕-OF(〔 x 〕)〕)〕)〕)〕)〕〕
아이가 못줄을 잡았다./다른 아이들은 모두 서로서로를 흘금거릴 뿐 연필조차 잡고 있지 않았다.

잡히다1 00344 x〈 z, y^LOC 〉
〔〔AFF(x, z)〕,
〔CS(x, 〔CS(y, 〔INCH(〔BE(z ,
〔AT/+cntc, +ctrl(〔HAND〕-OF(y))〕)〕)〕)〕)〕〕
어른들이 아이에게 못줄을 잡혔다.

잡히다2 00344 x〈 z 〉
〔〔AFF(x,)〕,
〔CS(〔 〕, 〔CS(x , 〔INCH(〔BE(z/+bp,
〔AT/+cntc, +ctrl(〔HAND〕-OF(〔 〕)〕)〕)〕)〕)〕〕
경애가 찬수에게 손을 잡혔다.

잡히다3 00344 〈 y 〉
〔〔AFF(, y)〕,
〔CS(〔 〕, 〔INCH(〔BE(y, 〔AT/+cntc, +ctrl(〔HAND〕-OF(〔 〕)〕)〕)〕)〕)〕〕
경애가 찬수에게 손이 잡혔다./쥐가 고양이에게 잡혔다.

적재하다1 x〈 y, z^LOC 〉
〔〔AFF(x , y)〕,
〔CS(x , 〔INCH〔BE(y , 〔AT(z)〕)〕)〕)〕〕/적재하
인부들이 트럭에 시멘트를 적재하고 있다.

적재하다2 x〈 z, y^PAT 〉
〔〔AFF(x , z)〕,
〔〔CS(x , 〔INCH〔BE/+circ(z , 〔IN(〔+accomplishment〕)〕)〕)〕)〕〕,
〔BY(〔CS(x , 〔INCH〔BE(y , 〔AT(z)〕)〕)〕)〕)〕〕〕/적재하
인부들은 트럭을 시멘트로 적재하고 있다.

적재하다3 x〈 y 〉
〔〔AFF(x , y)〕,
〔CS(x , 〔INCH〔BE(y , 〔AT(〔 〕)〕)〕)〕)〕〕/적재하
인부들은 시멘트를 적재하고 있다.

젊다 00081 〈 y 〉
〔BE/+ident(y, 〔AT(〔젊〕)〕)〕
우리는 아직 젊다.

좋다1 00012 〈 y 〉
〔BE/+ident(y, 〔AT(〔GOOD〕)〕)〕
부딪치면서 소리가 나는 것은 청각 발달에도 좋다.

좋다2 00012 〈 y 〉
〔〔BE(y, 〔IN STATE/+feel,+좋음〕)〕, 〔BY(〔BE(〔 〕, 〔AT(y)〕)〕)〕〕
너는 사내 복이 많아서 좋겠다.

좋다3 00012 〈 y, (z) 〉
〔〔BE(y, 〔IN STATE/+feel,+좋음〕)〕, 〔BY(〔BE(z , 〔AT(y)〕)〕)〕〕
나는 그런 사람이 좋다.

죽다 00133 〈 y 〉
〔〔AFF(, y)〕,
〔INCH(〔NOT(〔BE/+ident(y, 〔AT(〔ALIVE〕)〕)〕)〕)〕〕
환자가 마침내 죽었다.

죽이다 00371 x〈 y 〉
〔〔AFF/+caus,+vol(x, y)〕,
〔CS/+s(x, 〔INCH(〔NOT(〔BE/+ident(y, 〔AT(〔ALIVE〕)〕)〕)〕)〕)〕〕
사내가 개를 죽였다.

지니다 00085 x〈 y 〉
〔〔AFF(x, y)〕, 〔CS(x, 〔STAY(y, 〔IN(〔 x 〕)〕)〕)〕〕
수필은 이와 같이 독자적으로 존재 의의를 지닌다./그런데도 이 부인은 한가지 커다란 흠을 지니고 있다.

지다 00041 x〈 y 〉
〔〔AFF(x, y)〕,
〔CS(x, 〔INCH(BE(y , 〔AT(〔등-OF(〔 x 〕)〕)〕)〕)〕〕
김씨가 젊었을 때 쌀 한 가마니를 지고 냇물을 건너 뛰었다고 한다.

지우다 01477 x〈 y, z^LOC 〉
〔〔AFF(x, y)〕,
〔CS(x , 〔CS(y, 〔INCH〔BE(z , 〔AT(〔등-OF(〔 y 〕)〕)〕)〕)〕)〕)〕〕
허생원이 나귀에게 짐을 지우고 길을 간다.

차다 00594 x〈 y 〉
〔〔AFF/+caus(x, y)〕,
〔CS(x , 〔GO/+cntc,+cols(〔FOOT〕-OF(x), 〔TO(〔AT(y)〕)〕)〕)〕〕
철수가 공을 찼다.

차지하다 00086 x〈 y 〉
〔〔AFF(x, y)〕,
〔〔CS(x, 〔INCH〔BE(y , 〔IN(〔〔CTRL〕-OF(x)〕)〕)〕)〕)〕,
〔BY(〔CS(x, 〔GO/+poss(y, 〔TO(x)〕)〕)〕)〕〕〕
사장은 아직 자고 있는데, 사장의 동창생 둘이서 응접실을 차지하고서 가짜 사장 노릇을 하는 희극이다./혜린이라는 여자를 이 세상에서 제일 먼저 차지한 승호라는 남자에게 그는 말할 수 없는 질투심과 분노를 느낀다./이 기간 동안 외자의 경제 성장 효과는 4.8 %으로 전체 성장율 9.7 %의 약 50 %를 차지하였다.

참다 00899 x〈 y 〉
〔〔REACT/-nega(x, y)〕, 〔GO(y, 〔TOWARD(x)〕)〕〕
나는 졸음을 억지로 참았다.

치다 00092 x〈 y 〉
〔〔AFF/+caus(x , y)〕,
〔CS(x , 〔GO/+cntc,+cols(〔〔HAND〕-OF(x)〕, 〔TO(〔AT(y)〕)〕)〕)〕〕
철수가 책상을 쳤다.

칠하다1 01513 x〈 y, z^LOC 〉
〔〔AFF(x , y)〕, 〔CS(〔 x 〕, 〔INCH〔BE(〔 y 〕, 〔AT(z)〕)〕)〕)〕〕/칠하
윤자는 눈가에 푸르게 아이섀도우를 칠했다./하긴 뭐, 강윤자 인생에 멍든 데가 한두 군데래야지. 그녀가 입술에 루즈를 칠하기 시작했다.

칠하다2 01513 x〈 z, y^PAT 〉
〔〔AFF(x , z)〕,
〔〔CS(〔 x 〕, 〔INCH〔BE/+circ(z , 〔IN(〔+accomplishment〕)〕)〕)〕)〕,
〔BY(〔CS(〔 x 〕, 〔INCH〔BE(〔 y 〕, 〔AT(〔 z 〕)〕)〕)〕)〕)〕〕〕/칠하
청소부들이 페인트로 건물벽을 칠했다./지금 생각해 보면, 여대생 때의 그 여자는 매력이 표

현될까 봐 겁을 먹고 그 매력의 색채들을 자진해서 회색으로 칠해 버렸다./창은 짙은 남빛 파스텔로 칠해 놓은 듯하다.

칠해지다1 〈 y, z^LOC 〉
〔〔AFF(, y)〕,
〔CS(〔   〕, 〔INCH〔BE(y , 〔AT(z)〕)〕〕)〕〕/칠해지
페인트가 건물벽에 칠해졌다.

칠해지다2 〈 z, y^PAT 〉
〔〔AFF(, z)〕,
〔〔CS(〔   〕, 〔INCH〔BE/+circ(z , 〔IN(〔+accomplishment〕)〕〕〕)〕,
〔BY(〔CS(〔   〕, 〔INCH〔BE(y, 〔AT(z)〕)〕〕〕)〕〕/칠해지
건물벽이 페인트로 칠해졌다./둥근 지붕은 초록색으로 칠해져 있고 빙 둘러놓은 넓은 유리창 때문에 유리통처럼 보이는 곳이었다./또 마을 너머 산빛깔이 묽은 하늘빛으로 칠해져서 앞산과 동떨어져 보인다.

칠해지다3 〈 z, (y) 〉
〔〔AFF(, z)〕,
〔〔CS(〔 〕, 〔INCH〔BE/+circ (y, 〔IN(〔+accomplishment〕〕)〕〕〕)〕,
〔BY(〔CS(〔 〕, 〔INCH〔BE(z, 〔AT(y)〕)〕〕〕)〕〕〕

크다1 00007 〈 y 〉
〔BE/+ident(y, 〔AT(〔크〕)〕)〕
바깥에서 보았을 때와는 달리 집 규모도 컸다./이 때 신 채호의 실망은 컸다.

크다1 00007 〈 y 〉
〔〔AFF(, y)〕,
〔INCH〔BE/+ident(y, 〔AT(〔크〕)〕)〕〕〕
그 아이가 많이 컸어.

타다 00634 x〈 y^LOC 〉
〔〔AFF(x,)〕,
〔CS(x, 〔INCH〔BE(x , 〔AT(y/+vhcl)〕)〕〕)〕〕
아이가 버스에 탔다.

타다 00634 x〈 y 〉
〔〔AFF(x,)〕,
〔CS(x, 〔INCH〔BE(x , 〔AT(y/+vhcl)〕)〕〕)〕〕
아이가 버스를 탔다.

태우다 00752 x〈 y , z^LOC〉
〔〔AFF(x, y)〕,
〔CS(x, 〔CS(y , 〔INCH〔BE(y , 〔AT(z/+vhcl)〕〕〕〕〕〕〕〕
나는 손님을 차에 태웠다.

틀어막다1 x〈 y , z^LOC〉
〔〔AFF(x , y)〕, 〔CS(x , 〔INCH〔BE(y , 〔AT(z)〕〕〕〕〕〕〕/틀어막
아이가 수도꼭지에 헝겊을 틀어막았다.

틀어막다2 x〈 z, y^PAT 〉
〔〔AFF(x , z)〕,
〔〔CS(x , 〔INCH〔BE/+circ(z , 〔IN(〔+accomplishment〕)〕)〕〕〕〕,
〔BY(〔CS(x , 〔INCH〔BE(y , 〔AT(z)〕〕〕〕〕〕〕〕〕〕/틀어막
아이가 수도꼭지를 헝겊으로 틀어막았다.

틀어막다3 x〈 z 〉
〔〔AFF(x , z)〕,
〔〔CS(x , 〔INCH〔BE/+circ(z , 〔IN(〔+accomplishment〕)〕)〕〕〕〕,
〔BY(〔CS(x, 〔INCH〔BE(〔 〕, 〔AT(z)〕〕〕〕〕〕〕〕〕〕/틀어막
아이가 수도꼭지를 틀어막았다.

파랗다 〈 x 〉
〔BE/+ident(x, 〔AT(〔파랗〕)〕)〕
그의 눈이 파랗다.

파래지다 〈 x 〉
〔〔AFF(, x)〕,
〔INCH(〔BE/+ident(x, 〔AT(〔파랗〕)〕)〕)〕〕
아이의 얼굴이 파래졌다.

포함하다 00181 x〈 y 〉
〔〔AFF/-vol(x, y)〕, 〔CS(x, 〔INCH(〔BE(y, 〔IN(x)〕)〕)〕)〕〕
이 반이 수석입학자를 포함하고 있다./내년 예산은 연구비 14 억 9 천 9 백 만 원을 포함하여 114 억 2 천 1 백 만 원에 이른다.

향하다1 00125 x〈 y , z^PAT 〉
〔〔AFF(x, y)〕,
〔CS(x, 〔INCH(〔ORIENT(y, 〔TO(z)〕)〕)〕)〕〕
그는 발길을 금남로로 향했다.

향하다2 00125 〈 x , y^PAT 〉
〔〔AFF(, x)〕,
〔INCH(〔ORIENT(x, 〔TO(y)〕)〕)〕〕
그는 금남로로 향했다.

흐르다1 00105 〈 y , z^PAT 〉
〔〔AFF(, y)〕, 〔GO(y/+liqd, 〔TO(z)〕)〕〕
강물이 바다로 흐른다.

흐르다2 00105 〈 y 〉
〔〔AFF(, y)〕, 〔GO(y/+liqd, 〔TO(〔 〕)〕)〕〕
그 곳에서 서너간 아래로 석간수가 흐르고 있었고, ...

〈부록2 : 함수와 연산자와 의미특질〉

1. 이 책에서 사용된 함수와 연산자의 목록

상태성 함수: BE(존재), ORIENT(가리킴), CONFIG(형상성), EXT(연장성)
사건성 함수: CS(사동성), INCH(기동성), GO(이동), STAY(머무름), MOVE(움직임),
처소 함수: AT(처소), IN(처소), ON(처소), AT-END-OF(처소-끝)
경로 함수: TO(경로-목표), TOWARD(경로-목표), FROM(경로-시원), AWAY-FROM(경로-시원), VIA(경로-경유), THROUGH(경로-통과), AGAINST(경로-대항), AFTER(경로-추종), UPWARD(경로-위로), DOWNWARD(경로-아래로)
작용의미층 함수: AFF(작용성), REACT(반작용/반응)
부정소: NOT
접속 및 종속화 연산자: AND(병렬), BY(방법/방편), WITH(동시상황), FOR(목적), FROM(원인), EXCH(교환)
그밖의 연산자: ELT(개체요소 추출), COMP(구성), PL(복수화), GR(재료화), PART(부분화), CONT(포함), REP(표상화), TR(투명화), +reciprocal(교호성)

2. 이 책에서 사용된 의미특질들의 목록

가. 존재론적 범주:

+sit(situation): 상황
+state: 상태
+event: 사건
+activity: 동작성
+achievement: 성취성
+accomplishment: 완성성
+space: 공간
+path: 경로
+place: 처소
+thing: 사물 = Mat: 물질적 실체
+indv(individual): 개체
+group: 집단
+subs(substance): 재료
+aggr(aggregate): 군집

나. 어휘개별적 의미특질들:

+anim(animate): 유정성
+atch(attach): 부착성
±b(boundedness): 한계성
+bp(body-part): 신체부분성=BP
+caus(causative): 시킴성
+circ(circumstantial): 상황성
+clth(clothing): 옷=CLTH
+cntc(contact): 접촉성
+cols(collision): 부딪침성
±comp(composition): 구성성
+ctrl(control): 제어성 = CTRL
+dist(distributive): 확산성
+earth: 흙
+feel: 느낌성
+food: 음식성 = FOOD
+help: 도움
+human: 사람성
±i(internal structure): 내적구조성
+ident(identity): 동일성
+laun(launching): 결별성
+let: 허용
+liqd(liquidity): 액체성=LIQD
+ling(linguistic): 언어성=LING
+nega(negative): 소극성
+neut(neutral): 중립성
+ntrn(entraining): 동반성
+out: 외부
+posi(positive): 적극성
+poss(possession): 소유성
REPRESENTATIONAL: 표상성
+run: 달림
+similar: 유사성
±s(success): 성공성
+u(unmarked): 무표성
+vhcl(vehicle): 탈것
±vol(volitional): 의지성
+whole: 전체성

지은이 소개 / **양 정 석**

충남 출생

연세대학교 국어국문학과 졸업

문학박사(연세대학교 대학원)

한국교원대, 한남대, 상명여대, 연세대 강사,

미국 University of Southern California 객원교수 지냄

현재 창원대학교 국어국문학과 부교수

국어 동사의 의미 분석과 연결이론

1995년 9월 30일 초 판 발행
1997년 12월 30일 개정판 발행

지은이 : 양 정 석
펴낸이 : 박 찬 익

펴낸곳 : **박이정출판사**
130-070 서울시 동대문구 용두동 253-197
전 화 : 922-1192~3, FAX : 922-1192
온라인 : 상업114-08-234933 우편010447-0053403
등 록 : 1991년 3월 12일 제1-1182호

ISBN 89-7878-100-4 정가 15,000원